Der neue große Freizeitführer für Deutschland

UNTERWEGSVERLAG
MANFRED KLEMANN

Impressum:

Dies ist eine Original-Ausgabe des

UNTERWEGSVERLAG
MANFRED KLEMANN

Postfach 426, D-78204 Singen.
Dr.-Andler-Straße 28, D-78224 Singen
Telefon: 07731/63544
Telefax : 07731/62401
E-Mail: info@unterwegs.com
Internet: www.unterwegs.com

Satz: Unterwegs Verlag

Die Texte der 1. Ausgabe von 1995 stammen von Andreas Beerlage. Sie wurden inzwischen mehrfach überarbeitet und völlig aktualisiert. Letzte umfassende Aktualisierung: Januar 2009.
Redaktionelle Überarbeitung: Evelyn Seyler, Regine Keller
Grafik: Mona Schlimper
Titel: Miriam Jäger
Lektorat: Thomas Schlegel

Wir danken allen Fremdenverkehrsämtern und Freizeitanbietern für ihre freundliche Mitarbeit und die Bereitstellung von Bildmaterial.

Zeit für die Familie – Spaß für alle

Endlich Freizeit! Und jetzt nichts wie weg. Auf starken 384 Seiten bietet dieser Freizeitführer Informationen über die schönsten und interessantesten Freizeitparks, Museen, Spaß- und Wellnessbäder, Zoos, Schlösser und vieles mehr in ganz Deutschland. Alle Freizeitangebote sind nach Bundesländern unterteilt. Mit Gebietsplänen, Anfahrtsbeschreibungen, unverbindlichen Preisinformationen, Öffnungszeiten, Verpflegungsmöglichkeiten und je nach Ort auch Hinweise, was man in der Region außerdem noch unternehmen könnte. Kurzum: Eine prall gefüllte Ideenkiste für die „Freizeit um die Ecke" oder für tolle Kurz- und Wochenendtrips.
Grundsätzlich haben wir bei allen Tipps darauf geachtet, dass es sich um Ziele handelt, die für die ganze Familie geeignet sind. Im Info-Kasten bei jedem Ausflugsziel sind die wichtigsten Daten zusammengefasst.

Bitte beachten Sie: Natürlich können sich auch Änderungen (z. B. Preise, Öffnungszeiten etc.) ergeben. In vielen Fällen gibt es noch weitere Öffnungszeiten für bestimmte Zeiten oder Tage, die hier aus Platzgründen nicht dargestellt werden können. Dasselbe gilt auch für Eintritts- oder Fahrpreise. Deshalb ist es empfehlenswert, sich vor Antritt der Reise nochmals beim Ausflugsziel zu erkundigen. Insbesondere, wenn man mit einer Gruppe anreist.
Dann kann die Planung also losgehen. Wir wünschen Ihnen viel Spaß beim Aussuchen, Planen und natürlich beim Erleben.

Ihr Unterwegs-Verlag-Team

Inhalt

DIREKT AN DER A96
MÜNCHEN-LINDAU
NUR 40 MINUTEN
VON MÜNCHEN
Skyline Park
www.skylinepark.de
10 Jahre
Allgäu Skyline Park • Im Hartfeld 1 • 86825 Bad Wörishofen • Infotelefon +49 (0) 1805 / 884 880

Eintauchen und Entspannen
im Solemar Bad Dürrheim – Neue Attraktionen ab Frühjahr 2009
Therme | Sauna | Wellness | Therapie
Wellness- und Gesundheitszentrum Solemar | Huberstraße 8
78073 Bad Dürrheim | Telefon 07726/666292 | www.solemar.de
DER Club
Bad Dürrheim
Schwarzwald
Wo täglich neue Kräfte wachsen.

WITZE

Welchen Tisch kann man essen? – Den Nachtisch.

Willis große Schwester hat sich neue Stiefel gekauft. Sie schwärmt: „Darin fühle ich mich wie in meiner eigenen Haut!" – „Kein Wunder“, brummt Willi, „die sind ja auch aus Ziegenleder!“

Klein Tina zu ihrer Freundin: „Bevor meine Mutter heimkommt, muss ich noch Hausaufgaben machen, das Geschirr spülen, eine Stunde Klavier üben und mein Zimmer aufräumen. Also, ich komme dann in zehn Minuten raus zum Spielen.“

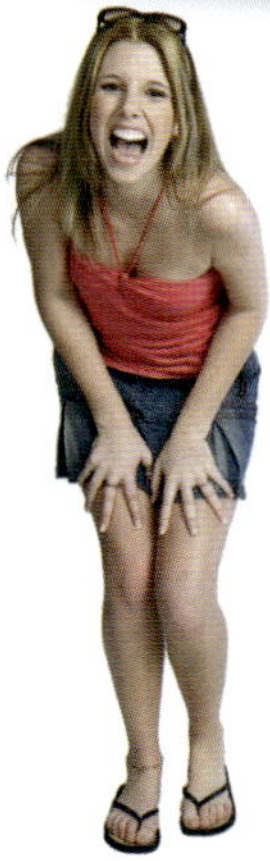

Zwei Mäuse plaudern auf dem Feld. Da fliegt eine Fledermaus über sie hinweg. Sagt eine Maus zur anderen: „Also, wenn ich groß bin, werde ich auch Pilot!“

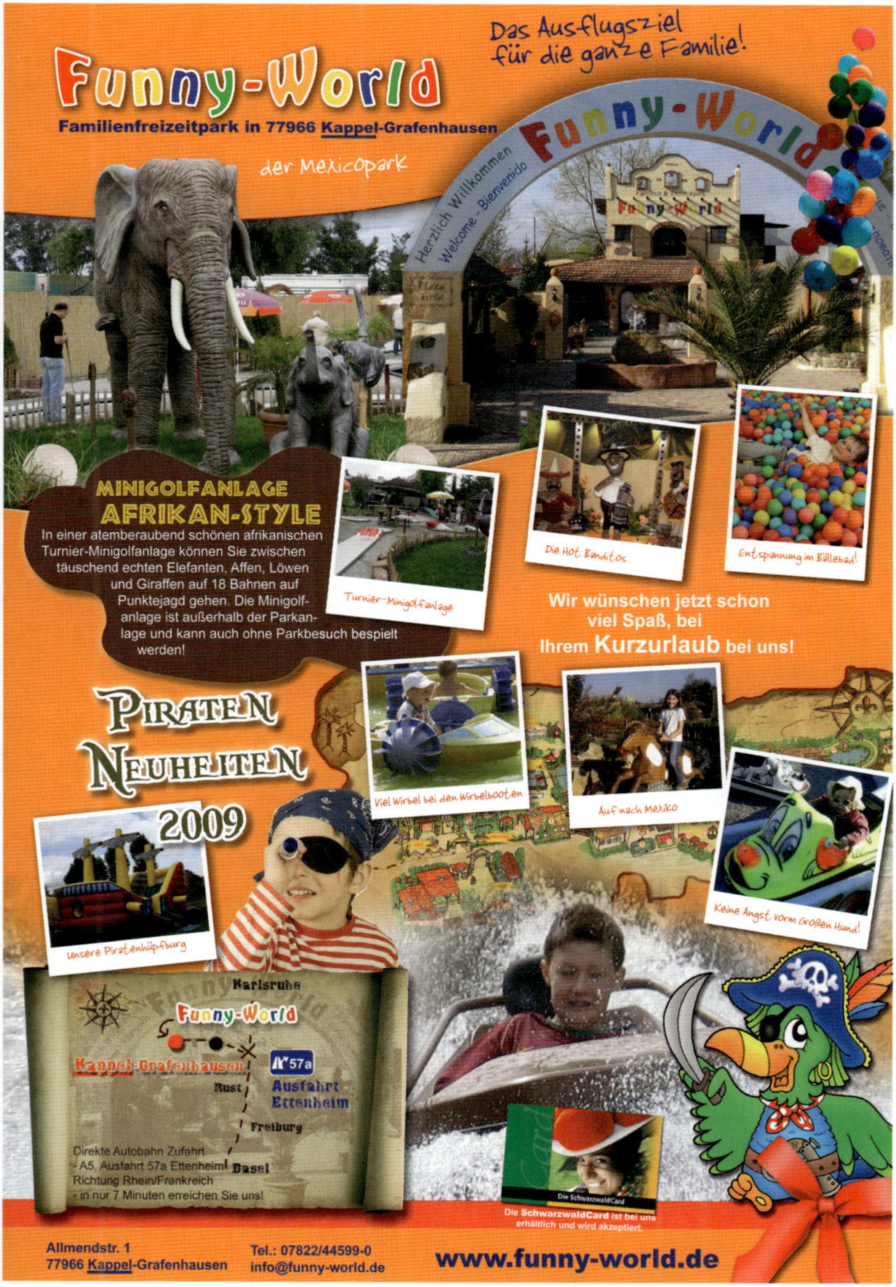
Funny-World
Familienfreizeitpark in 77966 Kappel-Grafenhausen
der Mexicopark
Das Ausflugsziel für die ganze Familie!
Herzlich Willkommen
Welcome - Bienvenido
Funny-World
MINIGOLFANLAGE
AFRIKAN-STYLE
In einer atemberaubend schönen afrikanischen Turnier-Minigolfanlage können Sie zwischen täuschend echten Elefanten, Affen, Löwen und Giraffen auf 18 Bahnen auf Punktejagd gehen. Die Minigolfanlage ist außerhalb der Parkanlage und kann auch ohne Parkbesuch bespielt werden!
Turnier-Minigolfanlage
Die Hot Banditos
Entspannung im Bällebad!
Wir wünschen jetzt schon viel Spaß, bei Ihrem Kurzurlaub bei uns!
PIRATEN NEUHEITEN 2009
Viel Wirbel bei den Wirbelbooten
Auf nach Mexiko
Unsere Piratenhüpfburg
Keine Angst vorm Großen Hund!
Karlsruhe
Funny-World
Kappel-Grafenhausen
57a
Ausfahrt Ettenheim
Rust
Freiburg
Basel
Direkte Autobahn Zufahrt
- A5, Ausfahrt 57a Ettenheim
Richtung Rhein/Frankreich
- in nur 7 Minuten erreichen Sie uns!
Die SchwarzwaldCard
Die SchwarzwaldCard ist bei uns erhältlich und wird akzeptiert.
Allmendstr. 1
77966 Kappel-Grafenhausen
Tel.: 07822/44599-0
info@funny-world.de
www.funny-world.de

Weinfurtner
DAS GLASDORF®
www.weinfurtner.de
Glas
Natur
Menschen
& mehr...

Exakt zwischen München und Prag, im Zentrum der Glasstraße, eingebettet in die wunderbare Landschaft des Zellertales ist im Laufe der letzten Jahrzehnte **DAS GLASDORF®** als Familienbetrieb entstanden.

Ca. 200 Fachleute (Künstler, Kunsthandwerker, Ingenieure, Kaufleute, Dekorateure, Floristen...) leben und arbeiten im Glasdorf. Auf Kreativität wird größter Wert gelegt und so entsteht im direkten Ideenaustausch mit den Besuchern täglich Neues im Spannungsfeld zwischen **Traditions- und Innovationsglashütte**.

Brücken schlagen zwischen Tradition und Innovation, zwischen den Generationen, Verbindung schaffen zwischen Wirtschaft, Kultur und Architektur, ist die Philosophie des Glasdorfes.

Erleben und genießen Sie Glas, Natur, Menschen und Kunst im Einklang...

Weinfurtner
Das Glasdorf
93471 Arnbruck
Tel. (09945) 9411-0

Das **Haus VIER JAHRESZEITEN** bildet den Gegenpol zu den Manufakturhäusern im Norden des Glasdorfes. Bestimmend ist in diesem Haus die Dynamik, das Spüren der Jahreszeiten mit dem pulsierenden Wechsel: ständig neue Farben, Formen und Materialien, immer vorausschauend auf die kommende Zeit.

Ein Besuch der **WEINFURTNER-Gärten** und den Glasmachern bei der Arbeit zusehen ist zugleich entspannend und anregend. Dazu in der gemütlichen **Hüttenschänke** eine gute Brotzeit oder auf der **Sonnenterrasse** des „Vier Jahreszeiten" selbstgemachten Kuchen probieren – welch ein Genuss!

Gönnen Sie sich einen Ausflug in dieses kleine Paradies. Hier entstehen täglich neue Kunstwerke. Eine wunderbare Möglichkeit das eigene Heim und den Garten zu verzaubern oder schöne und ausgefallene Geschenke für gute Freunde zu finden.

Da will ich hin:

www.blanker-hans.de

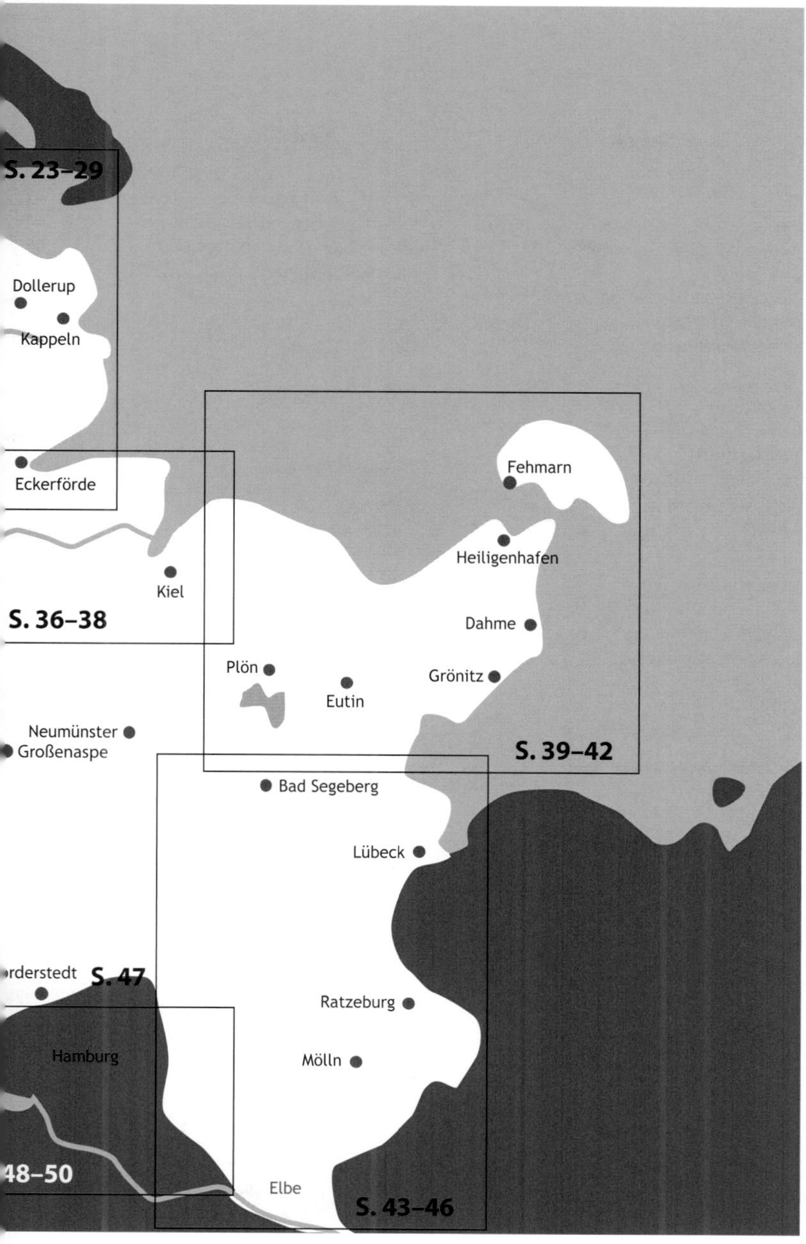
S. 23–29
Dollerup
Kappeln
Eckerförde
Kiel
S. 36–38
Fehmarn
Heiligenhafen
Dahme
Grönitz
Plön
Eutin
Neumünster
Großenaspe
S. 39–42
Bad Segeberg
Lübeck
rderstedt
S. 47
Ratzeburg
Hamburg
Mölln
48–50
Elbe
S. 43–46

Die Freizeit-Reise beginnt

Einmal quer durch Deutschland vom Bodensee bis Flensburg, von Baden-Württemberg im Süden bis Schleswig-Holstein hoch im Norden Deutschlands. Dazwischen liegen rund 1000 Kilometer – und jede Menge Freizeitmöglichkeiten. Unsere Freizeitreise beginnt im Norden – in Flensburg.

Flensburg

Ein Urlaub, zwei Länder! Lust auf Baden und Bummeln, Höfe und Hafenflair, auf Schlemmen und Schippern, auf Land und Leute? Hier, in und um Flensburg, vor den Toren Dänemarks, bieten sich viele Möglichkeiten dazu!

Entdecken Sie alte Kapitäns- und Kaufmannshöfe, wunderbare Fassaden, alte Märkte, gemütliche Cafés, vielfältige Restaurants und Galerien. Flensburg ist „die" Einkaufsstadt zwischen Hamburg und Kopenhagen.

Es ist viel los am Hafen! Bunte Hafenfeste, Sommergästesegeln, Förde-Rundfahrten, Fischmarkt und vieles mehr.

Es gibt stets Neues zu erleben – ob Brauerei-Besichtigung, Phänometa-Science-Center, Rumhäuser oder das landschaftlich reizvolle Umland.

Flensburg und seine Fjordregion sind mehr als einen Besuch wert – für Groß & Klein!

Wichtig!

Weitere Informationen:
www.flensburg-tourismus.de

Phänomenta in Flensburg

Entdecken und Experimentieren! In der Phänomenta lassen sich Natur und Technik mit allen Sinnen erleben – und das besser als je zuvor. Denn nach der Erweiterung warten im einzigen Science-Center Schleswig-Holsteins jetzt rund 200 Experimente aus Naturwissenschaft und Technik auf gut 3.200 m^2 darauf, von Kindern, Jugendlichen und Erwachsenen ausprobiert zu werden.

Gleich neben dem Nordertor, dem Wahrzeichen Flensburgs, liegt die Phänomenta. In ihr gibt es keine vorgeschriebenen Wege. Jeder geht auf Entdeckungsreise – allein, zu zweit, mit der Familie oder mit den Klassenkameraden.

Hören, Sehen, Fühlen; Schwingen, Springen, Sprechen – die Phänomenta weckt die Sinne! Man glaubt seinen Ohren nicht, im „Saal des Lichts" nicht seinen Augen. Sicher ist aber: In der Phänomenta lässt sich ein ganzer Tag verbringen, wenn man den Rätseln der Physik auf der Spur ist, bei einem Kaffee in der Cafeteria entspannt oder neue Geschenkideen mit Pfiff im Phänomenta-Shop entdeckt.

Neben der Dauerausstellung gibt es das ganze Jahr über immer wieder spannende Vorträge, Workshops und Aktionen – Termine und Uhrzeiten sind auf

www.phaenomenta.com zu finden. Geöffnet ist die Phänomenta das ganze Jahr, außer Weihnachten und Neujahr.

Wichtig!

Adresse und Anfahrt:
Phänomenta
Norderstr. 157–163
24939 Flensburg
Tel. 0461/144490
Fax: 0461/1444920
www.phaenomenta.com
science@phaenomenta.com

Anfahrt: von der A 7, Ausfahrt Flensburg, auf die B 200 abfahren, über die Harrisleer Straße in Richtung Nordertor. Anreise mit der Bahn: Vom Bahnhof Flensburg weiter mit Buslinie 1 bis Nordertor.

Öffnungszeiten: Juni–September: Mo.–Fr. 10–18 Uhr, Sa., So. und feiertags: 11–18 Uhr Okt.–Mai: Mo.–Fr. 9–17 Uhr, Sa., So. und feiertags: 11 bis 18 Uhr. Geschlossen am 24. und 31. Dezember sowie am 1. Januar.

Eintrittspreise: Erwachsene € 9,50
Ermäßigte € 7,–
Familie € 28,–

Verpflegung: Cafeteria

artefact Powerpark Glücksburg

Energie begreifen! Dieses Motto ist durchaus wörtlich zu nehmen: wie läuft Wasser bergauf oder kommt die Sonne in die Steckdose? In Glücksburg/Ostsee wird in Deutschlands erstem Energieerlebnispark an 40 Stationen Energie spielerisch begreifbar. Doch der Powerpark zeigt auch, wie jeder das Klima und den Geldbeutel durch erneuerbare Energien schonen kann. Das Zentrum, das im eigenen Gästehaus für Urlauber und Gruppen auch schicke Ferienwohnungen und Zimmer in Lehmbauweise hat, versorgt sich selbst mit Wärme und Strom aus Sonne und Wind. Ob beim Wettlauf mit der Sonne oder dem Besuch von Laufenten und Sattelschweinen im eigenen Naturerlebnisraum – bei artefact bekommt die ganze Familie Lust auf Zukunft!

Wichtig!

Adresse:
artefact Powerpark
Bremsbergallee 35
24960 Glücksburg
www.artefact.de
Tel. 04631/61160
Öffnungszeiten: 1. April bis 30. September
wochentags 9 bis 18 Uhr,
Sa, So und Oktober täglich 10–18 Uhr
Eintritt:
6–16 Jahre € 3,–
Erwachsene € 4,–
Familienkarte € 10,–

Ferienpark Damp

Mega-Spaß & Sport! Herrlich gesunde Ostseeluft, das Meer und eine reizvolle Landschaft, moderne Freizeit-, Sport- und Gesundheitsangebote, komfortable Feriendomizile im „Ostseehotel" und in 298 Ferienhäusern, kilometerlanger Sandstrand, ein „Vital-Centrum" der Spitzenklasse auf 4.000 qm mit Original „Thalasso-Centrum", im Mittelpunkt ein Yachthafen und ein subtropisches Badeparadies, in dem sogar echte Bananen wachsen: Das ist – ganz kurz – der Ferienpark Damp. In kaum einem anderen Urlaubsort werden Gesundheit und Erholung so ideal miteinander verknüpft. Damp ist seit vielen Jahren ein Ferienparadies mit kreativen Angeboten für Jung und Alt. Die Sportmöglichkeiten sind hier schier unendlich: Segeln, Surfen, Reiten, Radfahren, Tauchen, Bogenschießen, Wasserski, Golfen, Wandern, … Mega-Attraktionen für Kids bietet das „Fun & Sport Center": Inline-Skating mit Ramps, Quarterpipes und Pool, dazu Freeclimbing, Badminton, Tennis. Für die Kleinsten gibt es ein

gigantisches Kletterparadies. Badespaß bieten die Ostsee mit ihrem sanft abfallenden Strand und – wenn Petrus einmal nicht mitspielen sollte – das subtropische Badeparadies „Aqua Tropicana" und das Meerwasser-Panorama-Schwimmbad. Das milde Reizklima, viel Meer, Wind und Wellen, das sind ideale Voraussetzungen für einen erholsamen Urlaub. Saubere Luft und eine unberührte Natur sind rund um Damp noch selbstverständlich.

Wichtig!

Adresse: www.damp-urlaub.de
E-Mail: ostseebad@damp.de
Information: Telefon 04352/80666
Fax 04352/808921
Anfahrt: Autobahn A 7, Abfahrt Rendsburg/Büdelsdorf, weiter auf der B 203 Richtung Eckernförde, 14 km nördlich von Eckernförde folgt die Abfahrt Ostseebad Damp.
Saison: ganzjährig

Familien-Freizeitpark Tolk-Schau

Einmal zahlen – alles nutzen! Mitten im Dreieck der lustigen Ortsnamen – Tolkschuby, Grumby und Schaalby liegt der kleine Ort Tolk mit dem über 30 ha großen Freizeitpark.
Mit der Parkbahn sollten die Besucher sich einen Überblick über die unendlichen Spiel- und Unterhaltungsmöglichkeiten verschaffen. Jedes Jahr neue Attraktionen und die Nutzung ist im Eintrittspreis enthalten – einmal zahlen, alles nutzen! Das Tal der Dinosaurier mit etwa 50 lebensgroßen Dinos ist erweitert um die Schau der Säugetiere, die nach den Dinos kamen: Riesenelefanten, Riesenhirsche und viele mehr. Nach wie vor ist der Riesenknüller die 700 m lange Sommerrodelbahn. Die Riesenbootrutsche, die Treckerbahn, neue und nostalgische Karussells und vieles mehr begeistern die kleinen und großen Besucher.

Wichtig!

Adresse und Anfahrt: Familien-Freizeitpark Tolk-Schau
Finkmoor 1, 24894 Tolk, Tel. 04622/18990, Fax 04622/189952
Internet: www.tolk-schau.de, E-Mail: info@tolk-schau.de
Von Schleswig fährt man auf der B 201 in Richtung Kappeln, ab dort ausgeschildert.
Öffnungszeiten: 10–18 Uhr, Einlass bis 16 Uhr
Saison: 1. Mai bis 25. Oktober 2009 – Mai, Juni und September – Ruhetage Mi., Do., Fr.; Himmelfahrtswoche, Juli und August täglich geöffnet.
Eintritt: pro Person € 16,–, Kinder unter 90 cm u. Geburtstagskinder frei, Rentner und Behinderte pro Person € 12,–, Gruppenpreise auf Anfrage.
Über 50 Grillhütten!
Gegen eine geringe Gebühr besteht die Möglichkeit, eine der vielen Grillhütten zu mieten. Preise: Kleine Grillhütte, ca. 10 Personen € 10,–, Doppelte Grillhütte, ca. 20 Personen € 20,–, Gruppen-Grillhütte, ca. 50 Personen € 30,–.
Reservierung nur während der Öffnungszeiten unter: 04622/2084
Verpflegung: Picknick möglich, Grillplatz vorhanden, ebenso ein Kiosk und ein Selbstbedienungsrestaurant.

Angeln und Schwansen

Auf der Fahrt durch das hügelige, fruchtbare Land bekommt man den Eindruck, dass hier schon immer Bauern lebten. Kleinere, selbstständige Bauernhöfe mit traditionellen jütischen Geesthardenhäusern oder Dreiseithöfen und Felder, die durch gehölzbewachsene Einfriedungen voneinander getrennt sind, bestimmen das Landschaftsbild. Daran wird sich auch so schnell nichts ändern. Doch ein Besuch im Wikinger-Museum von Haithabu belehrt eines Besseren: Der traumhaft verschlafene Landstrich war im Mittelalter Nordeuropas größtes Handelszentrum. Dorfnamen wie Husby, Twedtgrumby, Thumby, Sörup und Waabs verraten vieles über die Verbindung zu Dänemark. Über Jahrhunderte war das Herzogtum Schleswig eng mit den Kopenhagener Monarchen verbunden. Die Schätze der Vergangenheit – alte romanische Dorfkirchen, Burgen und Schlösser – ziehen heute Touristen ins Land. Doch das Schönste an Angeln und Schwansen ist die himmlische Landruhe. Die Gegend zwischen Flensburger Förde und Schlei lädt ein zu Ruhe, Gelassenheit, langen Wanderungen und purer Entspannung. Die Städte Schleswig und Flensburg und besonders auch Glücksburg direkt an der Förde bieten viele Möglichkeiten zu Kultur, Musik und gemütlichem Bummel.

Schwimmhalle Schleswig

Das Familienbad! Hier wird tatsächlich eine Menge geboten. Da gibt es zum Beispiel Schwimmkurse für Babys ab drei Monaten, Kurse für Eltern mit Kindern von ein bis vier Jahren, Kindergeburtstage mit Programm. Sauna, Dampfbad und Solarium sind natürlich mehr etwas für gestresste Eltern. Mit hübschem Kleinkindbereich und Baby-Planschbecken.

Wichtig!

Adresse und Anfahrt:
Schwimmhalle Schleswig
Friedrich-Ebert-Straße 1
Tel. 04621/801180. Anfahrt ab Schloss Gottorf: Gottorfer Damm, links in die Flensburger Straße, sechste Abzweigung rechts auf die Schubystraße, die dritte Straße rechts ist die Friedrich-Ebert-Straße
Öffnungszeiten und Eintritt:
unter www.schleswiger-stadtwerke.de
Verpflegung: Kiosk, Saftbar, Cafeteria

Das Wikinger Museum Haithabu

Seemansluft! Während der Wikingerzeit war Haithabu einer der bedeutendsten Siedlungsplätze Nordeuropas, denn hier liefen wichtige Fernhandelswege zusammen. Das Museum liegt in unmittelbarer Nähe zur historischen Stätte und hat seinen Schwerpunkt in der Rekonstruktion des Alltagslebens der Wikinger. Handwerk, Handel und die Stadtentwicklung von Haithabu nach Schleswig bilden weitere Schwerpunkte. Jedes Jahr kommen viele Familien, obwohl man auf den ersten Blick denken könnte, das alles sei nichts für Kinder. Weit gefehlt: In der Spielecke vergnügt sich bereits der Nachwuchs ab 3 Jahren, der dort im kleinen „Haithabu" spielt. Die etwas größeren Kinder sind von den Modell-Vitrinen fasziniert. Im Außenbereich darf im Einbaum-Nachbau gespielt werden. Anschließend an den Museumsbesuch bietet sich eine Rundwanderung um das Habbebyer Noor an oder man besichtigt die Nachbauten der Häuser von Haithabu im Halbkreiswall, wo man mit allen Sinnen erfährt, wie die Wikinger gelebt haben.

Wichtig!

Adresse und Anfahrt:
Wikinger Museum Haithabu
Haddeby bei Schleswig
Tel. 04621/813-222, Fax -555
Mit dem Auto ab Schleswig fünf Minuten Fahrt auf der B 76 in Richtung Eckernförde. Es gibt auch die stilechte Möglichkeit einer Anfahrt mit einem Boot ab dem Hafen Schleswig.
Öffnungszeiten: täglich von 9–17 Uhr, November bis März täglich außer montags von 10–16 Uhr
Eintritt:
Erwachsene € 6,–
ermäßigt € 3,50
Familien € 13,–
Gruppen ab 20 Personen € 4,–
Verpflegung: Café und Restaurant im Museum, im Sommer Gartencafé, Picknick in der näheren Umgebung möglich.

Nordfriesland

Nordfriesland wurde erstmals im Jahr 1424 urkundlich erwähnt. Die ganze Region umfasst den Küstenstreifen zwischen den Flüssen Eider und Vida an der dänischen Grenze und erstreckt sich über die Nordfriesischen Inseln, Halligen sowie das angrenzende Wattenmeer. Zu Nordfriesland gehören die Windmühlen, die Reet gedeckten Häuser aus roten Klinkersteinen und natürlich auch die sturmumbrausten Strände und hohen Wellen. Ebbe und Flut sind der Pulsschlag dieser Region. Der bei Niedrigwasser blank liegende, blauschwarz glänzende Wattboden ist ein quicklebendiger Lebensraum, in dem es von Kleintieren nur so wimmelt. Eine Wattwanderung ist ein faszinierendes Erlebnis – und ein Muss, wenn man an nordfriesischen Stränden freie Tage verbringt. Vom Meer und der Schifffahrt geprägt sind auch viele der Sehenswürdigkeiten der Region.

Nordfriesische Inseln

Der Hafen Dagebüll verbindet die Inseln Föhr, Amrum, Pellworm sowie die Halligen mit dem Festland. Ebenso setzen natürlich Schiffe nach Sylt oder Helgoland über. Auf den Inseln kann man Ausflüge mit dem Bus oder Fahrrad machen, spazieren gehen, Wattwandern und vieles mehr. Jede der Inseln hat ein ganz besoners Flair zu bieten. Wer es Grün und naturreich liebt, den zieht es zu den Inseln Föhr und Pellworm. Herrlich faule Tage im Strandkorb oder unterwegs an endlos langen Stränden kann man auf Amrum und Sylt verbringen. Beeindruckend mit ihrer roten Felsnase präsentiert sich die Insel Helgoland. Ein ganz besonderes Erlebnis sind die Halligen, die „Mini-Inseln", auf denen nur wenige Menschen hauptsächlich von Tourismus, Küstenschutz und Landwirtschaft leben. Letztere umfasst vor allem Viehzucht auf den fruchtbaren, häufig überfluteten Salzwiesen.

Wichtig!

Weitere Informationen über die Fremdenverkehrsämter der Inseln:
www.foehr.de
www.sylt.de
www.amrum.de
www.pellworm.de
www.halligen.de
www.schleswig-holstein-urlaub.de

Halligen – Mini-Inseln in der Nordsee

Schwimmende Träume! So bezeichnete der nordfriesische Schriftsteller und Dichter Theodor Storm die Halligen. Dies sind kleine, nicht eingedeichte Mini-Inseln. Die zehn Halligen im nordfriesischen Wattenmeer sind ein weltweit einzigartiges Phänomen. Von den zehn Halligen sind fünf bewohnt und werden bewirtschaftet. Mit dem Schiff kann man einen Ausflug auf die Halligen machen, dort an Land gehen und einen ebenso interessanten wie entspannten Nachmittag oder sogar einen längeren Urlaubsaufenthalt verbringen.

Langeneß ist die größte und längste Hallig. Sie ist 1000 Hektar groß und an ihrer schmalsten Stelle nur 600 Meter breit. Auf Langeneß leben zur Zeit 109 Menschen auf insgesamt 18 bewohnten Warften. Zu den Hauptattraktionen der Insel zählen z. B. das Infozentrum der Schutzstation Wattenmeer und das Kapitän Tadsen Museum.

Auf der Hallig Hooge leben insgesamt 120 Menschen und es gibt 240 Gästebetten hier. Hooge ist das „Tourismuszentrum" der Biosphäre. Hier warten Sehenswürdigkeiten wie zum Beispiel der Königspeseln, ein Kapitänshaus, in dem schon der dänische König Friedrich VI. übernachtete. Zudem bietet Hooge regelmäßige Kulturveranstaltungen wie Theater oder Konzerte.

Wer einmal einen Reet gedeckten Leuchtturm (Deutschlands einziger) sehen möchte, kann dies übrigens auf der Hallig Oland. Prima zum Wattwandern eignet sich die Hallig Nordstrandischmoor. Im Frühling werden auf Nordstrandischmoor die Lammtage gefeiert, die jedes Mal ein Spektakel für Gäste mit Kindern sind. Deutschlands kleinste Gemeinde ist die Hallig Gröde. Dort kann man gut baden – und wer Glück hat, findet im Watt vor der Hallig sogar Bernstein.

Wichtig!

Weitere Informationen über die Halligen:
www.halligen.de
www.nordfriesische-halligen.de
www.langeness.de

Freizeitbad Sylter Welle – mehr als Meer!

Nordsee & mehr! Das Westerländer Freizeitbad „Sylter Welle" holt die Nordsee ins Haus. Auf insgesamt ca. 4.600 m² Nutzungs- und ca. 1.000 m² Wasserfläche bietet sie bei jedem Wetter Entspannung und Sport, Fun und Genuss für die ganze Familie. Herz der „Sylter Welle" ist das große Wellenbecken, gefüllt mit Nordseewasser. Das ist kein einfaches Bad, sondern ein Wellenbad mit Ebbe und Flut. Hier kann man sich übermütig in die Wellen werfen oder im Außenbecken ruhige Bahnen mit Nordsee-Blick ziehen. Und zur Entspannung warten ein großzügiges Sprudelbecken und ein Whirlpool. Mit einem modernen Fitnessbereich und einer Saunawelt, die

ihresgleichen sucht. Mit attraktiven Variationen aller Sauna-Philosophien: ob klassische Finnische Sauna, Dampfsauna, Aromasauna oder Saunagrotte. Besondere Atmosphäre bieten im Außenbereich die Wikinger-Sauna und die Dünen-Sauna mit Blick auf das Meer und die Dünenlandschaft. Auch Kinder kommen in der „Sylter Welle" auf ihre Kosten. Viel Spaß verspricht die große Wasserrutsche, die direkt ins Fun-Becken führt.

Auch das Wikinger-Spielschiff sorgt für spannende Abenteuer. Damit lassen sich viele Meere erobern. Kinder ab sechs können die „Piratenprüfung" ablegen; die ganz Kleinen planschen im großen Planschbecken mit vielen Spielelementen. Essen und Trinken gibt es natürlich auch, denn Meerwasser macht hungrig, Schwitzen durstig. Im Bistro „Sylter Welle" stehen frisch zubereitete Salate und leckere Vitality & Vitamin Drinks auf der Karte.

Wichtig!

Adresse und Anfahrt:
Sylter Welle
Strandstraße 32
25980 Westerland
Tourismus-Service
Westerland GmbH & Co. KG
Buchungs- und Service-Nr.:
0180/5009980 (0,14 €/Min.)
Internet: www.westerland.de, mit dem Personenzug der Deutschen Bahn (www.bahn.de). Mit dem Auto bis Niebüll und dem Autozug SyltShuttle auf die Insel (www.syltshuttle.de)
Mit dem Auto und der Fähre Römö/Dänemark nach List/Sylt (www.syltfaehre.de)
Öffnungszeiten:
Täglich 10–22 Uhr,
Frühschwimmen: Di./Do./Sa. 8–10 Uhr
Saison: ganzjährig
Eintritt Badelandschaft:
Erwachsene € 11,50
Kinder/Jugendliche (bis 18 Jahre) € 7,50
Kinder bis 3 Jahre frei
Bade- und Saunalandschaft:
Erwachsene € 19,–
Kinder/Jugendliche (bis 18 Jahre) € 14,–
Kinder bis 3 Jahre frei
Jeweils Sonderpreise für Familien.

Sylt Aquarium

Heimische und tropische Meereswelten! Das Sylt Aquarium präsentiert seinen Besuchern die eindrucksvolle Unterwasserwelt der heimischen Nordsee und des tropischen Meeres. Lernen Sie die Geheimnisse und Gegensätze zweier außergewöhnlicher Lebensräume kennen. Die faszinierende und harte

Lebenswelt der Nordseebewohner und die fast verspielt wirkende Tropenwelt des Indischen Ozeans. Auf der Reise durch die Meereswelt erwarten den Besucher nahezu 5.000 Meeresbewohner – vom Krebs über das Seepferdchen bis zum Hai. Einer der zwei gläsernen Tunnel führt durch die 500.000 Liter Wasser fassende Korallenwelt hindurch. Hier gleiten die Fische direkt über Ihren Kopf und bieten einen hautnahen Einblick in die bunte Unterwasserwelt mit Schwarzspitzenriffhaien und Zebrahaien. Ausschilderungen an den einzelnen Becken und Infoterminals sowie spannende Filme im kleinen Kinobereich präsentieren interessante Informationen rund um die Tiere und ihre Umwelt. Ganz nahe kommt man den Tieren bei den Schaufütterungen sowie bei Fachführungen, die einen Blick hinter die Kulissen des Aquariums erlauben.

Wichtig!

Adresse: Sylt Aquarium Westerland
Gaadt 33
25980 Westerland
Tel. 04651/8362522
Fax: 04651/8362523
info@syltaquarium.de
www.syltaquarium.de

Lage/Anfahrt: Sie finden das Sylt Aquarium in Westerland direkt an den Dünen des Zentralstrandes, nur wenige Minuten Fußweg vom Zentrum entfernt.

Öffnungszeiten:
Ganzjährig täglich von 10–18 Uhr

Eintritt: Erwachsene € 12,–
Kinder und Jugendliche 3–18 Jahre € 9,50
Familien (2 Erwachsene/2 Kinder) € 35,–
Ermäßigte € 10,– pro Person
Übersicht über diverse Gruppentarife für Erwachsene und Jugendliche im Internet.

Verpflegung: Täglich haben das Bistro „aqua" und der Aquariums-Shop mit vielen Souvenirs geöffnet.

Dithmarschen und Eiderstedt

Fährt man mit offenen Augen durchs Dithmarscher Land, dann fällt schon nach kurzer Zeit auf, dass es hier zwei Dinge im Überfluss gibt: Deiche und Schafe. Die lebendigen Mähmaschinen bevölkern zu Hunderten die langgezogenen Vorrichtungen aus Erde, die aufgeschüttet wurden, um die Menschen vor der tückischen See zu schützen. Auf und hinter den Deichen kann man herrliche Spaziergänge unternehmen, umweht von gesunder Meeresluft. Die Wälder der Geest runden das idyllische Bild dieser Landschaft ab.

Multimar Wattforum Tönning

Die Erlebnisausstellung entführt in die faszinierende Unterwasserwelt des Nationalparks Wattenmeer. Sie zeigt in großen Aquarien mehr als 250 Arten von Fischen, Krebsen, Muscheln und Schnecken. Neben den großen Aquarien ist das „Miniatur-Wunderland" mit 17 Kleinaquarien ein Anziehungspunkt. Hier zeigen kleine Kostbarkeiten wie Gespensterkrabben, Geigenkasten-Seespinnen und Becherkorallen ihre ganze Schönheit. Besonders attraktiv sind auch die Seepferdchen. Magisch wirkt auch der Blick des Pottwals, der vor einigen Jahren im Wattenmeer gestrandet ist und im Nationalpark-Zentrum Multimar Wattforum zu sehen ist. 28 Jahre alt, 48 t schwer, 18 m lang und 41 kräftige Zähne – der sanfte Gigant beeindruckt durch seine Ausmaße. Rund um den Pottwal sind zehn Kammern angeordnet, in denen über das Leben der Wale informiert wird und für ihren Schutz geworben wird. Natürlich geht es dabei auch um Schweinswale, die einzigen Wale, die im Nationalpark Wattenmeer leben. Sie werden im Walschutzgebiet westlich der Inseln Sylt und Amrum besonders geschützt, weil sie dort im Frühjahr und Sommer ihre Jungen aufziehen. Im erweitertem Großaquarium mit mehr als 250.000 Litern Wasser drehen Dorsche und Glatthaie ihre Runden und Taucher sprechen aus dem Aquarium heraus mit den Gästen.

Wichtig!

Adresse und Anfahrt:
Nationalpark-Zentrum Multimar Wattforum
Am Robbenberg, 25832 Tönning
Tel. 04861/96200, Fax 04861/962010
info@multimar-wattforum.de
www.multimar-wattforum.de
www.wattenmeer-nationalpark.de
Öffnungszeiten: 1. November–31. März: 10–17 Uhr; 1. April–31. Oktober: 9–19 Uhr
Saison: ganzjährig geöffnet (außer am 24.12.)
Eintritt: Erwachsene € 8,–
Kinder 4–15 Jahre € 5,50
Familienkarte mit 2 Kindern 4–15 Jahre € 24,–
Verpflegung: im Multimar Wattforum Restaurant

Sturmflutenwelt „Blanker Hans"

Wenn die Nordsee ihre Muskeln spielen lässt – wie sich das anfühlt, kann man in der Sturmflutenwelt „Blanker Hans" erleben. Originalgetreu klingt es aus dem Radio: „Die Deiche drohen zu brechen …" Wie damals – 1962 – als die Jahrhundertsturmflut ganz Hamburg und Schleswig-Holstein in Angst und Schrecken versetzte und auch in Büsum ihr schauriges Unwesen trieb.

Direkt hinter dem Büsumer Hafen befindet sich das wellenförmige Gebäude. Hier beginnt in der urigen Gaststätte „Zum Deichgrafen" eine Zeitreise in die Vergangenheit der dithmarscher Nordseeküste. In der authentischen Kneipe taucht man mit Haut und Haaren in das Flair der vergangenen Zeit, bevor es schließlich mit der Rettungskapsel auf Entdeckungsreise geht. Auf rund 300 Metern lernt man den „Blanken Hans" eindrucksvoll und mit Hilfe vieler Multimediasimulationen und Special-Effects von seiner stürmischen Seite kennen. Hier kann man die Ereignisse jenes Februars im Jahre 1962 noch einmal miterleben. Die gelungene Mischung aus Multimedia-Event, Schauspiel, Fahrgeschäft und Ausstellung bietet außerdem ein Offshore-Lab. Hier wird anschaulich gezeigt, was Ebbe, Flut, Mond und Erde miteinander zu tun haben. Natürlich geht es auch um Wetter und Klima, um Tornadowinde zum Anfassen beispielsweise oder eine Welle in Zeitlupe und vieles Interessante mehr. Wechselausstellungen ergänzen das Programm. Und weil viele aufregende Erlebnisse Appetit machen, bietet das Restaurant „Blanker Hans" Leckeres für den großen und kleinen Hunger.

Wichtig!

Adresse und Anfahrt: Sturmflutenwelt „Blanker Hans", Dr.-Martin-Bahr-Straße 7 (direkt an der B 203), 25761 Nordseeheilbad Büsum, Tel. 04834/909135, Fax 04834/909137 info@blanker-hans.de, www.blanker-hans.de

Öffnungszeiten: 13. Februar–31. März 2009 Fr.–So. von 10–17 Uhr. April bis Juni täglich von 10–18 Uhr, Winteröffnungszeiten unter www.blanker-hans.de

Eintritt: Erwachsene € 9,–*/€ 10,–
Kinder (4–15 Jahre) € 7,–
Familien € 25,–*/€ 29,–
ADAC-Mitglieder € 8,–
Gruppen ab 10 Personen, je Pers. € 8,–
Schulklassen ab 20 Personen, je Pers. € 6,–
** mit Gästekarte*

Verpflegung: Restaurant „Blanker Hans"

Parkplatz: kostenlose PKW- und Busparkplätze direkt vor dem Haus vorhanden

Kiel und Umgebung

Von den Kieler Wochen hat wohl jeder schon gehört: Jeden Sommer zieht es Tausende Segler in die Hafenstadt. Und auch die zweite Berühmtheit Kiels hat mit Wasser zu tun, denn hier beginnt der Nord-Ostsee-Kanal, die weltweit meistbefahrene künstliche Wasserstraße. Von Kiel aus ist man in jeder Richtung schnell im landschaftlich reizvollen Hinterland. Das Meer ist nah, für spontane Ausflüge muss man also nicht lang überlegen. Im Stadtbereich finden sich fünf Tiergehege, die ebenfalls für eine Stippvisite gut sind.

Eine Bootsfahrt auf der Schwentine

Natur pur! Die einfache Fahrstrecke flussaufwärts durchs Landschaftsschutzgebiet ist ca. 6 Kilometer lang und dauert 30 Minuten.

Von der Endstation „Oppendorfer Mühle" führt ein halbstündiger Waldweg zum Freizeitgelände Schwentinepark in Raisdorf mit Abenteuerspielplatz, beheiztem Freibad und Wildpark.

Die Ausflugsschiffe sind offen, aber zu zwei Dritteln überplant. Man kann entweder mit dem Boot zurückfahren oder den ca. 2-stündigen Fußmarsch zurück wählen.

Wer den herrlich naturbelassenen Flusslauf auf eigene Faust erkunden will, mietet sich ein Ruderboot (ca. € 6,– pro Std.) oder ein Kanu (ca. € 6,– pro Std.).

Wichtig!

Adresse:
Schwentinetalfahrt
An der Holsatiamühle
24149 Kiel
Tel. 0431/722428
Fax 04348/7852
info@schwentinetalfahrt.de

Anfahrt:
Aus Richtung Kiel-Zentrum (Autobahn, B 4, B 404) über Westring, Theodor-Heuss-Ring, Ostring. Direkt an der gelben Jet-Tankstelle vom Ostring rechts ab, dann den braunen Schildern „Schwentinetal" folgen. Aus Richtung Laboe/Schönberg (B 502) direkt nach Überqueren der großen Schwentinebrücke rechts ab, den braunen Schildern „Schwentinetal" folgen.

Fahrzeiten und Preise unter:
www.schwentinetalfahrt.de

Sonstiges: Mehrere Gaststätten in nächster Umgebung. Viel Natur, ein Paradies für Kinder.

Der Tierpark Gettorf

Faszinierende Paradieshalle! Der Tierpark Gettorf erfreut die Besucher auf gepflegtem Gelände mit liebevoll bepflanzten Tierhäusern, Blumenanlagen und Freigehegen. In den Affenhäusern erwarten Sie unsere engsten Verwandten vom eichhörnchengroßen Schwarzpinseläffchen bis zum Schimpansen. In der Tropenhalle wandern die Besucher durch eine üppige Pflanzenwelt, in der Tauben und Fasane frei herumlaufen. Stare und Hornvögel prahlen mit ihrer Farbenpracht. In der Paradieshalle konkurrieren die bunten Papageien und Tauben mit den tropischen Pflanzen um Ihre Aufmerksamkeit. Da wird der Besuch auch bei schlechtem Wetter zum Erlebnis. Antilopen, Zebras, Alpakas und Tapire bevölkern die zahlreichen Freianlagen. Ganz neu sind seit 2008 Gürteltiere und Kamele in Gettorf. In den begehbaren Gehegen dürfen die Besucher sogar ganz nah an die vierbeinigen oder gefiederten Bewohner heran. Besondere Attraktionen sind die Kattafütterung um 11 und 15 Uhr sowie die Kängurufütterung um 11.30 und 15.30 Uhr. Auf die kleinsten Besucher warten der Streichelzoo und zahlreiche Spielmöglichkeiten sowie das große Hüpfkissen. Auf Anfrage werden Gruppenführungen zu unterschiedlichen Themen angeboten.

Wichtig!

Adresse:
Tierpark Gettorf
Süderstraße 33
24214 Gettorf, Tel. 04346/41600
www.tierparkgettorf.de
Anfahrt: Gettorf liegt auf halber Strecke zwischen Kiel und Eckernförde. Erreichbar auch mit Bus, Linie 4810 von Kiel oder Eckernförde, Linie 3290 von Rendsburg.
Öffnungszeiten: April bis Oktober 9–18 Uhr, November bis März 10 Uhr bis zum Dunkelwerden
Saison: ganzjährig
Eintritt: Erwachsene € 7,–
Kinder (2–13 Jahre) € 4,–
Jugendliche (bis 17 Jahre) € 5,50
Behinderte, Senioren ab 65 und Betreuer pro Person € 5,50
Weitere Preise auf Anfrage.
Verpflegung: Gaststätte und Imbiss, Zooshop und Picknickplätze vorhanden.

Schleswig-Holsteinisches Freilichtmuseum

Museum zum Anfassen! Das Schleswig-Holsteinische Freilichtmuseum in Molfsee bei Kiel ist das größte Freilichtmuseum Norddeutschlands. Es interpretiert die Kulturgeschichte und Volkskunde des ländlichen Raums. Auf dem 60 ha großen Gelände mit Wiesen, Gärten, Feldern und Teichen sind über 70 historische Gebäude, Hofanlagen und Mühlen der verschiedenen Landschaften Schleswig-Holsteins mit Mobiliar, Hausrat und Arbeitsgeräten zu sehen und zu erleben. Auf dem historischen Jahrmarkt laden zwei Karussells, Schießbude, Schiffschaukel und ein Spielplatz zum Vergnügen ein. Handwerker (Schmied, Korbmacher, Drechsler, Töpfer, Weber, Holzbildhauer) demonstrieren ihre Tätigkeiten in verschiedenen Gebäuden und verkaufen ihre Produkte. Für das leibliche Wohl sorgen die Meierei mit Garten (Molkereiprodukte und 30 Sorten Käse aus Schleswig-Holstein), Räucherkate, Backhaus und ein Kiosk. Am Eingang lädt das Museums-Restaurant Drathenhof ein. Das umfangreiche Veranstaltungsprogramm mit Festen, Märkten, Ausstellungen, Musikveranstaltungen, Kino etc. sind einem gesonderten Programm im Internet zu entnehmen, es wird auf Anfrage auch gerne zugeschickt. Für Jugendliche und Schüler steht ein museumspädagogisches Angebot zur Verfügung.

Wichtig!

Adresse: Freilichtmuseum
Hamburger Landstraße 97
24113 Molfsee/Kiel
Tel. 0431/659660, Fax 0431/6596625
www.freilichtmuseum-sh.de
zentrale@freilichtmuseum-sh.de
Anfahrt mit dem Auto: Das Museum liegt 6 km von Kiel entfernt, an der Landesstraße L 318 und 5 km von der Autobahn A 215 (Abfahrt Blumenthal). Oder: mit den Bussen der Kieler Verkehrs Gesellschaft u.a. über die Linie 501, Bushaltestelle Freilichtmuseum. Direkt am Museum befindet sich ein großer Parkplatz für PKW und Reisebusse, den Sie kostenfrei benutzen können!
Saison: 16. März bis 31. Oktober
Öffnungszeiten: von 9–18 Uhr
Einlass bis 17 Uhr
Eintritt: Erwachsene € 7,–
Kinder unter 6 Jahren frei
Ermäßigte (Studenten, Azubis etc.) € 5,–
Gruppen ab 20 Personen € 6,–
Schüler- und Jugendgruppen pro Person € 2,–
Verpflegung: Museums-Restaurants im „Drathenhof" und in der „Räucherkate" außerhalb des Geländes. Hinweis: Restaurants sind montags geschlossen.

Holsteinische Schweiz und Fehmarn

Alle Süddeutschen reißen sich jetzt bitte zusammen und verkneifen sich jeden Spott: Der höchste Berg Schleswig-Holsteins misst stattliche 168 Meter ü. NN und heißt Bungsberg. Wie die meisten Erhöhungen der Holsteinischen Schweiz ist er ein eiszeitliches Überbleibsel, eine Endmoräne. Ein Gletscher schob in den Frostperioden des Erdalters große Mengen Geröll mit sich. Der Gletscher taute, der Berg blieb. Auch die großen runden Findlinge, die oft mit Sagen aus der Welt der Riesen verbunden sind, sind „Gletscherkinder". Es gibt so viele Seen, dass man drei Wochen lang jeden Tag in einem anderen baden könnte – wenn das Meer nicht auch noch locken würde.

Die Fähre Puttgarden-Rødby

Der Ausweis ist notwendig, denn es geht nach Dänemark. In den Bauch der modernen Doppelendfähre rollen ganze Eisenbahnzüge, Sattelschlepper, Reisebusse und bis zu 300 PKW. Wer ohne Auto nach Dänemark will, kann an den Ticketautomaten auf der Gangway günstige Fußgängertickets lösen. Parkmöglichkeiten sind im Hafen am schwimmenden Kaufhaus „Portcenter" reichlich vorhanden. Während der 45-minütigen Überfahrt nach Dänemark können die An- und Ablegmanöver und die Frachtschiffe auf einer der größten Schifffahrtsrouten der Welt beobachtet werden. Der Fährhafen Rødby-Faerge kann bequem zu Fuß entdeckt werden. Der Strand und das Badeparadies „Lalandia" sind schnell zu erreichen. Zurück an Bord, bieten Restaurants, Bordshops und Kinderkino Abwechslung für Eltern und Kinder.

Wichtig!

Adresse:
Servicecenter Puttgarden
Puttgarden Fährhafen
23769 Fehmarn
Tel. 04371/505303
Fax 04371/505179
E-Mail: passage.puttgarden@scandlines.de

Anfahrt:
Der Fährhafen ist nicht zu verfehlen. Auf der E 47 nach/durch Fehmarn, am Ende warten die Fähren.

Fahrpreise:
Tarifübersichten im Internet unter: www.scandlines.de

Verpflegung:
Steak & Seafood Restaurant, Cafeteria, Café Nord, Bistro auf Deck 7.

Der Eselpark in Nessendorf

IAHH! Auf geht's in den einzigen Eselpark Deutschland! Es wird Ihr größtes

Vergnügen seit langem sein. Über 100 liebenswerte Esel verschiedener Rassen können es kaum erwarten, von den Besuchern gestreichelt zu werden. Eine Kutschfahrt, die ist lustig, eine Kutschfahrt, die ist schön, ja da kann man viele Leute ihren Esel „schieben" sehen, holahi, holaho ... Sie sind Ihr eigener Kutscher! Nachdem Sie Ihren Esel auf der Hinfahrt durch die schöne Landschaft der Holsteinischen Schweiz 30 Minuten lang als „Eseltreiber" begleitet und kennen gelernt haben, können Sie die Rückfahrt entspannt als Kutscher auf dem Kutschbock zusammen mit Ihrer Familie genießen. Nach etwa einer Stunde sind Sie wieder im Eselpark. Alle Esel sind serienmäßig mit ESP (Eselschleichprogramm) ausgerüstet.
Es gibt auch tolle Veranstaltungen, jeden 1. Sonntag im Monat finden Zwillingstreffen statt, dann haben 2-beinige Zwillinge freien Eintritt und besuchen die sehr seltenen Eselzwillinge Pinki und Pinkus. Außerdem finden wieder die Deutschen-Juniorenmeisterschaften im I-A-Rufen statt. Vom Samstag nach Ostern bis Anfang August, jeden Samstag um 15 Uhr lautet das Motto: Wer bringt Deckhengst Cäsar zum I-A-Rufen. Viele kleine Fohlen werden in jedem Jahr geboren. Nähere Einzelheiten im Internet unter www.eselpark.de und auf dem Infotelefon 01802/214646 (für 1 Einheit).

Wichtig!

Adresse und Anfahrt:
Eselpark, Familie E. August
Wiesengrund 3, 24327 Nessendorf
Tel. 04382/748, Fax 744
www.eselpark.de, info@eselpark.de
Den Ort erreicht man über die B 202 zwischen Lütjenburg und Oldenburg, in Kaköhl biegt man nach Nessendorf ab.
Öffnungszeiten: 01.01.–14.03. Sa.–So. 11–17 Uhr, 15.03.–31.10. täglich 10–18 Uhr, Einlass bis 17 Uhr.
Ab Sa. vorm 01. Advent bis 30. Dezember ist von Sa. bis So. von 11–18 Uhr geöffnet, mit einem weihnachtlichen Programm.
Ausgenommen vom 24.–26.12.
Kosten: Eintritt für Erwachsene € 4,50 Kinder € 3,50, Hunde € 1,–
Kutschfahrten für 2–4 Personen, Dauer 1 Std., pro Kutsche € 15,–, Reiten für Kinder € 8,–
Verpflegung: Im Park gibt es ein Erlebnis-Restaurant und ein Café.
Drumherum: Spielplatz und Eselfohlen zum Streicheln

HANSA-PARK Sierksdorf

Da, wo Norddeutschland am schönsten ist, liegt der HANSA-PARK mit seinen 11 liebevoll inszenierten Themenwelten und über 125 Attraktionen. 2009 erwartet Sie in Norddeutschlands führenden Themen- und Familienpark ein Achterbahn-Fahrerlebnis in einer neuen Dimension. HANSA-PARK ist mit dieser faszinierenden neuen Achterbahn-Attraktion, die durch einen Nachbau der historischen Zitadelle von Nowgorod fährt, nachhaltiger Innovationsführer unter den weltbesten Freizeitparks.

Das 2008 eröffnete 18 m hohe Holsten-Tor, ist der weltweit größte genaue Nachbau des Symbols für die Königin der HANSE und der erste Bauabschnitt der Themenwelt „HANSE in EUROPA" im HANSA-PARK. Diese riesige Themenwelt wird nach ihrer Fertigstellung einen einzigartigen Ausflug in die europäische Geschichte ermöglichen, von Bergen in Norwegen bis Paris, von La Rochelle bis Lissabon, von Brügge bis Visby und von Nowgorod bis Venedig. HANSA-PARK ist ein deutschlandweit einmaliges kulturelles Freizeiterlebnis für alle Altersgruppen.

„Die Glocke" – ein neuer, weltweit einmaliger Flug- und Drehspaß für Adrenalinfans ab 1,30 m Körpergröße: Mit über 80 Tonnen Gesamtgewicht schwingt sie aus, wobei die Fahrgäste bis zu 70 km/h schnell und bis zu maximal 120 Grad hinaus in luftige Höhen pendeln. Der Hochseilgarten „Navajo-Trail" – der Pfad der Häuptlinge – wurde erweitert zum höchsten und größten Hochseilgarten seiner Art (Skytrail) in ganz Europa.

Etwas Besonderes sind viele der fast 40 Fahrattraktionen: Der „TORRE DEL MAR", das größte Flugkarussell der Welt. Die Wasser-Bobbahn „Rio Dorado" gibt es in Deutschland nur einmal, ebenso wie das „Rendezvous im Loop"! Herausragend ist das riesige Showangebot: Ein Varieté-Erlebnis, eine Seelöwen-Show, eine Laser-Show, eine lustige Mitmach-Show mit den Comicfiguren, das Kinoerlebnis in 4D, ein Kindertheater und live Musik.

Wichtig!

Adresse und Anfahrt:
Hansa-Park, Am Fahrenkrog 1
23730 Sierksdorf/Ostsee
Tel. 04563/474-0, Fax 04563/474-100
Info: 04563/474-222, www.hansapark.de
Anfahrt: über A 1 Hamburg–Puttgarden, Abfahrt 14 (Neustadt-Mitte), der Beschilderung folgen. Oder vom DB-Bahnhof Sierksdorf 10 Min. auf ausgeschildertem Fußweg
Öffnungszeiten: 09. April bis 25. Oktober täglich 9–18 Uhr
Eintritt: Kinder unter 4 Jahren und Geburtstagskinder bis 14 Jahre freier Eintritt
Besucher 4–14 J. € 21,–, ab 15 J. € 26,–
Besucher ab 60 Jahre € 21,–
Verpflegung: Restaurant, SB-Restaurant, Kioske, Trapperlager zum Grillen u. Picknicken

Meereszentrum Fehmarn

Fische live und ganz nah! Das ist wie Abtauchen ins Meer! Mit 4 Mio. Liter Wasser auf 5.000 m² Fläche ist das Meereszentrum Fehmarn ein Großaquarium der Superlative. „Natur pur" ist hier angesagt! Die buntesten Korallenfischarten leben hier wie im Meer in echten Korallengärten. Keine Imitate, sondern lebende Stein- und Weichkorallenbiotope sind hier ein Muss für tausende Meereslebewesen. Wir führen Sie durch einen Unterseetunnel, der einen fantastischen Einblick in die Lebenswelt der Meerestiere bietet. Von 400.000 Liter Wasser umgeben, tummeln sich ganze Fischschwärme und Rochen um Sie. Große lebende Haie warten in den Haiwelten, entdeckt zu werden. Wir tauchen mit Ihnen unter den Meeresspiegel und vermitteln ein einzigartiges Naturerlebnis.

Wichtig!

Adresse:
Meereszentrum Fehmarn
Gertrudenthaler Str. 12
23769 Burg auf Fehmarn
Tel. 04371/4416
www.meereszentrum-fehmarn.de
travel@meereszentrum.de
Anfahrt: über E 37 Richtung Puttgarden nach der Fehmarnsundbrücke 2. Abfahrt rechts, Richtung Stadt Burg
Saison: ganzjährig geöffnet, außer 24./25./26. Dezember und 1. Januar
Öffnungszeiten: Nov. bis Feb. 10–17 Uhr, März bis Mai 10–18 Uhr, Juni bis Aug. 10–19 Uhr, Sept. bis Okt. 10–18 Uhr
Eintrittspreise: Erwachsene € 10,–
Kinder (4–15 Jahre) € 6,50
Senioren, Studenten,
Schüler, Behinderte € 9,–
Bei Familien zahlt der Erwachsene nur € 9,–

Lübeck und Lauenburgische Seenplatte

Mitten im Naturpark Lauenburgische Seenplatte liegt die kleine Stadt Mölln. Ihr berühmtester Bürger war der Schelm Till Eulenspiegel. Vor der Vereinigung galt das Land im Osten Hamburgs als abgelegen und verschlafen – heute ist es mittendrin, die Schätze seiner reichen Natur sind beliebt. Im Norden schließt sich die Hansestadt Lübeck an, deren Wahrzeichen noch vor wenigen Jahren jeder in der Tasche trug, denn das Holstentor zierte den 50-Mark-Schein. Die Stadt ist kinderfreundlich, die Innenstadt eine einzige Fußgängerzone. Weltberühmt sind das Holstentor, die sieben Türme, die von der UNESCO zum Weltkulturerbe erklärte Altstadt und natürlich das Lübecker Marzipan. Mehr Info unter: www.ostsee.de/luebeck

Schiffstour auf dem Ratzeburger See

Das Domstädtchen Ratzeburg bietet eine ganze Reihe von Möglichkeiten, mit Ausflugsschiffen die Umgebung zu erkunden. Es gibt Rundfahrten von 30 Minuten bis zu sechs Stunden. Es werden auch Schiffsausflüge für Vereine, Familien und besondere Festlichkeiten angeboten. Viel Spaß und viel Sehenswertes kann man bei einer kombinierten Radtour mit Schiffsanschluss erleben. Per Rad oder auf Schusters Rappen kommt man ab den Haltestellen rund um den See bequem zurück in die Stadt. Ab Buchholz zum Beispiel hat man eine Wanderung von knapp fünf Kilometern vor sich. Vom Endpunkt Rothenhusen aus geht es dann über die Wakenitz bis nach Lübeck und zurück. Die Radstrecke nach Ratzeburg ist von hier zehn Kilometer lang. Scheint die Sonne, kann man sich herrlich auf den Freiluft-Decks der Schiffe „Inselstadt Ratzeburg" und „Heinrich der Löwe" herumflegeln.

Wichtig!

Adresse und Anfahrt:
Schifffahrt Ratzeburger See
Tel. 04541/7900
info@schiffahrt-ratzeburg.de
www.schiffahrt-ratzeburg.de
Parkplatz nahe beim Hauptanleger am Lüneburger Damm. Ratzeburg liegt an den Bundesstraßen B 207 und B 208 südlich von Lübeck.

Schifffahrtsangebote:
Großer Ratzeburger See mit Domsee:
Vom 01. Mai bis 3. Oktober 2009 (Rundfahrt 2 Std.)
4-Seen-Inselfahrt: Ratzeburg – Bäk – Museumsufer – Kurpark – Farchau und zurück über Kalkhütte und Romnitz (Dauer ca. 2 Std.).
Täglich vom 26. April bis 14. September.
Montag und Freitag Ruhetag – außer an Feiertagen.
Ratzeburger See mit Wakenitz
Kombiticket 2009 vom 01.05. bis 03.10.

Drumherum: Ein Fernglas ist hilfreich, wenn man Rohrdommel, Fischadler und sogar Seeadler beobachten möchte. Im Sommer: Badezeug nicht vergessen!

Der Vogelpark und Eulengarten

Eulen aller Art! Sie schauen immer leicht entrüstet, die Vögel der Nacht. Aber der Schein trügt: Den 150 Eulen (47 Spezies) geht es in der weltgrößten Eulensammlung sehr gut. Spezies aus allen Kontinenten, Uhus, Ohreulen, Zwergohreulen, Schleiereulen sowie Käuze kann man hier – neben vielen anderen Vogelarten – bewundern. Eingebunden in ein zauberhaftes Naturschutzgebiet sind alle Gehege mit natürlichem Pflanzenwuchs versehen. Wenn die neugierigen Kleinen wissen wollen, wo die Kinder herkommen, ist man in Timmendorf ebenfalls an der richtigen Adresse: Im Vogelpark leben rund hundert Störche, und die bringen hier auch ihre Storchenkinder zur Welt. Insgesamt werden ca. 1200 Vögel von 250 verschiedenen Arten gezeigt – Schwarzstorch, Nimmersatt, Flamingo und Kasuar inklusive. Der Spaziergang durch den Vogelpark führt teilweise durch ein meterhohes Schilfmeer, und das ist ein Abenteuer für sich.

Wichtig!

Adresse und Anfahrt:
Vogelpark und Eulengarten
An der Aalbeek
23669 Timmendorfer Strand
Ortsteil Niendorf
Tel. 04503/4740, Fax 04503/87332
www.vogelpark-niendorf.de
Anfahrt: Von der A 1 (E 47) Hamburg-Lübeck-Puttgarden, Ausfahrt Ratekau, über die Landstraße nach Timmendorfer Strand, dann B 76 nach Niendorf. Parkplätze für Busse und PKWs direkt am Vogelpark. Mit der Deutschen Bahn AG ist der Vogelpark Niendorf von den Bahnhöfen Timmendorfer Strand oder Travemünde erreichbar. Mit dem örtlichen Bus an der Haltestelle NiendorfHafen aussteigen.
Öffnungszeiten: täglich von 9–20 Uhr, in der Nebensaison bis Einbruch der Dunkelheit
Saison: ganzjährig
Eintritt: ebenso Gruppenführungen bitte tel. erfragen
Verpflegung: Gaststätte mit Kuchen und kleineren Gerichten, Picknick im Park
Drumherum: Spielplatz am Hafen, ca. 500 Meter entfernt. Baden am Timmendorfer Strand

TheaterFigurenMuseum Lübeck

Puppen aus aller Welt! Theaterfiguren aus drei Jahrhunderten! Der Rundgang durch dieses ungewöhnliche Museum führt durch 19 Räume in fünf Backsteinhäusern aus dem 16. Jahrhundert. Man erlebt die faszinierende Welt des Theaters mit künstlichen Menschen. Handpuppen zählen ebenso zur Sammlung wie Marionetten, Stab-, Schlenker-, Schatten- und Bauchrednerfiguren. Die Puppenspieler in Europa, Asien und Afrika traten früher mit ihnen auf der Straße, auf Jahrmärkten und in Theatern auf. Ganze Theater, Bühnen, Musikinstrumente, Plakate, Requisiten und Szenen sind zu sehen und regen die Fantasie sowohl von Kindern als auch von Erwachsenen an. Szenen aus „Dr. Faustus" oder „Der Froschkönig" sind ebenso zu bewundern wie Schattenfiguren aus Büffelleder, die Geschichten aus alten Volksepen Indonesiens erzählen, oder der „Hundeclown", der früher zusammen mit echten Hunden auftrat. Im Videoraum unterm Dach zeigt der unterhaltsame Film „Puppenspiele aus aller Welt", was Theaterfiguren so alles können. Jugendliche ab etwa 12 Jahren können auch an einer Museumsrallye teilnehmen.

Und gleich nebenan, im Figurentheater Lübeck, können Kinder und Erwachsene sich in Vorstellungen mit modernen Figuren verzaubern lassen: z. B. in „Rigoletto" oder in „Othello", in „Die Prinzessin auf der Erbse" oder in „Der kleine Hobbit".

Wichtig!

Adresse und Anfahrt:
TheaterFigurenMuseum
Kolk 14, 23552 Lübeck
Tel. 0451/78626, Fax 0451/78436
www.tfm-luebeck.com
info@tfm-luebeck.com
Anfahrt: Lübeck-Zentrum. Nahe gelegene Parkhäuser: an der Possehl-Straße beim Holstentor, Schmiedestraße. Parkplatz: An der Obertrave. Das Museum liegt in der Nähe des Holstentores.
Öffnungszeiten: Nov.–März: Mo.–Mi. Fr.–So. 11–17 Uhr, April–Okt.: täglich 10–18 Uhr
Für das Figurentheater Lübeck, Kolk 20–22, 23552 Lübeck, können Karten reserviert werden unter Tel./Fax 0451/70060 oder info@figurentheater-luebeck.de. Spielplan im Internet unter www.figurentheater-luebeck.de
Eintritt: Erwachsene € 4,–
Kinder bis 12 Jahre € 2,–
Schüler/Studenten € 3,–
Verpflegung: im Museum Getränke und Kuchen, im Figurentheater nur Getränke. Gegenüber dem Museum befindet sich ein historisches Restaurant, und zwei Minuten entfernt gibt es zahlreiche Straßencafés und Restaurants an der Obertrave und in der Holstenstraße.

Museum Holstentor Lübeck

Das Holstentor ist das stolze Symbol der Geschichte Lübecks als reichsfreie Stadt und ihre Vormachtstellung im Oststeeraum. Schon immer war es ein Inbegriff aller Vorstellungen von Hanse, Handel, Macht und Reichtum, mithin von allem, was die historische Bedeutung Lübecks ausmacht. Neben dem Brandenburger Tor, dem Kölner Dom und der Münchener Liebfrauenkirche gibt es wohl kaum ein anderes deutsches Bauwerk, das sich weltweit einer derartigen Popularität erfreut, wie das Lübecker Holstentor. Im Inneren des Baudenkmals, dem Museum Holstentor, treten die Themen rund um die hanseatische Macht in den Mittelpunkt. Hinter bis zu 3,50 Meter dicken Mauern befindet sich die Ausstellung „Die Macht des Handels", denn auf dem Handel, dem Erfolg des Lübecker Kaufmanns gründete die Bedeutung der mittelalterlichen Stadt. Daneben kann man vieles entdecken, was mit dem Leben am Meer und der Seefahrt zu tun hat. Wer z. B. wissen will, wie eine „Kogge" genau aussieht – wie viele Masten und Segel sie hat und welche besondere Konstruktionsweise sie von allen anderen Schiffstypen unterscheidet, der findet die Antwort im Museum Holstentor. Es ist ein Museum zum Erleben und Anfassen. Überall können Geheimnisse in Schubladen und Fächern entdeckt und gelüftet werden.

Wichtig!

Adresse und Anfahrt:
Museum Holstentor
Holstentorplatz, 23552 Lübeck
Tel. 0451/122-4129, Fax 0451/122-4183
mkk@luebeck.de, museen@luebeck.de
www.die-luebecker-museen.de
Öffnungszeiten:
01.01.–31.03. Di.–So. 11–17 Uhr
01.04.–31.12. Mo.–So. 10–18 Uhr
Eintritt: Erwachsene € 5,–
Kinder/Jugendliche bis 18 Jahren € 2,–
Ermäßigte (Auszubildende, Student/innen, Zivil- und Grundwehrdienstleistende, Inhaber/innen des Lübeck-Passes bzw. des Seniorenpasses) € 2,50
Schüler/Innen im Klassenverband € 1,–
Kinder unter 6 Jahren frei sowie zahlreiche Ermäßigungsformen, die Sie tel. oder im Internet abfragen können.

Erlebnisbad ARRIBA

Auf 3000 qm Wasserfläche gibt es Spaß und Abenteuer für die ganze Familie, aber auch Ruhe, Wellness oder Sport – für jedermann wird etwas geboten. Das Motto des ARRIBA „Wasser satt und Freude pur" kann wörtlich genommen werden. Sechs unterschiedliche Rutschen in allen Formen und Größen lassen nicht nur Kinderherzen höher schlagen. In der besonders breiten Familienrutsche sausen Eltern mit ihren Kindern gemeinsam hinunter. Für die etwas Mutigeren gibt es die Turbo- und Wildwasserrutsche. Auch die jüngsten ARRIBA-Besucher kommen voll auf ihre Kosten. In der Babyoase lädt wohltemperiertes Wasser zum Planschen ein. Eine Spielecke und die Malwand sorgen zudem für „trockenen" Spaß. Besonders beliebt: Ein Kindergeburtstag im ARRIBA. Und nach dem Badespaß kann die Geburtstagsparty im Restaurant Siesta noch ein bisschen weitergehen. Die Sauna hat ihre eigene Gastronomie. Für die ältere Generation gibt es unter fachkundiger Anleitung Wasserbewegung – und Aquafun ist ebenfalls regelmäßig im Programm vertreten. Donnerstags um 20 Uhr wird Aquatic Relaxation – ein Entspannungsprogramm in der Therme, die für diese Zwecke in eine Ruhezone verwandelt wird – angeboten. Langeweile ist ein Fremdwort im ARRIBA – denn auf 550 qm kann sich jeder, der mag, in die Fluten stürzen – ins Wellenbad, dem Herzstück des Bades! Wer Spaß an Musik und Bewegung hat, sollte unbedingt einmal bei dem sehr beliebten ARRIBA-Tanz mitmachen. Britta Ahrens-Möller lädt die ARRIBA-Gäste sonntags hierzu ein.

Wer nach so viel Action ein wenig Ruhe und wohlige Wärme genießen möchte, sollte dem Saunadorf mit Biolichtsauna oder Dampfbad einen Besuch abstatten. Massagen sind nach Absprache erhältlich. Besonders beliebt sind die Saunanächte im ARRIBA. An einem Freitag im Monat kann besonders lange, nämlich bis 1 Uhr nachts, gesaunt werden. Solarien gehören ebenfalls zum Inventar. Sonnenhungrige können sich auch im Erlebnisbad bräunen.

Wichtig!

Adresse: ARRIBA Erlebnisbad, Am Hallenbad 14, 22850 Norderstedt, Tel. 040/5219840
Fax 040/521984-17, www.arriba-erlebnisbad.de, info@arriba-erlebnisbad.de
Öffnungszeiten: Sport-, Kleinkinder-, Thermalbereich: Mo.–Mi. 6.30–22 Uhr, Do.–Fr. 6.30–23 Uhr, Erlebnis- und Wellenbereich: Mo.–Mi. 11–22 Uhr, Do.–Fr. 11–23 Uhr, Saunadorf: Mo.–Mi. 11–22 Uhr, Do. 11–23 Uhr. Am Wochenende u. an Feiertagen jeweils 9–22 Uhr.
Eintritt: Erlebnisbad Mo.–Fr.: Erw. 3 Std. € 6,50, Kinder (bis 15 J.) 3 Std. € 4,–, Tageskarte Erw. 9,–
Sauna und Erlebnisbad Mo.–Fr.: Tageskarte Erw. € 15,50, Tageskarte Kinder € 12,50,
Wochenend- und Feiertagszuschlag Erw. € 1,–, Kinder € 0,50. Weitere Preise auf der Homepage.

Hamburg

Hamburger Highlights! Die Weltstadt an der Elbe bietet unzählige spannende Erlebnisse – vom „Gipfeltreffen" der Traumschiffe bei den Cruise Days über weltbekannte Musicals bis hin zum weltgrößten Hafenfest. Die einzigartige nordisch-maritime Lage lässt Besucher aus aller Welt ins Schwärmen kommen. Da ist zunächst der beeindruckende Hafen und als neuer Anziehungspunkt die HafenCity. Die einstige Speicherstadt für Produkte aus aller Welt erfährt zur Zeit eine umfassende Neugestaltung. Alte Speicher sind heute bzw. werden zu Wohnungen, Büros umgestaltet. Am besten kann man den Flair bei einem Bummel durch die Speicherstadt oder eine Besichtigung per Boot auf dem Wasser genießen. Für Shoppingfans bietet Hamburg feinste Flaniermeilen. Hier kann man in traditionell hanseatischen Geschäften ebenso einkaufen wie in den aktuellsten Boutiquen. Brandneu aufgeführt wird das Musical von Udo Jürgens „Ich war noch niemals in New York" oder ab Oktober 2008 „Tarzan". Die zweitgrößte Stadt Deutschlands bietet beste Lebensqualität und internationales Flair. Und das zu jeder Jahreszeit. Wer bisher noch keine Zeit für einen Ausflug in den hohen Norden Deutschlands hatte, sollte jetzt die Koffer packen!

Fotos: Hamburg Tourismus GmbH (HHT)

Wichtig!

Buchungen und weiterführende Informationen unter der Hotline 040/30051-300 (Eintrittskarten -666, Hotelvermietung -351) oder im Internet unter www.hamburg-tourismus.de

Planten un Blomen

Grünes Herz! Planten un Blomen, das bedeutet „Pflanzen und Blumen", ist die grüne Oase mitten in der Stadt. Vom Jungfernstieg, der noblen Einkaufsmeile an der Binnenalster, ist der Park nur einen kurzen Fußmarsch entfernt. Spazierwege führen durch das 45 Hektar große Areal. Zwischendurch laden zahlreiche Cafés zum gemütlichen Plausch ein. Für Kinder gibt es den großen Spielplatz an der St. Petersburger Straße. Die „Bullerberge" und die vielen Wasserspielgeräte bieten ein erlebnisreiches Spielgelände. Für die Kleinen gibt es eine eigene ruhigere Spielecke. An schönen Wochenenden ist zusätzlich die Ponyreitbahn geöffnet. Nach der Umgestaltung der Großen Wallanlagen hat sich die Attraktivität für Kinder und Jugendliche erheblich gesteigert. Das neue Kindertheater, die Töpferstube, die Riesenrutsche, die Neugestaltung des Wasserspielplatzes werden besonders die Kinder begeistern. Die jugendlichen Parkbesucher dürfte es eher zur Seilbahn, zur Minigolf- und Trampolinanlage und besonders zum Streetballfeld ziehen. Überall gibt es Ruhezonen, den Eltern stehen genügend „Beobachtungsbänke" zur Verfügung. In den Wallanlagen (Eingang Holstenwall) befindet sich eine Rollschuhbahn, die im Winter zur Kunsteisbahn umgemodelt wird.

Wichtig!

Lage: Der Park liegt mitten in der Stadt und zieht sich vom Stephansplatz Richtung Dammtorbahnhof zum Fernsehturm und weiter bis zum Millerntor.
www.plantenunblomen.hamburg.de
Anfahrt: U1: Stephansplatz
U2: Messehallen
U3: St. Pauli
S11, S21, S31: Bahnhof Dammtor
Bus: Linie 112, Handwerkskammer
Auskünfte:
Bezirksamt Hamburg-Mitte
Tel. 040/428544723
Fax 040/428545764
Planten un Blomen: Telefon 040/428232125
Wallanlagen: Telefon 040/428232157
Öffnungszeiten: 01.10.08–31.03.09 7–20 Uhr
01.04.–30.04.09 7–22 Uhr
01.05.–30.09.09 7–23 Uhr
Verpflegung: Picknick, Kioske, Cafés, Restaurants

Tierpark & Tropen

Tierpark & Tropen-Aquarium Hagenbeck

Tiere, Park und Kultur! Die grüne Oase mitten in Hamburg ist bei jedem Wetter ein beliebtes Ausflugsziel. Singles, Paare oder Familien mit Kindern – der weitläufige Park bietet jedem etwas. Hier leben 1.850 Tiere aus der ganzen Welt. Einen freien Tag kann man hier ohne Langeweile verbringen, denn man kann die Vielfalt der Tiere in allen Fassetten kennenlernen. Da gibt es beispielsweise exotische Tier- und Freiflugschauen oder das historische Afrika-Panorama, das Orang-Utan-Haus mit beweglicher Freiluft-Kuppel oder die neue Elefanten-Freilaufhalle. Viel Spaß macht es natürlich auch, die Elefanten zu füttern oder auch die Giraffen auf dem Hochstand. Reitfans gehen zum Pony-Reiten oder machen eine Pferde-Kutschfahrt mit. Bei soviel Tieren möchte man auch gerne mal eines streicheln. Die Ziegen im Streichelgehege freuen sich schon darauf!

Im Mai 2007 hat Hagenbeck als neue eigenständige Attraktion neben dem Tierpark sein Erlebnis-Aquarium mit Tropen-Welt eröffnet. Auf 8.000 Quadratmetern kann man die Wunderwelt tropischer Meere, der Urwälder und geheimnisvollen Grotten erleben. Mehr als 14.300 Tiere gibt es zu entdecken – zum Beispiel gefährliche Nil-Krokodile, riesige Gift- und Würgeschlangen, Höhlenfische, Muränen, frei fliegende Flughunde und frei laufende Kattas. Den Höhepunkt bildet die spektakuläre Einsicht in das große Hai-Atoll. Die gebogene Panorama-Scheibe ist 14 m lang, 6 m hoch und 22 cm dick. Das 1,8-Millionen-Liter-Becken bewohnen mehrere Haiarten, Zackenbarsche und andere Riffbewohner.

Wichtig!

Adresse: Tierpark & Tropen-Aquarium Hagenbeck, Lokstedter Grenzstr. 2
22527 Hamburg, Tel. 040/530033-0
www.hagenbeck.de, info@hagenbeck.de
Anfahrt: Hagenbeck liegt nordwestlich der Innenstadt. Sehr gut erreichbar ab dem Zentrum mit der U2, Haltestelle Hagenbecks Tierpark.
Öffnungszeiten: Tierpark: täglich ab 9 Uhr. März–Juni bis 18 Uhr, Juli–Aug. bis 19 Uhr, Sept.–Okt. bis 18 Uhr, Nov.–Feb. bis 16.30 Uhr, Heiligabend/Silvester bis 13 Uhr.
Tropen-Aquarium täglich ab 9 Uhr. Jan.–Dez. bis 18 Uhr
Eintritt Tierpark: Erwachsene € 16,– Kinder (4–16 Jahre) € 11,–
Eintritt Tropen-Aquarium:
Erw. € 13,–, Kinder (4–16 Jahre) € 9,–
Kombikarte Tropen-Aquarium u. Tierpark:
Erw. € 25,–, Kinder (4–16 Jahre) € 16,–
Verpflegung: Picknick, Imbisse, Cafés, Restaurants
Außerdem: Es gibt eine Märchenbahn und einen großen Spielplatz.

Mecklenburg-Vorpommern 51–68

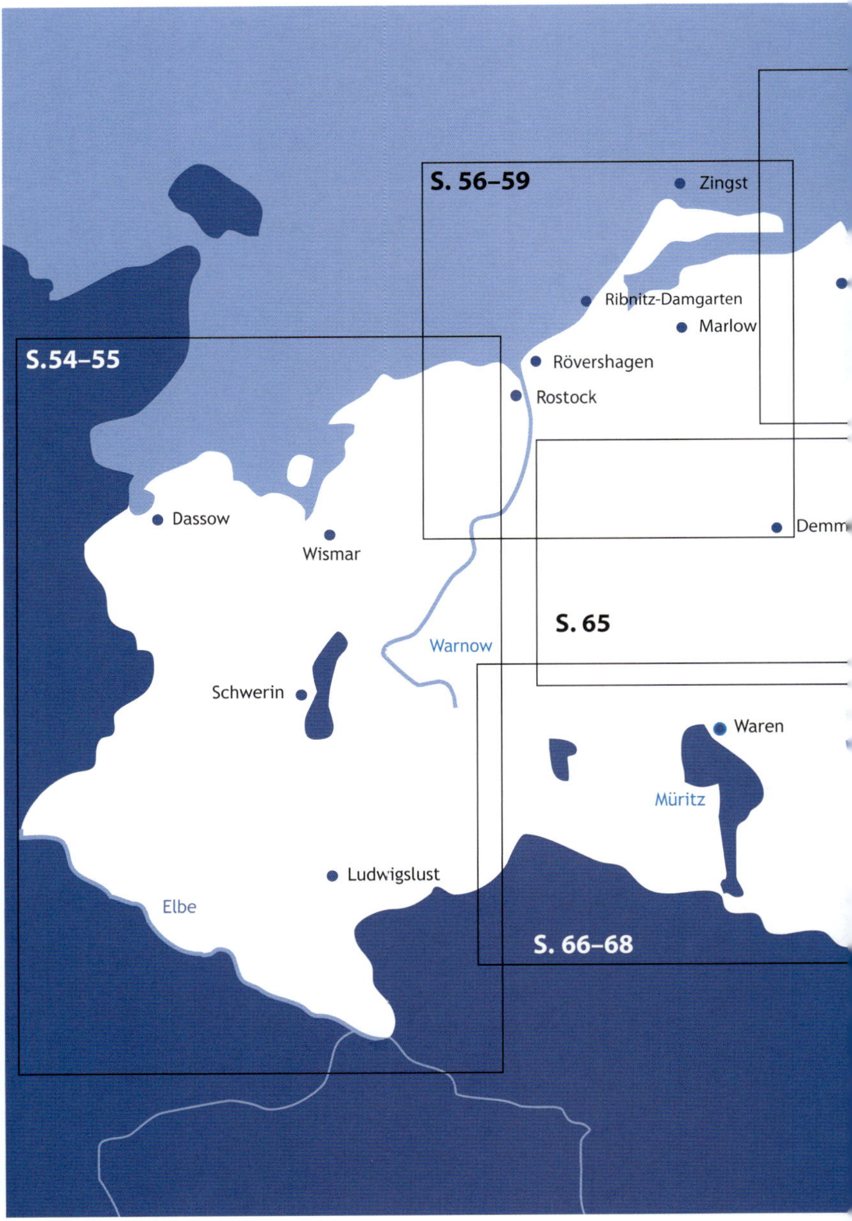
S. 56–59
Zingst
Ribnitz-Damgarten
Marlow
Rövershagen
Rostock
S.54–55
Dassow
Wismar
Demm
S. 65
Warnow
Schwerin
Waren
Müritz
Ludwigslust
Elbe
S. 66–68

S. 60–62
Bergen
S. 63–64
Usedom
Neubrandenburg

Schweriner Land

Eine besondere Faszination geht oft von Städten aus, die ans Wasser gebaut sind – von Stockholm bis Venedig. Solch eine Stadt ist auch Schwerin, die Landeshauptstadt Mecklenburg-Vorpommerns. 30 Prozent ihrer Fläche sind von Seen bedeckt, hinzu kommen über 500 Hektar Wald und Parkanlagen, ganz natürlich im Herzen der mecklenburgischen Seen- und Hügellandschaft, die uns die letzte Eiszeit hinterlassen hat.

Schweriner Zoo

Im Zoo Schwerin sind etwa 600 Tiere in 100 Arten zu sehen. Zur großen Tierfamilie zählen z. B. Giraffen, Breitmaulnashörner, Flachlandtapire, Chapmanzebras, Wasserschweine, Fischotter, Gibbons, Kattas und weitere Affenarten, Löwen, Aras und Gebirgsloris, Humpoldtpinguine, Kuhreiher und Marabus. Im Terrarium kann man Reptilien, Amphibien und Wirbellose betrachten. Haustiere wie Kamerunschafe, Hausschweine, Hühner und Kaninchen leben einträchtig auf Bauer Lehmanns Hof im Zoo und freuen sich auch über Besuch.

Nebenbei bekommen die Kinder und Jugendlichen in der Zooschule, im Forschercamp und Waldhaus naturkundliches Wissen vermittelt. Wissensvermittlung erfolgt auch bei den Schaufütterungen für Pinguine, Pelikane, Kattas und Kapuzineraffen, Bären, Fischotter, Giraffen und Kois. Der Zoo ist eine ausgesprochen familienfreundliche Einrichtung, mit Angeboten für alle Alters- und Interessengruppen. Viele Sonderveranstaltungen über das ganze Jahr mit bunten, zoospezifischen Programmen zu Oster- und Pfingst-, Sommer-, Indianer- und Schultütenfest runden das Programm ab.

Wichtig!

Adresse:
Schweriner Zoo
Waldschulweg 1, 19061 Schwerin
Tel. 0385/39551-0, Fax 0385/39551-30
www.zoo-schwerin.de, info@zoo-schwerin.de
Lage und Anfahrt: Das Areal des Schweriner Zoos erstreckt sich zwischen dem Südufer des Schweriner Sees, dem Faulen See und dem Wohngebiet Großer Dreesch auf einer Fläche von etwa 25 ha.
Saison: Hautsaison März bis Mitte Nov., Nebensaison Mitte November Bis Ende Februar
Öffnungszeiten: täglich 10–16 Uhr
Kassen bis 15 Uhr geöffnet
Eintritt: Erwachsene € 8,50
Ermäßigte (Kinder von 3–16 Jahre) € 4,–
Familienkarte € 21,–
weitere Preise auf Anfrage

Schlossfestspiele Schwerin

Schwerins Alter Garten mit seinem unübertroffenen Architektur-Ensemble aus Staatstheater, Staatlichem Museum und Märchenschloss könnte geeigneter für eine Open-Air-Arena nicht sein. Seit 1993 finden hier alljährlich die SCHLOSSFESTSPIELE SCHWERIN mit großem Publikumserfolg statt. Ihr Markenzeichen sind hochkarätige Inszenierungen, eine atemberaubende Kulisse, international bekannte Solisten, große Chöre und die traditionsreiche Mecklenburgische Staatskapelle Schwerin. Der Erfolg und das internationale Renommee belohnen das Konzept des Staatstheaters: Im größten Festspielmagazin Europas rangieren die SCHLOSSFESTPIELE SCHWERIN seit 2007 im internationalen Vergleich auf Platz drei. 2008 sahen 45.000 Besucher „Carmen" – im Sommer 2009 werden unmittelbar neben der Bundesgartenschau erstmals gleich zwei Open-Air-Inszenierungen gezeigt. Vom 26. Juni bis 31. Juli wird Mozarts berühmteste Oper „Die Zauberflöte" und vom 8. bis 30. August das Musical „Sorbas" mit Gojko Mitic in der Titelrolle zu erleben sein. Vorstellungen jeweils mittwochs bis sonntags 21 Uhr. Die Tourist-Information Schwerin bietet zum Event die Kurzreise „Schlossfestspiele" an – mit Angebotsvarianten. Bei dem Paket „PUR" ab € 150 sind neben einer Übernachtung mit Frühstück und einem Kaffeegedeck im Schlosscafé auch Eintrittskarten für das Schlossfestspiel, Schlossmuseum und die BUGA sowie eine Fahrt mit der Weißen Flotte auf dem Schweriner See enthalten.

Wichtig!

Adresse:
Mecklenburgisches Staatstheater Schwerin
Alter Garten 2, 19055 Schwerin
Infos zu Aufführungen:
www.theater-schwerin.de
Kartentelefon: 0385/5300-123
E-Mail: kasse@theater-schwerin.de
Tourist-Information Schwerin
Am Markt 14, 19055 Schwerin
Tel.: 0385/59252-12/-13/-14
E-Mail: info@schwerin.com
kurzreisen@schwerin.com

Mecklenburger Bodden-Küste

An der Ostesee gibt es mehrere Boddengebiete. Die Bodden sind typisch für die Küste Vorpommerns, aber auch an der mecklenburgischen Küste sowie in Dänemark gibt es diese typischen flachen inneren Küstengewässer. Ein Bodden ist ein vom offenen Meer durch Landzungen abgetrenntes Küstengewässer. Das Boddengebiet kann wie eine große Lagune aussehen, die nur über schmale Meeresarme mit dem offenen Meer in Verbindung steht. Eine kleinere Bucht innerhalb dieser Bodden wird auch als Wiek bezeichnet. Entstanden sind die Landzungen der südlichen Ostseeküste und die dahinter liegenden Boddengewässer durch den so genannten Küstenausgleich seit der letzten Eiszeit. Geologisch betrachtet sind Boddengewässer junge geologische Bildungen. Boddengewässer haben einen geringeren Salzgehalt als die Ostsee, da einmündende Fließgewässer laufend Süßwasser liefern und der Wasseraustausch mit dem offenen Meer lediglich über die Flutrinnen erfolgt. Für Natur- und Tierliebhaber sind Boddengewässer sehr interessante Entdeckungsgebiete. Wichtige Bodden in Mecklenburg-Vorpommern sind beispielsweise die Darß-Zingster Boddenkette, die West- bzw. Nordrügener Boddenkette und der Greifswalder Bodden.

Boddenfahrten

Zu erlebnisreichen Schiffsfahrten durch die Boddenlandschaft kann man mit den Fahrgastschiffen MS „Ostseebad Wustrow", MS „Bültenkieker" und MS „Boddenkieker" starten. Die Schiffe fahren ab den Häfen Ribnitz-Damgarten, Dierhagen, Wustrow, Ahrenshoop, Born und Bodstedt. Während den etwa 2-stündigen Fahrten kann man dann über die Größe der Boddengewässer staunen oder auch über die aufregenden Kontraste, die sich auf der schmalen Durchfahrt in den Neuendorfer und Borner Bülten (kleine Schilfinseln) offenbaren. Mit etwas Glück kann man die Rohrweihe, Seeadler und natürlich auch unsere Kegelrobben beobachten.

Wichtig!

Adresse:
Fahrgastbetrieb Kruse und Voß GmbH
Hafenstraße 7, 18347 Wustrow
Tel. 038220/588, Fax 038220/81120
Funktelefon an Bord: 0172/3896090
abc-ostsee@t-online.de
www.boddenschifffahrt.de

Saison: Haupt- und Nebensaisonbetrieb, Abfahrten von allen Häfen mehrmals täglich. Detaillierte Fahrpläne für die einzelnen Ausflüge im Internet. Bei Sturmwarnung, Niedrigwasser und Nebel können die Fahrten ausfallen.

Fahrpreise: Je nach Tour und Fahrtzeit unterschiedliche Preise.

Verpflegung: Gastronomie an Bord

Vogelpark Marlow

Bunte Vogelwelt und mehr! Der Vogelpark Marlow liegt in unmittelbarer Nähe zur Ostseeküste, eine der schönsten und ursprünglichsten Landschaften im Norden Deutschlands.

Auf 22 Hektar zeigt der Vogelpark einen bunten Querschnitt durch die vielgestaltige Welt der Vögel. Ca. 100 Arten aus allen Erdteilen sind zu sehen. In großzügig gestalteten und überwiegend begehbaren Anlagen leben die Tiere in naturnah gestalteten Lebensräumen. So können z. B. Pelikane, Wellensittiche, Präriehunde, Affen oder Flamingos hautnah besucht und teilweise sogar gefüttert werden.
Außerdem können tauchende Pinguine an einer 12 m langen Glasfront beobachtet werden und ein Tropenhaus lädt zum Spaziergang in die Tropen ein. Das Highlight des Parks sind allerdings die mehrmals am Tag stattfindenden Tierpräsentationen, in denen Adler, Papagei und Co. ihr Können zeigen. Für die kleinen Gäste gibt es zudem einen riesigen Abenteuerpfad in den Baumkronen, der zum Tollen und Toben einlädt.

Wichtig!

Adresse und Anfahrt:
Vogelpark Marlow
Kölzower Chaussee 01
18337 Marlow
Tel. 038221/265
Fax 038221/42868
www.vogelpark-marlow.de.
Von Ribnitz-Damgarten fährt man auf der B 105 in Richtung Osten (Stralsund), im Ort geht die Straße nach dem südlich gelegenen Marlow ab.
Saison: März bis Oktober
Öffnungszeiten: 9–17 Uhr, Aufenthalt im Park bis Einbruch der Dunkelheit.
Eintritt: Erwachsene € 10,–
Kinder € 5,–
Ermäßigung (Schüler, Studenten, Wehr- und Zivildienstleistende, Schwerbehinderte) € 8,–
Familie (2 Erwachsene / 2 Kinder) € 25,–
Hund € 5,–
Verpflegung: Kiosk mit Terrasse und Restaurant

Zingster Experimentarium

Der Neugier gehört die Zukunft! Experimentieren erwünscht! Mitten im Nationalpark Vorpommersche Boddenlandschaft und nur 100 Meter vom Ufer der Ostsee entfernt kann man die Naturgesetze hautnah erleben, begreifen und sicher auch bestaunen.

Im Zingster Experimentarium werden die Gesetzmäßigkeiten von Mechanik, Optik und Elektrotechnik auf verblüffende Weise dargestellt.

Durch das persönliche Ausprobieren werden die Geheimnisse der Wissenschaft ganz leicht begreifbar. Von 5 bis 95 – hier findet jeder etwas Wissenswertes und Interessantes.

Da kann man zum Beispiel erleben was chladnische Klangfiguren sind, wie der Turm von Hanoi gebaut wird, wie die Ionenorgel klingt, wie ein Wassertornado aussieht u.v.m.

Etwas für Praktiker ist unserer Außenbereich. Hier geht es darum seine Geschicklichkeit zu beweisen, denn hier kann man seinen Führerschein für ferngesteuerte Zeesenboote und seinen Traktorführerschein erwerben. Ein besonderes Highlight für alle Besucher ist die Wasserförderung per Muskel- und Sonnenkraft.

In unserer Pfiffikuswerkstatt haben unsere Kleinen und Großen Gäste die

Möglichkeit ihre handwerklichen Fähigkeiten unter Beweis zu stellen, denn hier finden ständig Workshops statt.

Wichtig!

Adresse:
Experimentarium
Seestraße 76, 18374 Zingst
Tel. 038232/84678, Fax: 038232/84679
www.experimentarium.de
experimentarium@zingst.de

Anfahrt: A 19 Richtung Rostock
B 105 in Richtung Ribnitz-Damgarten, von dort auf die Halbinsel Fischland-Darß-Zingst und dort direkt am Ortseingang

Saison: ganzjährig geöffnet

Öffnungszeiten: Im Juli und August täglich von 10–18 Uhr, ab 10.7. 10–19 Uhr, übrige Zeit Plan siehe Internet. Für Gruppen (auf Anmeldung!) öffnet das Experimentarium auch zusätzlich.

Eintritt mit Kurkarte: Erwachsene € 4,90
Kinder ab 5 Jahre € 3,90
Familienkarte (2 Erw. + 2 Kinder) € 15,–

Eintritt ohne Kurkarte: Erwachsene € 6,–
Kinder € 4,50 (bis 4 Jahren frei)

Verpflegung: in der Gaststätte und Bistro gegenüber

Außerdem: Interessanter Experimentarium-Shop

Zoo Rostock

Auf Entdeckungsreise gehen, spannende Abenteuer erleben, 1.500 Tieren in 250 Arten aus aller Welt begegnen – im Rostocker Zoo ist das ganze Jahr Erlebniszeit.

Spannend geht es zu in der Großkatzenanlage mit Löwen, Jaguaren und Schneeleoparden, viel Spaß gibt es bei den possierlichen Erdmännchen als „Untermieter" auf dieser Tieranlage.

Die täglichen aktionsreichen Fütterungen der Robben und Bären, Elefanten, Kamele, Zebras und Pinguine beeindrucken die Besucher immer wieder.

Wer Magie und Mythen in der Tierwelt entdecken möchte, sollte dem „Magischen Tierpfad" mit über 20 Zauberbüchern folgen.

Vom Themenweg „Magie" zum Themenweg „Wasser", der seinen Lauf durch den gesamten Zoo nimmt – blauen Hinweispfählen folgen!

Auch das hat nicht jeder: Erfahrungsstationen neben den Tieranlagen zum Klettern wie ein Affe und Schleichen wie ein Luchs, Abenteuerspielplätze und Streichelgehege oder entlang dem „Weg des Wassers" – Wasserspiele für die ganze Familie.

Der Rostocker Zoo erhielt vom Landestourismusverband MV die Auszeichnung „Familienfreundliche Einrichtung", ein Gütesiegel zur geprüften Ferienqualität.

Wichtig!

Adresse:
Zoologischer Garten Rostock
Rennbahnallee 21, 18059 Rostock
Tel. 0381/20820
www.zoo-rostock.de, post@zoo-rostock.de
Eingänge: Barnstorfer Ring und Trotzenburg
Anfahrt: A 20 direkt zum Zoo/Bus- und PKW-Zufahrt ausgeschildert.
Saison: ganzjährig
Öffnungszeiten: täglich ab 9 Uhr
Eintritt: Erwachsene € 11,–, Kinder € 6,– Combi Card 1 (1 Erw. und 2–3 Kinder) € 21,– Combi Card 2 (2 Erw. und 2–3 Kinder) € 31,– Kinder/Schülergruppen ab 10 Personen € 5,– pro Person (1 Begleitperson frei), Gruppen Erw. ab 10 Pers. € 9,– pro Pers., Hunde € 6,–
Verpflegung: Gastronomie, Zoo-Shops
Service: Bollerwagen-Verleih, Erlebnisführungen, Kindergeburtstagsfeiern
Extras: Der besondere Urlaubstag „Einmal Tierpfleger bei Robben oder Löwen sein".

Rügen

Wenn die Rügener vom „Rasenden Roland" sprechen, dann ist das keine freundliche Umschreibung eines Amokläufers – gemeint ist die museale Schmalspurbahn, die seit Jahrzehnten unverdrossen über Deutschlands größte Insel dampft. Die Kunstgeschichte verdankt Rügen sehr viel, denn hier ließ sich der Romantik-Maler Caspar David Friedrich auf drei längeren Wanderungen in den Jahren 1801, 1802 und 1806 zu zahlreichen seiner Gemälde inspirieren, so entstanden zum Beispiel die „Kreidefelsen auf Rügen".

Fahrten mit dem Fischerboot

Sobald es das Wetter zulässt, sticht der Hochseekutter mit dem traditionsbewussten Namen „M.J. Kalinin" mehrmals täglich und zu jeder Jahreszeit in See. Bei schlechtem Wetter wird nicht rausgefahren, bei schönem Wetter ist die Seefahrt ein Genuss! Die Fahrten beginnen an der Sassnitzer Mole und dauern, je nach Tour, ca. 2 Stunden. Die 2-stündigen Fahrten führen zu den Kreidefelsen und zum Königsstuhl. Wenn der Kapitän gute Laune hat, dürfen die Kinder auf die Brücke – ein Erlebnis, von dem kleine Seeleute noch Wochen später mit stolzgeschwellter Brust erzählen. Auch der Maschinenraum kann manchmal besichtigt werden, man muss nur nett fragen! An Bord gibt es vorwiegend frischen Räucherfisch, das Essen kommt stilecht aus der Kombüse. Kleine Seeleute können ein „Kapitänspatent" erwerben und bekommen 10 % Rabatt gewährt.

Wichtig!

Adresse:
KTG Kalinin Touristik GmbH
Kapitänsweg 4
18546 Sassnitz
Tel.+ Fax 038392/32180
Bordtel. 0171-7258234
Kalinin-sassnitz@t-online.de
www.kalinin-sassnitz.de

Anfahrt: Sassnitz liegt rund 25 km von Bergen entfernt und ist über die B 96 zu erreichen. Der Stadthafen ist ausgeschildert.

Saison: Ende März bis Ende Oktober

Fahrten: die 2-Stunden-Fahrt entlang der Kreideküste startet täglich um 10, 12, 14 und 16 Uhr. Weitere Routen (auch Abend- und Angeltouren) sind möglich, ebenso Gruppentouren auf Vorbestellung.

Fahrpreise: Erwachsene € 11,50
Kinder bis 12 Jahre € 5,50
Weitere Preise auf Anfrage.

Störtebeker Festspiele in Ralswiek

Piraten-Abenteuer! Die Naturbühne Ralswiek am „Großen Jasmunder Bodden" gelegen, ist die passende Kulisse für die Störtebeker Festspiele, die dort jeden Sommer stattfinden.

Zur Zeit der Hanse hielt der Freibeuter Störtebeker die reichen „Pfeffersäcke" in Atem. Erzählt wird jedes Jahr eine neue Episode aus dem Leben des legendären Seeräubers. Jeweils am Ende eines Zyklus, der über fünf bis sechs Jahre geht, rollt dann auch sein Kopf. Über 8000 Zuschauer verfolgen gebannt das Schauspiel auf der Bühne. Koggen kreuzen auf dem Bodden, Lanzenreiter kämpfen in farbenprächtigen Kostümen mit dem „Robin Hood der Meere". Das Stück eignet sich für Kinder ab fünf Jahren.

Wichtig!

Adresse:
Störtebeker Festspiele
Am Bodden 100, 18528 Ralswiek/Rügen
Tel. 03838/31100, Fax 03838/313192
www.stoertebeker.de, info@stoertebeker.de
Anfahrt: Die Bühne ist ab Bergen/Rügen ausgeschildert.
Zeiten: täglich um 20 Uhr, außer am Sonntag
Saison: 20. Juni bis 05. September 2009 täglich außer am Sonntag
Eintritt:
Platzgruppe I: Erw. € 28,–, Kinder € 21,–
Platzgruppe II: Erw. € 25,–, Kinder € 18,–
Platzgruppe III: Erw. € 22,–, Kinder € 15,–
Rang I: Erw. € 19,– Kinder € 12,–
Rang II: Erw. € 12,–, Kinder € 10,–/
Familien ab 5 Personen Erw. € 10,–, Ki. € 8,–
Gruppen ab 21 Personen:
Erw. € 8,– Kinder € 6,–
(Die Platzgruppen I bis III und Rang I sind nummeriert, der Rang II sind nicht nummeriert. Kinderpreise gelten auf allen Plätzen bis 15 Jahre)
Zuzüglich einmalig pro Bestellung Porto & Bearbeitungsgebühr € 3,–, bei Onlinebuchung unter www.stoertebeker.de zuzüglich € 0,50 Systemgebühr pro Karte.
Tickets und Auskunft:
Tel. 03838/31100 oder siehe Internet-Adresse oben
Verpflegungsstände: Imbissdorf im Theater

Der „Rasende Roland“

Eisenbahnromantik! Steigen Sie ein zu einer kleinen Zeitreise in die Vergangenheit und genießen Sie das Erlebnis einer nostalgischen Bahnfahrt. Laut schnaufend und mit viel Dampf präsentiert sich Rügens technisches Denkmal auch heute noch auf 750 mm schmaler Spur. Die täglich verkehrenden Züge erreichen eine Höchstgeschwindigkeit von 30 km/h und fahren auf der 24,2 km langen Strecke zwischen Putbus und Göhren. In den Sommermonaten wird darüber hinaus bis Lauterbach Mole gefahren. Der Fahrzeugpark besteht aus sieben Dampflokomotiven und zwei Dieselloks sowie verschiedenen Reisezugwagen, Traditionswagen und Packwagen.

Wichtig!

Adresse und Anfahrt:
Rügensche BäderBahn „Rasender Roland“
Bahnhofstraße 1a
18586 Ostseebad Göhren (Rügen)
Büro: Gartenstraße 5, 18528 Bergen (Rügen)
Tel. 03838/813594, Fax 03838/813598
www.ruegensche-baederbahn.de
ruegen@pressnitztalbahn.com
Saison/Fahrzeiten: ganzjährig
Fahrpreise: z. B. Putbus–Göhren, einfache Fahrt: Erw. € 8,–
Kinder (6–13 Jahre) € 4,–
Verpflegung: Picknick, Gastronomie an den Bahnhöfen und in den Zügen

Theater für Kinder in Putbus

Märchen und Geschichten! Monatlich (außer Januar & während des Theatersommers) gibt es Aufführungen für Kinder. Meist finden die Vorstellungen Sonnabend oder Sonntag um 15.00 Uhr statt. Es werden Märchen oder Stücke nach beliebten Kinderbüchern gezeigt. Die Altersbegrenzung liegt oft bei 6 oder 7 Jahren, selten bei 4 Jahren. Den aktuellen Spielplan erfährt man unter 038301/8086, in Tageszeitungen oder im Veranstaltungsmagazin „Rügen aktuell“.

Wichtig!

Adresse und Anfahrt:
Theater Vorpommern GmbH Theater Putbus, Markt 13, 18581 Putbus
Kartentelefon: 038301/8086. Putbus liegt südlich von Bergen. Ticketshop im Internet: www.theater-vorpommern.de
Zeiten: aktuellen Spielplan tel. erfragen
Saison: Anfang Februar bis Ende Dezember
Eintritt: Erwachsene ca. € 9,–, Kinder € 5,–
Verpflegung: Gastronomie eine Stunde vorher im Theater

Insel Usedom

Der schönste Platz am Meer. Nirgendwo in Deutschland scheint die Sonne so häufig wie auf der Sonneninsel Usedom. Ein Tag auf Usedom ist schöner als der andere. Wenn man früh genug aufsteht, sieht man die Sonne am Horizont langsam über der Ostsee emporsteigen. Tief durchatmen! Das ist der Duft von Meer. Die würzige Luft auf Usedom ist unverwechselbar. Wo sonst treffen Meer und Natur so einzigartig zusammen. Der 42 Kilometer lange und bis zu 70 Meter breite weiße Sandstrand ist wie geschaffen für Kleckerburgenbauer, Strand-Jogger, Sonnenhungrige, Bernsteinsammler und Eisbader. Zu Fuß über die Wellen geht es auf fünf Seebrücken. Von Deutschlands ältester Seebrücke in Ahlbeck kann man zur europaweit längsten in Heringsdorf flanieren. Faszinierende Villen aus der Kaiserzeit säumen die 8,5 Kilometer lange Kaiserbäder-Promenade. Usedom ist der schönste Platz am Meer.

Wichtig!

Adresse: Usedom Tourismus GmbH
Infotelefon & Prospekte 038378/477110
Buchungshotline 01805/583783
(14 Cent/Min)
www.usedom.de
info@usedom.de

Anreise:
Egal ob fürs Wochenende oder in den großen Ferien:
Usedom erreicht man über die Ostseeautobahn A 20, mit der Deutschen Bahn – oder mit dem Flieger aus sechs Großstädten Deutschlands.

Usedomer Strandspaziergang

Wer früh genug aufsteht, der erlebt, wie am eigentlich piekfeinen Strand der Insel tuckernde Fischkutter mit brummigen Fischerleuten anlegen. Tagsüber tragen die auf das Trockene gezogenen Boote zum maritimen Ambiente bei. Ein sehr guter Ort, um eine Wanderung zu starten, ist das kleine Seeheilbad Bansin, das rund acht Kilometer vor der polnischen Grenze liegt. Links den Strand entlang, geht es zum Ausblickspunkt „Langer Berg", den man nach 20 Minuten erreicht. Schön ist auch die Wanderung über Heringsdorf zum Seeheilbad Ahlbeck, die, an der Strandpromenade entlang, vorbei an entzückenden Villen der „3 Kaiserbäder" aus der Gründerzeit führt.

Wichtig!

Adresse:
Die „3 Kaiserbäder" Ahlbeck, Bansin, Heringsdorf erreicht man ab Anklam oder Wolgast über die Bundesstraßen B 110 oder B 111. Im Ort sind Parkplätze ausgewiesen.
www.drei-kaiserbaeder.de
Weitere Infos zur Insel:
www.usedom.de
Tel. 038378/477110

Ostseetherme Insel Usedom

Subtropische Badefreuden! Das Badeparadies mit modernem Kurmittelhaus und Gesundheitsstudio liegt auf der Ostseeinsel Usedom zwischen den Seeheilbädern Ahlbeck und Heringsdorf. Sechs Badebecken, davon 5 angereichert mit Heringsdorfer Jod-Sole, Wasserfall, Grottenrutsche, römisches Dampfbad, finnischer Saunatreff u.v.a.m. inmitten einer exotischen Pflanzenwelt werden zum Treffpunkt für alle Gesundheitsbewussten und Badevergnügungssüchtigen.

Wichtig!

Adresse und Anfahrt:
Ostseetherme Usedom, Lindenstr. 60
17419 Seebad Ahlbeck, Tel. 038378/2730
www.ostseetherme-usedom.de
ostseetherme@DREI-Kaiserbaeder.de.
Öffnungszeiten: Mai–Okt.:
Mo. bis Sa. 10–22 Uhr, So. 10–20 Uhr
Nov.–April: Mo. bis Sa. 10–21 Uhr,
So. 10–20 Uhr
Eintritt: verschiedene Tarife für alle Angebote. Ein Beispiel: 2 Std. für Erwachsene mit Kurkarte € 10,50, 2 Std. Kinder mit Kurkarte € 7,–. Weitere Preise unter www.ostseetherme-usedom.de

Mecklenburgische Schweiz

Im Herzen der Mecklenburgischen Schweiz stehen die sieben tausendjährigen Eichen von Ivenack. Das sind, so weiß es eine Sage, verzauberte Nonnen. Sie ließen sich, weil sie des Nonnendaseins überdrüssig waren, vom Teufel aus dem Kloster führen. Der stellte die Bedingung, dass sie sich auf dem Weg nicht umdrehen dürften. Sie taten es trotzdem, das quittierte der Leibhaftige mit einer Verwünschung. So stehen die Nonnen noch am heutigen Tage auf der Stelle und treiben Wurzeln in die Erde. Der Wald mit den tausendjährigen Eichen ist Zentrum eines sehenswerten Tierparks.

Reiten im Gestüt Ganschow

Ideal für Pferdenarren! Kleinen und großen Pferdeliebhabern schlägt hier das Herz höher: Etwa 8 km von Güstrow entfernt – Richtung Goldberg – liegt das Gestüt Ganschow. In malerischer Umgebung ist das Gestüt mit seinen etwa 350 Pferden die größte Zuchtstätte edler Pferde auf Mecklenburger/Hannoveraner Grundlage und reinster Trakehner Abstammung in Mecklenburg-Vorpommern. Ganzjährig stehen nette kleine Ferienwohnungen für Urlaubsgäste zur Verfügung. Es ist schon etwas Besonderes, beim Erwachen die Huftritte und das Wiehern einer großen Pferdeherde zu hören, die vom Stall auf die großzügigen Weideflächen, umsäumt von herrlichen Mischwäldern, gebracht wird. Kinder, die Pferde lieben, können unvergessliche Ferientage im Gestüt verleben. Jedes Kind bekommt sein eigenes Pferd für diese Zeit zum Reiten, Pflegen, Verwöhnen und Schmusen. Und mit viel Glück kann man zusehen, wie eine Stute ihr Fohlen zur Welt bringt. Angebote: Urlaub im Sattel, Tagesritte, Kutsch- und Kremserfahrten (auch mit Picknick), Gestütbesichtigungen für Gruppen, Reit- und Fahrlehrgänge für Anfänger und Fortgeschrittene, Hochzeitskutschen, Organisation von Gruppenaufenthalten (inklusive Übernachtung). Besondere Höhepunkte sind die jährlich stattfindenden Stutenparaden.

Wichtig!

Adresse: Gestüt Ganschow, 18276 Ganschow
Tel. 038458/20226, Fax 20227
www.gestuet-ganschow.de
gestuet-ganschow@t-online.de
Anfahrt: Das Gestüt liegt ca. 8 km südwestlich von Güstrow, in Richtung Goldberg, die Außenstelle „Alt Sammit“ 2 km westlich von Krakow am See. Krakow erreicht man über die B 103 ab Güstrow in südlicher Richtung.
Veranstaltungen: Die Ganschower Stutenparaden finden im Jahr 2009 statt am: So., 12. Juli, am So., 19. Juli sowie Sa., 25. Juli, Beginn jeweils 13 Uhr.

Mecklenburgische Seenplatte

Schreiadler und Schwarzstorch, Fischadler und Kranich – im Land der tausend Seen finden sie noch ein Refugium. Dichte Wälder und weite Felder prägen das Bild, und hinter jeder Kurve wartet das nächste Gewässer. Diese Landschaft eignet sich ideal für ausgiebige Fahrrad- und Motorradtouren. Die Bewohner dieses Landstrichs gelten als dickfellig und ein wenig mürrisch. Wenn man einen Einheimischen aber ein zweites Mal trifft, merkt man, dass er von großer Herzlichkeit ist.

Schiffsfahrt auf dem Malchower See

Wer die Mecklenburger Seenplatte bereist, ohne eine Schiffsrundfahrt zu machen, hat das Schönste versäumt. Die besonderen Reize dieser Region erschließen sich erst so richtig auf dem Wasser. Die Malchower Fahrgastschifffahrt bietet eine Vielzahl interessanter Rund- und Tagesfahrten an. So geht es z. B. mit der MS „Warsteiner" und der MS „Klaus Störtebeker" auf Fahrt auf „den großen Seen". Erlebnisreich ist die große 4-Seen-Rundfahrt, während der man 2 Kanaldurchfahrten miterlebt. Eine große Naturkundefahrt führt über 8 Seen und vermittelt ein wirklich eindrucksvolles Naturerlebnis. Fröhlich und unterhaltsam geht es zu auf den abendlichen Lampionfahrten mit Live-Musik und Tanz. An kühlen Tagen ist das Bordrestaurant übrigens beheizt.

Wichtig!

Adresse:
Malchower Fahrgastschifffahrt
Kirchenstr. 6
17213 Malchow
Tel. 039932/83256
Fax 039932/83326
www.fahrgastschifffahrt-mecklenburgische-seenplatte.de

Anfahrt: Der Anleger befindet sich mitten in der Stadt gegenüber der Klosterkirche und ist ausgeschildert

Saison: Hauptsaison ist von Mai bis September

Fahrzeite und Preise: Je nach Tour, daher tel. erfragen

Verpflegung: Gastronomie an Bord, Picknick

Drumherum: kleiner Stadtbummel in Malchow nach der Rückkehr

Paddeln im Land der Tausend Seen

Ein Freizeit- und Urlaubserlebnis, ja durchaus ein neues Lebensgefühl, vermittelt das Geflecht an Seen- und Flusslandschaften im Müritz-Nationalpark. Mehr als 100 große und kleine Seen sind ideale Ausgangspunkte, um sich frei wie ein Indianer zu fühlen. Durch den Nationalpark führen zwei Gewässerstrecken, die sich sehr gut für Wasserwander-Touren eignen. Beispielsweise können Sie für eine Kanuwandertour die Strecke auf der Havel von Kratzeburg in Richtung Süden wählen. Folgen Sie dem Fluss durch mehrere Seen bis zum Ausgang am Useriner See. Ein Vorschlag für eine Tagestour beginnt in Granzin, wo auch ein Bootsverleih anzutreffen ist. Die Strecke führt über den Pagelsee, den Zotzensee und Jäthensee. Von dort treten Sie schließlich den Rückweg an. Eine beeindruckende Wassertour mit einer urwüchsigen Sumpf- und Schilfuferlandschaft! Nicht weniger faszinierend ist es, die Naturlandschaft aus der anderen Perspektive – per Fahrrad – zu erkunden. Kein Wunder also, dass Radwandertouren von Hotel zu Hotel immer beliebter werden. Hier bietet sich beispielsweise der Müritz-Radrundweg an. Er hat eine Länge von ca.110 km und führt von Waren (Müritz) am Ostufer der Müritz durch den Müritz-Nationalpark. Und wer im Urlaub mal so richtig in die Pedale treten will, der wählt den Radfernweg Lüneburg-Usedom, den Mecklenburgischen Seenradweg.

Wichtig!

Eine Fülle von interessanten und sportlichen Freizeit- und Urlaubsangeboten kann man auch beim Tourismusverband „Mecklenburgisch Seenplatte e.V." erfragen.

Adresse:

Tourismusverband „Mecklenburgische Seenplatte" e.V
Turnplatz 2, 17207 Röbel/Müritz
Tel. 039931/538-0, Fax 039931/538-29
www.mecklenburgische-seenplatte.de

Weitere Info im Internet:

info@mecklenburgische-seenplatte.de
www.nationalpark-mueritz.de

Radeln im Land der Tausend Seen

Langgezogene Alleen, knorrige Bäume, goldgelbe Ähren im lauen Wind und immer wieder der Blick auf einen glitzernden See … Radwandern in der Mecklenburgischen Seenplatte ist ein eindrucksvolles und vielfältiges Erlebnis. Mehr als 1000 tiefblaue Seen, ausgedehnte Wälder, Fischadlerhorste, Kormorankolonien, Storchennester und verschwiegene Strände im Schilf sind nur ein kleiner Einblick in die Erlebnisse, die einen hier erwarten. Ob Tagestour, mehrtägige Tour oder organisierte Rundreise mit Hotelbuchung und Gepäcktransfer – als Radwanderer bestimmt man selbst Anfangs- und Endpunkt seiner Etappen. Unterwegs gibt es übrigens reichlich Ausflugslokale, Cafés und Restaurants, in denen man einheimische Köstlichkeiten, kleine Snacks und erfrischende Getränke genießen kann.

Eine beispielsweise Tagestour von 48 km führt durch ein erlebnisreiches Gebiet mit viel Geschichte, denn fünf Museen machen die Tour so interessant. So wartet z.B. die Stadt Penzlin mit einer Burg auf, in der sich ein Museum für Magie und Hexenverfolgung befindet. Ein kurzer Abstecher nach Gevezin und schon ist Winnetou allgegenwärtig, denn hier befindet sich die weltgrößte private Ausstellung der nordamerikanischen Indianer-Ethnographie.

Gleich um die Ecke schon wieder ein Museum – das Slawendorf Passentin. Es ist ein rekonstruiertes Wehrdorf, welches die Geschichte der Slawen modern und anschaulich erzählt. Und weiter geht's nach Hohenzieritz. Im Schloss befindet sich die Königin-Luise-Gedenkstätte. Außerdem befindet sich hier eine Ausstellung über den sehenswerten englischen Landschaftspark, der sich dem Schloss anschließt. Übrigens ist er der älteste Landschaftspark Norddeutschlands! Und zum Schluss noch ein Stopp in Ankershagen, im einzigen Heinrich-Schliemann-Museum der Welt. Hier erfahren die Gäste anschaulich alles über das Leben vom Troja-Entdecker Heinrich Schliemann.

Viele weitere Tipps findet man in der Broschüre „Radeln im Land der Tausend Seen" des Tourismusverbands. Interessant auch die Broschüre „Campen im Land der Tausend Seen".

Wichtig!

Weitere Infos:

Tourismusverband „Mecklenburgische Seenplatte" e. V.
Turnplatz 2, 17207 Röbel/Müritz
Telefon: 039931/538-0
Telefax: 039931/538-29
info@mecklenburgische-seenplatte.de
www.mecklenburgische-seenplatte.de

Niedersachsen	**69–100**
Bremen	**101–102**

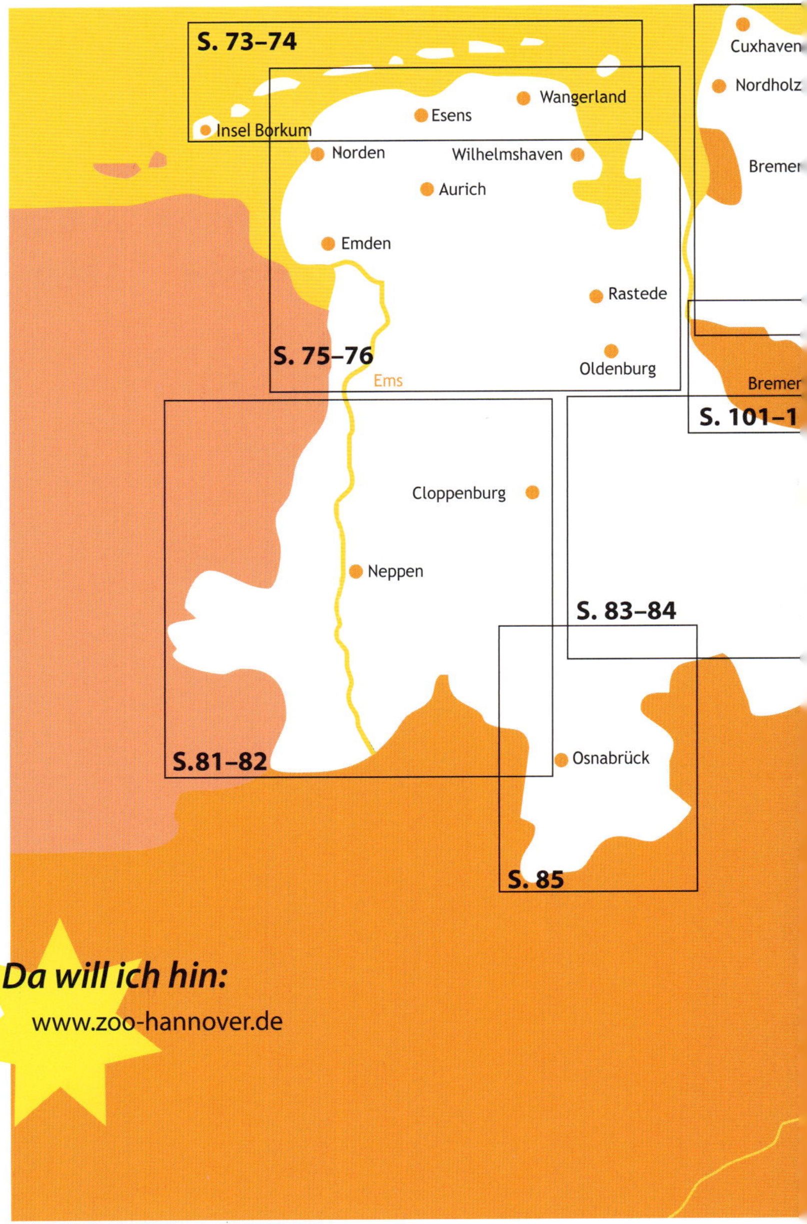

Da will ich hin:

www.zoo-hannover.de

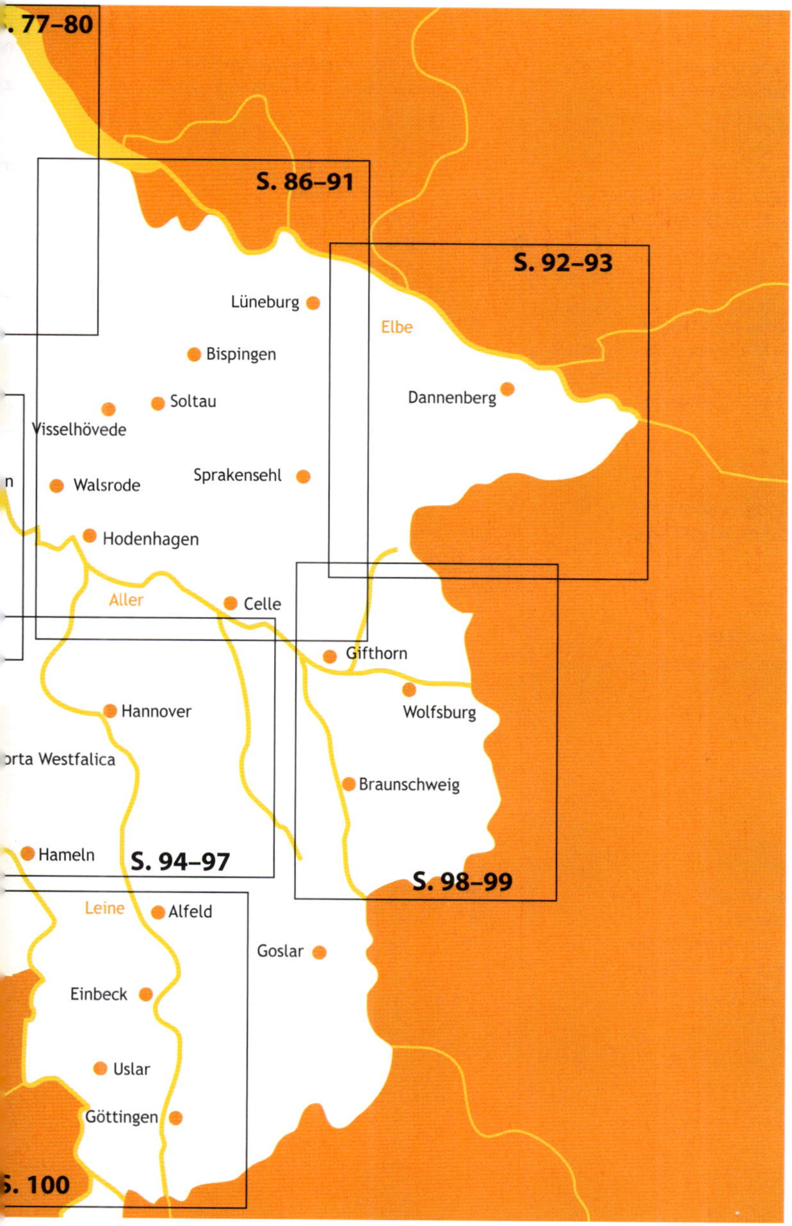

S. 77–80
S. 86–91
S. 92–93
Lüneburg
Elbe
Bispingen
Dannenberg
Soltau
Visselhövede
Walsrode
Sprakensehl
Hodenhagen
Aller
Celle
Gifthorn
Wolfsburg
Hannover
Porta Westfalica
Braunschweig
Hameln
S. 94–97
S. 98–99
Leine
Alfeld
Goslar
Einbeck
Uslar
Göttingen
S. 100

Gezeitenland Borkum

Baden auf 3 Decks! Den gelben Leuchtturm sieht man schon von Weitem. Wenn Sie direkten Kurs nehmen, landen Sie bei Fitness, Spaß und Wellness – im Gezeitenland der Insel Borkum. Die Architektur des modernen Wellnessbades ähnelt der eines Schiffs. Dementsprechend ist das Bad in drei Decks unterteilt: Wellnessdeck im Untergeschoss, Freizeit- und Erlebnisdeck im Erdgeschoss und Saunadeck im Obergeschoss. Wasser spielt natürlich auf allen drei Decks des Gezeitenlandes die Hauptrolle. Eine tolle Wasserattraktion ist der Flowrider auf dem Erlebnisdeck. Mit hoher Geschwindigkeit schießt ein Wasserfilm über eine wellenförmige Fläche. Bereits nach einigen Versuchen gelingt es selbst Ungeübten, auf einem speziell entwickelten Bodyboard auf dem Bauch liegend die Balance zu halten. Die 75 m lange Riesenrutsche ist das Fun-Erlebnis für Kinder und Junggebliebene. Eine Vielfalt von Pools lädt auf dem Freizeitdeck zu Sport, Spiel, Spaß und Entspannung ein. Und nach dem Sport ist Entspannung angesagt, z. B. auf einer der Unterwasser-Whirlliegen oder im Whirlpool. Auch Saunafans kommen voll auf ihre Kosten. Zum Schwitzen laden die Panorama-, Aroma- und Aufgusssauna sowie ein Dampfbad ein. Wer sich einmal etwas ganz Besonderes gönnen möchte, genießt das entspannende Massage- und Therapieprogramm auf dem Wellnessdeck.

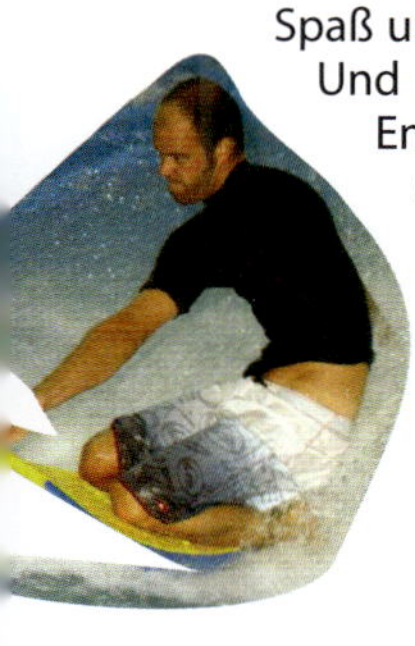

Wichtig!

Adresse und Anfahrt:
Gezeitenland Borkum
Goethestr. 1
26757 Borkum
Tel. 04922/933-600, Fax 04922/933-610
www.gezeitenland.de www.borkum.de,
E-Mail: info@gezeitenland.de

Hauptsaison: 28.03.–31.10.09

Öffnungszeiten: Erlebnis- und Saunadeck: Mo.–Fr. 10–21 Uhr, Sa./So./Feiertag: 10–20 Uhr, Wellnessdeck Mo.–Fr. 7–19 Uhr, Sa./So./Feiertag 10–19 Uhr.

Eintritt: Mehrere Tarife, Vorabinformation im Internet empfehlenswert, Preisbeispiel für Erwachsene, 2 Std. mit Kurkarte € 7,–
Kinder (4–15) € 4,–
Tageskarte Erwachsene mit Kurkarte € 9,50
Kinder (4–15) € 6,50

Verpflegung: 3 Restaurantbereiche – die Bad-Gastronomie, das Bistro Seepferdchen und die Vita-Bar. Die Bad-Gastronomie und die Vita-Bar sind nur für Gäste des Erlebnis- bzw. Saunadeck zugänglich.

Inselerlebnis Borkum

Fast wie Fliegen! Die Fahrt mit dem Katamaran ist ein Erlebnis: Das doppelleibige Schiff erreicht Geschwindigkeiten von 70 Stundenkilometern und braucht für die Strecke von Emden nach Borkum nur rund eine Stunde. Auch Helgoland ist im Nu erreicht! Die 2 1/2-stündige Fahrt geht mit dem High-Tech-Katamaran MS „Nordlicht" von Papenburg nach Borkum: Durch die Papenburger Schleuse, vorbei an der Meyer Werft, wo seit über 200 Jahren die schönsten Ozeanriesen gebaut werden, führt die Fahrt flussabwärts durch das Emssperrwerk in Richtung Dollart. Man flitzt vorbei an Emden und ist im Nu auf Borkum, wo man ausgiebig bummeln kann. Auf Borkum angekommen, steigt man um in die nostalgische Inselbahn – so gelangt man zum Zentrum der Insel. Bei einem Spaziergang kann man die ostfriesische Gastlichkeit bei einer „Kopke Tee mit Kluntje" kennenlernen oder Körper und Geist bei einer Wanderung am Strand oder einem Bad in der Nordsee erfrischen. Weitere Fahrten gehen beispielsweise von Ditzum nach Borkum oder nach Helgoland.

Wichtig!

Adresse: Aktien-Gesellschaft „Ems"
Postfach 1154, 26691 Emden-Außenhafen
Tel. 01805/180182, Fax 04921/8907405
www.ag-ems.de, info@ag-ems.de
Anfahrt: In Emden ist die Fähre ausgeschildert
Saison: von Ende Mai bis Ende September
Fahrten: z. B. nach Borkum und Helgoland. Ferner auch Hafen und Kanalfahrten
Preisbeispiel: In nur 1 Stunde mit dem Katamaran MS Nordlicht nach Borkum – für € 27,80 (zzgl. Tageskurbeitrag von € 1,60). Weitere Preise im Internet.
Verpflegung: aus der Kombüse oder typisch nordisch im Restaurant Strandlust oder im Event Terminal Fährhaus.

Ausflug nach Krummhörn-Greetsiel

Bei halbwegs schönem Wetter ist ein Besuch des romantischen Bilderbuchhafens Greetsiel angeraten. Der 600 Jahre alte Krabbenkutterhafen wird auch heute noch täglich von den hier beheimateten 25 Kuttern angelaufen. Der Hafen in Greetsiel ist Tidenunabhängig und daher nicht an die Gezeiten gebunden. Wenn man sich aber telefonisch einen Tag zuvor erkundigt und deshalb zur rechten Zeit erscheint, dann kann man beobachten, wie der Fang von Bord geschafft wird. Von den Kuttern aus werden leider keine Krabben verkauft, man kann sich aber in einem der nahen Fischläden mit einer Portion versorgen und dann, auf einer Bank am Hafen sitzend, das „Pulen" üben. Um weiter maritim zu bleiben, besucht man den Leuchtturm von Campen und blickt aus 65 Meter Höhe weit über das Meer. Anschließend bietet sich noch ein kleiner Deichspaziergang an. Oder man fährt an den „1. Trockenstrand der Welt" in Upleward, denn dieser bietet Erholungs-, Spiel-, und Sportmöglichkeiten direkt hinter dem Deich. In Upleward kann man nur bei Hochwasser baden. Zu den Niedrigwasserzeiten ist dort Schlick und es werden Wattwanderungen angeboten.

Foto: © SKN-Verlag Norden

Wichtig!

Adresse und Anfahrt:
Auskunft von der Tourist-Information Greetsiel, Tel. 04926/91880.
Greetsiel liegt rund 20 km nordwestlich von Emden
Internet: www.greetsiel.de
E-Mail: info@greetsiel.de
Zeiten/Saison: Die Kutter fahren meist ab Mitte März bis Mitte November.
Verpflegung: Picknick im Hafen oder auf dem Deich, zahlreiche Cafés, Teestuben und Restaurants im Ort

Ausflug auf dem Ems-Jade-Kanal

Romantische Kanalfahrt! Ostfriesland ist das Land der Kanäle und Gräben. Was liegt da näher als ein Ausflug mit einem Kanal-Schiff? Die verschiedenen Touren über den Ems-Jade-Kanal von Aurich nach Emden, Wiesens oder Ihlow werden ab April bis Ende Oktober angeboten.

Die Fahrt ist kurzweilig, denn auf der Strecke passiert man Klappbrücken, die vom Brückenwärter geöffnet werden müssen. Ein nicht alltägliches Erlebnis ist für viele Ausflügler sicher das Passieren der Schleusen, wie die einzigartige Kesselschleuse oder die Schleuse Kukelorum. Der Kanal liegt höher als das ihn umgebende Land, deshalb genießt man vom Boot aus einen weiten Aus- und Überblick.

Wer gerne selber Kapitän sein möchte, kann dies ebenfalls hier tun. Im Auricher Hafen stehen auch Tret- und Ruderbote (bis 4 Personen) sowie Kajaks (bis 3 Personen), Motorboote und Hydrobikes zur Verfügung. Die Motorboote sind übrigens führerscheinfrei!

Wichtig!

Adresse:
Verkehrsverein Aurich/Ostfriesland e.V.
Norderstraße 32
26603 Aurich
Tel. 04941/4464
Fax 04941/10655
verkehrsverein@aurich.de
www.aurich-tourismus.de

Anfahrt: Der Ems-Jade-Kanal-Hafen liegt südlich des Schlossgeländes, fünf Gehminuten von der Innenstadt entfernt.

Ausflugsbeispiel: Tour I – Aurich-Emden (und zurück). Die sechsstündige Fahrt plus zwei Stunden Aufenthalt in Emden ist die längste und natürlich auch die schönste Tagesfahrt, die mit diesem Schiff angeboten wird. Weitab von Siedlungen und Straßen streift der Blick die typische Weite Ostfrieslands. Wer weniger Zeit hat, kann auch nur ein Teilstück fahren.

Fahrzeiten: Abfahrt für Tour I um 9.30 Uhr vom Auricher Hafen, Hin- und Rückfahrt dauern etwa 8 Std. inkl. 2 Std. Aufenthalt.

Preise: Erwachsene € 14,–
Kinder (4–11 Jahre) € 7,–
Teilstrecke: Erwachsene € 10,–
Kinder € 5,–
Bus-/Schiff-Kombi-Ticket: € 13,50

Verpflegung: Snacks und Getränke an Bord. Im Hafengebiet Café und Restaurant.

Zwischen Nordsee, Weser und Elbe

Alles ist hier vom Wasser und vom Fluss der Gezeiten bestimmt: Mächtige Deiche schützen die Menschen vor der Kraft der Sturmflut. Dahinter ducken sich die alten Dörfer der Marsch- und Geestlandschaft im allgegenwärtigen Westwind. Drei große Städte prägen ebenso das Bild, denn „Cuxland" liegt im Dreieck Cuxhaven – Stade – Bremerhaven. Man muss nicht unbedingt Cuxhaven, Deutschlands größtes Seebad, besuchen. Unzählige kleine und romantische Hafenstädtchen laden ebenfalls zu einem Ausflug ein.

Moor-Therme Aqua Vitales

Das tut gut! Im Feriengebiet Bederkesa! Hier, im Naturland zwischen Weser, Nordsee und Elbe, finden Sie eines der schönsten Kur- und Thermalbäder: die Moor-Therme „Aqua Vitales". Zwischen Kurpark, Wasserburg und See erschließen sich neue Dimensionen des Wohlfühlens. Nehmen Sie sich Zeit zum Schwimmen, Schwitzen, Schlemmen – hier kommen Sie ganz sicher auf Ihre Kosten. In der Moor-Therme erwarten Sie nicht nur besondere Attraktionen, sondern auch eine behagliche Atmosphäre. Lassen Sie sich durchs Wildwasser treiben, genießen Sie Natursole und Champagner-Sprudel oder ziehen Sie ihre Bahnen im Sportbecken. Heiß her geht es im Saunaland mit Keltensauna, Waldsauna, Nebelgrotte, Biersauna, See-Sauna, offenem Kamin und Naturteich. Lernen Sie unseren „Paradies-Abend" (FKK im ganzen Bad freitags ab 21–0 Uhr) kennen.

Wichtig!

Adresse:
Moor-Therme
Berghorn 13
27624 Bad Bederkesa
Tel. 04745/9433-0
Fax 04745/9433-22
Internet: www.moor-therme.de
E-Mail: info@moor-therme.de
Anfahrt: Mit dem PKW BAB 27, Bremen–Cuxhaven, Abfahrt Debstedt, mit der Bahn bis Hauptbahnhof Bremerhaven, weiter mit der Buslinie KVG
Saison/Öffnungszeiten: ganzjährig, Mo. bis Do. 10–21 Uhr, Fr. 10–24 Uhr, Sa.10–22 Uhr, So. und Feiertage 9–20 Uhr
Eintritt: Erwachsene 3 Std. € 7,50
Kinder bis 5 Jahre frei
Kinder (6–11 Jahre) 3 Std. € 3,–
Ermäßigte (12–17 Jahre) 3 Std. € 5,–
Familienkarte (Eltern plus 3 Kinder bis 17 Jahre) 3 Std. € 18,–
sowie einige weitere Tarife, Wellness- und Fitnessangebote.

Natureum Niederelbe & Elbe-Küsten-Park

Der 80.000 m^2 große Elbe-Küsten-Park und das 1.000 m^2 große Natur- und Küstenmuseum Natureum Niederelbe entführen in die spannende Welt der Elbmündung, der größten offenen Gezeitenflussmündung Nordwest Europas. Besucher erleben hautnah Natur und Naturgewalten: wie die Gezeiten der Nordsee die Landschaften und das Leben von Tier und Menschen an der Elbmündung prägen. An interaktiven Stationen im großen Parkgelände können sie ausprobieren, wie eine Gezeitenwelle oder gar eine Sturmflutwelle die Elbe aufwärts läuft.

Bei kostenlosen Mitmachführungen erfahren die Natureumsgäste mehr über das Tierleben an der Elbmündung und gehen auf Tuchfühlung mit den Reptilien, Amphibien und Fischen des MiniKüstenZoos oder erfahren, was unsere niedlichen Meerschweinchen und Kaninchen mit der Küste zu tun haben. Und wer noch tiefer in das Elbmündungs-Erlebnis eintauchen möchte, der fährt mit dem Schiff vom hauseigenen Anleger aus mitten in die Elbmündung und beobachtet mit ein wenig Glück Seehunde und die riesigen Containerschiffe.

Wussten Sie schon, dass durch die wechselvolle Strömung in der Elbe auch Bernstein freigelegt wird? In der großen Schau „Bernstein – Gold der Küste" mit über 300 Objekten erfahren die Natureumsbesucher von der Entstehung, über Tiereinschlüsse bis zur Verarbeitung alles über das versteinerte Baumharz.

In der Zeit von Mai bis Oktober bietet der Elbe-Küsten-Park zahlreiche Spiel- und Experimentierstationen speziell für Kinder.

Wichtig!

Adresse: Natureum Niederelbe und Elbe-Küsten-Park, Natur- und Küstenmuseum und Erlebnispark
Neuenhof 8, 21730 Balje/Neuhaus (Oste)
Tel. 04753/842110, Fax 04753/8193
www.natureum-niederelbe.de
info@natureum-niederelbe.de
Anfahrt: Über Elbfähre Wischhafen in Richtung Cuxhaven bzw. B 73 Stade–Cushaven bis Abfahrt Neuhaus/Natureum
Öffnungszeiten: täglich von 10–18 Uhr, außer Montag
Eintritt: Verschiedene Tarife, Infos dazu auf der Homepage des Natureums.
Verpflegung: Gemütliches Café/Bistro vorhanden, außerdem ein Museumsshop und ein Spielplatz im Park.

Das Deutsche Schiffahrtsmuseum

Meeresgeschichte! Im Zentrum Bremerhavens am Alten Hafen mit den Museumsschiffen liegt das nationale Deutsche Schiffahrtsmuseum. Seit der Eröffnung eines Erweiterungsbaus am 31. Mai 2000 kann sich heute der Besucher auf rund 8.000 qm Ausstellungsfläche über die Schifffahrt von den Anfängen vor rund 1.100 Jahren bis hin zur Gegenwart informieren. Die aus dem Weserschlamm geborgene und restaurierte originale Bremer Hansekogge von 1380 zeigt ebenso wie die Kabine des 1999 abgelieferten Kreuzschiffs „Norwegian Sky" zusammen mit anderen Originalen, Gemälden, Filmen und Bildern, wie sich Schifffahrt früher und heute abspielte. Die Jagd nach dem Wal, Fischfang, abenteuerliche Expeditionen in Arktis und Antarktis sowie die Tiefe des Meeres oder die Schwierigkeiten der Seenotrettung lassen sich nacherleben. Die Kinder kommen nicht zu kurz, wenn sie sich z. B. mit ferngesteuerten Schiffsmodellen vergnügen. Interessant ist sicherlich auch ein Besuch des Technikmuseums U-Boot „Wilhelm Bauer", das von Anfang April bis Ende Oktober täglich von 10–18 Uhr geöffnet ist. Ein Abenteuerspielplatz mit einem tollen Segelschiff-Klettergerüst ist beliebter Anziehungspunkt.

Wichtig!

Adresse:
Deutsches Schiffahrtsmuseum,
Hans-Scharoun-Platz 1
27568 Bremerhaven
Tel. 0471/482070
www.dsm.museum
info@dsm.museum
Anfahrt: Von der Abfahrt Bremerhaven-Mitte (Abfahrt 7) der Autobahn A 27 führt ein Autobahnzubringer direkt zum Museumsgelände am Weserufer.
Öffnungszeiten:
Hauptsaison 1. April–31. Oktober
täglich 10–18 Uhr,
1. November–31. März: Di.–So. 10–18 Uhr
Eintritt: Erwachsene € 6,–
Kinder (6–17Jahre) € 4,–
Familienkarte € 12,50 (3–6 Personen)
Änderungen vorbehalten.
Verpflegung: Picknick vor dem Museum, Restaurant „Seute Deern" und Panoramacafé „Weserblick", Imbisse in der Nähe

Niedersachsen

Kurioses Muschel Museum

Ganz in Schale! Ein ungewöhnliches Museum, nicht nur zum Informieren, sondern auch zum Schmunzeln. Es werden über 3.000 „Hinterlassenschaften" der Meeresbewohner von der Nordsee bis Übersee ausgestellt. In diesem amüsanten Museum kommen auch „Museumsmuffel" auf ihre Kosten. Kein Latein! Jedes der faszinierenden Ausstellungsstücke erhielt eine wortkünstlerische Fantasiebezeichnung, humorvoll oder manchmal auch nachdenklich stimmend. Dadurch wird dem Laien-Besucher die Vielfalt der Natur näher gebracht, ohne ihn belehren zu wollen. Auch Kinder werden, soweit sie selbst lesen können, nicht überfordert (für die ganz Kleinen gibt es eine Spielecke). Trotzdem kommt die Information nicht zu kurz. Das Museum hat sich die Aufgabe gestellt, die Gehäuse der Muscheln und Schnecken als weltweit anfallendes Abfallprodukt ins Bewusstsein der Besucher zu bringen: In den reichen Ländern nur noch eine „Delikatesse", sind Muscheln und Schnecken das „Überlebensmittel" der ärmeren Küstenbevölkerung in den Drittweltländern. Die Fotografien und Info-Texte zu dieser Thematik sind sehens- und lesenswert. Eine ungewöhnlich lange Verweildauer der Besucher zahlreichen sind das Ergebnis dieses Museumskonzeptes.

Wichtig!

Adresse und Anfahrt:
Kurioses Muschel Museum Wremen e.V.
Rolf Dircksen Weg 55
27638 Nordseebad Wremen
Tel. 04705/210
www.muschel-museum-wremen.de
E-Mail: vv@wremen.de
Öffnungszeiten:
Täglich außer montags von 11–17.30 Uhr, Sonn- und Feiertags geöffnet
Eintritt: Erwachsene: € 2–
Kinder (6–14 Jahre) € 1,50
Kombikarte Muschel-Museum und Museum für Wattenfischerei: Erwachsene € 3,–
Kinder (6–14 Jahre) € 1,50

Emsland

Über einen Mangel an Wasser können sich die Emsländer nicht beschweren, zum einen gibt es die Ems mit ihren vielen Altarmen, dann die mäandernde Hase in ihrem romantischen Tal und schließlich so viele Abzugs- und Entwässerungsgräben, dass man sie nicht zählen mag. Früher war das Überleben in der moorigen Landschaft hart, es brauchte Jahrhunderte, um überall festen Boden unter die Füße zu bekommen. Heute ist das Leben dicht an der Grenze zu den Niederlanden eher beschaulich geworden.

Museumsdorf Cloppenburg

Das Museumsdorf präsentiert über 50 Gebäude, großbäuerliche Anwesen mit Bauerngärten, Landarbeiterhäuser, Mühlen und Werkstätten aus fünf Jahrhunderten. Es gibt Tiere historischer Haustierrassen ebenso wie alte Maschinen und Gerätschaften, die an den Erlebnistagen zur Erntezeit vorgeführt werden. An den Wochenenden nimmt der Windmüller die Mühlen in Betrieb. Jeweils sonntags um 14.30 Uhr bietet das Museumsdorf kostenlose Führungen zu wechselnden Themen und um 14.00 Uhr Mitmachangebote für Kinder an, z. B. Brotbacken oder Zinngießen. Besucher können den Handwerkern bei der Arbeit über die Schulter sehen, frisch gebackenes Brot aus dem Steinbackofen probieren, sich in der Kunst des Webens versuchen oder den Hammer beim Kupferschmied schwingen. Über das ganze Jahr werden ständig wechselnde Ausstellungen gezeigt.

Wichtig!

Adresse:
Museumsdorf Cloppenburg – Niedersächsisches Freilichtmuseum
Bether Straße, 49661 Cloppenburg
Tel. 04471/94840, Fax 04471/948474
www.museumsdorf.de
Öffnungszeiten: März bis Okt. 9–18 Uhr, Nov. bis Feb. 9–16.30 Uhr, täglich geöffnet außer Heiligabend und Silvester
Eintritt: Erwachsene € 6,–
Kinder (6–16 J.) € 2,50
Studenten, Azubis, Schwerbehinderte, Wehr- u. Ersatzdienstl. € 3,–, Familienkarte € 12,50
Führungen: Schulklassen € 20,– Erw. € 40,–
Verpflegung: Restaurant, Kiosk

Ferienzentrum Schloss Dankern

Spiel- und Abenteuerland! Auch bei norddeutschem Sauwetter braucht man im Ferienzentrum Schloss Dankern nicht zu verzagen, denn 5.000 Quadratmeter Spielplatz sind überdacht. In den letzten 25 Jahren entstand hier in gesunder Natur ein vielfältiges Erlebnis- und Urlaubsangebot mit mehr als 120 Spiel-, Freizeit- und Sportmöglichkeiten, z. B. die 220-m-Rutschbahn, das Ponyreiten oder die Kindereisenbahn. Zwei 7 m hohe Palmen können im Wettkampf auf Zeit und Geschicklichkeit erklommen werden. Für Kinder ein riesiges Spiel- und Abenteuerland! So kann es leicht sein, dass man hier einmal länger bleiben möchte. Dazu laden auch die Ferienhäuser in der Anlage ein. Es gibt sie in verschiedenen Typen und sie bieten die richtige Basis für einen familien- und kinderfreundlichen, erholsamen Aufenthalt. Motto des Ferienzentrums ist es, die Freude am naturnahen Ferienerlebnis über das oft übliche Komfortdenken zu stellen.

Wichtig!

Adresse: Ferienzentrum Schloss Dankern
49733 Haren/Ems
Tel. 05932/72230, Fax 722333
Internet: www.dankern.de
Anfahrt: z. B. über die A 31, Ausfahrt Haren/Ems, das Zentrum ist ausgeschildert.
Saison Freizeitpark:
27.3. bis 25.10.2009. Für Tagesbesucher ist das Ferienzentrum während der Saison von 10–18 Uhr geöffnet.
Eintritt: Erwachsene € 9,–
Kinder € 7,–
Senioren ab 60 Jahren € 7,–
Weitere Tarife im Internet.
Verpflegung: Im Ferienzentrum Schloss Dankern können Sie in der Erlebnisgastronomie Deele mit dem Dorfplatz, der Bauernstube oder dem Piratenschiff „Seewolf" ganz nach Lust und Laune schlemmen. Außerdem gibt es die Deelenterrasse, ein 1.400 qm großer, mit Glas überdachter Marktplatz, Schlossgrill, Knusperhäuschen, Bierpavillon und eine Bühne mit regelmäßigen Veranstaltungen.

Zwischen Hunte und Weser

Für viele ist das Land zwischen Minden und Bremen, zwischen den Flüssen Hunte und Weser nur Transitland mit langgezogenen, geraden Straßen ohne nennenswerte Steigungen. Die Bauernhöfe rechts und links sind oftmals eher „landwirtschaftliche Anwesen". Große, mit Backsteinen errichtete Niedersachsenhöfe, die von mächtigen Eichenhainen umgeben sind. Im Zentrum der Dörfer stehen kleine trutzige Wehrkirchen, umgeben von jahrhundertealten Fachwerkhäusern. Man könnte meinen, hier sei die Zeit stehengeblieben. Warum also nicht einen Spaziergang machen und die „Vergangenheit" genießen.

Magic Park Verden

Treten Sie ein in den Magic Park Verden – Deutschlands einziger Freizeitpark der Magie!
Zu einem gemütlichen Spaziergang lädt der einzigartige Märchenwald ein. Der Magic Park Verden verspricht viel Magie – unter anderem mit seiner Magic-Show von Ben Jayman und seiner Partnerin Vega. Auch die zauberhafte Kindershow mit magischem, interaktivem Programm sorgt für staunende Gesichter. Im Zirkus „AXO" findet die für jedermann geeignete und zauberhafte Zirkusvorstellung statt. Wer Action liebt, den zieht es zum großen Abenteuerspielplatz mit Trampolin-Anlagen, Fun-Golf auf der Saurierinsel, zur Kindereisenbahn und vieles mehr. Nicht fehlen dürfen in einem Freizeitpark Fahrattraktionen wie Achterbahn, Riesenrad, Schiffsschaukel oder die klassische Wildwasserbahn und natürlich viele Kinderkarussells. Auf der Riesenrutsche können Mama und Papa mit dem Nachwuchs um die Wette rutschen, in der Drachenbahn gemeinsam in die Pedale treten oder als Familienbande mit vereinten Kräften die Dinosaurier-Insel mit einem Floß umfahren. Der beliebte Streichelzoo im Niedersachsenstil lädt zum Verweilen ein.

Wichtig!

Adresse:
Magic Park Verden GmbH
Heideweg 3–7, 27283 Verden
Tel. 04231/661110, Fax 04231/661177
Internet: www.magicpark-verden.de
info@magicpark-verden.de
Anfahrt: z. B über die A 27 Bremen-Walsrode, Abfahrt Verden-Ost
Saison/Öffnungszeiten:
unter www.magicpark-verden.de
Eintritt: Erw. € 14,–, Kinder von 3–12 J. € 12,– (unter 3 J. frei), Rentner € 10,–, „Magic Nachmittag" ab 15.30 Uhr pro Person € 9,–, Saisonkarte € 45,–
Verpflegung: „Märchencafé", im Imbiss „Hänsel und Gretel" und „Magic Restaurant"

Naturtierpark mit Araber-Gestüt

Pferde und mehr! Im Naturtierpark Ströhen haben ca. 600 Tiere aus 5 Kontinenten, u.a. Zebras, Elefanten, Tiger, Geparden, Pumas, Affen, Lamas sowie verschiedenste Wassergeflügelarten, eine neue Heimat gefunden. Die täglichen Veranstaltungen (in der Saison) sind bekannt und begehrt, z. B um 11.00 Uhr die Tierschule, nachmittags um 15.30 Uhr beginnt die Show „Arabische Faszination".

Geboten wird eine atemberaubende Vorstellung, in der die Hauptdarsteller Vollblutaraber-Hengste und Elefanten sind. Jeweils im Anschluss an die Tierschule am Vormittag und die Show am Nachmittag kann man auf Elefanten reiten. Dem Tierpark angeschlossen ist ein Vollblutaraber-Gestüt, in dem man über 200 Pferde besichtigen und streicheln kann. Für Pferdefans ist das natürlich eine fantastische Sache. Gestütsschau am 01.15.09. Am 28.06.09 findet die Tierkindertaufe statt, am 02.08.09 das Sommerfest und vom 11.07. bis 12.07.09 die Internationalen Tage des Arabischen Pferdes.

Wichtig!

Adresse: Naturtierpark Ströhen
Tierparkstr. 43, 49419 Wagenfeld-Ströhen,
Tel. 05774/505, Fax 05774/1088,
www.tierpark-stroehen.de
Anfahrt: Wagenfeld liegt auf halber Strecke südlich der B 214 von Diepholz nach Sulingen, ab den beiden Orten und auch ab Lübbecke ist der Tierpark ausgeschildert.
Öffnungszeiten: Tierpark und Gestüt ganzjährig – ohne Ruhetag 9–18 Uhr. Herbst + Winter 9 Uhr bis zum Einbruch der Dunkelheit. Hunde an der Leine erlaubt!
Eintritt: Erwachsene € 12,–
Kinder (3–15 Jahre) € 8,–
Familien (2 Erwachsene + 2 Kinder) € 36,–
Gruppen ab 15 Pers. + Vereine:
Erwachsene € 8,50 Kinder € 6,–
Schulen + Kindergarten: Kinder € 5,–
Verpflegung: Restaurant, Kaffeegarten, Pavillon, Schinkendeele, Kiosk.

Osnabrücker Land

Das Osnabrücker Land hat den Ruf eines idealen Wandergebietes. Die Städter und Naturliebhaber schätzen die ausgedehnten Tiefebenen ebenso wie die kleinen Bachtäler, üppige Wälder wechseln mit den Wiesen und Feldern der landwirtschaftlich genutzten Flächen. Seltene Lebensräume wie Moore oder der Orchideenstandort Silberberg werden als Naturschutzgebiete bewahrt.

Zoo Osnabrück

In fremde Welten eintauchen! Afrika und seine Bewohner live erleben – das ist jetzt im Zoo Osnabrück möglich! In der großzügig gestalteten Erlebnislandschaft „Samburu" erwarten Sie fremdartige Pflanzen, Gerüche, Farben und Geräusche sowie eine vielfältige Tierwelt. Durch den dichten Bambushain führt der Weg vorbei an den Wildhunden und Löwen, weiter zu den Netzgiraffen und Grevy-Zebras, Elefanten, Antilopen, den Impalas und den Straußen. Und in vielen Gehegen kann man dieses Jahr niedlichen Nachwuchs bewundern. Relativ neu ist das „Mombasa-Kinderland" – sicher einer der schönsten Spielplätze Deutschlands. Dort gibt es ein afrikanisches Hüttendorf mit ober- und unterirdischen Kletter- und Versteckmöglichkeiten, den Mombasa-Zug und viele faszinierende Spielmöglichkeiten. Mit wechselnden Ausstellungen wird über bedrohte Arten, die vom Aussterben bedroht sind, informiert. Neu ist ein unterirdisches Labyrinth, in dem Sie faszinierende Einblicke in die Höhlen, Gangsysteme und Nester von unterschiedlichen Bodenbewohnern erhalten. Neben Präriehunden, Feldmäusen und Wanderratten warten hier beispielsweise auch Feldhamster, Maulwürfe, Nackt- und Graumullen auf Besuch. Extra: Über den unterirdischen Zoo haben Sie – mit dem Zooticket kostenlos –Zugang zu der spannenden Dauerausstellung „unter Welten" des benachbarten Museums für Natur und Umwelt und das Planetarium.

Wichtig!

Adresse: Zoo Osnabrück
Klaus-Strick-Weg 12, 49082 Osnabrück
Tel. 0541/951050, Fax 0541/9510522
www.zoo-osnabrueck.de
Anfahrt: leicht erreichbar, direkt an der Autobahnabfahrt Osnabrück-Nahne (A 30). Kostenlose Großparkplätze
Saison/Öffnungszeiten: ganzjährig, im Sommer tägl. 8–18.30 Uhr, im Winter tägl. 9–17 Uhr (Kassenschluss jew. 1 Std. vorher).
Eintritt: Erw. € 12,50, Kinder (3–14 J.) € 8,– Ermäßigte € 9,50
Verpflegung: Picknick, Gaststätte im Zoo

VogelPark Walsrode

Pralles Vogelleben! Im größten Vogel-Park der Welt, mitten in der Lüneburger Heide, führen 4.000 Vögel in über 650 Arten aus allen Klimazonen der Welt ein turbulentes Leben. Die 24 ha große malerische Parklandschaft bietet begehbare Themenhäuser, Tropenhallen, Flugvolieren und vieles mehr. 5.000 qm überdachte Fläche und 320 im Park verteilte Parkbänke laden zum Schlendern und Verweilen bei jedem Wetter ein. Großer Beliebtheit erfreuen sich die täglichen Schaufütterungen. Bei der einzigartigen Flugshow stellen Adler, Papagei, Kondor & Co ihr facettenreiches Können unter freiem Himmel unter Beweis. Die seit Sommer 2008 täglich stattfindende Indoor-Show ist für die Besucher ein weiterer Anziehungspunkt. Während die Schaufütterungen und Shows, die Vogelbaby-Aufzuchtstation und die interaktive Uhu-Burg ganzjährig für Begeisterung sorgen, ist der exklusive Dämmerabend ein klares Highlight der Wintersaison. Ein erfahrener Tierpfleger samt gefiederter Begleitung führt Sie zur geheimnisvollen Uhu-Burg. Während des spannenden Vortrages über die Burgbewohner haben Sie die Möglichkeit, beim Füttern zu helfen. Bei Laternenschein geht es dann weiter zur Dämmershow, in der nachtaktive Tiere die Hauptdarsteller sind. Ganz anders der tagaktive Truthahngeier. Er spürt die Beute über seinen Geruchssinn auf und findet sich so auch wunderbar in schummriger Umgebung zurecht. Der Abend endet mit einem stilvollen 3-Gänge-Menü im Rosencafé. Das gesamte Areal ist behindertengerecht gestaltet. Rollstühle können nach vorheriger Anmeldung kostenlos ausgeliehen werden.

Wichtig!

Adresse: VogelPark Walsrode
Am Rieselbach, 29664 Walsrode
Tel. 05161/60440, Fax 05161/604440
www.vogelpark-walsrode.de
office@vogelpark-walsrode.de
Anfahrt: über die A7 (aus Richtung Norden) – Abfahrt Bad Fallingbostel, über die A27: Abfahrt Walsrode-West. Dann jeweils ausgeschildert. Kostenlose Parkplätze
Anreise mit Navi: Ahrsener Str., 29699 Bomlitz
Öffnungszeiten: ganzjährig geöffnet
November bis März: täglich von 10–16 Uhr.
März bis Oktober: täglich ab 9 Uhr.
Frühjahr und Sommer bis 19 Uhr, sonst bis 18 Uhr.
Eintritt: Erw. € 14,–, Kinder (4–17 J.) € 9,– Familie € 42,– (2 Erw. + 2 oder mehr eigene Kinder)
Verpflegung: Restaurants mit Biergarten und Sonnenterrasse, Imbisse

Soltau Therme

Vielfältige Wasserwellness! Die Vital-Solequelle im Herzen der Lüneburger Heide lässt keine Wünsche offen: Ob im Solebad, in der Saunalandschaft, im Hallen-/Freibad, im Fitnessstudio Vitadrom oder im Therapie- und Wellnesszentrum VitaSol. Ein ganz besonderes Angebot ist das Solebad. Bis zu 36° ist das Wasser angenehm warm. Die gesundheitsfördernde Wirkung der Sole, die direkt in Soltau aus einer Tiefe von rund 200 m geborgen wird, ist wissenschaftlich nachgewiesen. Der Mineralgehalt der Sole entspricht dem des Toten Meeres - ein Gesundheits- und Wellnesserlebnis der exklusiven Art. Gesundes Schwitzen ist in der Saunalandschaft mit finnischen Saunen, Blockhaussauna, Erdsauna und im römischen Dampfbad angesagt. Richtig entspannend wird es im liebevoll angelegten Saunagarten mit Außenpool, Tauchbecken und Ruhepavillon mit Kamin – alles inmitten wunderschöner Natur. Das Gesundheits- und Wellnesszentrum VitaSol bietet neben vielfältigen Wellness-, Beauty- und Kosmetikanwendungen auch Krankengymnastik, Badekuren und physikalische Therapien an. Ein breites Angebot an Fitnesskursen, hochwertigen modernen Trainingsgeräten und fachkundige Beratung überzeugen alle Gäste.

SOLTAU THERME
Das Sole-Erlebnisbad

Wichtig!

Adresse:
Soltau Therme
Mühlenweg 17, 29614 Soltau
Tel. 05191/84480, Fax 05191/84499
www.soltau-therme.de
info@soltau-therme.de
Anfahrt: über BAB 7, Abfahrt Soltau Süd oder Nord, Beschilderung im Ort folgen
Saison: ganzjährig, Freibad Mitte Mai–Mitte September
Öffungszeiten: Mo. 10–22 Uhr, Di.–So und Feiertag 9–22 Uhr, Sauna täglich 10–22 Uhr
Eintritt: Sole-/Hallenbad: Erw. 3 Std. € 9,50 Kinder € 8,–
Sauna/Hallenbad: Erw. 4 Std. € 12,50 Kinder € 9,50
Sole-/Hallenbad/Sauna: Erw. 4 Std. € 15,–, Kinder € 11,– sowie Sondertarife wie Spartag, Feierabend- und Sonntagabend-Tarif auf Nachfrage. Kinder unter 4 Jahren Eintritt frei. Änderungen vorbehalten!
Verpflegung: 3 Restaurants

Otter-Zentrum Hankensbüttel

Otter-Welten zum Staunen! Die Marder-Familie lädt ein, allen voran die putzigen Fischotter. Nach ihnen wurde schließlich das Naturschutzzentrum mit neun naturnahen Gehegen am Isenhagener See benannt, auch wenn man hier Dachs, Steinmarder, Iltis, Hermelin und Baummarder ebenso zu sehen bekommt. Im Otter-Zentrum ist man ganz besonders stolz auf die den Rundweg begleitenden Lernspiele. Am erlebnisreichsten sind aber immer noch die alle 15 Minuten stattfindenden Schaufütterungen, denn sie garantieren, die zum Teil versteckt lebenden Tiere wirklich zu sehen. Ein Familien-Rundgang im Gammeltempo dauert rund drei Stunden.

Mit dem obligatorischen Picknick oder einem Besuch im Restaurant bringt man also ohne Probleme einen Nachmittag hinter sich, zumal sich vor dem Otter-Zentrum ein origineller Wasserspielplatz und gegenüber am See ein Tretbootverleih und das Waldschwimmbad befinden. Im Otter-Shop gibt es jede Menge Souvenirs. Achtung: Hunde sind im Otter-Zentrum nicht erlaubt.

Wichtig!

Adresse:
Otter-Zentrum
Sudendorfallee 1
29386 Hankensbüttel
Tel. 05832/98080, Fax 05832/980851
Internet: www.otterzentrum.de
E-Mail: afs@otterzentrum.de
Anfahrt: Der Ort liegt an der B 244 zwischen Celle und Wittingen, das Zentrum außerhalb des Ortes an der Straße nach Wittingen
Öffnungszeiten/Saison: vom 1. Februar–Ende Winterzeit: 9.30–17 Uhr, Sommerzeit: 11–18 Uhr, Beginn Winterzeit: 30. November 9.30–17 Uhr.
Eintritt: Erwachsene € 6,50
Erwachsenen-Gruppen € 5,50
Kinder (4–14 Jahre) € 4,–
Kinder-Gruppen € 3,50
(Gruppen jeweils ab 15 Personen)
Verpflegung: Restaurant Otter-Zentrum

SaLü-Salztherme Lüneburg

Von Action bis Entspannung! Die Salztherme Lüneburg „SaLü", das Sole-Erlebnisbad in Norddeutschland, bietet seinen Gästen mit 1.500 qm Wasserfläche eine gelungene Kombination von Action, Spaß und Entspannung. Mit einem Sole-Wellenbad im Zentrum (28°, 2 % Sole), einem ganzjährig geöffneten Sole-Außenbecken (32°, 2 % Sole) mit Sprudelliegen. Strömungskanal, Wassergrotte, Massagedüsen und Wasserspeier, einem Sole-Bewegungsbecken (32°, 4 % Sole) und Whirlpools werden ein paar Stunden Aufenthalt zu einem richtigen Urlaub. Die Kinderwelt mit der 90-m-Riesenrutsche mit Cinema-Projektionen und Black Hole, Planschbecken oder Dreierrutsche sowie die lustigen Wassertiere begeistern die Kinder. Die zusätzlich nutzbare Saunalandschaft bietet vielfältige Möglichkeiten für Entspannung und Erholung. In der großzügigen Anlage laden im gemischten Saunabereich vier verschiedene Saunen mit interessanten Aufgüssen (z. B. Honig- oder Salzaufguss), ein Biosaunarium, ein Dampfbad und ein Rosentepidarium zum Verweilen ein. Der getrennte Saunabereich bietet weitere 2 Schwitzräume mit Farblicht und Aufguss-Sauna an. Wer etwas ganz Besonderes sucht, kann im Muschel-Floatarium die Schwerelosigkeit erleben. Ein Relaxarium, kosmetische Angebote, sowie ein Schlaf- und Kommunikationsraum runden das Angebot ab. Zum Abschluss Ausruhen vor dem Kaminfeuer oder eine Massage genießen – was kann einen Ferientag schöner machen?

Wichtig!

Adresse:
SaLü-Salztherme Lünebug
Uelzener Straße 1–5, 21335 Lüneburg
Tel. 04131/723-0, Fax 04131/723123
Internet: www.salue.info
Anfahrt: A 250 Hamburg-Lüneburg bis Autobahnende, weiter auf der Umgehungsstraße bis Ausfahrt „Kaltenmoor". Das SaLü liegt direkt am Kurpark.
Öffnungszeiten:
Mo.–Sa. 10–23 Uhr,
So. und Feiertag 8–21 Uhr
Eintritt: Erwachsene 2 Std. € 7,90
4 Stunden € 10,80
Tageskarte € 12,50
Kinder bis 16 J. 2 Std. € 4,90, 4 Std. € 6,50,
Tageskarte € 8,–
Familienkarten € 24,50 – jeweils ohne Sauna
Diverse Fitness- und Day-Spa-Angebote, siehe Internet
Verpflegung: Restaurant und Sauna-Bar im Bad

Wildpark Lüneburger Heide

Tolle Erkundungsgänge! Hauptattraktion des Parks inmitten einer reizvollen Wald- und Moorlandschaft ist die Vielzahl von über 1.000 Tieren und 130 Arten, wie Bären, Wölfen, Dam- und Rotwild und viele mehr. Für Kinder und Erwachsene sind die Flugvorführungen der Greifvögel besonders spannend.

Die Kleinen sind vom Streichelzoo und dem großen Spielplatz angetan. Ein weiterer Anziehungspunkt ist das Biologiezentrum mit einer umfangreichen naturkundlichen Ausstellung. Hier werden für interessierte Schulklassen oder andere Gruppen themenbezogene Erkundungsgänge angeboten, die je nach Altersstufe angepasst sind. Themen sind z. B. „Tierkinder und Hühnerhof", für Ältere die „Wiederansiedlung von Wildtieren". Auch spezielle Themenwünsche werden nach Möglichkeit erfüllt.

Die neu gestaltete Bärenanlage ist ein weiteres Highlight des artenreichsten Wildparks in Deutschland.

Wichtig!

Adresse:
Wildpark Lüneburger Heide
21271 Hanstedt-Nindorf
Tel. 04184/8939-0
Fax 04184/8240
www.wild-park.de, info@wild-park.de
Anfahrt: Der Wildpark liegt nahe der A 7 Hamburg–Hannover, Ausfahrt Garlstorf, dann Richtung Nindorf. Der Park ist ausgeschildert
Öffnungszeiten: 1. März–31. Oktober 8–19 Uhr, (Kasse bis 17.30 Uhr)
1. Nov.–28. Feb. 9–16.30 Uhr, (Kasse bis 15.30 Uhr)
Eintritt: Erwachsene € 8,50
Kinder (3–14 Jahre) € 6,50
Gruppenpreise (ab 20 Personen):
Erwachsene € 7,50
Kinder € 5,–
Verpflegung: Blockhaus-Restaurant „Elchlodge", großes SB-Restaurant, Imbiss, viele Picknick-Häuschen stehen zur Verfügung

Heide-Park – Abenteuerwelt und Resort

Neu in 2009 – Abenteuerlust mit Spaßgarantie im Dreierpack. Zusammen mit seinem bunten Holiday Camp und dem 4-Sterne-Hotel Port Royal versteht sich der Heide-Park zukünftig als Resort: die perfekte Kombination aufregender Tage im Heide-Park, vergnüglicher Abendunterhaltung im Holiday Camp oder Port Royal und traumhaften Übernachtungen. Im Mai 2008 eröffnete außerdem das neue Lucky Land unter dem Motto „Cowboy und Indianer" für die kleinsten Gäste, die hier unter anderem auf der Kinderachterbahn Indy-Blitz und dem Western-Riesenrad tolle Abenteuer erleben können.

Highlights – Seeräuber und Rennfahrer aufgepasst: Schwindelerregende Rallyes durch die Wüste fahren und aufregende Piratenabenteuer erleben. Desert Race, die einzige Katapultstart-Achterbahn des Landes dreht seit Mai 2007 ihre Runden durch die Wüstenlandschaft im Heide-Park. Zu den Höhepunkten des Erlebnis- und Familienparks zählen darüber hinaus die weltgrößte Holzachterbahn Colossos und Scream, der höchste Gyro-Drop-Tower der Welt sowie die lustige und energiegeladene Piratenshow.

Auf 850.000 Quadratmetern wunderschöner Parklandschaft bietet der Heide-Park mit über 50 Attraktionen alles, was große und kleine Besucherherzen wünschen. Senioren genießen die „60plus"-Angebote, wie die gemütliche Kanalfahrt, eine Seeumrundung auf dem Mississippi-Dampfer

und die vielfältige Blumenpracht. Und die Kleinsten erleben, neben den Abenteuern im Kinderland, ihre Sinne auf der liebevoll gestalteten Kindermeile, lachen über die witzigen Figuren in der Spencer-Show und lassen sich mit echten Piraten vor der Seebühne fotografieren.

Die vielseitige Gastronomie in Norddeutschlands größtem Erlebnispark bietet vom Snack bis zum Drei-Gänge-Menü alles für den großen oder kleinen Hunger, denn sowohl Restaurants in Park und Hotel als auch unzählige Imbisse warten auf die Besucher.

Wichtig!

Adresse: Heide-Park Soltau GmbH
29614 Soltau, Tel. 01805/919101 (14 Ct./Min.)
Fax 01805/545801 (14 Ct./Min.)
www.heide-park.de, info@heide-park.de
Anfahrt: über die A 7, Abfahrt Soltau-Ost, dann der Beschilderung folgen.
Öffnungszeiten: vom 28.03. bis 25.10.2009 täglich von 9–18 Uhr, Einlass bis 16 Uhr. In der Vor- und Nachsaison gehen die Fahrgeschäfte ab 10 Uhr in Betrieb.
Eintritt: auf Anfrage oder auf der Homepage
Verpflegung: Vielseitige Gastronomie

Das Wendland

Das Hannoversche Wendland liegt seit der Wiedervereinigung Deutschlands in der Mitte von Norddeutschland im Vierländereck Niedersachsen, Mecklenburg-Vorpommern, Brandenburg, Sachsen-Anhalt. Es ist ein idealer Ausgangspunkt für Ausflüge und Radtouren in die neuen Bundesländer. Das reizvolle Wendland liegt im Naturpark Elbufer-Drawehn und bietet weite Wälder, stille Heideflächen, urtümliche Altwässer und Freizeitseen, die bei gut ausgebauten Radwegen ideal für Radwanderer zu erkunden sind. Die besondere Attraktion der Gegend: wendländische Rundlingsdörfer.

Marionettentheater Dannenberg

Sprechende Puppen! Inmitten der historischen Altstadt Dannenbergs, direkt unter dem Waldemarturm, findet man das Marionettentheater, ein Geheimtipp für Besucher Norddeutschlands.

Auf dem Spielplan stehen inzwischen sieben Stücke, die für Kinder ab drei Jahren (z. B. Hänsel und Gretel) oder auch für Erwachsene (Das alte deutsche Faustspiel) geeignet sind. Für Michael-Ende-Fans gibt es auch den „Satanarchäolügenialkohöllischen Wunschpunsch".

Den aktuellen Spielplan erfährt man telefonisch.

Wichtig!

Adresse:
Marionettentheater
Am Waldemarsturm
29451 Dannenberg
Tel. 05865/483 oder 05861/2452
www.marionettentheater.de
info@marionettentheater.de

Anfahrt: Das Theater ist im Ort ausgeschildert

Alter: je nach Stück, ab 3 Jahre

Saison: ganzjährig

Eintritt: Erwachsene € 5,–, Kinder € 3,–

Verpflegung: Picknick am Thielenburger See, Gaststätten in der Altstadt

Drumherum: Am nahen See ist ein sehr schöner Spielplatz, das Freibad ist auch nicht weit

Rundlingsmuseum Wendlandhof Lübeln

Runde Dorfwelten! Mitten im Wendland, in noch fast unberührter Natur zwischen Hamburg, Hannover und Berlin, liegt in einem Rundlingsdorf das Museum Wendlandhof Lübeln. Die Anordnung der Häuser in den Rundlingsdörfern ähnelt einem Stamm Indianer, der um ein Lagerfeuer sitzt, nur dass das Lagerfeuer der Dorfplatz ist und die Indianer Höfe und Häuser sind. In den Rundlingsdörfern, von denen es im Wendland überdurchschnittlich viele gibt, schauen die „Gesichter" der Häuser, also die Giebel, alle zur Dorfmitte hin. Steht man auf diesem Platz, ist die optische Wirkung verblüffend. Der Wendlandhof, heute zum Freilichtmuseum Wendlandhof Lübeln ausgewachsen, stammt aus jener Zeit, als das Dorf noch die ganz große Welt war. Warum ist das Dorf rund? Wann und wie sind sie entstanden? Die Besichtigung der Häuser erlaubt einen Einblick in altes bäuerliches Leben, wie Großmutter und Urgroßvater es noch kannten. Mit schöner Regelmäßigkeit bieten hier Schmiede, Stellmacher, Bäcker, Töpfer, Weber und Korbflechter Vorführungen ihrer alten Handwerke in den historischen Werkstätten des Wendlandhofes an. Aktionen wie Pferde- und Trecker-Tage, Oster- und Weihnachtsausstellungen runden das Angebot ab. Und übers Jahr verteilt bietet der Wendlandhof Mitmach-Aktionen, die Spaß machen. Am besten, man erkundigt sich telefonisch danach.

Wichtig!

Adresse:
Rundlingsmuseum Wendlandhof Lübeln
Ortsteil Lübeln 2, 29482 Küsten
Telefon 05841/96290
www.rundlingsmuseum.de
rundlingsmuseum@elbtalaue-wendland.de
Anfahrt: Lübeln liegt kurz hinter Lüchow (Wendland) an der B 493 Richtung Uelzen. Das Museum ist ausgeschildert.
Öffnungszeiten: 1. April bis 31. Oktober, tägl. von 10–18 Uhr, November bis März nach Vereinbarung.
Eintritt: Erwachsene € 3,50
Kinder (6–16 Jahre) € 1,50
ermäßigt (Behinderte, Begleitperson) € 2,–
Familien € 7,–
Gruppen ab 10 Personen € 2,– pro Person
Museumsführung bis 25 Personen € 38,–
Verpflegung: Picknick und Café
Außerdem: Im Rundlingsladen findet man kleine und große Geschenke, z. B. Kunsthandwerk, regionale Produkte und Seifen aus Schafsmilch und Honig.

Raum Hannover

Der Raum Hannover ist Deutschlands Techno-Region im Grünen: Während man bei der alljährlichen CeBIT-Messe den neuesten Trends der Computerwelt nachspürt, ist man im nahegelegenen Deistergebirge fernab des Zivilisationslärms. Wasser, so weit das Auge reicht, gibt's am Steinhuder Meer. Hier vermitteln Fischernetze, Reusen und Boote den Eindruck maritimer Romantik. Was den Touristen pittoresk erscheint, ist für die Fischer harter Alltag: Sie fahren auch heute noch täglich aus, um für Nachschub in den Restaurants zu sorgen.

Dinosaurierpark

Dinos – wohin man schaut! Ein 2,5 km langer Lehrpfad führt Sie hier durch die Erdgeschichte. Über 200

Rekonstruktionen in Originalgröße bis zu 45 m Länge werden gezeigt. Das Kernstück des Parks ist das Naturdenkmal mit den fünf Saurierfährten in einer 3.500 qm großen Schutzhalle. Insgesamt sind es mehr als 250 Eindrücke zweier Dinosaurierarten, die vor 140 Millionen Jahren hier lebten. Angegliedert an die erlebnisreiche Tour sind einige Sonderausstellungen. Für Kinder bietet der Park Mitmach-Aktionen unterschiedlichster Art, beispielsweise Dino-Kneten, Dino-Malen, eine fröhliche Fossilsuche, die Schatzsuche nach Haifischzähnen oder Mineralien und viele interessante Dinge

mehr. Das wird ein spannender Tag in der „Vergangenheit".

Schaupräparation: ab Ostern 2009 neue große Flugsaurierausstellung.

Wichtig!

Adresse: Dinosaurierpark Münchehagen
Rehburg-Loccum, Ortsteil Münchehagen
Alte Zollstraße 5
Tel. 05037/2075
Fax 05037/5739
www.dinopark.de
info@dinopark.de
Anfahrt: Der Ort liegt an der B 441 Hannover-Loccum
Öffnungszeiten: vom 01.03. bis 25.10.2009 von 10–19 Uhr, täglich. Im Februar und November an den Wochenenden von 10–18 Uhr
Eintritt: Erw. + Jugd. ab 13 Jahre € 9,50
Kinder von 4 bis 12 Jahren € 8,–
sowie Gruppentarife (Gruppen bitte tel. anmelden). Hunde dürfen an der Leine mitgeführt werden. (Hundetüte € 0,50!)
Verpflegung: Kiosk, Imbiss, SB-Restaurant, Aussichtscafé

Erlebnis-Zoo Hannover

Afrika hautnah! Gönnen Sie sich einen perfekten Tag in Afrika und eine Reise ins märchenhafte Indien, zu Tigern, Elefanten und heiligen Tempelaffen. Nirgendwo sonst ist die ganze Welt an einem Tag zu entdecken – mitten in Hannover! Erleben Sie über 2.000 Bewohner in einzigartigen, aufwändig gestalteten Erlebniswelten: in der afrikanischen Flusslandschaft Sambesi mit Bootsfahrt durch Afrika, im prächtigen Dschungelpalast, auf dem imposanten Gorillaberg und auf dem urigen, niedersächsischen Meyers Hof. Außerdem sorgen täglich viele Shows und kommentierte Show-Fütterungen und der Abenteuerspielplatz „Brodelburg" für einen gelungenen Tag. Kurz: Der Erlebnis-Zoo Hannover ist ein unvergessliches Erlebnis für Erwachsene und Kinder. Auf nach Afrika! …

TIPP: Wer die Abenteuer von Johnny Mauser, Franz von Hahn und Waldemar nicht nur im Kino erleben möchte, sollte „Mullewapp" im Erlebnis-Zoo nicht verpassen! Hier trefft Ihr die drei Freunde, besucht süße Ziegen, Schafe, Hängebauchschweinchen und Alpakas auf der Streichelwiese, futtert leckere Pfannkuchen in Tante Millis Futtertrog oder spielt auf dem bunten Piratenschiff … viel Spaß!

Wichtig!

Adresse:
Erlebnis-Zoo Hannover
Adenauerallee 3, 30175 Hannover
Tel. 0511/28074-163, Fax 0511/28074-212
www.zoo-hannover.de
info@zoo-hannover.de
Saison: ganzjährig täglich geöffnet
Eintritt: Erwachsene € 19,50
Kinder (3 bis 17 Jahre) € 13,50
Tipp: Online Tickets! Eintrittskarten unter www.zoo-hannover.de/tickets online bezahlen und gleich ausdrucken. Ihr Vorteil: Kein Anstehen an den Zoo-Kassen!
Verpflegung: Gasthaus Meyer & Biergarten, Imbiss auf Meyers Hof, Palast Bistro, Café Kifaru am Sambesi, viele Imbisse und Kioske, Familienrestaurant „Mullewapp"

Wisentgehege Springe

Jetzt aber ab in die Wildnis! Inmitten einer urwüchsigen Natur bietet das 90 ha große Wisentgehege über 100 Wildarten ein artgerechtes Zuhause – und Ihnen unvergessliche Erlebnisse. Auf einem 6 km langen Rundwanderweg erwartet Sie eine faszinierende Artenvielfalt. Vom Wisent und Przewalski-Urwildpferd über Vielfraß, Luchs und Wolf bis hin zum Bären – hier sind spannende Beobachtungen garantiert.

Genießen Sie das volle Programm: Ob die zweimal täglich stattfindenden Fütterungen (10.30 und 16.30 Uhr außer an Sonn- und Feiertagen), die Gehegeschule für kleine Naturfreunde, bunte Festveranstaltungen oder die packenden Flugvorführungen der Falknerei mit den majestätischen Herrschern der Lüfte – besuchen Sie einfach dieses einmalige Freigehege und gönnen Sie sich die Begeisterung.

Und für den kleinen Bärenhunger zwischendurch tischt Ihnen das Café Wild auch noch leckere Sachen auf. Viel Spaß!

Wichtig!

Adresse:
Wisentgehege Springe
31832 Springe
Tel. 05041/5828
Fax 05041/640765
www.wisentgehege-springe.de
info@wisentgehege-springe.de

Anfahrt: Das Wisentgehege liegt an der B 217 zwischen Hannover und Hameln. Busverbindungen vom Bahnhof Völksen mit der Linie 382 oder vom Bahnhof Springe mit der Linie 385.

Saison: ganzjährig

Öffnungszeiten: ab 8.30 Uhr

Eintritt: Erwachsene € 9,50
Kinder (3–14 Jahre) € 6,–
Studenten, Azubis und Schwerbehinderte (mit Ausweis) € 7,50

Verpflegung: Café-Restaurant

Rasti-Land – Salzhemmendorf

Von Wildwasser bis Achterbahn! Egal ob für Kinder oder für die ganze Familie: Bei den Attraktionen im Rasti-Land ist für jeden etwas dabei! Zunächst einmal kann man sich den Fahrtwind auf verschiedene Art und Weise um die Nase wehen lassen, z. B. mit der Rafting-Bahn, der Wildwasserbahn, der Bobkart- oder Achterbahn. Natürlich gibt es Vergnügliches auch zu Wasser, nämlich auf der Boots-Wasserrutsche oder bei einer Koggen- oder Rundbootfahrt. Wer lieber auf Schienen unterwegs ist, steigt in die Einschienenhochbahn oder die Oldtimer-Bahn. Abenteuerlich wird es in der Piratenstadt oder auf dem historischen Jahrmarkt, witzig in der Comic-Bahn.

Direkt neben dem Rasti-Land: Ganzjähriger Indoor-Freizeitspaß in Kids-Dinoworld. Informationen und viele Fotos unter www.kids-dinoworld.de

Wichtig!

Adresse:
Rasti-Land
Freizeit- und Erlebnispark GmbH,
31020 Salzhemmendorf, OT Benstorf
Tel. 05153/6874, Fax 05153/940713
www.rasti-land.de
Anfahrt: Salzhemmendorf liegt zwischen Hameln und Hildesheim an der B 1, Abfahrt Quanthof
Öffnungszeiten:
28.03.–15.04. täglich von 10–17 Uhr,
16.04.–30.04. nur Sa./So. von 10–17 Uhr,
01.05.–31.05. täglich von 10–17 Uhr,
21.05. + 31.05. bis 18 Uhr,
01.06.–31.08. täglich von 10–18 Uhr,
01.09.–04.10. nur Sa./So. von 10–18 Uhr,
05.10.–18.10. täglich von 10.30–17 Uhr.
Eintritt: Die aktuellen Eintrittspreise erfahren Sie im Internet: www.rasti-land.de
Verpflegung: SB-Restaurant, Freiterrassen, Biergärten sowie Picknick- und Grillplätze

Rund um Braunschweig

Lassen Sie sich auf einer Reise durch das Land rund um Braunschweig nicht foppen, denn den Leuten sitzt der Schalk im Nacken – Till Eulenspiegel. Er wurde im kleinen Ort Kneitlingen geboren. Ein Museum, das dem Narren gewidmet ist, findet sich ein paar Kilometer weiter in Schöppenstedt. In Wolfsburg dreht sich alles ums Auto, hier wurde der legendäre Wagen gebaut, der läuft und läuft und läuft. Und was läuft in Braunschweig? Mehr als man denkt.

Der Erse-Park Uetze

Im Städtedreieck Hannover-Braunschweig-Celle liegt der Erse Park Üetze, der gepflegte Gartenlandschaften und über 40 Fahrattraktionen mit einer umfangreichen Präsentation der Evolution – vom Saurier bis zum Leben des Urmenschen – verbindet. Anders als die meisten Familienparks dieser Größe kann der Erse Park als wirklicher Themenpark bezeichnet werden. Gleich am Anfang gelangt man auf einen Steinzeitmenschen-Erlebnispfad und von dort zu einer romantischen Bootsfahrt durch die „Eiszeit". Darauf folgt eine lange Allee, die ihre Fortsetzung im liebevoll gestalteten Märchenwald findet, der 1976 die Keimzelle des heutigen Parks war und an den, thematisch passend dazu, ein historischer Jahrmarkt mit Karussells angegliedert wurde. Vorbei an einer riesigen Wasserrutschbahn mit Spaß- und Nässegarantie, einer Achterbahn und vielen anderen Fahrattraktionen kommt man zu einer schnellen und kurvigen Bobbahn. Direkt gegenüber lädt die Wildwasserfahrt „The Lost World" zum Mitmachen ein. Mit Kanus und Wasserfahrrädern kann man diesen Teil des Parks, in dem über 90 Saurier zur Schau gestellt werden, erkunden. Mit einer Pferdereitbahn vorbei an der Schmetterlingshochbahn zum Drachenland mit tollen Fred-Feuerstein-Autos und einer urigen Treckerfahrt.

Wichtig!

Adresse: Erse-Park Uetze, Abbeile 2
31311 Uetze, Telefon 05173/352
www.erse-park.de, info@erse-park.de
Anfahrt: Uetze liegt nördlich von Peine an der B 188 zwischen Burgdorf und Gifhorn
Saison/Öffnungszeiten:
Anfang Osterferien bis Ende Herbstferien in Niedersachsen, täglich 10–18 Uhr
Eintritt: Erw. € 16,–, Ki. (ab 2 J.) € 14,–
Hunde (an der Leine) € 2,–, Gruppen ab 20 Personen nach tel. Voranmeldung €12,– p. P.
Verpflegung: Picknick, Kiosk, Cafeteria

Das Volkswagen AutoMuseum

Autoträume! Legenden aus der Geschichte des Automobils, das läuft und läuft und läuft: der Urkäfer, der VW Bulli, der Golf GTI – Technikgeschichte pur, zu entdecken im AutoMuseum Volkswagen. Insgesamt 140 Exponate sind auf 5.000 Quadratmetern Ausstellungsfläche zu besichtigen – räumlich separiert und klar gegliedert in die beiden technischen Entwicklungsstränge der Marke Volkswagen:
So wird die Geschichte der luftgekühlten Heckmotor-Modelle seit ihren Anfängen erzählt. Die in den 1970er Jahren beginnende Ära der wassergekühlten und (überwiegend) frontangetriebenen Volkswagen kommt gleichrangig in all ihren Facetten zur Geltung. AutoMuseum Volkswagen – der Ort für alle, die ihre erste Tour im Volkwagen nicht vergessen haben.

Wichtig!

Adresse:
AutoMuseum
Dieselstraße 35
38446 Wolfsburg
Tel. 05361/52071
Fax 05361/52010
www.volkswagen-automuseum.de
Anfahrt: Routenberechner für die individuelle Anfahrt auf der Homepage. Ferner ist das Museum im Ort ausgeschildert.
Öffnungszeiten: Freitag bis Sonntag von 10–18 Uhr. Für Gruppen ist nach Absprache auch an den anderen Tagen der Museumsbesuch mit fachkundiger Führung möglich. Vom 24.12. bis zum 01.01. bleibt das Museum geschlossen. Intensiv-Führungen am Samstag und Sonntag um 11 und 15 Uhr.
Eintritt: Erwachsene € 6,–
Ermäßigte € 3,–
Familien € 15,–
Gruppen ab 10 Pers. € 3,– pro Person
Führung € 2,– pro Person
Verpflegung: Restaurants im Umfeld

Raum Göttingen und Solling

Alljährlich im Herbst zieht es den wilden Jäger Hackelberg aus seinem kühlen Grab im Walde zur Jagd. Dann fegt ein stürmisches Brausen durch die alten Fichten des Moosberges, und die Menschen im Solling wissen: „Der wilde Jäger ist wieder vorbeigezogen!" So will es eine alte Sage, die in Neuhaus mitten im Hochsolling erzählt wird. Die Wald- und Wildgeschichte passt, denn der Reichtum der Gegend liegt in ihren dichten, stillen Forsten. Großen Tourismus gibt es im Bergland des Sollings nicht, dafür aber sehr viel Natur.

Wilhelm-Busch-Mühle

Streiche von Max und Moritz! Hier in Ebergötzen verlebte Wilhelm Busch sorglose Kinderjahre. Der Müllersohn Erich Bachmann war sein Gefährte zu jener Zeit. Später wurde er Müller, und die Freundschaft zwischen den beiden hielt noch immer. In Erinnerung an vergangene Streiche und Missetaten entstand das Kinderbuch „Max und Moritz", in dem auch die alte Mühle Erwähnung findet. Wenn man vor dem Besuch einen Blick ins Buch wirft, lassen Kinder sich sicherlich für den Besuch der Mühle begeistern. Mit Wasserkraft wird Korn zu Mehl gemahlen, das wird während der Führung ebenfalls erklärt. Die alten Mühlsteine rumpeln heute wie vor 150 Jahren. Wenn man einen Besuch der Mühle samt Picknick im Bauerngarten einplant, kann man anschließend noch einen Ausflug in den nahen Wald oder zum 3 km entfernten Seeburger See (mit Spielplatz) machen.

Wichtig!

Adresse:
Wilhelm-Busch-Mühle
Mühlengasse 8, 37136 Ebergötzen
Tel. 05507/7181
www.wilhelm-busch-muehle.de
Anfahrt: Ebergötzen liegt an der Kreuzung der B 446 und B 27
Öffnungszeiten: täglich 9–13 Uhr und 14–17 Uhr. sonntags 10–13 Uhr und 14–17 Uhr. Montags nur nach Vereinbarung.
Eintritt:
Erwachsene € 4,–
Erw./Gruppen ab 20 Personen € 3,–
Ermäßigte € 2,50
Schulklassen/Kinder € 1,60
Gruppenbesuche bitte vorher vereinbaren
Verpflegung: Picknick, Gaststätte im Ort

Ein Universum® zum Anfassen und Staunen

Im Universum® Bremen wird Wissenschaft zum spannenden Abenteuer! Im Science Center gibt es rund 250 Mitmach-Exponate, an denen wissenschaftliche Phänomene entdeckt werden können.

Dabei dreht sich in dem walförmigen Gebäude alles um die Themenbereiche Mensch, Erde und Kosmos. So können die Besucher beispielsweise eine Erdbebensimulation erleben oder sich durch ein stockfinsteres Labyrinth tasten.

Im 5.000 m² großen EntdeckerPark stehen 25 Experimentier-Stationen zum Thema Bewegung bereit. In diesem Außenbereich können die Besucher an einem Mondspringer bis zu vier Meter hoch in die Luft springen oder die Kraft des Wassers kennen lernen. In einem 27 Meter hohen „Turm der Lüfte" werden Experimente zu Wind und Wetter durchgeführt.

Die rostrote SchauBox bietet Platz für jährlich wechselnde Sonderausstellungen. Ab dem 28. Februar 2009 wird die interaktive Ausstellung „Farben.Formen. Fantasien" gezeigt, bei der es auf 700 m² um die Kreativität der Natur geht. Im Veranstaltungssaal DenkArena erleben die Besucher Science Shows mit spektakulären Versuchen, Wissenschaftstheater und spannende Vorträge. Das Universum® Bremen bietet zu jeder Jahreszeit viel Wissenschaft und Spaß. Es eignet sich für einen spannenden Ganztages-Ausflug mit rund sechs Stunden Aufenthaltsdauer.

Wichtig!

Adresse:
Universum® Bremen
Wiener Straße 1a
28359 Bremen
Tel. 0421/3346-0
www.universum-bremen.de

Öffnungszeiten: Mo. bis Fr. 9–18 Uhr
Sa./So. und an Feiertagen 10–19 Uhr
Kassenschluss jeweils 90 Minuten früher

Eintritt: Erwachsene € 18,50
Ermäßigte (Kinder ab 6 J. Schüler, Studenten, Senioren) € 12,50
Kinder unter 6 Jahren frei
Familienkarte € 45,– (2 Erw. mit eigenen Kindern bis 18 Jahre)
Gruppen ab 15 Personen:
Erwachsene € 16,–
Ermäßigte € 10,50
Weitere Preiskategorien auf Anfrage!

Verpflegung: Die Gastronomie KUBUS befindet sich in der SchauBox. Der Shop Prädikat bietet ein vielseitiges Sortiment.

Bremen und Umgebung

Komm mit nach Bremen, sagte der Esel zum Hund, sagte der Hund zur Katze, sagte die Katze zum Hahn, und so machten sich die Stadtmusikanten auf den Weg ins Glück. Sie trugen den Namen der Hansestadt in die ganze Welt. Wer daran zweifelt, dass es sie jemals gab, der muss sich nur in der Umgebung des Rathauses einmal ganz genau umsehen – da stehen sie, die vier, einer auf dem andern, als Bronzefiguren.

Übersee-Museum Bremen

Die ganze Welt unter einem Dach! In den riesigen Räumen des Übersee-Museums Bremen sind natur-, völker- und handelskundliche Sammlungen untergebracht. Die großen Schaubilder aus 4 Kontinenten sind schon für Kinder ab fünf Jahren faszinierend. Besonders fesselnd sind die Großobjekte, im Museum wurden ganze Häuser, Tempel und Schiffe untergebracht. Ein Schwerpunkt wird dabei den Ländern und Kulturen der Südsee eingeräumt, diese Exotik fasziniert Alt und Jung gleichermaßen. Auch die Dauerausstellungen bringen für Kinder interessante Themen, so aus der Kultur der nordamerikanischen Indianer. Da das Museum sehr viel Interessantes auf zwei Etagen zu bieten hat, sollte man schon 2 Stunden für einen Besuch einplanen. Seit Mai 1999 sind im „Übermaxx", dem neuen Schaumagazin des Übersee-Museums, mehr als 30.000 Objekte aus aller Welt – von Schmetterlingen aus Sumatra über Schrumpfköpfe aus Brasilien bis hin zu Masken aus Kamerun – zu sehen.

Wichtig!

Adresse:
Übersee-Museum
Bahnhofsplatz 13
28195 Bremen
Tel. 0421/16038101
Fax 0421/1603899
www.uebersee-museum.de
office@uebersee-museum.de

Anfahrt: Das Museum liegt direkt am Hauptbahnhof. Parkplatz für PKW an der „Bürgerweide" hinter dem Bahnhof

Öffnungszeiten: Übersee-Museum und Übermaxx : Di.–Fr. 9–18 Uhr, Sa. + So. 10–18 Uhr, Mo. geschlossen.

Eintritt: Div. Preistarife, Beispiele Dauerausstellung:
Erwachsene € 6,50
Gruppen ab 7 Personen pro Person, ermäßigt € 4,50
Kinder (6–17 Jahre) € 2,50
Familienkarte € 13,50
Tickets online buchen unter www.nordwest-ticket.de

Verpflegung: Restaurant „Übersee" im Museum

Sachsen-Anhalt 103–118

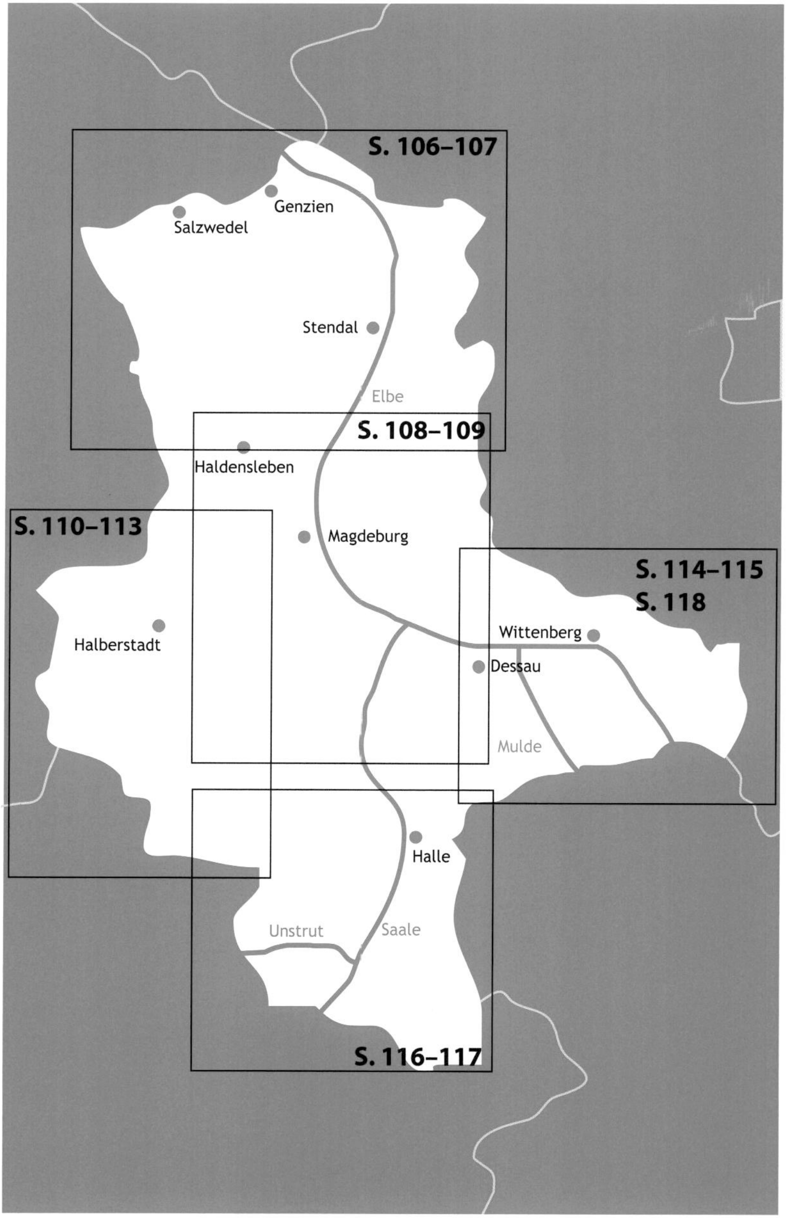
S. 106–107
Genzien
Salzwedel
Stendal
Elbe
S. 108–109
Haldensleben
S. 110–113
Magdeburg
S. 114–115
S. 118
Halberstadt
Wittenberg
Dessau
Mulde
Halle
Unstrut
Saale
S. 116–117

Die Altmark

Die Altmark im nördlichen Sachsen-Anhalt ist ein Landstrich, der Menschen schon vor Zehntausenden von Jahren anzog. Nach den Jägern und Sammlern der Altsteinzeit siedelten sich hier zu Beginn unserer Zeitrechnung die Langobarden an, ein kleiner germanischer Stamm. Im elften Jahrhundert zog von hier Albrecht der Bär in den Kampf, um das Land östlich der Elbe, die spätere Mark Brandenburg, zu erobern.

Freilichtmuseum Diesdorf

Historisches Leben und Bräuche! Das Freilichtmuseum Diesdorf/Altmark ist nicht nur das einzige volkskundliche Freilichtmuseum Sachsen-Anhalts, sondern auch das älteste deutsche Museum dieser Fachrichtung. Bereits 1911 wurde es durch den Diesdorfer Landarzt Dr. Schulze begründet. Im Jahre 1932 offiziell eröffnet, bestand das Museum zunächst nur aus einem offenen niederdeutschen Hof des 17./18. Jahrhunderts mit originalgetreu

eingerichtetem Fachhallenhaus, Speicher und Backhaus. Seit den 1970er Jahren konnten bislang weitere 15 Wohn- und Wirtschaftsgebäude des 17.–19. Jahrhunderts sowie eine Dorfschmiede und eine Bockwindmühle aufgebaut werden. Die Lage der Museumsgebäude in einer natürlich gewachsenen Umgebung mit Dorfteich ist einzigartig. An den Museumsfesten wird das Leben früherer Generationen in ihren Arbeits- und Handwerkstechniken sowie Bräuchen und Volkstänzen anschaulich vermittelt. Regelmäßige Sonderausstellungen zur ländlichen Regionalgeschichte vertiefen die Museumspräsentation.

Wichtig!

Adresse: Freilichtmuseum Diesdorf
Mohmker Str. 23, 29413 Diesdorf
Tel. 03902/450, Tel. 03902/939828
www.freilichtmuseum-diesdorf.de
Anfahrt: Diesdorf liegt an der Strecke zwischen Salzwedel und Wittingen, das Museum ist im Ort ausgeschildert
Saison: 01.04.–31.10.
01.11.–31.03. Gruppen nach Vormeldung.
Öffnungszeiten: Di–So. und Feiertage von 10–17 Uhr geöffnet, Mo. geschlossen.
Eintritt: Erwachsene € 3,–, Ermäßige € 2,–
Führungsentgelt zusätzlich pro Teilnehmer € 2,– (pro Führung mind. € 25,–)
Verpflegung: Café-Restaurant

Tierpark Salzwedel

Einheimische Tierwelt! Der Tierpark in Salzwedel ist kein Zoo mit exotischen Bewohnern, dafür können Kinder hier die einheimische Tierwelt kennenlernen. Das majestätische Rotwild besticht im Herbst mit seinem lauthalsen Brunftgebaren, das Schwarzwild wird im Frühjahr durch den längsgestreiften Frischlingsnachwuchs verjüngt. Zeitlos elegant sind die scheuen Rehe. Für die ganz kleinen Besucher gibt es einen Streichelzoo und damit die Möglichkeit, Hautkontakt mit vielen Tieren aufzunehmen. Auf dem Kinderspielplatz können sich die Kleinen austoben, anschließender Hunger und Durst können am Imbiss-Stand gestillt werden. Wer noch Lust auf weitere Aktivitäten hat, kann zum Freibad des Ortes aufbrechen, das nur etwa zehn Minuten Fußweg entfernt liegt.

Wichtig!

Adresse:
Park des Friedens
29410 Salzwedel
Tel. 03901/423957
Anfahrt: über die B 71/B 248 nach Salzwedel, im Ort beschildert. Oder: Vom Bahnhof Salzwedel ca. 1/2 h zu Fuß. Auch mit Citybus erreichbar.
Saison: ganzjährig
Öffnungszeiten: Im Sommer 8–18 Uhr, im Winter eingeschränkte Öffnungszeiten
Saison: ganzjährig
Eintritt: frei, Spenden erbeten
Verpflegung: Picknick, Imbiss

Magdeburg

Diese Stadt ist reich an Architekturzeugnissen, die noch heute von der 1.200-jährigen wechselvollen Ge-

schichte der Stadt erzählen. Nicht ohne Grund ist Magdeburg das Zentrum der „Straße der Romanik". Gleichzeitig besticht Magdeburg als eine der grünsten Städte Europas mit ausgedehnten, idyllischen Parkanlagen und einer einzigartigen Flusslandschaft.

Der Magdeburger Dom St. Mauritius und St. Katharina ist das Wahrzeichen der Stadt. Noch heute sind seine italienischen Säulen und der Taufstein zu bewundern, die Kaiser Otto einst nach Magdeburg bringen ließ.

Die „Grüne Zitadelle® von Magdeburg" ist ein Hundertwasserbau, den man bestaunt haben muss. Mitten in der Großstadt gelegen, bildet sie als grüne Oase einen ganz außergewöhnlichen architektonischen Kontrast zum nahe gelegenen Dom, dem Kloster, den Barockbauten und der postmodernen Architektur in ihrem Umfeld. Sie zählt zu den größten Neubauten Hundertwassers, in dem er seine Architekturauffassungen beispielhaft verwirklichen konnte – Architektur in Harmonie mit der Natur.

Sportfreunde werden den Elbe-Radweg lieben. Er führt durch die grüne Domstadt, schlängelt sich die Elbe entlang, vorbei an herrschaftlichen Parks, Hafenanlagen, alten Speichergebäuden und der schönen Stadtsilhouette. Nicht zuletzt kommen auch Gartenfreunde in Magdeburg auf ihre Kosten. Rund 20 zum Teil historische Parkanlagen und Gärten laden zum Entspannen ein.

Wichtig!

Adresse:
Tourist-Information Magdeburg
Ernst-Reuter-Allee 12
39104 Magdeburg
Tel. 0391/19433
info@magdeburg-tourist.de
www.magdeburg-tourist.de

Zoologischer Garten Magdeburg

Wichtig!

Adresse:
Zoologischer Garten Magdeburg
Am Vogelsang 12
39124 Magdeburg
Tel. 0391/280900
Fax: 0391/280 90-12
www.zoo-magdeburg.de
info@zoo-magdeburg.de
Anfahrt: Im Stadtgebiet ausgeschildert.
Saison: ganzjährig, tägl. geöffnet
Öffnungszeiten: im Sommer von 9–19 Uhr, im Winter von 9 Uhr täglich bis zum Einbruch der Dunkelheit.
Eintritt: Erwachsene € 6,–
Ermäßtige (Schüler, Studenten, Schwerbehinderte) € 4,–
Kinder (von 4–15 Jahren) € 3,–
Kleine Familientageskarte € 11,–
Große Familientageskarte € 16,–
Gebühr für das Mitbringen von Hunden € 2,–
Verpflegung: Serengeti Camp

Tiere hautnah erleben! Lassen Sie sich im Zoologischen Garten Magdeburg von 1000 Zootieren in 200 Arten faszinieren. Erleben Sie, wie die größte Raubkatze der Welt badet, die Pinguine durch das Wasser fliegen oder der Ameisenbär mit seiner langen Zunge das leckere Futter schleckt. Die ungewöhnlichen Einblicke in die Tierwelt werden durch die neuen, weitläufigen Anlagen für Sibirische Tiger, Schneeleoparden, Löwen und Menschenaffen ermöglicht. Nutzen Sie die Serviceangebote, beispielsweise die Fütterungszeiten, Führungen, Kindergeburtstage, Spielplatz mit integriertem Streichelgehege, Veranstaltungen, Bollerwagenverleih u.a.

Der Ostharz

Der Nationalpark Ostharz, das natürliche Kernstück des Ostharzes, umschließt den Brocken, die höchste Erhebung des Mittelgebirges. Der Wald soll sich frei entfalten, hier wird weder gefällt noch gepflanzt. Durch den Park führen Wanderwege zur Bergstation des Brocken – die Alternative, wenn man den Anziehungspunkt Tausender Touristen unbedingt sehen will. Wer die Ruhe sucht, der findet sie an der Hohne, am Renneckenberg oder im Ilsetal.

Das Schaubergwerk Büchenberg

Rundweg unter der Erde! 145 Stufen Treppe führen ins Bergwerk. Unten wartet ein 600 Meter langer Rundweg auf die Besucher, die einen Einblick in die Welt der Bergleute bekommen. Die Führungen dauern rund eine Stunde, das ist Kindern von sechs Jahren durchaus zuzumuten. Der Spaziergang unter Tage wird ohnehin als Abenteuer aufgefasst, aber das Highlight ist die Besteigung der ausgemusterten Original-Grubenlok. Die geologischen „Aufschlüsse" sind in Büchenberg besonders farbenprächtig. Die alten Maschinen in Funktion zu sehen, ist sehr beeindruckend. Für Kinder ab dem Schulalter.

Wichtig!

Adresse:
Schaubergwerk Büchenberg
38875 Elbingerode, Tel. 039454/42200
Anfahrt: Das Bergwerk liegt an der B 244 von Wernigerode nach Elbingerode und ist ausgeschildert.
Öffnungszeiten: Ganzjährig täglich geöffnet. Führungszeiten: 10 Uhr, 12 Uhr, 14 Uhr, 16 Uhr. Andere Führungszeiten sind nur in Vorabsprache möglich. Für Rollstuhlfahrer und Besucher mit gesundheitlichen Einschränkungen besteht die Möglichkeit der Einfahrt über einen Personenaufzug. Eine entsprechende Vorabsprache ist dabei erforderlich.
Eintritt: Variiert je nach Tour. Beispiele:
Tour „Fahrschluck", Dauer 1,5 Std. bis 60 Personen à € 7,50,
Tour „Berghenne", Dauer 2 Std. ab 20 bis 60 Personen à € 10,–
Geologische Führung, Dauer 2 Std. ab 10 bis 50 Personen à € 15,–
Verpflegung: Imbiss, Gastronomie auf Anfrage

Die Harzer Schmalspurbahnen

Das Unternehmen Harzer Schmalspurbahnen GmbH (HSB) wurde am 19. November 1991 gegründet. Im Februar 1993 übernahm die kommunale Gesellschaft das Gesamtensemble der Harzer Schmalspurbahnen von der Deutschen Reichsbahn (DR) und war somit die erste nichtbundeseigene Eisenbahngesellschaft in den fünf neuen Bundesländern mit fahrplanmäßigem Reisezugverkehr. Das gesamte und in einer Spurweite von 1.000 mm ausgeführte Streckennetz aus Harzquer-, Selketal- und Brockenbahn weist heute eine Länge von 140,4 km auf und stellt damit das längste zusammenhängende Schmalspurbahnennetz in Deutschland dar. Zum Fuhrpark der HSB zählen u. a. 25 Dampflokomotiven, 12 Diesellokomotiven, 10 Triebwagen sowie eine Vielzahl historischer Reisezugwagen. Unter den Dampflokomotiven befinden sich zwei auch heute noch einsatzbereite Exemplare aus dem Jahre 1897. Das gesamte schmalspurige Streckennetz im Harz wurde bereits im Jahre 1972 unter Denkmalschutz gestellt. Neben dem regulären Reisezugverkehr und dem täglichen Flair eines nostalgischen Dampfbetriebes bietet die HSB als eine der wichtigsten Attraktionen des Harzes auch eine breite Palette an touristischen Produkten. Zahlreiche thematische Sonderfahrten, Events, Souvernirverkäufe, Pauschalurlaubs-Angebote oder Erlebnisse rund um die Dampflok, wie z. B. Ausbildungen zum „Ehrenlokführer", runden das breitgefächerte touristische Angebot der HSB ab. In verschiedenen Bahnhöfen verfügt die HSB für ihre Kunden über moderne Informations- und Verkaufsbüros und hat in den Städten Wernigerode sowie Quedlinburg jeweils „Dampfläden" in der Nähe der Marktplätze.

Wichtig!

Adresse:
Harzer Schmalspurbahnen GmbH
Friedrichstr. 151
38855 Wernigerode
Tel. 03943/558-0, Fax 03943/558-148
Internet: www.hsb-wr.de
E-Mail: info@hsb-wr.de
Saison: ganzjährig
Winterfahrplan bis 24.04.2009
Sommerfahrplan ab 25.04.2009
Fahrzeiten: Umfangreicher Fahrtenplan, auch im Internet.
Preise: Einheitstarif Brocken:
Einfache Fahrt € 16,–
Hin- und Rückfahrt € 24,–
Ansonsten gestaffelt nach Entfernung
Verpflegung: ausgewählte Züge mit Buffetwagen, Gastronomie jeweils im Ort

Reiterhof Mühlental in Wernigerode

Hier ist alles möglich! Wer es gemütlich mag und trotzdem viel sehen möchte, kann eine Kutschfahrt unternehmen. Angeboten werden z. B. täglich 2 bis 6 Stunden Kutschfahrten nach Vereinbarung. Die Kutschfahrten werden als Stadtrundfahrten in und um Wernigerode mit dem Schloss von Wernigerode und Wildpark Christianental durchgeführt. Es gibt auch schöne Waldrundfahrten durch den Harz zu den Ausflugzielen Zillerbachtalsperre, Büchenberg, Mandelholz oder auch zum Armeleuteberg mit Kaiserturm. Im Ferienhaus (sowie im Heuhotel) besteht die Möglichkeit zur Übernachtung.

Wichtig!

Adresse: Reiterhof Mühlental
Friederikental 1, 38855 Wernigerode
Tel. 03943/24144
www.reiterhof-wernigerode.de
info@reiterhof-wernigerode.de
Saison: ganzjährig
Kosten: Je nach Tour unterschiedlich. Beispiel: Romantische Kutsch- und Schlittenfahrt in und um Wernigerode oder im schönen Harzwald pro Std. € 50,–
Verpflegung: Restaurant auf dem Hof

Wildpark Christianental

Wildpark und Streichelzoo! Insgesamt beherbergt der Park 200 Tiere aus 40 Arten. Die Greifvogel-Volieren zeigen Falken und Bussarde, zum „Geflügel" zählt auch das seltene Auerwild. Sind auch Rothirsche, Dam- und Schwarzwild „abgehakt", Wildkatzen, Waschbären und Marder noch ausführlich betrachtet worden, dann steht der Besuch des Streichelzoos auf der Tagesordnung. Hier können sich die Kleinsten gar nicht mehr losreißen. In der Nähe des Spielplatzes am Ende des kleinen Rundweges befindet sich die Gaststätte. Von der Terrasse aus hat man die jungen Racker gut im Blick.

Wichtig!

Adresse:
Wildpark Christianental
38855 Wernigerode, Tel. 03943/25295
Anfahrt: Zum Tierpark gelangt man mit der „Bimmelbahn", am Wochenende auch mit dem Citybus. Die Anfahrt mit dem PKW ist ausgeschildert.
Öffnungszeiten: immer geöffnet
Saison: ganzjährig
Eintritt: frei
Verpflegung: Picknick, Gastronomie

Nationalpark Harz

Erlebnisreiche Waldwildnis! Die Gebiete von zwei Nationalparks bilden seit Januar 2006 eine naturräumliche Einheit. Bundesländer übergreifend, dehnt sich die artenreiche Mittelgebirgslandschaft sowohl in Gebiete von **Niedersachsen** als auch in Regionen von **Sachsen-Anhalt** aus. Am Südrand des Mittelgebirges bei Herzberg zieht sich die Region über die Hochlagen bis zum Nordrand bei Ilsenburg. Einbezogen sind alle charakteristischen Lebensraumtypen, alle Höhenstufen, alle Expositionen und die wichtigsten Gesteine. Der Nationalpark Harz steigt von seinen Randzonen bei ca. 230 m ü. NN im Norden bzw. 270 m ü. NN im Süden bis zum Brocken auf 1.142 m ü. NN kontinuierlich an. Der Park ist eine ökologische Komplexlandschaft, umfasst verschiedene Vegetationszonen und ist Teil des europäischen Schutzgebietssystems „Natura 2000“. Wälder, Moore, Granitklippen, Felsbiotope und Bergbäche garantieren einzigartige Ausflüge und Wanderungen. Wanderwege, wie z. B. rund um den Erdbeerkopf oder rund um das Ilsetal oder die Wanderung Drei Annen Hohne-Steinerne Renne-Ottofelsen und viele andere lassen Flora und Fauna auf ganz besondere Weise

erleben. Das pädagogische Konzept des Nationalparks Harz beschreitet mit seiner Wildnispädagogik bzw. Wildnisbildung einen innovativen Weg der Natur- und Umweltbildung. Durch das Erfahren der Waldwildnis im Nationalpark Harz wird der verantwortungsbewusste Umgang mit der Natur und allen darin ablaufenden dynamischen Prozessen gefördert. Hierzu kann man ergänzend verschiedene Veranstaltungen besuchen, die vom Nationalpark-Bildungszentrum Sankt Andreasberg angeboten werden.

Wichtig!

Adresse:
Nationalparkverwaltung Harz
Lindenallee 35, 38855 Wernigerode
Tel. 03943/5502-0, Fax -37
www.nationalpark-harz.de
poststelle@nationalpark-harz.de
Wandervorschläge:
www.wandern-im-harz.de
www.harzinfo.de
www.harz-urlaub.de
Verpflegung: Mehrere Waldgaststätten im und am Nationalpark Harz sorgen für angenehme Ruhepausen während den Wanderungen

Anhalt-Wittenberg

Die Träger vieler klangvoller Namen haben in Anhalt-Wittenberg gewirkt, zum Beispiel Luther, Händel, Goethe und Gropius. Auch die russische Zarin Katharina stammte von hier, sie war eine Prinzessin von Anhalt-Zerbst. Ein „Star" unter den Landschaftsgärten ist der Wörlitzer Park, der nach dem Willen seines Begründers ein „Paradies auf Erden" werden sollte. Und das, obwohl die Umgebung Dessaus mit den Auen der Mittleren Elbe ohnehin so reich gesegnet ist.

Auf der MS „Klabautermann"

Die besondere Schifffahrt! Der Klabautermann ist die international bekannteste Koboldgestalt in der Phantasie der Dichtung. Den Kobold an Bord zu haben, konnte nur Glück bedeuten. Verließ er das Schiff, brach Unglück über die Besatzung herein. Vor etwa 100 Jahren war der Glaube an den Klabautermann so stark, dass man ihm bei Tisch stets ein Gedeck mit auflegte. Zwar legt man auf der MS „Klabautermann" heute kein Gedeck mehr für den Kobold auf, dennoch glaubt der Kapitän, mit der Wahl seines Schiffsnamens den geeigneten Schutzpatron gewählt zu haben. Neben der „Klabautermann" bietet der Kapitän seinen Gästen ein neueres Fahrgastschiff, den „Fürst Leopold". Dieser Schiffsneubau bietet Stil und Großzügigkeit – sämtlichen Luxus auf der Wasserstraße Elbe. Der Heimathafen beider liebevoll gepflegter Schiffe ist Aken/Elbe. Angefangen von der stündlichen Rundfahrt bis zur Ganztagesfahrt, wird alles geboten. Sie durchfahren das größte zusammenhängend erhalten gebliebene Auenwaldgebiet Mitteleuropas. Ein Naturschutzgebiet mit seltenen Tier- und Pflanzenarten in einer noch natürlichen Umgebung.

Wichtig!

Adresse:
Klabautermann Schiffsreisen
Personenschifffahrts GbR
Inh. U. Wierschke
Gartenstraße 64, 06385 Aken
Tel. 034909/82780, Fax 034909/33657
Tel. an Bord: 0171/7727539
www.klabautermann-schifffsreisen.de
Anlegestellen: Wittenberg, Coswig, Dessau, Brambach, Aken, Barby, Schönebeck
Saison: von Ostern bis Silvester, im Winter nur Charterfahrten
Verpflegung: Bordgastronomie, vom landestypischen Tellergericht bis zum festlichen Buffet oder Menü
Drumherum: Tierpark in Dessau

Tierpark Dessau

Heimisch und exotisch! Im Dessauer Tiergarten begegnen den Besuchern 500 Tiere aus mehr als 120 Arten. Neben den Vertretern der heimischen Wildbahn finden sich auch Exoten wie Jaguar, Python und Zwergseidenäffchen im Zoo. Der direkte Kind-Tier-Kontakt wird im Streichelgehege hergestellt. Im Tierpark, der viele seltene Gehölze und Bäume beherbergt, haben sich viele seltene Tierarten sogar ganz freiwillig angesiedelt, so z. B. verschiedene Spechtarten, Blindschleichen und Ringelnattern.

Wichtig!

Adresse: Tierpark Dessau
Querallee 8, 06846 Dessau-Roßlau
Tel. 0340/614426, Fax 0340/6612580
www.tierpark.dessau.de
info@tierpark.dessau.de
Anfahrt: Im Ort ist der Tierpark ausgeschildert, per Bus: Puschkinallee, Bus 10,11,17
Saison/Öffnungszeiten: ganzjährig, täglich von 9–18 Uhr, im Winter bis zum Einbruch der Dämmerung
Eintritt: Erwachsene € 3,–
Kinder € 1,–
Ermäßigte € 2,–
Verpflegung: Picknick, Kiosk, Restaurant

Museum für Naturkunde

Urzeitliches! Hier kann der Besucher unterschiedliche naturkundliche und vorgeschichtliche Ausstellungen besuchen. Die paläontologische und vorgeschichtliche Ausstellung „Schätze aus dem Untergrund" zeigt, wie die Landschaft sich im Laufe von Millionen Jahren entwickelt hat. Fossilien und Rekonstruktionen von Tieren wie z.B. Mammut, Höhlenbär und ein rekonstruiertes Rentierjägerzelt versetzen den Besucher in vergangene Zeiten. Eine andere Ausstellung zeigt Tiere und Pflanzen in nachempfundenen Lebensgemeinschaften des Biosphärenreservates „Mittlere Elbe". Außerdem finden Sonderausstellungen statt.

Wichtig!

Adresse:
Museum für Naturkunde und Vorgeschichte,
Askanische Straße 32, 06842 Dessau
Tel. 0340/214824
Anfahrt: direkt an der Kreuzung der Bundesstraßen B 184 und B 185 mitten in der City gelegen
Alter: ab 6 Jahren, bei Veranstaltungen ab 4 Jahren nach Voranmeldung
Saison/Öffnungszeiten: ganzjährig Di.–Fr. 9–17 Uhr, Sa., So. und feiertags 10–17 Uhr,
Eintritt: Erwachsene € 3,–
Kinder ab 6 Jahren € 2,–
Familienkarte € 7,–

Halle und Umgebung

Ein Schweinehirt campierte am Ufer der Saale, etwa dort, wo heute die Marienkirche steht. Als er mit seiner Herde weiterziehen wollte, fielen ihm die silbrig glänzenden Borsten einer Sau auf. Es war Salz, und Salz war fast soviel wert wie Gold. So siedelten Salzwirker am Fluss, und es entstand Halle. Das weiße Gold brachte wirtschaftliche Stärke, die über die Jahrhunderte Bestand hatte.

Raumflug-Planetarium Halle

Sternengucker! Für alle Altersgruppen werden wochentags auf vorherige Anmeldung Vorführungen gezeigt. Aus einer Vielzahl von Themen können sich die Besuchergruppen ihre Wunschveranstaltung auswählen. Besonders häufig gewünschte Themen sind dabei „Eine Reise durch unser Sonnensystem", „Sind wir allein im All?" oder „Die schönsten Sternbilder und ihre Sagen". Die öffentlichen Vorführungen sonntags um 14.30 Uhr und 16.00 Uhr sind für Familien mit Kindern ab sechs Jahren geeignet. Mit den Projektoren des „Spacemasters" begibt man sich auf eine Reise durch Raum und Zeit. Der Simulationsflug führt am Jupiter vorbei hinaus aus unserem Sonnensystem. Mit Hilfe eines All-Skys werden ganz neue Dimensionen des Raumgefühls erschlossen. Den Besuchern wird dadurch ein tiefer Einblick in die unendlichen Weiten des Weltraums möglich. Das Planetarium befindet sich auf der Peißnitzinsel.

Wichtig!

Adresse:
Raumflug-Planetarium
Peißnitzinsel 4a
06108 Halle (Saale)
Tel. 0345/8060317
Fax 0345/1317323
www.Planetarium-Halle.de
Saison/Öffnungszeiten: ganzjährig,
Mo. 9–16 Uhr, Di. 9–13 Uhr , Fr. 19–21 Uhr,
Sa. je nach Programm, So. 13–19 Uhr
Und nach vorheriger telefonischer Absprache unter: 0345/8060317
Eintritt: bitte telefonisch erfragen
Verpflegung: Imbiss in der Nähe, Picknick
Drumherum: Spielplätze u.a. mit einer kleinen Drahtseilbahn, Schmalspurbahn

Unteres Saaletal

Der Naturpark „Unteres Saaletal" liegt zwischen Halle und Bernburg/ Nienburg und ist ein beliebtes Ausflugsgebiet. Hier findet man auf engstem Raum eine Vielzahl der unterschiedlichsten Naturerlebnisse und auch das Leben früherer Zeiten ist hier auf Grund der Sehenswürdigkeiten noch sehr lebendig.

Geologie-Freunde finden hier interessante Gesteinsformationen. Sandstein, Konglomerate (VermischungendesSandsteins mit Kiesen anderer Gesteinsarten), Porphyr (oberer und unterer) sowie Kalkstein sind auf relativ kleinem Raum anzutreffen. Die weiße Wand in Dobis z.B. ist ein Gestein, das die Bergleute im Mansfelder Revier in 900 bis 1.200 m Tiefe im Kupferabbau antreffen. Die Verwitterungsschichten der unterschiedlichsten Gesteine bieten den verschiedensten Pflanzen ihre Lebensgrundlagen. Hinzu kommt, dass das Gebiet des Naturparks das niederschlagsärmste in Deutschland ist. Das bedeutet, dass sich hier Pflanzengemeinschaften typischer Steppengebiete herausgebildet haben. Im Frühling, wenn die vielen Streuobstwiesen blühen, ist ein Wanderausflug ein besonders schönes Erlebnis. Dies natürlich auch im Spätsommer und Herbst, wenn die Bäume Früchte tragen. Genau hinschauen lohnt sich – hier gibt es viele Tier- und Pflanzenarten, die anderswo schon ausgestorben oder vom Aussterben bedroht sind.

Große Teile des unteren Saaletals sind als Naturschutzgebiete ausgewiesen, es gibt aber auch viele interessante Baudenkmäler aus der Romanik. Im südlichen Teil des Naturparks beispielsweise die Burg Giebichenstein in Halle und die Stiftskirche in Petersberg. Im nördlichen Teil ist besonders die Dorfkirche St. Stephani im Bernburger Stadtteil Waldau sehenswert, dem ersten urkundlich erwähnten Ort (Walada) Anhalts im Jahre 806. Weiter nördlich, wo die Bode in die Saale einmündet, liegt Nienburg. Hier findet man die Klosterkirche St. Marien und Cyprian mit einem spätromanischen Schmuckfußboden. Fazit: Hier erwartet Sie ein vielseitiges Freizeitgebiet!

Wichtig!

Nähere Informationen:
Verband Naturpark
Unteres Saaletal e.V.
Am Kindergarten11
06420 Rothenburg/Saale
Tel. 034691/21194 oder 21166
Fax 034691/21165
info@unteres-saaletal.de
www.unteres-saaletal.de

Landschaftsmuseum in der Burg Bad Düben

Die Kurstadt Bad Düben wird auch das „Tor zur Dübener Heide" genannt, jener unverwechselbaren Landschaft zwischen Unterer Mulde und Mittlerer Elbe. Aus Richtung Leipzig kommend, erhebt sich hinter der Muldebrücke linker Hand der etwas gedrungene Wachtturm der Burg Düben. Der „Lug ins Land" stellt das älteste Gebäude (1206) im Burgareal dar; er wurde erst am Ende des Mittelalters auf alten Fundamenten aus Back-, Bruch- und Raseneisensteinen errichtet. Daneben erblickt man das Haupthaus, welches in den Jahren 1997–1999 aufwendig saniert wurde. Die Burg ist das Wahrzeichen der Stadt und beherbergt seit 1953 das in Sachsen einmalige Landschaftsmuseum. Präsentiert werden Sammlungen zur Stadt- und Regionalgeschichte sowie zum Naturraum der Dübener Heide. Bedeutende Personen, die in die Geschichte eingegangen sind und in Verbindung mit der Burg Düben genannt werden können, sind Gustav-Adolf II. von Schweden (1631), Napoleon (1813) oder Hans Kohlhase (1533), dessen Begebenheit im Gerichtszimmer des Torturmes erläutert wird. Außerdem kann das Verlies besichtigt werden, in dem 1669 die als Hexe bezichtigte Frau Elisabeth Mann an den Folgen der Folterungen verstarb. Am Wallgraben im Burggarten steht die 2003 komplett sanierte und restaurierte Schiffmühle, welche bis 1954 auf der Mulde arbeitete.

Wichtig!

Adresse:
Landschaftsmuseum der Dübener Heide
Burg Düben
Neuhofstraße 3
04849 Bad Düben
Tel. 034243/23691
Fax 034243/23612
Landschaftsmuseum.Bad.Dueben@t-online.de
www.museumburgdueben.de

Öffnungszeiten: Di.–Do. 9.30–16 Uhr, Fr. 9.30–12 Uhr, Sa. 13–17 Uhr*, So. 10–17 Uhr*
(* Nov.–Feb. bis 16 Uhr)

Eintritt: Erwachsene € 2,50, ermäßigt € 1,50, Schüler in Gruppen € 1,–, Kinder im Vorschulalter erhalten freien Eintritt, Familienkarte € 6,50, Sonderausstellungen € 1,–, Führung € 6,–, Foto/Videogebühr € 1,–, Burgturm € 0,50, Gruppenrabatt ab 25 Personen. Führungen sind bitte rechtzeitig anzumelden.

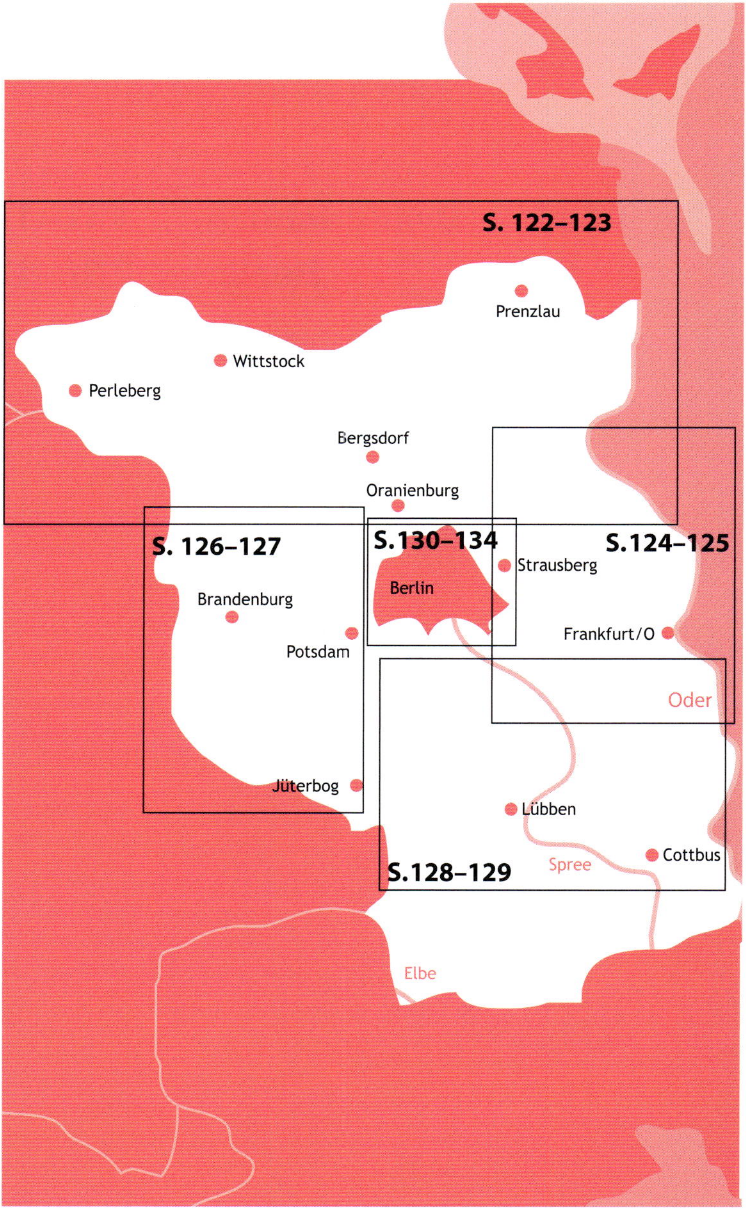
S. 122–123
Prenzlau
Wittstock
Perleberg
Bergsdorf
Oranienburg
S. 126–127
S.130–134
S.124–125
Strausberg
Berlin
Brandenburg
Potsdam
Frankfurt/O
Oder
Jüterbog
Lübben
Cottbus
S.128–129
Spree
Elbe

Nördliches Brandenburg

Prignitz, Uckermark und Ruppiner Schweiz formen das nördliche Brandenburg. Hier gibt es mehr als nur „Sand, Heide und Kiefern", wie ein gängiges Klischee es will. Theodor Fontane beschrieb die stillen natürlichen Reize des Landes vor mehr als 100 Jahren in seinen „Wanderungen durch die Mark Brandenburg". Auch heute noch erquickt sich der Besucher an alten Baumalleen, sanften Hügeln und ausgedehnten Wäldern. Selten gewordene Tiere haben hier eine Oase gefunden, zu ihnen gehören Seeadler, Sumpfschildkröte und Biber.

Kristall Kur- und Gradier-Therme

Eine Oase der Ruhe! Die im andalusischen Stil gestaltete Therme lädt in eigenem, bestem eisen- und jodhaltigen Thermalheilwasser zum Gesundbaden ein. In fünf verschiedenen Becken mit Wassertemperaturen von 34 bis 36 Grad und einem Solegehalt von 1,5 bis 12 Prozent können sich die Gäste von eingebauten Unterwassermassagedüsen verwöhnen lassen. Sechsmal täglich wird kostenlos Wassergymnastik angeboten. Für ganzheitliche Entspannung sorgt die Edelstein-Meditationsgrotte mit Sphärenmusik. Den kleinen Gästen steht ein liebevoll gestalteter Eltern-Kind-Bereich mit Wasserspielgeräten zur Verfügung.

Erholung für Körper, Geist und Seele erfahren die Gäste in der Saunawelt mit Saunadorf und großem Freibereich. Hier locken acht Themensaunen, Dampf- und Salzdampfbad, Nebel-Eisgrotte sowie die stündlich stattfindenden Spezialaufgüsse. Nach dem Saunagang empfiehlt sich eine entspannende Massage im Osmanischen Hamam oder im Wellness- und Massagezentrum. Die Therme verfügt über ein vielfältiges Angebot an Massage- und Wellnessangeboten und auch regelmäßig stattfindende Veranstaltungen kommen nicht zu kurz. Sowohl in der Therme als auch im Außenbereich werden leichte Speisen und regionale Spezialitäten für das leibliche Wohl serviert.

Wichtig!

Adresse: Kristall Kur- und Gradier-Therme Bad Wilsnack GmbH
Am Kurpark 1, 19336 Bad Wilsnack
Tel. 038791/80880, Fax 808833
www.kristalltherme-bad-wilsnack.de
info@kristalltherme-bad-wilsnack.de
Saison/Öffnungszeiten: ganzjährig außer 24.12., Mo.–Do., So. 9–22 Uhr, Fr., Sa. 9–23 Uhr, Montag ab 19.30 Uhr textilfreies Baden
Eintritt: Tageskarte: Erw. € 16,– Jugendl. (6–15 J.) € 11,–, Kinder (unter 6 J.) € 2,– Zuschlag Saunawelt € 2,80
Verpflegung: Gastronomie in der Therme

ELDORADO-Templin

Abenteuer Wilder Westen! Bereits beim Betreten der Westernstadt tauchen Besucher ein in die Welt des „Wilden Westens". Und dann kann man sich auch gleich fühlen, als wäre man dort, z. B. wenn man die originalgetreu nachgebaute Main Street mit Saloon betritt oder die Music Hall. Aber es gibt noch mehr zu entdecken, so das Photoatelier, verschiedene Western-Shops, die Goldwaschanlage, den Streichelzoo, den Indianerspielplatz und viele weitere Attraktionen für große und kleine Westernhelden. Das kulinarische Western-Erlebnis erwartet die Besucher in der Cantina Mexicana, im Steakhouse und im Saloon. Gleich nebenan kann jedes Wochenende bei Country-Livemusik das Tanzbein geschwungen werden. Das besondere tägliche Highlight sind die actiongeladenen Western-Stuntshow, die atemberaubende Greifvogelshow und die mitreißenden Indianertänze. Und weil man bestimmt länger als einen Tag braucht, um die Westernstadt komplett zu entdecken, stehen mit dem Hotel, den Ranchhäusern, dem Fort und den Tipis stilechte Übernachtungsmöglichkeiten zur Verfügung.

Wichtig!

Adresse:
Eldorado Abenteuer GmbH
Am Röddelinsee 1, 17268 Templin
Tel. 03987/2084-0, Fax 03987/2084-219
info@eldorado-templin.de
www.eldorado-templin.de
Anfahrt: aus Richtung Berlin über den Berliner Ring (A 10), Abfahrt Wandlitz auf die B 1 über Zerpenschleuse, Liebenwalde und Zehdenick. Nach dem Ortsteil Hammelspring sind es noch 2 km zum ELDORADO-Templin.
Saison: 08. April bis 31. Oktober 2009
Öffnungszeiten: siehe Internet.
Eintritt: Erwachsene € 9,50
Kinder bis 14 Jahre € 7,50
Kinder bis 1,20 m frei
Familienkarte (2 Erw. + 2 Kinder) € 29,50
Veranstaltungen:
- jeden Monat Sonderevents
- Live-Musik
- einmal pro Monat ELDORADO Sound Factory

Östliches Brandenburg

Das östliche Brandenburg ist seit jeher Naherholungsgebiet der gebeutelten Städter aus Berlin. Die Landschaft ist nicht nur eine „Streusandbüchse", in diesem Gebiet der stillen Reize wechseln sich ausgedehnte Nadelwälder mit tiefen Buchen- und Eichenwäldern ab. Mancher der Höhenzüge hat fast schon Mittelgebirgscharakter. Immer wieder wird die Landschaft von Wasserläufen und Seen unterbrochen, von denen es in der Region mehr als 500 gibt.

Spaß- und Freizeitbad Schwapp

Wasserspaß pur! Über 270 m Rutschen, darunter die Abenteuer-Attraktionen 94 m Black Hole – abtauchen ins Dunkle – und 108-m-Master-Blaster – Wildwasserfahrt auf und ab, für alle, die das Risiko mögen (ab 10 Jahre), dazu die 10 m hohe Piratenburg mit Schiff, umspült von einem 120-m-Action-River! Am Strand und im flachen Wasser findet man viel Unerwartetes wie Grotten-Wasserfall, Whirl-Pool und verschiedene Spielgeräte für Kind und Kegel. Auf einer ganzen Fitness-Etage können Sie überschüssige Kraft in erstklassige Geräte stecken. Spaß zum Relaxen bietet auch eine großzügige Saunalandschaft mit Meditationssauna, Finnischer Sauna, Blockhaussauna, Infrarotkabine, Tepidarium und Dampfbad. Unvorstellbar, aber wahr: Hier schneit es! Also, nichts wie ab in die Schneekabine nach der Sauna.

Wichtig!

Adresse: Spaß- und Freizeitbad Schwapp
Große Freizeit 1, 15517 Fürstenwalde
Tel. 03361/36370, www.schwapp.de
E-Mail: info@schwapp.de
Anfahrt über die A 12 (Berlin-Frankfurt/Oder), Abfahrt Fürstenwalde/West, nach rechts Richtung Stadtzentrum und dann der Beschilderung folgen.
Saison: ganzjährig
Öffnungszeiten: ganzjährig, allerdings unterschiedliche Zeiten für Sport- und Spaßbad sowie Saunalandschaft, genaue Übersicht auf der Homepage.
Eintritt: Preise variieren je nach Bereich und Wochentag. Beispiel Eintritt ins Spaßbad: Erw. 3 Std. Mo.–Fr. € 11,–, am Sa./So. und feiertags € 11,50, Kinder bis 16 Jahre 3 Std. Mo-Fr. € 7,–, am Sa./So. und feiertags € 7,50. Weitere Preise auf der Homepage
Verpflegung: Drei Gastronomiebereiche, je einer im Sportbad, im Spaßbad und in der Sauna.

Erlebniswelt Fischerhof Groß Schauen

Die Fischerei Köllnitz liegt nahe der Stadt Storkow (Mark) im Ortsteil Groß Schauen. Das ist nur ca. eine Autostunde vom Stadtzentrum Berlins entfernt. Dieser Ausflugsort liegt inmitten einer üppigen Natur mit vielen kleinen und großen Seen, Wäldern und Wiesen.

Die Schauener Seenkette ist ein vielfältiges Naturschutzgebiet. Dort gibt es breite Ufer- und Gelegezonen, die Lebensraum für bestandsbedrohte Pflanzen- und Tierarten wie Orchideen, Fischotter, Fisch- und Seeadler, Beutelmeise, Rohrdommel, Eisvogel und viele mehr bieten.

Die Erlebniswelt auf dem Fischerhof bietet vielfältigste Erlebnisbereiche für die ganze Familie. Hier kann man auf reizvollen und informativen Pfaden wandern oder einen Blick vom Aussichtsturm über die Sielmanns Naturlandschaft Groß Schauener Seen schweifen lassen. Das erste Fischereimuseum des Landes Brandenburg präsentiert hervorragende Präparationen, die die Welt der Tiere sehr informativ und anschaulich näher bringen. Außerdem kann man eine Netzwerkstatt besichtigen, auf Angelabenteuer gehen, Tennis spielen, Radfahren auf dem neu ausgebauten Radwegenetz, reiten, mit der Kutsche fahren oder einfach die Seele baumeln lassen. Der Fisch-Erlebniswelt sind ein Hotel mit Sauna und ein Restaurant angeschlossen.

Wichtig!

Adresse und Anfahrt:
Fischerei Köllnitz eG
Groß Schauener Hauptstraße 31
15859 Storkow (Markt) OT Groß Schauen
Tel. 033678/62006 und Hotel:
Tel. 033678-6960, Fax 033678/41773
Internet: www.koellnitz.de
Anfahrt: Groß Schauen erreicht man über den östl. Berliner Ring A 12, Abfahrt Storkow in Richtung Zossen auf der B 246
Saison/Öffnungszeiten: ganzjährig täglich geöffnet
Eintritt: frei bzw. Bootsmiete
Verpflegung: Picknick, Gastronomie vor Ort
Drumherum: Im nahen Umfeld befinden sich der Kurort Bad Saarow. Man kann beispielsweise noch die Saarow-Therme besuchen oder einen Ausflug in den nahen Spreewald machen.

Havelland und Fläming

Manchem Besucher kommt es so vor, als bestehe das Havelland nur aus zwei Elementen: aus Luft und Wasser. Die Havel gießt hier ihr Wasser ins weite Land, so entstehen großflächige Seen mit breiten Schilfgürteln und flachen, sandigen Ufern. Das Havelland ist auch bekannt für seinen Obstanbau, jeder kennt ja den Herrn von Ribbeck und seinen Birnbaum. Der nördlich gelegene Fläming bekam seinen Namen von flämischen Siedlern, die sich dort im 12. Jahrhundert niederließen. Der sandige Boden und die mitunter elefantenkopfgroßen Findlinge, die das Landschaftsbild prägen, sind Überbleibsel aus der Eiszeit.

Obstbaumuseum Werder (Havel)

Der Obstgarten Berlins! Von Berlin aus bietet sich ein Kurztripp nach Werder an, um durch das alte Zentrum der Inselstadt zu spazieren. Deren Straßenpflaster stammen noch aus der Zeit des Soldatenkönigs Friedrich Wilhelm I. Werder wird auch der „Obstgarten Berlins" genannt, da die Werderaner zu einem großen Teil vom Obstanbau leben. Die geschichtlichen und landwirtschaftlichen Besonderheiten des Obstanbaus in der Werder-Havel-Region sind Thema dieses auf der Insel gelegenen Museums. Hier darf der Museumsbesucher ruhig einmal Hand anlegen, wenn es um die Verarbeitung der Früchte geht. Im Eintrittspreis enthalten ist auch die Besichtigung

der alten Bockwindmühle. Bei einem gemütlichen Bummel an der Havel entlang kann man später in aller Ruhe aussuchen, wo man gern essen möchte – Gaststätten hat Werder in großer Vielfalt zu bieten.

Wichtig!

Adresse: Obstbaumuseum Werder (Havel)
Kirchstraße 6, 14542 Werder (Havel).
Informationen erhält man bei der Stadtverwaltung
Tel. 03327/783374 oder www.werder-havel.de
Anfahrt: Nach Werder gelangt man von Berlin und Potsdam über die B1, vor Glindow rechts abbiegen und dann der Havel entlang fahren.
Öffnungszeiten: Anfang April bis Anfang Oktober Mi. 11–16 Uhr, Sa.–So. und feiertags 13–17 Uhr. Nach Vereinbarung Führungen außerhalb der Saison.
Eintritt: Preise auf Anfrage
Verpflegung: Gaststätten und Cafés im Ort

Stiftung Preußische Schlösser und Gärten Berlin-Brandenburg

Seit dem 17. Jahrhundert entstanden in den Residenzen der brandenburg-preußischen Herrscher großartige Schloss- und Gartenanlagen. Der Gartengestalter Peter Joseph Lenné fasste in der ersten Hälfte des 19. Jahrhunderts das ganze Ensemble zu einem Gesamtkunstwerk zusammen. Die von Sanssouci bis zur Pfaueninsel in Berlin reichende Gartenlandschaft wurde 1990 als Kulturdenkmal der Menschheit in die UNESCO-Liste des Natur- und Kulturerbes der Welt als höchstes internationales Kulturgut aufgenommen. Seit Anfang 1995 sind die Schlösserverwaltungen in Potsdam und Berlin in der gemeinsamen Stiftung Preußische Schlösser und Gärten Berlin-Brandenburg wieder vereint. Derzeit verwaltet die Stiftung 300 historische Gebäude, darunter 31 Museumsschlösser sowie knapp 800 Hektar Gartenanlagen. In Potsdam gehören Schloss und Garten Sanssouci, der Neue Garten mit Marmorpalais und Schloss Cecilienhof sowie Schloss und Park Babelsberg zur Stiftung. In Berlin sind es Schloss Charlottenburg, Schloss Schönhausen, das Jagdschloss Grunewald, Schloss und Park Pfaueninsel und Schloss und Park Glienicke. In Brandenburg werden Rheinsberg, Caputh, Königs Wusterhausen, Paretz, das Schlossmuseum Oranienburg sowie Schloss und Park Sacrow von der Stiftung verwaltet. Die preußischen Schlösser und Gärten wurden nach 1918 verstaatlicht und als Museen zugänglich gemacht. Im Zuge der Vermögensauseinandersetzungen mit dem Hause Hohenzollern ist 1927 die preußische Schlösserverwaltung gegründet worden. Das seinerzeit entworfene Konzept der Museumsschlösser hat bis heute Bestand. Die Schlösser bilden demzufolge mit ihrem wertvollen Inventar gemeinsam mit den Gärten ein historisch gewachsenes Gesamtkunstwerk. (Auf dem Foto: das Neue Palais im Park Sanssouci in der Potsdamer Parklandschaft)

Copyright © SPSG

Wichtig!

Adresse: Stiftung Preußische Schlösser und Gärten Berlin-Brandenburg Besucherzentrum (an der Historischen Mühle/Park Sanssouci) An der Orangerie 1, 14469 Potsdam, Tel. (Information) 0331/9694202, Tel. (Gruppenreservierungen) 0331/9694-200/-201, Fax 0331/9694103, Internet: www.spsg.de, besucherzentrum@spsg.de

Spreewald – Niederlausitz

Wer sich den Rummel Venedigs ersparen will, aber trotzdem mit der Gondel fahren möchte, der begibt sich schleunigst in den Spreewaldort Lehde. Schon Theodor Fontane nannte ihn „die Lagunenstadt im Taschenformat". Er beschrieb sie mit: „Man kann nichts Lieblicheres sehen als dieses Lehde, das aus ebenso vielen Inseln besteht, als es Häuser hat." Hier sind Umsteiger gefragt, denn mit dem Auto kann man hier wenig ausrichten: Die Hauptstraße ist die Spree! Aber Radfahrer finden hier ein Paradies für lange und ausgiebige Touren.

Reiterhof Herms im Spreewald

Der familiär geführte Reiterhof liegt ca. 80 km südlich von Berlin am schönen Mochowsee. Es gibt hier ca. 20 Pferde vom Pony bis zum Großpferd. 15–18 Mädchen ab 8 Jahren können hier ihre Ferien verbringen. Sie erhalten bei Vollpension und individueller Betreuung 2 Reitstunden täglich. Es stehen Dressure bzw. Springausbildung, Geländeritte, Reiterspiele, Voltigieren und vieles mehr auf dem Programm. Der nahe gelegene See lädt im Sommer zum Baden ein. Außerdem kann man Volleyball und Tischtennis spielen. Wer Glück hat, kann eine Fohlengeburt miterleben oder sich an unseren Katzen- und Hundekindern erfreuen.

Die Kinder sind in den 3 regelmäßig renovierten Ferienwohnungen untergebracht, mit Bad, Dusche und schlafen in Doppelstockbetten.

Am Ende der Woche kann „man das Große" bzw. „Kleine Hufeisen" ablegen oder in einem Springwettbewerb sein Können zeigen. Der Reiterhof Hems – für Kinder sicher ein Ort, an den die erlebnisreichen Ferien viel zu schnell zu Ende gehen.

Wichtig!

Adresse: Reiterhof Herms
Dorfstraße 15, 15913 Mochow
Tel. 035478/356, www.reiterhof-herms.de
Anfahrt: Mochow liegt an der B 320 zwischen Lieberose und Lübben. Der Hof ist ausgeschildert
Saison: ganzjährig
Kosten: Es werden verschiedene Kurse bzw. Ferienaufenthalte angeboten. Preise auf Anfrage.

Tierpark Cottbus

In herrlicher Parklandschaft zwischen Spree und Branitzer Park erwarten Sie im Cottbuser Tierpark über 1200 Tiere in 170 Formen. Hier sind Elefanten ebenso zu Hause wie Leoparden, Luchse, Nasenbären, verschiedene Affen, Zebras, Antilopen, Strauße und eine Fülle von Stelz- und Wasservögeln.

Der große Haustierbereich mit Streichelzoo und Spielplatz ist bei Kindern besonders beliebt und beherbergt neben Hängeohr- und Zwergziegen, verschiedenen Schafen und Schweinen auch Ponys, Esel und Hausgeflügel.

Von April bis September ist der Cottbuser Tierpark an den Wochenenden im Zeitraum von 10–18 Uhr auch mit der Cottbuser Parkeisenbahn vom Bahnhof „Sandower Dreieck" zu erreichen. Außerdem: Tägliche Schaufütterungen, Hunde erlaubt, Bollerwagen und Rollstühle an der Kasse und Parken direkt am Eingang.

Wichtig!

Adresse:
Tierpark Cottbus
Kiekebuscher Str. 5, 03042 Cottbus
Tel. 0355/3555360, Fax 0355/3555370
www.zoo-cottbus.de, E-Mail: zoo@cottbus.de
Anfahrt: Der Zoo liegt südlich der Innenstadt in Richtung Branitz.
Saison: ganzjährig
Öffnungszeiten: Im Sommer täglich von 9–19 Uhr, Einlass bis 18 Uhr, im Winter täglich von 9–17 Uhr, Einlass bis 16 Uhr
Eintritt: Erwachsene € 4,–
Kinder (3–16 Jahre) € 2,–
Schüler/Studenten € 3,20
Gruppen ab 10 Personen:
Erwachsene € 3,20, ermäßigt € 2,60
Verpflegung: Es gibt einen Kiosk und eine große Gaststätte mit Sommerterrasse sowie mehrere Spielplätze für die kleinen Zoobesucher.

Berlin

Der Mauerspaziergang fällt aus – für diese Lektion deutscher Geschichte ist glücklicherweise das Anschauungsobjekt abhanden gekommen. Ob Riesenstädte wie Berlin ihrem Wesen nach überhaupt familienfreundlich sein können, ist eine Streitfrage, die die Erwachsenen am Kneipentisch ausdiskutieren können. Die entfesselten Knirpse finden Theorie meist eher unattraktiv, wenn es gilt, sich mitten hinein ins volle Kinderleben der Hauptstadt zu stürzen. Für die Erwachsenen gibt es jede Menge Angebote im Bereich Shopping, Kultur und Musik.

Zucker-Museum Berlin

Süße Welt! Das Berliner Zucker-Museum ist das älteste Spezialmuseum seiner Art in der Welt. Am 8. Mai 1904 wurde es zusammen mit dem Institut für Zuckerindustrie im damals neu errichteten Gebäude in der Amrumer Straße 32 eröffnet. Das Zucker-Museum vermittelt durch eine Fülle von weltweit einzigartigen Sammlungsgegenständen den Besuchern auf anschauliche Weise einen kurzweiligen Gesamtüberblick über die Geschichte des Zuckers. Die Sammlung umfasst dabei Objekte und Dokumente aus der gesamten Kulturgeschichte des Zuckers, geht also weit über den regionalen Charakter hinaus.

Besonderheiten der Ausstellung sind eine Drei-Walzen-Zuckerrohrmühle aus Bolivien und Ausgrabungsstücke einer mittelalterlichen Zucker(rohr)mühle.

Wichtig!

Adresse:
Zucker-Museum
Amrumer Str. 32, 13353 Berlin
Tel. 030/31427574
www.dtmb.de/zuckermuseum
zuckermuseum@berlin.de
Anfahrt: Verkehrsanbindung:
U 9 Amrumer Straße, U 6 Seestraße, Tram 50, M13.
Öffnungszeiten: Montag bis Donnerstag 9–16.30 Uhr, Sonntag von 11–18 Uhr.
Eintritt: frei.
Gruppen werden um telefonische Anmeldung 14 Tage im Voraus unter Tel. 030/31427574 gebeten.
Behinderte MuseumsbesucherInnen, insbesondere RollstuhlfahrerInnen, werden um telefonische Anmeldung unter obiger Tel. gebeten.

Der Filmpark Babelsberg

Live erleben! Lassen Sie sich verführen und spüren Sie den Mythos der legendären Film- und Fernsehproduktionsstätte vor den Toren Berlins. Film- und Fernsehen sind hier mit Shows und Attraktionen in Szene gesetzt. Wandeln Sie in einmaligen Kulissen, bestaunen Sie Requisiten, schlüpfen Sie in extravagante Kostüme und entdecken Sie die Tricks der Filmemacher.

Eintauchen kann man beispielsweise in Filmwelten wie:

Spektakuläre Stuntshow im VULKAN; TV-Show zum Mitmachen im Fernsehstudio 1; 4D-Actionkino; Atelier „Die Traumwerker" mit Kunstmalern, Stuckateuren, Masken- und Kostümbildnern; Sandmannausstellung mit gläsernem Studio; die Gärten des kleinen Mucks; Janosch's Traumland „Oh wie schön ist

Panama; Dschungelabenteuerspielplatz; „original GZSZ-Außenset"; Rundfahrt durch die Medienstadt; Westernstraße; mittelalterliches Erlebnisrestaurant im „Prinz Eisenherz"-Set.

Wichtig!

Adresse: Filmpark Babelsberg
Eingang Großbeerenstraße
14482 Potsdam-Babelsberg
Info-Line: 0331/7212750
Internet: www.filmpark-babelsberg.de
E-Mail: info@filmpark.de

Anfahrt: mit dem Pkw auf der A 115 (Zubringer Berliner Ring), Ausfahrt Potsdam-Babelsberg, weiter Nuthestraße, Abfahrt Wetzlarer Straße. Parkplatz am Eingang. Auch S-Bahn-Anschluss

Öffnungszeiten:
07. April bis 31. Oktober, *täglich von 10–18 Uhr. *Schließtage: im Internet unter www.filmpark-babelsberg.de

Eintritt: Erwachsene € 19,–
ermäßigt (Kinder/Schüler ab 15 Jahren; Studenten, Rentner, Behinderte, Arbeitslose, Grundwehr- und Zivildienstleistende) € 16,–
Kinder (4–14 Jahre) € 13,–
Familienkarte (2 Erw. und bis zu 4 Kinder bis 14 Jahre, Altersnachweis erforderlich) € 60,–
Gruppenpreise und Führungen auf Anfrage (ab 15 Personen). Erw. € 17,– p. P.

Verpflegung: Erlebnisrestaurant „Prinz Eisenherz", Kinderrestaurant „Köhler Jeromir", Radio Diner und Sweet Dreams

Britzer Garten in Berlin

Garten- und Spielplatz! Der Park wurde zur Bundesgartenschau 1985 gebaut, mit dem Ziel, dem Berliner Süden ein Naherholungsgebiet zu schaffen, und hat sich seither zu einem riesigen Kinderspielplatz und einer Oase für Blumen- und Pflanzenliebhaber entwickelt, der durch das strikte Hundeverbot noch an Qualität gewonnen hat. Neben dem Minigolfplatz und den massenhaft vorhandenen Spielgeräten lädt auch eine Museumsbahn die Besucher zu einer schönen Rundfahrt in den Britzer Garten ein. Das Freilandlabor Britz bietet viele Veranstaltungen für Kinder an: Workshops in den Ferien, wo die kleinen Forscher Tiere und Pflanzen entdecken und kennenlernen, spielen, basteln und praktischen Naturschutz üben können, Eltern-Kind-Veranstaltungen oder auch Kindergeburtstagsfeiern. In den Sommerferien startet alljährlich die Lehmbauaktion in der Spiellandschaft. Neu entstanden ist das Lehm-Spiele-Labyrinth. Im Herbst lässt man stundenlang den Drachen steigen. Auch die Freunde des nassen Elements kommen hier voll auf ihre Kosten, denn zum Park gehören zwei große Wasserspielplätze.

Wichtig!

Adresse:
Grün Berlin Park und Garten GmbH
Britzer Garten
Sangerhauser Weg 1
12349 Berlin-Neukölln
Tel. 030/7009060
www.britzer-garten.de

Anfahrt: Buslinie 179, Eingang Tauernallee und Sangerhauser Weg, Linie 181: Eingang Mohriner Allee. Metro-Bus M 44, Eingang Buckower Damm. Parkplätze (begrenzte Anzahl) vorhanden.

Saison/Öffnungszeiten: ganzjährig, 9 Uhr bis Abenddämmerung

Eintritt: (ausgenommen Sonderveranstaltungen) Kinder bis 5 Jahre frei 6 bis 14 Jahre € 1,–, ältere € 2,–, Schwerbehinderte € 1,–, Jahreskarte € 20,–

Verpflegung: Picknick, Café, Milchbar, Imbisskioske, Restaurants

Gärten der Welt

Als am 15. Oktober 2000 der Chinesische „Garten des wiedergewonnenen Mondes" eröffnet wurde, der größte seiner Art in Europa, ahnte niemand, dass mit diesem Garten der Grundstein für die Erfolgsstory der „Gärten der Welt" gelegt wurde.

Im Jahr 2003 folgten der Japanische „Garten des zusammenfließenden Wassers" – konzipiert durch den renommierten Gartendesigner und Zen-Priester Shunmyo Masuno – und der geschützt in einem Gewächshaus gelegene Balinesische „Garten der drei Harmonien" mit seinen Schreinen und einer tropischen Pflanzenwelt. Der vierte asiatische Garten, der Koreanische „Seouler Garten" (2006), ist ein Geschenk der Stadt Seoul an Berlin. Seine Gestaltung wird geprägt durch einen Gebirgsbach, traditionelle Lehmmauern und Figuren aus Holz und Stein. Der Orientalische „Garten der vier Ströme" mit dem angrenzenden „Saal der Empfänge" steht für die islamische Gartentradition verschiedener Länder. Vom schattigen „Saal der Empfänge" kommend, betritt der Besucher den Licht durchfluteten Gartenhof oder Riyâd, der von einer vier Meter hohen Mauer eingefasst ist. Seit 2007 können die Besucher zwei unterschiedliche, aber dennoch verwandte Formen der europäischen Gartenkunst erleben – einen Heckenirrgarten und ein Bodenlabyrinth. Der 2008 eröffnete Karl-Foerster-Staudengarten ist ein Beitrag deutscher Gartenkunst aus dem vorigen Jahrhundert. Im Mai 2008 folgte die Eröffnung des Italienischen Renaissancegartens „Giardino della Bobolina" mit seiner überdachten Loggia, den Brunnen und antiken Skulpturen. Für die nächsten Jahre ist der Bau eines „Klostergartens" geplant.

Foto oben: Jürgen Hohmuth zeitort.de

Wichtig!

Adresse:
Gärten der Welt im Erholungspark Marzahn
Eisenacher Str. 99, 12685 Berlin
Tel. 030/700906-699, Fax 030/700906-610
www.gruen-berlin.de
info@gaerten-der-welt.de

Öffnungszeiten: Eingang Eisenacher Straße:
Nov.–Feb. 9–16 Uhr, März/Okt. 9–18 Uhr,
April–Sept. 9–20 Uhr
Eingang Blumberger Damm:
Nov.–März an Wochenenden und Feiertagen ab 9 Uhr, April–Sept. 9–20 Uhr, Okt. 9–18 Uhr.
Der Orientalische, Japanische und Koreanische Garten haben über die Wintermonate geschlossen. Der Koreanische und der Japanische Garten öffnen nach Saisonbeginn wochentags erst um 12 Uhr.

Eintritt: Saisonbeginn*: Anfang April–Okt.:
Tageskarten € 3,–, ermäßigt € 1,50
November bis Ende März:
Tageskarten € 2,–, ermäßigt € 1,–
Kinder unter 6 Jahren frei
**(Saisonbeginn ist mit Öffnung aller Gärten)*

Zoo Berlin und Tierpark Berlin

Tierwelt aus 6 Kontinenten! Berlin hat gleich zwei Zoo-Anlagen: den „Zoologischen Garten" und den „Tierpark". Der Tierpark, mit rund 8.000 Tieren, ist der größte Landschaftstiergarten Europas. Auf 160 ha Fläche erlebt man die Tierwelt der 6 Kontinente. Gerne angesteuert werden das „Alfred-Brehm-Haus" mit den Zuchtgruppen von Großkatzen, das Dickhäuterhaus mit Elefanten, Seekühen und Nashörnern, das Giraffen- und Affenhaus, die Schlangenfarm sowie die modernen Anlagen für Gebirgstiere und die Tierwelt Afrikas. Neu sind die Anlagen für Hyänen und die Volieren für Greifvögel und Eulen.

Eine der Besonderheiten des Zoologischen Gartens ist die Kombination von historischen und modernen Tierhäusern. Hier lässt sich die Geschichte der Zootierhaltung von mehr als eineinhalb Jahrhunderten gut nachvollziehen. Der Berliner Zoo gilt mit seinen rund 14.000 Tieren in 1.400 Arten als der heute artenreichste Zoo der Welt. Für Begeisterung sorgen hautnah mitzuerlebende Tierfütterungen, modernste Anlagen, wie das Pinguin- und Flusspferdhaus mit Unterwasserblick sowie das neu gestaltete Nachttierhaus.

Das Zoo-Aquarium Berlin ist gleich neben dem Zoo gelegen und bietet eine einmalige Vielfalt an Fischen, Reptilien, Amphibien und Insekten.

Natürlich gibt es neben den Gehegen auch reichlich Platz zum Spielen und Erleben für die jüngsten Zoobesucher.

Wichtig!

Adresse und Anfahrt:
1. Tierpark Berlin-Friedrichsfelde GmbH
Am Tierpark 125, 10307 Berlin
Tel. 030/515310, Fax 030/5124061
www.tierpark-berlin.de, info@tierpark-berlin.de
2. Zoologischer Garten Berlin AG
Hardenbergplatz 8,10787 Berlin
Tel. 030/25401-0, Fax 030/25401-228
www.zoo-berlin.de, info@zoo-berlin.de
Anfahrt: Jeweils mit öffentl. Verkehrsmitteln zu erreichen
Saison: jeweils ganzjährig
Öffnungszeiten: Tierpark Berlin:
26.10.–20.3. 9–16 Uhr, 21.3.–14.9. 9–18 Uhr, 15.9.–25.10. 9–17 Uhr, 24.12. 9–13 Uhr
Zoo Berlin : 26.10.–20.3. 9–17 Uhr, 21.3.–14. 9. 9–19.30 Uhr, 15.9.–25.10. 9–19 Uhr
Eintritt: Tierpark Berlin: Erwachsene € 11,–
Ermäßigte € 8,–
Kinder (5–15 Jahre) € 5,50
Zoo Berlin: Erwachsene € 12,–
Ermäßigte € 9,–
Kinder (5–15 Jahre) € 6,–
Verpflegung: Imbiss, Café, Restaurant

Nordrhein-Westfalen 135–194

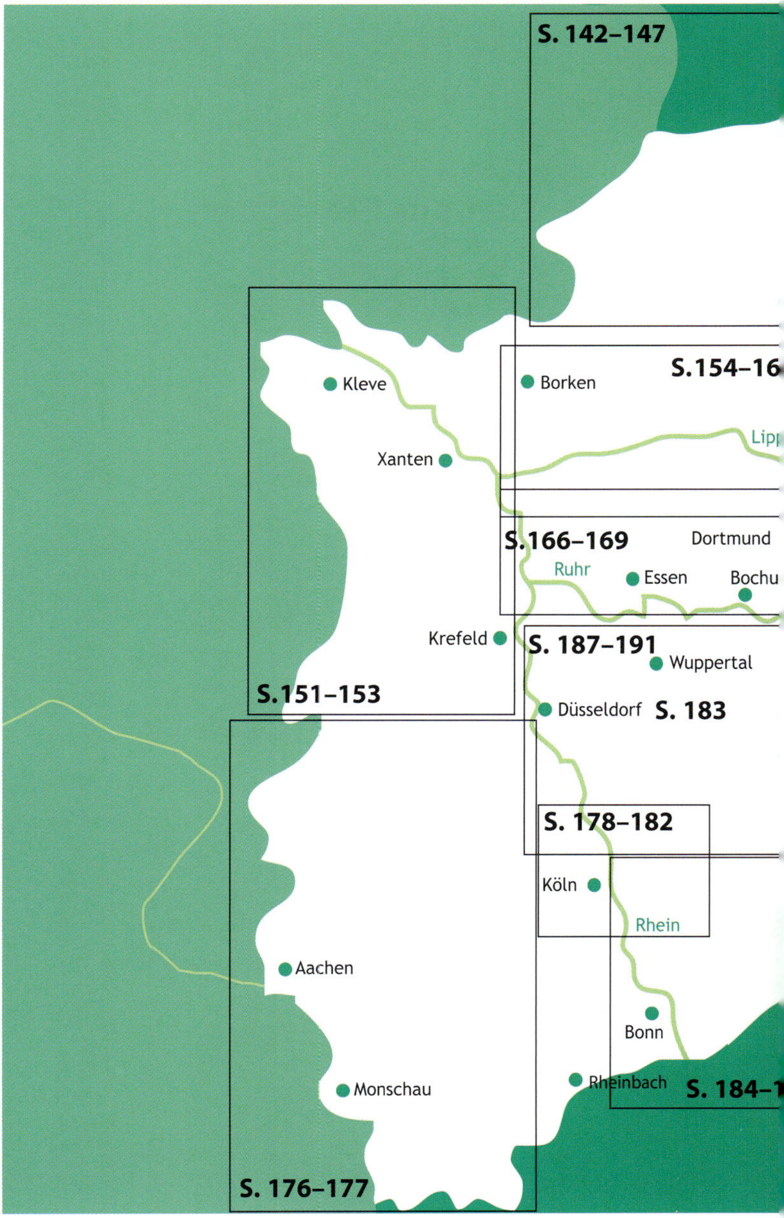
S. 142–147
S.154–16
Borken
Lipp
Kleve
Xanten
S.166–169
Dortmund
Ruhr
Essen
Bochu
Krefeld
S. 187–191
Wuppertal
S.151–153
Düsseldorf
S. 183
S. 178–182
Köln
Rhein
Aachen
Bonn
Rheinbach
S. 184–1
Monschau
S. 176–177

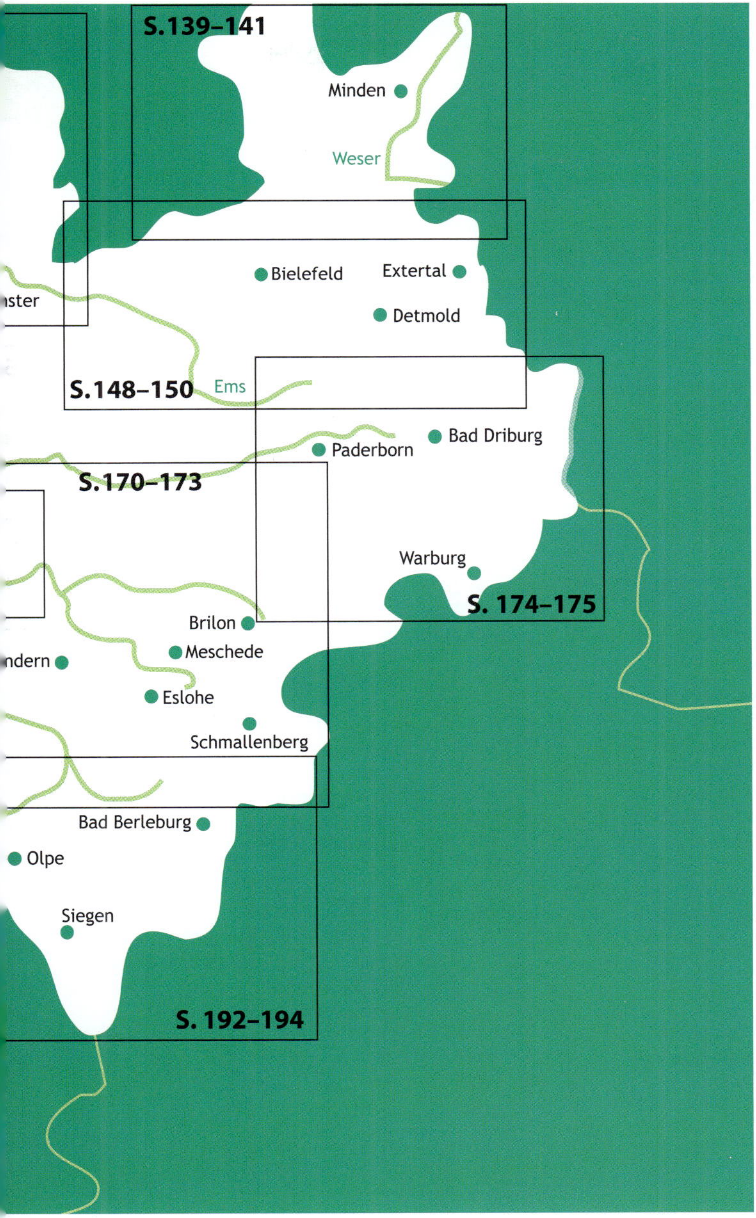
S.139–141
Minden
Weser
Bielefeld
Extertal
Detmold
ıster
S.148–150
Ems
Bad Driburg
Paderborn
S.170–173
Warburg
S. 174–175
Brilon
Meschede
ndern
Eslohe
Schmallenberg
Bad Berleburg
Olpe
Siegen
S. 192–194

Mühlenkreis Minden-Lübbecke

Dreiundvierzig erhaltene und überwiegend funktionsstüchtige historische Mühlen schmücken diese Region, und was lag da näher, als hier die „Westfälische Mühlenstraße" ins Leben zu rufen? In fast jedem Tälchen, durch das ein Bach fließt, stand hier früher eine Wassermühle. Aber auch Windmühlen gibt es hier in großer Zahl sowie die besonders raren Rossmühlen, die von Pferden am Göpelrad betrieben wurden. Und was man noch wissen sollte: Unweit der Westfälischen Mühlenstraße ist Wilhelm Busch geboren, der „Erfinder" von Max und Moritz.

Die Westfälische Mühlenstraße

Mehr als 40 Mühlen! Und alle können besichtigt werden. Von April bis Mitte Oktober gibt es Vorführungen in verschiedenen Mühlen. Der Mahlbetrieb kann bestaunt werden, meist gibt es noch zusätzliche Ausstellungen und Vorführungen.

An den Mahl- und Backtagen wird eine landestypische Bewirtung angeboten. Aber es ist auch schon spannend zu sehen, wie der Wind die Flügel einer Mühle antreibt und wie diese Kraft umgesetzt wird, um das Korn am mächtigen Mühlstein zu zerreiben. Die Homepage des Mühlenkreises gibt Überblick über alle Termine. Teilweise werden auch Kombinationen für Radfahrer mit der Museumseisenbahn (an festgelegten Terminen von April bis Oktober) und der Mindener Fahrgastschifffahrt angeboten. Interessant ist auch der 70 km lange „Mühlensteig" entlang dem Wiehen- und Wesergebirge, wo man die Vielfalt und Vielzahl der Mühlenobjekte erleben kann.

Wichtig!

Adresse:
Mühlenkreis Minden-Lübbecke
Postfach 2580
32382 Minden
Tel. 0571/8072317
(Unter dieser Adresse bekommt man einen Mühlenprospekt und auch eine Mühlenstraßen-Karte mit Mahl- und Backprogramm)
www.muehlenkreis.de
www.muehlen-dgm-ev.de

Saison/Öffnungszeiten: Jeden Monat in den verschiedenen Mühlen Mahl- und Backtage. Der umfangreiche Terminkalender ist auf der Homepage zu finden.

Eintritt: Kosten unterschiedlich, teilweise Voranmeldung nötig

Verpflegung: Picknick immer möglich, teilweise Restauration in den Mühlen

Schiffsfahrten auf der Weser

Wasserstraßen-Kreuz! Wer Minden besucht, sollte sich das weltweit bedeutendste Wasserstraßenkreuz anschauen. Hier geht es nämlich drunter

und drüber mit den Schiffen: Der Mittellandkanal überquert auf der Kanalbrücke die niedriger gelegene Weser. Während der 50-minütigen Fahrt erlebt man eine Schleusung und sieht sich die Mindener Hafenanlagen an. Anderthalb Stunden dauert die „Kanal-Weser-Rundfahrt", zu der noch ein Ausflug an die Weserpromenade und in die historische Fischerstadt führt. Für Kinder, die noch mehr Geduld aufbringen, ist die Ausflugsfahrt zur Porta Westfalica genau richtig.
Während der dreistündigen Tour werden alle vorangegangenen Programmpunkte abgehakt, hinzu kommt die Weserfahrt bis zur Porta Westfalica. Teilweise ist dort auch ein Aufenthalt möglich. Bei gutem Wetter ist das ein besonders toller Ausflug. Regnet es, sollte man vielleicht das eine oder andere Gesellschaftsspiel in der Tasche haben, um „Längen" zu überbrücken.

Wichtig!

Adresse:
Mindener Fahrgastschifffahrt
An der Schachtschleuse
32425 Minden
Tel. 0571/648080-0
Fax 0571/648080-2
www.mifa.com
Anfahrt: Der Anleger liegt im Nordosten der Stadt am Mittellandkanal und ist ausgeschildert mit „Schachtschleuse".
Fahrzeiten: täglich von April bis Oktober. Variieren je nach Saisons. Genaue Daten auf Homepage.
Kosten: unterschiedlich, je nach Schiffstour
Verpflegung: Gastronomie an Bord

potts park in Minden-Dützen

Der Erlebnispark mit Science Center für Kinder und Erwachsene von 0–99 Jahren! Hier gibt es in einer gepflegten Parkanlage so abenteuerliche Fahrattraktionen wie eine Wildwasserbahn und das Turm-Riesenrad, aber auch Karussells für Groß und Klein, eine Parkeisenbahn und die Weltneuheit TURBO-Drachen sowie Museumsbereiche (Bauernstuben und Knopfmuseum), das Science Center Terra phänomenalis und noch viele weitere tolle Spiel- und Spaßattraktionen, bei denen besonders Wert auf Aktivität gelegt wird. Die einmalige Riesenwohnung mit 500 qm Fläche läßt die Großen (!) kaum über die Tischkante schauen. Im Spiegelhaus locken die verschiedensten Spiegeleien, die neben dem Labyrinth im Spiegeldom mit weit über 100 Spiegeln ihren Höhepunkt finden. Etwa 5.500 qm der Parkangebote sind überdacht, so dass sich auch bei weniger gutem Wetter Kurzweil bietet. Für die kleineren Besucher gibt es neben dem überdachten Kinderland mit vielen Kletter-, Schaukel- und Spielanlagen, die auch für Kleinstkinder geeignet sind, ein Ballhaus, ein Babyland, ein Schwanenkarussell, Flugzeugkarussell, eine Kindereisenbahn und sogar eine Kindertoilette. Der Park bietet allen Altersklassen einen Riesenspaß und verändert ständig sein attraktives Angebot.

Wichtig!

Adresse:
potts park, Erlebnispark mit Science Center
Bergkirchener Straße 99
32429 Minden-Dützen
Tel. 0571/51088
Fax 0571/5800421
Anfahrt: In Minden und Porta Westfalica ausgeschildert („Minden-West" folgen),
www.pottspark-minden.de
www.terra-minden.de
info@pottspark-minden.de
Saison: 04.04. bis 25.10.2009
(April/September nicht täglich geöffnet)
Tagesöffnungszeiten: April bis September 10–18 Uhr, Oktober 10–17.30 Uhr.
Eintritt: Personen ab 12 Jahre € 17,–
Senioren ab 60 Jahren € 15,–
Kinder 3–11 Jahre € 15,–
Kinder unter 3 Jahren frei
Weitere Preisvarianten auf Homepage.
Verpflegung: SB-Gastronomie, Kioske, offene Grillhütten und Picknickgelegenheiten

Das Münsterland

Mehr als hundert Wasserschlösser und Wasserburgen verteilen sich über dieses klassische Bauernland, erbaut von mächtigen Adelsgeschlechtern. Aber auch die Gehöfte sind große Gebäude – die fruchtbaren Böden des Münsterlandes brachten stolze, wohlhabende Bauern hervor. Getreideanbau und Viehzucht begründeten den Reichtum dieser Landschaft, und besonders berühmt ist die hiesige Pferdezucht. Warendorf gilt als Zentrum des deutschen Reitsports, das Wildgestüt im Merfelder Bruch zieht jedes Jahr Zigtausende Besucher an, wenn die einjährigen Hengste eingefangen und versteigert werden.

Freizeitpark Ketteler Hof

Super Kinderspiele-Welt! Im Freizeitpark Ketteler Hof werden schon die ganz Kleinen mit einem großen Angebot bedient: Es gibt Tiergehege, das Wichteldorf, die Junior-Spielanlage und einen Märchenwald. Größere Kinder toben sich auf dem Riesen-Sprungkissen aus oder sind im Räubernest oder auf dem Robinson-Waldspielplatz zu finden. Weitere Vergnügungen: Schlauchboot-Wasserrutsche, Wasser-Sand-Spielplatz, Kletterberg, Wellenrutsche, Hafen mit Flößen, Spielpunkte am Fluss, das Bergwerklabyrinth und die Kletterskulptur „Wurzelwerk". Freunde der Bratwurst werden von den Allwetter-Grillplätzen angetan sein, Hunde sind allerdings nicht erlaubt. **Neu:** Spielplatz „Münsterländer Landleben", Minigolfplatz.

Wichtig!

Adresse: Freizeitpark Ketteler Hof
Rekener Straße 234
45721 Haltern-Lavesum
Tel. 02364/3409
www.kettelerhof.de, info@kettelerhof.de
Anfahrt: über die A 43 Wuppertal-Münster, Abfahrt 7 – Lavesum. Dann noch 3 km in Richtung Reken.
Saison: 21. März bis 25. Oktober 2009
Öffnungszeiten: täglich von 9 bis 18 Uhr
Eintritt: Tageskarte pro Person (ab 2 Jahren) € 10,–, Saisonkarte pro Person (ab 2 Jahren) € 47,–, Sonderpreise für Schulen und Kindergärten ab 20 Personen pro Person (ab 2 Jahren) € 8,50,
Sommerrodelbahn, pro 2-Personen-Schlitten € 1,–, Bollerwagen Tagesmiete € 3,–, Mitführen von Hunden ist im Interesse der spielenden Kinder nicht gestattet.
Verpflegung: Grillen (die Nutzung eines eigenen Grills ist aus Sicherheitsgründen nicht erlaubt), Picknick, Imbiss, Waffelhäuschen

Natur-Solebad Werne

Baden und Beauty! Ob Sommer, Winter, Herbst oder Frühling: Im Natur-Solebad Werne stehen das ganze Jahr über umfassende Angebote für die Vitalität und Fitness der Gäste im Vordergrund. Die traditionsreiche Bade- und Saunalandschaft bietet mit ihrem großzügigen Sole- und Saunaangebot sowohl im Freien als auch im überdachten Raum für jeden Gast die gewünschte Dosis Gesundheit, Wohlbehagen und Entspannung. Nahezu täglich werden kostenlose Übungseinheiten für Gymnastik- und Walkingprogramme zum Mitmachen in einem der insgesamt 6 Becken angeboten. Beautyprogramme, physiotherapeutische Anwendungen und Massagen des im Hause befindlichen medizinischen Therapie- und Trainingszentrums eignen sich hervorragend, um den Körper ganzheitlich zu verwöhnen. Im Saunabereich kann man wählen zwischen 2 echt finnischen Erdsaunen (MAA-Sauna), einer Blocksauna im Garten sowie einer Klangsauna im Innenbereich. Für die Zeit zwischen den Saunagängen steht eine Reihe zusätzlicher Möglichkeiten offen. So kann man in einem der Ruheräume relaxen, eine kneippsche Anwendung im Kaltwasserbereich genießen, ein erfrischendes Bad im Entspannungsbecken nehmen oder durch einen ganz besonderen Bachlauf waten. Auch der Gaumen wird im Natur-Solebad Werne mit zahlreichen frischen Speiseangeboten und fruchtigen Getränken sowohl in der Badelandschaft als auch in der Sauna verwöhnt.

Wichtig!

Adresse:
Natur-Solebad
Am Hagen 2, 59368 Werne
Tel. 02389/9892-0, Fax 02389/9892-200
www.natur-solebad-werne.de
info@natur-solebad-werne.de
Anfahrt: über die A 1, Abfahrt Hamm/Werne. Das Bad liegt im Stadtzentrum und ist dort ausgeschildert
Saison/Öffnungszeiten: ganzjährig, Mo. 14–21 Uhr, Di., Mi., Do. + Fr. 6–20 Uhr, Sa., So und feiertags 7–20 Uhr
Eintritt: Natur-Solebad:
Erwachsene € 6,–
Kinder/Schüler (6-17 Jahre) € 2,–
Bad und Sauna:
Erwachsene € 14,50
Kinder/Schüler (6–17 Jahre) € 8,–
Verpflegung: Cafeteria im Bad
Drumherum: Stadtpark mit Stadtparksee in der Nähe

Maximilianpark in Hamm

Mit Dschungelspielplatz! Aus der ehemaligen Zeche Maximilian ist anlässlich der ersten Landesgartenschau 1984 der Maximilianpark entstanden. Hier „wohnt" heute der Glaselefant, der

größte Jumbo der Welt. Wer im gläsernen Rüssel nach oben fährt, genießt seinen Logenplatz auf dem Dickhäuter und den Blick aus 35 Metern Höhe! Rund um den Elefanten passiert das Jahr hindurch so manch spannende und unterhaltsame Aktion: Unter freiem Himmel oder in der Halle erleben die Gäste Kindertheater, Kabarett, Konzerte und Märkte. Neben schönen Spazierwegen für Erwachsene sind die Spieldünen mit riesigen Kletternetzen ein Paradies für Kinder. Wo ein Elefant ist, sollte auch ein Dschungel sein und am besten ein Dschungelspielplatz. Das über 1.200 Quadratmeter große Gelände bietet alles, was zu einem echten Urwaldabenteuer gehört. Dann geht es weiter ins „Tal der Tausend Wasser": Spritzende Wassergeister, speiende Drachen, eine Abenteuerbrücke, ein Geistertor, Matschareale und schließlich das Piratenschiff! Ahoi und startklar zum Entern! Hier warten Abenteuer für kleine Kapitäne! Außerdem hat der Elefant Freunde eingeladen: Im größten tropischen Schmetterlingshaus Nordrhein-Westfalens tummeln sich von April bis Oktober im freien Flug hunderte von schillernden Faltern.

Wichtig!

Adresse und Anfahrt:
Maximilianpark GmbH
Alter Grenzweg 2, 59071 Hamm
Tel. 02381/98210-0
www.maximilianpark.de
info@maximilianpark.de
Anfahrt: Im Osten Hamms, Ortsteil Uentrop-Werries. Im Ort ausgeschildert. Mit dem Bus die Linien 1, 3, 6, 33 zur Haltestelle „Maximilianpark"
Saison: ganzjährig
Öffnungszeiten:
April bis September 9–19 Uhr, sonst 10–17 Uhr
Eintritt: Erwachsene € 3,50
Kinder (über 4 Jahre) € 2,–
Familien € 9,–
Verpflegung: Kiosk am See, Restaurant „Werkstatt", Picknick möglich, Grillhäuser gegen Anmeldung

Maximare – Erlebnistherme in Hamm

Willkommen in einer der schönsten und größten Erlebnisthermen Deutschlands.
Mit Wellenbecken, Event-Rutschen, Außensolebecken, Sauna & Wellness Resort! Spaß und Abwechslung bietet die Aquawelt mit Wellen- und Erlebnisbecken und über 90 m langen Reifen- und Wildwasserrutschen! Die kleinsten Gäste plantschen und spritzen im Kleinkindbereich. Wer es eher gemütlich mag, steigt in den Whirlpool. Den Kreislauf in Schwung hält das Kalt/Warmbecken.
Gesunde Sole bietet das 450 m² große Außensolebecken (33° C) mit Sprudelliegen, Kaskaden, Massagedüsen und Unterwassermusik!

Wichtig!

Adresse: Maximare – Erlebnistherme Bad Hamm GmbH, Jürgen-Graef-Allee 2
59065 Hamm, Tel. 02381/8780
www.maximare.com, info@maximare.com
Anfahrt: über die A 1 Ausfahrt Hamm/Bergkamen, über die A 2 Ausfahrt Hamm/Rhynern oder Hamm/Uentrop.
Saison: ganzjährig
Öffnungszeiten: Aquawelt täglich: 9–22 Uhr, Sauna täglich: 9–23 Uhr
Eintritt: Aquawelt inkl. Sportbad:
Erwachsene 3 Std. € 8,50
Kinder (ab 1 m Körpergröße) 3 Std. € 5,–
Tageskarte Erw. € 11,50
Familienkarte 3 Std. € 20,50
Sauna inkl. Aquawelt & Sportbad:
Erw. 4 Std. € 16,50, Tageskarte € 18,–
Sportbad:
gestaffelt ab 90 min. € 3,50
Weitere Eintrittspreise auf der Homepage.
Verpflegung: Spa Lounge im Sauna Resort, Café Mare, Freeflow in der Aquawelt

Sie bleiben fit auf 8 Bahnen im 50 m Sportbecken. Entspannung finden Sie im Maximare Spa – dem Sauna & Wellness Resort.
Der Saunabereich überrascht mit einer Weltneuheit: der Theatersauna Arena-Mare 95° C. Über 100 Sitzplätze, Lichter-

show, Nebeleffekte, Filmleinwand und Tropenregen machen die Aufgüsse hier zu einem Event.
Hinzu kommen Dampfbad (45° C), Sinnesbad (65° C), Salzsauna (85° C), ein Kalt/Warmbereich, ein Meditationsbecken sowie ein Whirpool.
Der Sauna-Außenbereich (3500 m²) bietet ein 33° C warmes Außenbecken, eine Erdsauna (110° C), das Fegefeuer in der Stollensauna (100° C) sowie eine Solegrotte.
Wählen Sie im Wellness Resort zwischen Spa Massagen, Well-Ensemble, Ayurveda, Tages-Arrangements und Bäder & Packungen. Außerdem locken original chinesische Massagen sowie kosmetische Anwendungen.

Die Dülmener Wildpferde

Abenteuer Wildpferde! Alljährlich am letzten Sonnabend im Mai ist es mit der beschaulichen Ruhe im Merfelder Bruch vorbei. Die dort frei lebenden Wildpferde werden dann zusammengetrieben und die einjährigen Hengste herausgefangen und anschließend versteigert. Zu diesem urwüchsigen, spektakulären Ereignis kommen rund 15.000 Besucher aus dem In- und Ausland. Deshalb ist es ratsam, für den Wildpferdefang möglichst früh Karten zu bestellen, denn die Sitzplatzkarten für die Veranstaltung sind Monate vor dem Termin schon ausverkauft.

Wer dagegen Ruhe und Entspannung sucht, kann von März bis 1. Nov. an Wochenenden und Feiertagen die friedlichen Pferde in der Wildpferdebahn besuchen. Hier leben die Tiere auf sich allein gestellt und müssen mit dem Nahrungsangebot in ihrem Lebensraum, mit Geburt und Krankheit selbst zurechtkommen. Vom Verkehrsamt der Stadt Dülmen werden kombinierte Radtouren und Planwagenfahrten zu den Wildpferden angeboten, die einfache Strecke misst rund 12 Kilometer.

Wichtig!

Adresse:
Wildpferdebahn Merfelder Bruch, 48249 Dülmen. Auskunft beim Verkehrsbüro/Touristik Stadt Dülmen
Tel. 02594/12345
Internet: www.wildpferde.de
Anfahrt: über die A 43, Abfahrt Dülmen. Ab der Stadt ist Merfeld ausgeschildert.
Saison: März bis Oktober
Öffnungszeiten: an Wochenenden und Feiertagen (NRW) von 10–18 Uhr
Eintritt: Erwachsene € 2,50
Kinder € 1,25
außerdem Führungen für Gruppen: € 20,–
Verpflegung: Gastronomie im Ort Merfeld, während des Fangtages ist das Angebot reichlich.
Karten-Infos: Sitzplatz-Karten im Vorverkauf übers Internet (siehe oben), Stehplatz-Karten an der Tageskasse.

Sommerrodelbahn Ibbenbüren

Der Name des Freizeitparks ist eine Untertreibung, denn außer einer Rodelbahn gibt es hier noch einen Märchenwald. Die Sommerrodelbahn ist 100 Meter lang, die Fahrt ein kurzes, aber intensives Vergnügen, das Jung wie Alt Spaß macht. Bei den Kleinen beliebt ist natürlich die Fahrt mit der Oldtimer-Eisenbahn. Im Märchenwald sind viele Märchen in lebensgroßen Darstellungen zu bestaunen: Hänsel und Gretel, Rotkäppchen und Aschenputtel geben sich dort ein Stelldichein. Als neueste Attraktion bietet der Park die „Reise um die Welt". Familiengerechte Fahrzeuge bringen die Besucher ins alte Ägypten, in ein afrikanisches Hüttendorf, nach China und an den Nordpol. Am Ende der Reise wird der Besucher dann auf dem Mond verabschiedet. Zum Gelände gehören über 3.000 qm Spielplätze, die zur Pause einladen. Wenn der Magen einmal unüberhörbar knurrt, dann ist Picknicken angesagt. Nach Wunsch kann man es sich auch am Imbiss, im Café oder im Restaurant schmecken lassen.

Wichtig!

Adresse:
Sommerrodelbahn
Münsterstraße 265, 49479 Ibbenbüren
Tel. 05451/3226, Fax 05451/78002
www.sommerrodelbahn.de
info@sommerrodelbahn.de

Anfahrt: Ibbenbüren liegt rund 30 km nördlich von Münster am Kreuzungspunkt der A 1 und der A 30

Saison/Öffnungszeiten: täglich von 10–18 Uhr vom 04. April bis 25. Oktober

Eintritt: Der Zutritt zum Park ist frei. Bahnen müssen extra bezahlt werden. Beispiele pro Fahrt : Sommerrodelbahn € 0,50
Gruppen ab 15 Personen € 0,30
Kinderautoscooter € 1,–
Oldtimer Express € 1,20
Gruppen ab 15 Personen € 0,90

Verpflegung: Picknick, Imbiss, Café, Restaurant

Teutoburger Wald

Was waren das noch für Zeiten, als der Germane Arminius mit seinen Scharen nahe Detmold das Heer des Q. Varus vernichtend schlug – daheim in Rom greinte Kaiser Augustus: „Varus, gib mir meine Legionen wieder!" In Erinnerung an die Tat des Arminius ließ man in nationalistischen Tagen das Hermannsdenkmal bauen, immer noch Anziehungspunkt vieler Ausflugsfahrten. Der Teutoburger Wald, das „Grüne Dach Nordrhein-Westfalens", ist heute Naherholungsgebiet für viele Wochenendausflügler aus dem „Ruhrpott", die es ins Mittelgebirge und seine Mischwald- und Flurlandschaften zieht.

LWL – Freilichtmuseum Detmold

Dorfgeschichte! Man geht nur wenige Meter von der Wassermühle aus dem Osnabrücker Land bis zum Lippischen Meierhof: Auf 100 Hektar präsentiert das LWL-Freilichtmuseum Detmold 100 original eingerichtete Gebäude aus Westfalens ländlicher Vergangenheit und seine Handwerke. Hier erwandern Sie „ganz Westfalen" an einem Tag bequem zu Fuß. Das Leben auf dem Lande und in kleineren Städten während der vergangenen 500 Jahre ist Thema des Museums: Klappernde Mühlen, ärmliche Kötterhäuser und prachtvolle Höfe sind von grüner Kulturlandschaft umgeben. Daher werden hier die Äcker und Wiesen, die Hecken, Wälder und Gärten ebenso gepflegt wie die inzwischen selten gewordenen Pflanzensorten und Haustierrassen wie das Bentheimer Landschwein oder das Lakenfelder Huhn.

Wichtig!

Adresse:
LWL – Freilichtmuseum Detmold
Krummes Haus, 32760 Detmold
Tel. 05231/706-0.
www.lwl-freilichtmuseum-detmold.de.
E-Mail: freilichtmuseum-detmold@lwl.org
Anfahrt: Das Museum ist weiträumig ausgeschildert.
Saison/Öffnungszeiten: 1. April bis 31. Oktober, täglich von 9–18 Uhr, montags geschlossen (wenn kein Feiertag)
Eintritt: Erwachsene € 5,–
Kinder (6–17 Jahre) € 2,–
Kinder bis 6 Jahre frei
Verpflegung: Picknickplätze, zwei Gaststätten

Tierpark Nadermann

Viele Großkatzenarten! Eine beeindruckende Vielzahl von unterschiedlichen Tierarten bewohnt den Tierpark Nadermann. Zum Beispiel die vielen Großkatzenarten wie Tiger, Löwen, Jaguare, Leoparden oder Geparden, aber auch die Klein- und Schleichkatzen sind faszinierend anzusehen. Ihre Kraft und Agilität, die Eleganz und Gewandtheit, mit der sie sich bewegen, ziehen große und kleine Besucher immer wieder in ihren Bann. Auch bei den majestätischen Greifvögeln, bei Weißstörchen oder Papageien verweilt man gern. Auch Zebras, Lamas, Kamele, Guanacos, Rentiere und viele weitere Huftiere warten noch auf Besuch. Die kleinen Javaner-Affen sind, wie die Schimpansen, immer zu Späßen aufgelegt. Etwas gemächlicher gehen es die Ponys an, wenn sie mit ihren Reitern ein paar Runden drehen. Ponyreiten, Minibahnfahrt, der riesige Erlebnisspielplatz mit Klettergerüsten, Trampolinen, Mini-Scooter, Karussells, Riesenrutsche und Nautic Jet etc. machen den Tag für Kinder so richtig „rund". Das vielfältige Angebot ist auch der richtige Background, wenn man z. B. seinen persönlichen Erlebnis-Tag gestalten möchte. Vom Kindergeburtstag über Klassenausflug und Kegeltour bis Seniorennachmittag oder Betriebsausflug – hier wird der passende Rahmen geboten.

Wichtig!

Adresse:
Tierpark Nadermann
Grafhörsterweg 5
33129 Delbrück-Schöning
Tel. 05244/5163 oder 902930
Fax 05244/902931
www.tierpark-nadermann.de
info@tierpark-nadermann.de
Anfahrt: Der Delbrücker Ortsteil Schöning liegt an der B 64 zwischen Rheda-Wiedenbrück und Paderborn, ab dort ausgeschildert.
Saison: Die Saisondauer ist witterungsabhängig. Im Allgemeinen von Mitte/Ende März bis Anfang/Mitte November.
Öffnungszeiten: 9–19 Uhr
Eintritt:
Erwachsene ab 16 Jahren € 5,–
Kinder ab 3 Jahren € 3,–
Verpflegung: Café-Restaurant „Manege" mit großer Terrasse mitten im Tierpark, jeden Samstag und Sonntag großes Frühstücksbuffet (Tischreservierung erforderlich).

Hollywood- und Safaripark

Wildlife hautnah erleben! Auf Safari in Stukenbrock. Am Rande eines Naturschutzgebietes fügt sich das 650.000 qm große Parkgelände in die natürliche Sennelandschaft ein. Großzügige Tier-Freigehege bieten über 600 Tieren, u.a. Tigern, Löwen, Elefanten, Kamelen, Giraffen u.a., ein artgerechtes Zuhause. Als einziger Park und Zoo in Europa beteiligt sich Stukenbrock an einem Programm zur Erhaltung der weißen Löwen von Timbavati. Der andere große Themenbereich ist der Freizeitpark: Hinein ins Vergnügen: in die Western-Area mit dem Mega-Ride „Flying Oil-Pump", Postkutschen-Schaukeln und dem 12 m hohen Hiphop. Europas höchste und schnellste Wildwasserbahn „Kongo River", der 40-m-Free-Fall „Giraffe-Tower", der „Black Fly", die Looping-Achterbahn und vieles mehr. Über 20 Fahrattraktionen warten auf große und kleine Gäste. Und dazu die Kids-Aktive-Area – das „Langnese-Wasserspiel-Paradies", die coole Poollandschaft für heiße Tage mit Rutschen, Fontänen, Lazy-River und der „Kids-Dschungel-Palast", ein großes Safari-Abenteuer für kleine Gäste. Der Shuttle „Orient-Express" verkürzt lange Wege.

Wichtig!

Adresse:
Hollywood- und Safari-Park
Mittweg 16
33758 Schloss Holte-Stukenbrock
Tel. 05207/952425, Fax 05207/952426
www.safaripark-stukenbrock.de
info@ safaripark.de
Anfahrt: A 33, Abfahrt Nr. 23, Stukenbrock-Senne an der B 68.
Saison: 4. April bis 25. Oktober 2009
Öffnungszeiten:
April, Mai, Juni, 9–18 Uhr
Juli 9–19 Uhr, an den Wochenenden bis 22 Uhr geöffnet.
August 9–19 Uhr
September, Oktober, 9–18 Uhr
Eintritt: Durchfahrt im eigenen PKW
Pro Person € 23,50
Kinder unter 4 Jahren frei
Kinder 4–14 Jahre € 19,50
Senioren ab 60 Jahre € 21,50
Sowie weitere Tarife auf der Homepage

Der Niederrhein

Dem friedlichen, flachen Land im rheinischen Norden sieht man es so gar nicht an, dass hier der strahlendste Held der deutschen Sagenwelt geboren wurde: In Xanten erblickte der berühmte Drachentöter Siegfried das Licht der Welt. Die Region Niederrhein war schon früh in der Menschheitsgeschichte Siedlerland, mit fruchtbarem Boden und reichen Bodenschätzen.
Heute konkurrieren kleine mittelalterliche Städte mit großen Industriemetropolen, lärmige Häfen mit stillen Rheintalarmen und Kolken.

Das Nibelungenbad in Xanten

Für Familien mit Kindern bietet der überdachte Badespaßbereich mit dem Spaßbecken zu Füßen des Maskottchens „Draxi" und verschiedenen Wasserspielen jede Menge Spaß. In der Wasserspiellandschaft mit Rutsche, Seehund und Wasserschlange sind vor allem die Kleinsten voll in ihrem Element. Im Fun-Becken sorgen Sprudelliegen und Massagedüsen für das Wohlergehen der Besucher/innen. Die „Siegfriedgrotte" mit kaltem Wasser sowie der Hot-Whirl-Pool runden das Angebot im Innenbereich ab.

Noch mehr Vorzüge bietet die Badelandschaft im Sommer mit Wellenfreibecken, dem „Südseestrand" mit dem fast 1.000 m langen, feinkörnigen Sandstrand und zahlreichen Strandkörben. Badeinseln im Wasser mit Sprungturm und Wasserrutsche, der „Eisberg" zum Klettern, Rutschen und Springen sowie verschiedene weitere Spielgeräte sorgen für ausgelassenen Badespaß. Bei den Kleinen sorgt das Spielschiff „Bounty" ebenso wie der Matsch-Spielplatz am Familienstrand für Kurzweil.
Sportliche Betätigung bietet die Fun-Sport-Anlage mit Beachvolleyball- und Street-Soccer-Feldern.

Wichtig!

Adresse:
Nibelungenbad im Freizeitzentrum Xanten
Strohweg 2,46509 Xanten-Wardt
Tel. 02801/715656, www.f-z-x.de
Anfahrt: Autobahn A 3 Oberhausen-Arnheim bis Abfahrt Wesel/Schermbeck, Autobahn A 57 Köln–Nimwegen bis Abfahrt Alpen, dann B 58 Richtung Wesel und B 57 Richtung Xanten. Ab Xanten den Wegweisern „Freizeitzentrum" folgen.
Öffnungszeiten und Eintritt: bitte Infos anfordern unter Tel. 02801/715656 oder im Internet: www.f-z-x.de

Der Zoo Krefeld

Der Zoo Krefeld lockt durch große Nähe zu den Tieren, schönem Baumbestand und den drei Tropenhäusern für Menschenaffen, Vögel und südamerikanischen Regenwald besonders Familien mit Kindern.

Im südamerikanischen Regenwaldhaus können in der tropischen Pflanzenvielfalt Faultiere, Äffchen, Fledermäuse und Schmetterlinge entdeckt werden. Reptilienfreunde kommen bei den Schildkröten, Kaimanen, Anakondas, Basilisken und Leguanen auf ihre Kosten. Gorillas, Schimpansen und Orang Utans leben in großen Familien im Affentropenhaus. Jungtiere begeistern mit turbulenten Spielen.

In der Vogeltropenhalle können exotische Vögel in naturgetreuen Landschaftsausschnitten beobachtet werden. Fast unsichtbare Barrieren zwischen den Volieren lassen den Besucher in die afrikanische, asiatische und südamerikanische Vogelwelt eintauchen. Fütterungen der Seelöwen und Pinguine sind ein Spaß für die ganze Familie. Spitzmaulnashörner und asiatische Elefanten beeindrucken durch ihre Größe. Jaguare und Sumatratiger leben in großzügigen, naturnahen Freianlagen mit Wasserläufen und vielfältigem Pflanzenbewuchs.

Im Grotenburg Schlösschen, ehemaliges Sommerhaus eines Krefelder Seidenfabrikanten, befindet sich heute die Gastronomie. Von der Terrasse hat der Besucher einen Blick auf den Flamingoteich.

Zahlreiche Nachzuchten bei Schneeleoparden, Spitzmaulnashörnern, Baumkängurus, Kleinen Ameisenbären und Geparden machten den Zoo in aller Welt bekannt und sind Zeichen für sein Engagement in der Arterhaltung.

Wichtig!

Adresse:
Zoo Krefeld
Uerdinger Straße 377, 47800 Krefeld
Tel. 02151/95520, Fax: 02151/955233
www.zookrefeld.de
E-Mail: zoo.krefeld@krefeld.de

Anfahrt: Der Zoo ist gut über die A 57 (Abfahrt Zentrum) zu erreichen und in der Stadt ausgeschildert. Kostenfreie Parkplätze.

Saison/Öffnungszeiten:
Mai bis September täglich von 8–19 Uhr.
Oktober bis April täglich von 9–17 Uhr.

Eintritt: Erwachsene € 8,–
Kinder ab 3 Jahren und Ermäßigte € 3,50
Familienkarte (2 Erw. mit bis zu 4 Kindern) € 20,–

Verpflegung: Picknick möglich, Restauration ganzjährig (außer Dez. und Jan.)

LVR-Archäologischer Park Xanten

Der LVR-Archäologische Park Xanten ist Deutschlands größtes archäologisches Freilichtmuseum. Dort wo

sich seit 100 n. Chr. die römische Stadt Colonia Ulpia Traiana erstreckte, werden seit 1977 die Überreste der antiken Metropole geschützt, erforscht und präsentiert. Lebensgroße, begehbare Rekonstruktionen römischer Bauten wie der Hafentempel, das Amphitheater, die Herberge, Stadtmauer, Wohnhäuser und Badeanlage vermitteln einen lebendigen Eindruck vom Alltag in römischer Zeit. Besuchermagnet im Park ist das brandneue LVR-RömerMuseum, das anhand zahlreicher Ausgrabungsfunde die römische Geschichte Xantens erzählt. Über 2500 Exponate und moderne Medien laden zu einer spannenden Entdeckungsreise in die Antike ein. Unter den Objekten beeindrucken besonders ein frei im Raum hängendes römisches Schiff, eine prächtige Wandmalerei und der bedeutende Bestand an Ausrüstung und Waffen der römischen Armee. Viele Angebote zum Anfassen und Ausprobieren für Kinder machen den Museumsbesuch zu einem Erlebnis für große und kleine Römerfreunde. Das RömerMuseum erhebt sich über den ausgegrabenen Fundamenten des römischen Stadtbades. Der preisgekrönte Museumsbau macht die gewaltigen Dimensionen der römischen Architektur erfahrbar.

Wichtig!

Adresse und Anfahrt:
LVR-Archäologischer Park Xanten/
RömerMuseum
Wardter Str., 46509 Xanten
Tel- 02801/983010
Internet: www.apx.lvr.de
E-Mail: apx@lvr.de
Öffnungszeiten: von Park und RömerMuseum: März-Okt. täglich 9–18 Uhr, Nov. täglich 9–17 Uhr, Dez.–Febr. täglich 10–16 Uhr. Jeden 1. Sonntag im Monat um 12 Uhr offene Führung, von Sept. bis April jeden 3. Mittwoch im Monat um 20 Uhr ein Vortrag zur Archäologie und Geschichte.
Eintritt: Park: Erwachsene € 6,50
Kinder € 2,50, Familien € 13,–
RömerMuseum:
Erwachsene € 5,–, Kinder € 2,50
Familien € 10,–. Kinder unter 6 Jahren erhalten freien Eintritt.

Nördliches Ruhrgebiet

An vielen Stellen zeugen nur noch die Monumente der Route der Industriekultur von der industriellen Vergangenheit des nördlichen Ruhrgebiets. Nicht mehr Kohle und Stahl, sondern Freizeit und Erholung werden hier groß geschrieben. Entspannen am See, Reiten, Mountainbiking und Wandern in der grünen Lunge des Ruhrgebiets oder vergnügliches Après-Ski nach einer Abfahrt auf der längsten Indoor-Skipiste der Welt laden ein zum Verweilen in einer Region, die mehr grün als grau ist und viel mehr zu bieten hat, als mancher denkt. Das nördliche Ruhrgebiet bietet aktive Erholung oder passive Entspannung fernab von Stress und Hektik des Alltags.

Die KAUE

Wie der Name vermuten lässt, handelt es sich bei der KAUE um eine ehemalige Zechenanlage. Die Wilhelmine Victoria ¼ wurde in den achtziger Jahren zu einem modernen Veranstaltungsort für 400 bis 800 Besucher umgewandelt. Seit 1992 erlebt das Publikum in kommunikativer Club-Atmosphäre Kleinkunst-, Kabarett- und Comedyveranstaltungen mit einem ganz besonderen Industrie-Charme. Seitdem haben bereits viele renommierte Künstler in der überregional bekannten Gelsenkirchener Institution Station gemacht. Michael Mittermeier, Herbert Knebel, Jürgen von der Lippe, Atze Schröder, Dieter Nuhr, Volker Pispers, Günther Lamprecht und Piet Klocke seien hier nur beispielhaft genannt.

Foto: ujesko

Wichtig!

Adresse:
KAUE
Wilhelminenstr. 174
45881 Gelsenkirchen
Kontakt: emschertainment GmbH
Tel. 0209/95430 Fax 0209/9541101
E-Mail: info@emschertainment.de
www.emschertainment.de
Öffentlicher Nahverkehr: Buslinie 383 und Nachtexpress, Haltestelle „Haldenstraße"

Ruhrfestspiele Recklinghausen

Während der Festspielzeit vom 1. Mai bis 15. Juniverwandeltsich Recklinghausen alljährlichineinewahrhaft internationale Kulturmetropole. Die Ruhrfestspiele sind das älteste und zugleich eines der größten und renommiertesten Theaterfestivals Europas. Seit 2005 verbinden sich unter der Festspielleitung von Frank Hoffmann im und um das Ruhrfestspielhaus Inszenierungen namhafter Regisseure, Darbietungen preisgekrönter Schauspielgrößen sowie Aufführungen junger Talente der Theaterszene zu einem runden Gesamtkonzept.

Nicht zuletzt dank der zahlreichen Ur- und Erstaufführungen wird Recklinghausen alljährlich zu einem „kreativen Ort", der sich stets neu erfindet. Die Koproduktionen mit renommierten deutschen und internationalen Theatern lassen das Festival zudem weit über die Grenzen der Region hinausstrahlen. Großer Popularität erfreuen sich die fesselnden Lesungen namhafter Schauspielgrößen sowie das abwechslungsreiche Kabarettprogramm. Ferner präsentieren internationale freie Künstler beim FRINGE Festival außergewöhnliche Darbietungen der Off-Szene. Neben dem Ruhrfestspielhaus werden viele weitere Schauplätze bespielt wie Zelte, Industriehallen, Aufführungsorte in der Stadt, die den Künstlern immer wieder neue szenische Räume eröffnen. Dass es dem ambitionierten Festival gelingt, Qualität zu präsentieren und zugleich ein möglichst breites Publikum zu erreichen, belegen die mehr als 77.000 Besucher im Jahr 2008.

Wichtig!

Adresse:
Ruhrfestspiele
Recklinghausen GmbH
Otto-Burrmeister-Allee 1
45657 Recklinghausen
Tel. 02361/918-0, Fax 02361/3141
Spielpläne im Internet:
www.ruhrfestspiele.de
kartenstelle@ruhrfestspiele.de und
oeffentlichkeitsarbeit@ruhrfestspiele.de
Verpflegung: Gastronomien vor Ort.

Revierpark Nienhausen

Vielfältige Erlebniswelt! Das 35 Hektar große Gelände ist jedes Jahr das Ziel von fast zwei Millionen Besuchern! Der wegen seiner familienfreundlichen Atmosphäre bekannte Revierpark Nienhausen hat immer geöffnet und ist – unabhängig von der Jahreszeit – immer einen Besuch wert. Gesundheit: Das activarium mit seinem 35 °C warmen Soleaußenbecken, die Saunalandschaft mit 11 unterschiedlichen Saunen, der gärtnerisch eindrucksvoll gestaltete Saunagarten, das Innenschwimmbecken und die Solarien mit ihren jährlich 365 Sonnentagen laden zum Entspannen und Genießen ein. 230.000 Besucher erfreuen sich jedes Jahr an den Angeboten des activariums. Im Sommer bietet das große Freibadgelände mit Wellenbad und Beachvolleyball-Anlage eine weitere Attraktion. Activarium und Freibad ergänzen sich zu einem außergewöhnlichen „Erlebensraum". Kultur: Ein weiteres Standbein des Revierparks ist das Forum Nienhausen mit seinem facettenreichen Kulturprogramm. Hier sind alle zwei Jahre die Puppenspieltage das Highlight, die seit 1976 schon über 500 Bühnen angelockt haben. Prominente Kabarettisten wie Hanns Dieter Hüsch, Harald Schmidt, Hella von Sinnen und viele andere waren schon zu Gast. Jazzer wie Ray Charles, Chris Barber, die Dutch Swing College Band sowie englische, irische, schottische und deutsche Folkmusiker haben den Revierpark zu einer ersten Adresse in Sachen Musik-Kultur gemacht. Besonders erwähnt werden müssen die Karikaturen-Ausstellungen. Wer das Handwerk der spitzen Feder beherrscht, der weiß, wo sich der Revierpark befindet. Paul Flora, Tomi Ungerer, Hans Traxler, Friedrich Karl Waechter, Marie Marcks, Walter Hanel und der Kalauerkönig Tetsche, alle waren schon da, neue Namen werden hinzukommen. Und wer die Seele einfach einmal baumeln lassen möchte, der genießt einen Spaziergang in der wunderschönen Parkanlage rund um den Revierpark.

Wichtig!

Adresse:
Revierpark Nienhausen GmbH
Feldmarkstraße 201, 45883 Gelsenkirchen
Tel. 0209/94131-0, Fax 0209/94131-99
www.revierpark-nienhausen.de
Saison/Öffnungszeiten:
ganzjährig
activarium tägl. 9–22 Uhr, Mi. und Fr. bis 23 Uhr, So. bis 20 Uhr
Forum: Di.–So. 10–20 Uhr, Mo. geschlossen
Freibad: Mai–August täglich 8–19 Uhr,
Park: ganzjährig geöffnet

Zoom Erlebniswelt

Aus Alaska, Afrika und Asien! Für 92 Millionen Euro entsteht auf einer Fläche von 30 Hektar mittem im Ruhrgebiet der Zoo der Zukunft – mit großzügigen Lebensräumen für Tiere und neuartigen Erlebniswelten für Menschen. Besucher werden in fremde Welten entführt und ferne Länder werden mit allen Facetten nach Gelsenkirchen geZOOMt.

Alaska, Afrika und Asien sind die drei Themen, die in authentischem und naturnahem Stil ausgebaut werden. Auf einer Gesamtfläche von über 6 ha erlebt man die ganze Vielfalt der Landschaften und Tierarten Alaskas. Seit Sommer 2006 können Sie auch auf „einen Sprung" nach Afrika. Begeben Sie sich auf eine spannende Bootsfahrt mit der African Queen und tauchen Sie ein in afrikanische Flusslandschaften inmitten von Flusspferden und Flamingos. In der großen Dschungelhalle erleben Sie die 10-köpfige Schimpansenfamilie in einer 2000 qm großen Anlage. Die Landschaftsarchitektur bringt Besucher auf Augenhöhe mit langhalsigen Giraffen und die langen Wimpern und weichen Nüstern der Tiere werden Gäste faszinieren.

Freuen Sie sich, denn ab Herbst 2009 können Sie auch in die tropische Welt Asiens eintauchen.

Wichtig!

Adresse:
Zoom Erlebniswelt
Bleckstraße 64, 45889 Gelsenkirchen
Tel. 0209/95450, Fax 0209/9545130
www.zoom-erlebniswelt.de
info@zoom-erlebniswelt.de
Anfahrt: A 2 Oberhausen–Hannover, Abfahrt Gelsenkirchen-Buer oder Abfahrt Herten, Bundesstraße: B 226 und B 227, dann Hinweisschildern „Zoom Erlebniswelt" folgen.
Öffnungszeiten: ganzjährig,
März und Oktober 9–18 Uhr
April bis September 9–18.30 Uhr
November bis Februar 9–17 Uhr
Eintritt: Erwachsene € 13,50
Kinder (4–12 J.) € 9,–

Jüdisches Museum Westfalen Dorsten

Jüdisches Leben! Das Jüdische Museum in Dorsten präsentiert in seiner Dauerausstellung ausgesuchte Exponate und Informationen über jüdisches Leben, vor allem in Westfalen. Einzelne und Gruppen können hier Grundlegendes über Vergangenheit und Gegenwart der Juden in Deutschland, über jüdische Religion und das Zusammenleben von jüdischen und anderen Deutschen erfahren. Kostbare Sachzeugnisse, Fotos und Dokumente sowie eine qualifizierte Museumspädagogik erlauben Einblick in die Vielfalt jüdischer Lebensweisen, die durch die nationalsozialistische Herrschaft zerstört wurde.

Die Villa mit einem großzügigen Anbau bietet außerdem Wechselausstellungen aus den Bereichen Kunst, Geschichte, Literatur, vielfältige Veranstaltungen und Studientage für Schulgruppen, einen Skulpturengarten, eine Fachbibliothek und eine hervorragend sortierte Buchhandlung mit Literatur zum Judentum.

Wichtig!

Adresse:
Jüdisches Museum Westfalen
Julius Ambrunn-Str. 1, 46282 Dorsten
Tel. 02362/45279
Internet: www.jmw-dorsten.de
E-Mail: info@jmw-dorsten.de

Anfahrt: Mitten im Stadtzentrum gegenüber dem Bahnhof/Busbahnhof, Autoanfahrt über B 223 und B 224 von Süden, B 225 von Marl und A 52 sowie über die A 31.

Öffnungszeiten: Dienstag bis Freitag: 10–12.30 Uhr und 15–18 Uhr, Samstag, Sonntag, Feiertage: 14–17 Uhr

Eintritt: Erwachsene: € 4,–
(in der Gruppe ab 12 Personen € 3,–)
Schüler, Studenten und Auszubildende: € 1,50

Verpflegung: Kaffee- und Teeautomat im Foyer, Cafés und Restaurants in der Innenstadt sind im Umkreis von 5 Minuten zu Fuß erreichbar.

Musiktheater im Revier

Das Musiktheater im Revier Gelsenkirchen besticht durch seine außergewöhnliche Architektur, die in den fünfziger Jahren von Architekt Werner Ruhnau und seinem Künstlerkollektiv als präzise geplante Baukunst realisiert wurde. Diese findet u.a. in den berühmten blauen Reliefs von Yves Klein im Foyer ihren Ausdruck. So macht die organische Verbindung von spektakulärer Architektur und bildender Kunst das MiR zu einem der bedeutendsten Theatergebäude der Nachkriegszeit – das Ende 2009 sein 50-jähriges Jubiläum feiern wird!

Auch künstlerisch hat das MiR Außerordentliches zu bieten: Ob „Aida" oder „Peter Grimes", ob „La Cage Aux Folles" oder „Dido and Aeneas", ob „Verklärte Nacht" oder „Die Entführung aus dem Serail" – mit vielgestaltigen Werken möchte das MiR sein Publikum verzaubern und anregen. Neben einem breit gefächerten Opernspielplan mit Werken vom Barock bis in die Gegenwart und dem überregional renommierten Ballett Schindowski steht das MiR für eine innovative Kinder- und Jugendarbeit im Bereich des Musiktheaters. Außerdem spielt die Neue Philharmonie Westfalen – gleichzeitig Opernorchester des MiR – regelmäßig Sinfoniekonzerte im Großen Haus.

Fotos: MiR / Fotograf: Pedro Malinowski

Wichtig!

Adresse und Anfahrt:
Musiktheater im Revier GmbH
Kennedyplatz, 45881 Gelsenkirchen
Tel. 0209/4097-200
www.musiktheater-im-revier.de
theaterkasse@musiktheater-im-revier.de

Öffnungszeiten: Theaterbetrieb ganzjährig (Theaterferien Ende Juni bis Anfang August)
Theaterkasse: Mo. + Sa. 10–14 Uhr, Di–Fr. 10–18.30 Uhr und jeweils 1 Std. vor Aufführungsbeginn (nur Abendkasse)

Eintritt: Erwachsene ab € 6,50 je nach Aufführung, Parkett (vorne), Loge bis zu € 39,50

Verpflegung: Theater-Café Di.–Fr. 10–18 Uhr, jeweils 1,5 Stunden vor und 1 Stunde nach jeder Vorstellung.

Altes Schiffshebewerk Henrichenburg

Aus Kaiserzeiten! Nicht nur für Technik-Fans ist das Alte Schiffshebewerk Henrichenburg im Schleusenpark Waltrop ein beliebtes Ausflugsziel. Umjubelt von Tausenden von Menschen weihte Kaiser Wilhelm II. am 11. August 1899 das größte und spektakulärste Bauwerk am Dortmund-Ems-Kanal ein. Heute ist es ein Industriedenkmal von europäischem Rang in der Trägerschaft des Landschaftsverbandes Westfalen-Lippe. Dreiundsechzig Jahre lang trug das Hebewerk Frachtschiffe bis zu 600 t mühelos über einen Höhenunterschied von 14 m, bis direkt nebenan ein größeres und schnelles Hebewerk seinen Betrieb aufnahm. Über den Bau des Hebewerks und die 100-jährige Tradition der Binnenschifffahrt im Ruhrgebiet informiert die Dauerausstellung im alten Maschinenhaus. Attraktion des Museumshafens am „Oberwasser" sind eine historische Werft, Dampfschiffe und schwimmende Arbeitsgeräte. Im unteren Vorhafen hat das Museumsschiff MS „Franz-Christian" festgemacht. Die Ausstellung an Bord gibt einen Einblick in den Arbeitsalltag der Binnenschiffer und ihrer Familien. Über einen Rundgang können Museumsgäste den gesamten Schleusenpark mit der alten Schachtschleuse von 1914, dem neuen Hebewerk von 1962 und der neuen Schleuse von 1989 erkunden. Eine Ausflugsfahrt auf der „Henrichenburg" rundet den Tag ab.

Wichtig!

Adresse und Anfahrt:
LWL-Industriemuseum
Schiffshebewerk Henrichenburg
Am Hebewerk 2, 45731 Waltrop
Tel. 02363/97070
www.schiffshebewerk-henrichenburg.de
E-Mail: schiffshebewerk@lwl.org
Öffnungszeiten: Di.–So. sowie an Feiertagen 10–18 Uhr, letzter Einlass 17.30 Uhr. Von Weihnachten (24.12.) bis Neujahr (01.01.) geschlossen.
Eintritt: Erwachsene € 3,50
Kinder/Schüler (6–17 J.) € 2,–
Gruppen ab 16 Person pro Person € 3,–
Ermäßigte € 2,10
Familientageskarte € 8,–
Führungen: Während der Öffnungszeiten nach vorheriger Anmeldung.
Auch Museumspädagogik sowie spezielle Führungen (z. B. für Blinde und Sehbehinderte).

SPORT-PARADIES Gelsenkirchen

Unter einem Dach findet man im SPORT-PARADIES eine Vielfalt an Sport- und Erholungsmöglichkeiten. Ob Eislaufen, Schwimmen, Kegeln, Relaxen oder Fitness – auf einer Gesamtfläche von ca. 100.000 qm bleiben keine Wünsche offen.

Das Badeparadies mit Wellen-, Aus- und Kinderschwimmbecken sowie das Freibad mit insgesamt 5 Schwimmbecken machen Baden zum Vergnügen. Die 10 Meter hohe Sprungturmanlage lädt zum Eintauchen ins Wasser ebenfalls ein sowie die innenliegende Wasserrutsche. Eine Kinderspielstadt am Planschbecken im Freibad mit Strandkörben und Sonnensegeln spendet Schatten für die Kleinen und Urlaubsatmosphäre für die Großen.

Seit Juni 2008 ist das SPORT-PARADIES um neue Attraktionen im Badeparadies reicher: SPORTIS Wasserzirkus mit angeschlossenem Wildwasserbach. Auf einer zusätzlichen Fläche von 500 qm vereint sich feuchtfröhlicher Badespaß mit der faszinierenden Zirkuswelt. Wasserspielgeräte wie Zirkuswagen mit Kletternetzen, Clowns und Hau-den-Lukas laden zum Spielen ein. Alle sicheren Schwimmer nimmt ein 100 m langer Wildwasserbach auf eine Fahrt durch Schluchten und steile Kurven mit.

Wen es statt ins kühle Nass eher aufs Eis zieht, kann sich in der Wintersaison schon mal die Kufen unterschnallen. Die 30 x 60 m große Eisfläche bietet Platz für Hobbysportler und Eisköniginnen.

8 Sport- und 6 Gesellschaftskegelbahnen stehen Vereinen und Hobbykeglern, um „alle Neune" fliegen zu lassen, zur Verfügung. Auch für Konferenzen oder Schulungen findet man hier das ideale Ambiente. Der lichtdurchflutete Tagungsraum verfügt über Sitzplätze für bis zu 80 Personen und einen exklusiven Blick auf die Grünflächen und in die Eishalle.

Kulinarische Genüsse werden im PARADISO und in zwei weiteren gastronomischen Einrichtungen angeboten.

Wichtig!

Adresse: SPORT-PARADIES
Adenauerallee 118, 45891 Gelsenkirchen
Tel. 0209/954-40, Fax 0209/954-3150
Anfahrt: Hinweisschilder Richtung Arena Park folgen, dort weisen weitere Hinweisschilder auf das SPORT-PARADIES hin.
www.sport-paradies.de
E-Mail: info@sport-paradies.de
Öffnungszeiten+ Eintritt: Aktuelle Infos unter www.sport-paradies.de
Verpflegung: Snacks, Speisen, Getränke und Eis im Restaurant Paradiso, an der Badebar und Grönlandbar

LWL-Römermuseum | Haltern am See

Vor etwa 2.000 Jahren geriet der heutige westfälische Raum in den Blickpunkt der Weltgeschichte, als römische Truppen die Lippe aufwärts marschierten. Damals wurden Militärlager in Holsterhausen (Stadt Dorsten), Haltern, Oberaden (Stadt Bergkamen), Beckinghausen (Stadt Lünen) und Anreppen (Stadt Delbrück) angelegt. Das Vorhaben, Germanien zu einer römischen Provinz zu machen, scheiterte im Jahre 9 n. Chr. mit der Varusschlacht. Im LWL-Römermuseum Haltern werden erstmals alte und neue Funde aus den Römerlagern an der Lippe unter einem gemeinsamen Dach gezeigt. Ergebnisse aus mehr als 100 Jahren archäologischer Forschung sind hier zu erleben. Die Exponate, die nicht mehr in ihrem ursprünglichen historischen Zusammenhang verfügbar sind, ergeben im Kontext mit Abbildungen, erläuternden Texten und Modellen ein lebendiges Bild der Zeit um Christi Geburt in unserem Raum. Frei aufgestellte Großexponate und Rekonstruktionen wichtiger Fundzusammenhänge ergänzen die Stücke in den Vitrinen. Texte antiker Schriftsteller vermitteln ein Bild der Germanen in jener Zeit. Tonprogramme und Videos lassen den Besucher teilnehmen an Ereignissen, die damals die Welt bewegten.

Wichtig!

Adresse:
LWL-Römermuseum
Weseler Str. 100
45721 Haltern am See
Tel. 02364/93760
roemermuseum@lwl.org
www.lwl-roemermuseum-haltern.de
Anfahrt: VRR Linien 208, 297 Haltestelle Römermuseum, PKW: A 43, Abfahrt Haltern (B 58) Richtung Haltern, dann ausgeschildert.
Saison/Öffnungszeiten: ganzjährig, Di.–Fr. 9–17 Uhr, Sa. und So. 10–18 Uhr, Montag Ruhetag.
Eintritt: Erwachsene € 3,–
Kinder/Schüler/Studenten € 1,50
Familien € 7,–
Ermäßigte € 1,80
Gruppen € 2,40
Verpflegung: Café im Römermuseum

Skulpturenmuseum Glaskasten Marl

Imposante Skulpturen! Bereits Ende der 1940er Jahre begann die Stadt Marl mit dem Ankauf von Kunstwerken. Schon recht früh lag ein Schwerpunkt auf Außenskulpturen und ein zweiter auf Werken jener Künstler, deren Arbeiten noch wenige Jahre zuvor als entartet galten. Der Etat für den Ankauf – er schwankte je nach Finanzlage der Stadt – ermöglichte die kontinuierliche Vergrößerung des Kunstbesitzes; eine notwendige Systematik unterblieb jedoch. Obwohl dann und wann von einem Museum gesprochen wurde, nahmen diese Überlegungen erst Mitte der 1970er Jahre konkrete Formen an. Nachdem 1978 ein Kunsthistoriker mit der Betreuung der Sammlung beauftragt worden war, kam es im gleichen Jahr zur Gründung des Museums, das sich 1982 als Skulpturenmuseum Glaskasten institutionalisierte. In der Folgezeit wurden die Ausstellungsräume für die ständige Sammlung wie auch für die Wechselausstellungen wiederholt erweitert. Das entwickelte transparente Konzept des Museums erlaubt es dem Besucher, auch außerhalb der Öffnungszeiten viele der ausgestellten Werke zu sehen. 1990 wurde die Paracelsus-Klinik offiziell Teil des Museums.

Wichtig!

Adresse:
Skulpturenmuseum Glaskasten
Städtisches Museum – Rathaus
Creiler Platz 1
45765 Marl
Tel. 02365/992-257
www.marl.de/skulpturenmuseum
Saison: ganzjährig
Öffnungszeiten: Dienstag–Sonntag 10–18 Uhr
Eintritt: frei
Kostenlose Führungen durch die ständige Sammlung donnerstags 16.30 Uhr
Verpflegung: Picknick und Restaurant der gehobenen Preisklasse im Stadtpark
Drumherum: Spielplätze im Stadtpark

Freizeitpark Schloss Beck

Familienfreizeit! Hier kann man einen schönen freien Nachmittag verbringen. Im Schatten des über 220 Jahre alten spätbarocken denkmalgeschützten Wasserschlosses (kostenlose Besichtigung) kann der Nachwuchs in Freiheit nach Herzenslust toben, z. B beim Trampolinspringen, auf der wirklich abgefahrenen Teppichrutsche, der beinahe antik anmutenden Familien-Achterbahn sowie einem klassischen Spielplatz nebst Wippe, Rutsche, Teufelsrad und Schaukel. Außerdem können die Kinder wahlweise auf echten und/oder elektrischen Ponies reiten, Tret- und Ruderboot oder Go-Kart fahren. Und natürlich sind auch Klassiker wie Riesenrad und Schiffschaukel, Kinderkarussell und Oldtimer im Eintrittspreis enthalten. Die etwas größeren Kinder können derweil ihren Übermut am Wasserschuss Beck (bei dem selbst unserem volljährigen Testfahrer das Herz in die Hose rutschte) oder dem spritzigen Wasser-Bob-Sprung abkühlen. Damit ist die Liste der Attraktionen zwar noch nicht komplett, aber das wirklich Entscheidende ist ohnehin der nostalgische Charme, den das von Wald, Wiese und See umsäumte Gelände ausstrahlt. Und wer dann mehr Technik braucht, kann diese noch im versteckten Simulator erfahren. Überall bieten verschiedene Stände ihren Imbiss an und die gutbürgerliche Gaststätte lädt zu gepflegten Speisen, Getränken, Kaffee und Kuchen ein. Wer sich lieber in die Stille zurückziehen möchte, findet im Park ein beschauliches und ruhiges Plätzchen.

Wichtig!

Adresse:
Freizeitpark Schloss Beck
Am Dornbusch 39,
46244 Bottrop
Tel. 02045/5134
www.schloss-beck.de
becki@schloss-beck.de
Saison:
täglich vom 04. April bis einschl. 1. September, während der NRW-Schulferien (Herbst) und Oktoberwochenenden.
Öffnungszeiten: 9–18 Uhr. Bei ungünstiger Witterung können die Öffnungszeiten oder die Schließung des Parks geändert werden. Bitte informieren Sie sich vorab!
Eintritt: Erwachsene € 9,–
Kinder € 8,–
Gruppen ab 20 Personen € 6,– pro Person
Bei vorheriger Anmeldung und geschlossener Bezahlung, Angebot gilt nur für Kindergärten und Schulklassen!
Verpflegung: Gastronomie und Imbiss

Movie Park Germany

Movie Park Germany, einer der größten Freizeitparks in Deutschland, bietet rund 40 Attraktionen und Shows rund um das Thema Film. Ganz neu und ein großer Spaß für die ganze Familie ist das NICKland. Die beliebten Serienhelden des Kindersenders NICK SpongeBob Schwammkopf, Patrick, Jimmy Neutron und Dora bezaubern ihre Gäste. Jimmy Neutron lädt zur Fahrt in seiner Achterbahn ein, SpongeBob liefert sich eine Wasserschlacht und mit Luftbändiger Avatar kann man sich auf einem weltweit einzigartigen Karussell in luftige Höhen schwingen.

Ebenfalls neu: Shrek, der tollkühne Held aus drei erfolgreichen Kino-Filmen, ist in den Bottroper Film- und Entertainmentpark eingezogen. Der grüne Oger tritt in einem rasanten 4D-Film gemeinsam mit Esel und Gattin Fiona auf. Durch computergesteuerte Sitze, viele Spezial-Effekte und 3D-Brillen wird das 15-minütige Abenteuer zu einer Reise in eine neue Dimension. Das neue Abenteuer vom Oscar® gekrönten Shrek ist somit nicht nur sehbar und hörbar, sondern auch fühlbar.

Beste Noten für den Freizeitpark: Movie Park Germany wurde vom Deutschen Kinderschutzbund NRW und dem TÜV Nord mit dem Prädikat „OK für Kids" ausgezeichnet. Der gesamte Movie Park Germany erhält nun das Prädikat für kinderfreundlichen Freizeitspaß.

Im Movie Park Germany lassen sich nicht nur halsbrecherische Stunteinlagen in der Stunt-Show verfolgen, exklusive Film-Exponate im Film-Museum bestaunen oder im „Movie Magic" die besten Filmtricks aus Hollywood erleben. Spektakuläre Attraktionen wie der 60 Meter hohe Freifallturm, die erste Holzachterbahn Deutschlands oder die 80 km/h schnelle Looping-Achterbahn bieten Thrill-Freaks den ultimativen Kick.

Wichtig!

Adresse:
Movie Park Germany
Warner Allee 1, 46244 Bottrop-Kirchhellen
Internet: www.moviepark.de

Anfahrt: Von der A 2 beim Autobahnkreuz Bottrop auf die A 31 Richtung Emden/Dorsten, Abfahrt Kirchhellen-Nord. Es ist auch eine DB-Haltestelle (Feldhausen) mit direkter Verbindung nach Essen und Oberhausen vorhanden.

Saison: vom 3. April bis 1. November 2009

Öffnungszeiten: Während der Hochsaison im Sommer sowie an Halloween Horror Fest gelten verlängerte Öffnungszeiten (10–20 Uhr, 10–22 Uhr). Nebensaison 10–18 Uhr

Eintritt: Es gibt verschiedene Tarife, die auf der Homepage dargestellt sind.

Verpflegung: 20 Themenrestaurants, Bars und Cafés

Westliches Ruhrgebiet

Die Schlote stehen still, und plötzlich merkt man, dass es im Ruhrgebiet viel Grün gibt. Ehemalige Industriegebiete sind innerhalb der letzten zehn Jahre umgenutzt worden. Dafür finden sich in unserer Auswahl an Ausflugsmöglichkeiten schöne Beispiele. Der Strukturwandel hat sich wohl unter Ausschluss der Öffentlichkeit abgespielt, denn Nicht-Ruhrgebietler glauben noch immer, dass man dort eher eine Staublunge als erholsame Ferien bekommt – weit gefehlt!

Revierpark Wischlingen

Freiraum ohne Zäune! Das Angebot fürs Freizeitvergnügen ist groß und reicht von Bootsfahrten auf dem

See, Tennis, Minigolf, Spiel- und Sportanlagen, Hochseilklettergarten, Wasserspielplatz bis hin zu Spaziergängen und Wanderungen. Für Gesundheit und Wellness sorgt das Solebad. Auf über 4.000 qm präsentiert sich hier eine schöne Saunalandschaft – ein kleines Paradies. Entspannung und Erholung sind hier garantiert. In der Solehalle empfängt einen tropisches Ambiente. Unter einem UV-durchlässigen Dach kann man in 33° warmer Natursole baden, das Sprudelbecken genießen oder den Solewasserfall oder die Massagedüsen.

Aktivarium: Ein ganzjährig beheiztes Außenbecken und ein zusätzliches Hallenbecken bieten genug Platz zum Planschen, Toben und Schwimmen. Ansonsten: gemütlicher Gastronomiebereich, großzügige Liege- und Ruhezonen, Kinderspielbereich und mehr. Eishalle: Lightshow und fetziger Sound bei coolen Drinks auf zwei durch Rampen verbundenen Eislaufflächen, regelmäßige DJ-Parties und Eislaufkurse für Anfänger und Fortgeschrittene. Im Sommer Streetsurfing. Im ehemaligen Freizeithaus gibt es ein Fitnesscenter und eine physiotherapeutische Praxis.

Wichtig!

Adresse: Revierpark Wischlingen
Höfkerstraße 12, 44149 Dortmund
Tel. 0231/917071-0, www.wischlingen.de
Anfahrt: im Dortmunder Stadtteil Wischlingen. Anfahrt über die B 1, Dortmund Ri. Bochum, Abfahrt Dorstfeld
Saison: Park ganzjährig, Allwetterbad von Mai bis August.
Öffnungszeiten: Allwetterbad: Mo.–Do. + So. 11–20 Uhr, Fr.–Sa. 11–21 Uhr. Sommerferien 9–20 Uhr. Weitere Öffnungszeiten für Eishalle, Sole und Sauna im Internet.
Eintritt: Verschiede Tarife für Sauna, Sole etc. Preisbeispiel: Sole Tageskarte Erw. € 9,– Jugendl. (ab 11 J.) € 5,50 Kinder € 4,–
Verpflegung: Picknick im Park, Café, Cafeteria und Restaurant

Der Grugapark in Essen

Freizeit und Unterhaltung! Die Essener Stadtväter und -mütter nennen den Grugapark ganz unbescheiden „eine der größten und schönsten Parkanlagen Europas" – und übertreiben nicht: Der Park beherbergt nämlich nicht nur den Botanischen Garten und eine große Vogel-Freifluganlage, er ist auch ein bekannter Skulpturenpark mit Werken international bedeutender Künstler. Im Nordosten des Parks befindet sich ein großzügiges Spielareal mit einem Extrabereich für Kleinkinder. Unweit davon stehen Grillplätze zur Verfügung, ferner Restaurants und Cafés. Im weitläufigen Botanischen Garten ist z. B. ein „Garten der Sinne" zu bestaunen. In den nahegelegenen Tropenhäusern können 3 unterschiedliche Klimazonen mit den für sie typischen Pflanzen besichtigt werden. Den südlichen Teil des Parks teilen sich Rollschuhbahn, Spielteich und Ponybahn. Hier befinden sich auch Basketball-, Volleyball- und Beachballfelder. Die insgesamt 65 ha große Parkanlage kann man mit der Grugabahn auskundschaften. Im ehemaligen Blumenhof befindet sich jetzt die Einrichtung „Kur vor Ort". Hier dreht sich alles um die Themen Gesundheit und Fitness. In den Sommermonaten sorgen im Musikpavillon unterschiedliche Musikgruppen jeweils an den Sonntagnachmittagen für Unterhaltung.

Wichtig!

Adresse: Grugapark
Virchowstraße 167a, 45147 Essen
Tel. 0201/8883104, www.grugapark.de
Anfahrt: über die A 52, Ausfahrt Rüttenscheid. Mit den Straßenbahnen U 11 und U 17 alle 10 Min. Anschluss zum Hauptbahnhof, Haltestellen Messe/Gruga und Margaretenhöhe/Endstation
Öffnungszeiten: täglich ab 9 Uhr bis Anbruch der Dunkelheit
Eintritt: jeweils Tageskarte Erwachsene € 3,–, Kinder/Jugendliche 6–14 Jahre € 1,–, Schüler ab 15 Jahren, Studenten etc. € 1,50, Kinder unter 6 Jahren in Begleitung Erwachsener frei.
Verpflegung: Restaurants, Kioske und Grillplätze (letztere müssen angemeldet werden)

Zoo Dortmund

Ein Hauch Exotik in der Stadt der Parks! Eindeutiger Schwerpunkt des Zoos in Dortmund ist der südamerikanische Subkontinent mit seiner verschwenderischen Fauna und Flora,

die in ihrer Vielfalt vor allem im riesigen Amazonashaus zu sehen ist: Auf 3 Ebenen können sich die Besucher fühlen, als wären sie direkt im Urlaub im Regenwald. Eine naturidentisch nachempfundene Atmosphäre, angefangen von der Wärme, dem Licht, den Pflanzen und Geräuschen – und natürlich bis hin zu den tropischen Tieren. Besuchermagneten sind die kostbaren südamerikanischen Riesenotter, die seit 1998 in einem eigens für sie gebauten besucherbegehbaren Otterzentrum mit einer großzügigen und wunderschönen Freianlage leben. Außerhalb Südamerikas sind sie nur in drei Zoos zu sehen. Insgesamt leben hier ca. 1.500 Tiere in 240 Arten exotischer, aber auch heimischer Herkunft und von allen Kontinenten. Interessante Führungen, Vorträge, unterhaltsame Fütterungen und natürlich für Kinder genügend Raum zum Spielen und Tollen runden den Zoobesuch ab.

Wichtig!

Adresse:
Zoo Dortmund
Mergelteichstraße 80
44225 Dortmund
Tel. 0231/50-28581
www.dortmund.de/zoo
zoo@dortmund.de
Anfahrt: über den Autobahnring (Abfahrt DO-Süd) oder über die Bundesstraßen B 236, B 1 und B 54 (Abfahrt Wellinghofen/Tierpark). Im Stadtgebiet ist der Zoo gut ausgeschildert. Oder ab Hauptbahnhof mit der U 49 (Endstation Hacheney/Zoo).
Saison: ganzjährig
Öffnungszeiten:
März–Oktober täglich 9–18.30 Uhr
November–Februar täglich 9–16.30 Uhr
Eintritt: Erwachsene € 6,–
Jugendliche von 6–17 Jahren € 3,–
Kinder unter 6 Jahren Eintritt frei
Familienkarten:
1 Elternteil mit Kindern € 8,50
Familien/Eltern mit Kindern € 14,50
Gruppen (mindestens 10 Personen):
Erwachsene € 5
Jugendliche € 2,50
Verpflegung: 2 Restaurants, 2 Kioske, Wurst-, Eis- und Süßigkeitenstände.
Picknick ist möglich.

CentrO.PARK

Törööö! Im CentrO.PARK ist immer was los! Das weiß auch Benjamin Blümchen und ist deshalb täglich im CentrO. PARK zu Besuch. Spaß und Action gibt es mit vielen Attraktionen, wie zum Beispiel dem Riesenrad mit 44 m Höhe. Bodenständiger ist das Karussell Rodeo. Die große Abenteuerinsel mit Rutschen, Türmen und Hängebrücken ist ein Paradies für Kinder. Während der längsten Traktorfahrt der Welt geht es vorbei an verschiedenen Szenen mit Benjamin Blümchen und seinen Freunden. Bei der Achterbahn Speedy drehen sich die Gondeln um die eigene Achse. Ob Schiffschaukel, Shanghai Express, Spielezelt und vieles mehr, der CentrO.PARK bietet für jeden etwas. Attraktionen: Speedy, Rodeo, Traktorbahn, Riesenrad, Gold Wash, Piratenschiff, Shanghai Express, Rutschenturm mit Freefall-Rutschen, Abenteuerspielplatz, Trampoline, Spielezelt, Wasserspielplatz, Labyrinth.

Wichtig!

Adresse und Anfahrt:
CentrO.PARK
Promenade 10, 46047 Oberhausen
Tel. 0208/456780, Fax 0208/4567812
Intenet: www.centropark.de
E-Mail: info@centropark.de

Saison: Ende März bis Ende Oktober

Öffnungszeiten: Mo. Ruhetag außer in den NRW Ferien und an Feiertagen. An den Wochenenden, in den Ferien und an Feiertagen von 10–19 Uhr, sonst von 10–18 Uhr geöffnet.

Eintritt: Die aktuellen Eintrittspreise entnehmen Sie bitte der Homepage des CentrO. PARK unter www.centropark.de

Verpflegung: Picknick, Imbiss und Gastronomie im Park

Das Sauerland

Höhere Berge als die des Hochsauerlandes gibt es in ganz Nordrhein-Westfalen nicht. Seit einmal ein fleißiger Zeitgenosse gezählt hat, wie viele Erhebungen über 300 Meter es dort gibt, weiß man es ganz genau: 1.755. In den warmen Monaten ist das „Land der tausend Berge" genau richtig für Wanderer. Im Winter fallen jedes Jahr Tausende Skifahrer hier ein. Wasserratten können hier gar nicht zu kurz kommen, denn im Sauerland gibt es einige Talsperren, darunter auch die größte des Bundeslandes, die Biggetalsperre. Auf fast allen Seen darf Wassersport betrieben werden, an vielen gibt es auch Gastschifffahrtsbetriebe. Und wo Wasser ist, da ist auch Erholung nicht weit.

Wildwald Vosswinkel

In diesem Walderlebnisgebiet dreht sich alles um den Wald und seine Bewohner, ob Groß oder Klein. Entlang weitläufiger Wanderwege kann das heimische Wild in natürlicher Umgebung beobachtet werden. Fütterungen mit Wildhegerinformation: Rothirsche, Damhirsche und Mufflons um 11.30 Uhr, Wildschweine mit Jagdhornruf um 14.30 Uhr, Nachtjäger (Füchse, Dachse, Waschbären, Uhus und Waldkäuze) um 15.00 Uhr.

Neueste Nachrichten aus dem Wildwald durch einen Waldlehrer um 10.30 Uhr. Abwechslungsreiche Rundwege erschließen die Laub- und Mischwälder des Lüerwaldes. EinAbenteuerspielplatz lädt Kinder zum Toben ein. Die Waldakademie bietet nach Voranmeldung Exkursionen, Weiterbildungen, Klassenführungen, Kindergeburtstage etc. an.

Wichtig!

Adresse: Wildwald Vosswinkel
59757 Arnsberg-Vosswinkel
Tel. 02932/97230
www.wildwald.de, info@wildwald.de
Anfahrt: Vosswinkel liegt unweit der A 445 Richtung Arnsberg, Abfahrt Arnsberg-Neheim, ab Vosswinkel ausgeschildert.
Öffnungszeiten: Das Waldeingangshaus mit Empfang, Waldshop und Waldgasthaus ist täglich von 9 bis min. 17 Uhr geöffnet (eingeschränkte Öffnungszeiten von November bis März
Eintritt: Erwachsene Mo.–Fr. € 4,20, Sa./So. € 6,20, Kinder (4–14 Jahre) Mo.–Fr. € 3,50, Sa./So. € 4,90, Familie Mo.–Fr. € 13,50, Sa./So. € 19,50
Verpflegung: Waldgasthaus, Picknick möglich, besondere Gruppenprogramme nach Anmeldung

Center Parcs Hochsauerland

Vor den Toren der Stadt Medebach bietet die weitläufige Ferienanlage eine ideale Erlebniswelt für einen attraktiven Kurzurlaub.
Wählen Sie Ihre Unterkunft von komfortabel bis luxuriös, von Hotelzimmer bis Kinderferienhaus.
Das Herzstück des Parks ist der Market Dome. Unter einem Dach von Palmen finden Sie Cafés, Restaurants für jeden Geschmack, vielfältige Einkaufsmöglichkeiten sowie Live-Unterhaltung für Groß und Klein.
Die atemberaubende Welt des Wassers, das Aqua Mundo mit Wellenbad, 4 unterschiedlich langen Wasserrutschen (die längste ist 112 m), Stromschnellen, Kleinkindbecken bietet reichlich Raum zum Toben und Planschen. Im riesigen Water-Playhouse gibt es viel zu erleben: Klettern, Rutschen und mit Wasserpistolen Mama und Papa nass spritzen! Die Wilde Welle, ein abenteuerlicher Strömungskanal vervollständigt das Angebot des subtropischen Schwimmbads. Und wer's etwas ruhiger mag, dem bietet die Sauna im römisch-griechischen Design mit Pool, Dampfbad, Blockhaussauna, Sanarium und Saunabar Raum für Erholung.
Darüber hinaus bieten sich erstklassige Möglichkeiten für ein abwechslungsreiches Sportprogramm drinnen und draußen. Aktive werden sich über die professionellen Indoor-Fußballfelder mit Fußballschule im Sportcenter oder die Outdoor-Sport-Arena freuen. Für die Kleinen im Alter von 4–8 Jahren ergibt sich hier die Möglichkeit, einmal etwas zu sein, was sie schon immer werden wollten: z.B. Wannabe ein Fußballprofi!

Für die ganze Familie gibt es eine 100 m lange Riesenrutsche, die Sommer wie Winter ins Tal führt. Der Verleih von Mountainbikes und Langlaufski im Cycle Center rundet das Ganzjahresangebot ab.

Wichtig!

Adresse:
Center Parcs Hochsauerland
Sonnenallee 1
59964 Medebach
Tel. 01805/462472 (0,14 € p. Min. a.d. dt. Festnetz)
parkhochsauerland@centerparcs.com
Anfahrt: Im Internet mehrere Anfahrtsmöglichkeiten dargestellt.

Fort Fun Abenteuerland

Wild + Cool! Das Fort Fun Abenteuerland ist ein wilder, cooler Familienpark für Entdecker und Eroberer. Zu entdecken gibt es Fahrattraktionen im und am Berg und außerdem 40 weitere Attraktionen in atemberaubender Natur. Insbesondere Familien mit Kindern bis 14 Jahren fühlen sich hier rundum wohl. Mit 80 km/h geht es steil bergab im „Wild Eagle" - und man genießt das unbeschreibliche Gefühl des Fliegens. Mit coolen Jumps, Kreiseln und Wellen geht's rund und auf und ab in Europas längster Rodelbahn in einem Freizeitpark. 1,3 km flitzt man durch Wald und Berg im „Trapper Slider" – der genialen Super-Rutschbahn. Und wer will sie schon verpassen – die Western Show „Johnny Bravos große Fahrt" – mit tollen Stunts, Spezialeffekten und Santa Fé Express Fahrt inklusive! Oder man lässt sich begeistern von der beliebten „Hopi Daga" Show auf der einzigen Fast-Track-Bühne Europas. Abgesehen vom Familienausflug, ist Fort Fun natürlich ein witziger und spannender Background für Betriebsausflüge und für Schulprogramme mit Lerneffekt.

Wichtig!

Adresse:
Fort Fun Abenteuerland
59909 Bestwig/Hochsauerland
Tel. 02905/810
Fax 02905/81-118
www.fortfun.de, post@fortfun.de
Saison/Öffnungszeiten: 10.04. bis 25.10.09
Genaue Übersicht im Internet, in der Regel aber ab 10 Uhr.
Eintritt: April, Mai, Juni, Sept., Okt.:
Erw. € 23,–, Kinder (4–11 Jahren) € 19,90
Juli, August: Erwachsene € 24,–
Kinder (4–11 Jahren) € 21,–
Kinder bis einschl. 3 Jahre frei
Übernachtung: Für Familien und Gruppen im Davy Crockett Camp – direkt am Park

Panorama-Park Sauerland Wildpark

Der Panorama-Park Sauerland Wildpark in Kirchhundem bietet auf einer Fläche von ca. 800.000 m² viel Spiel, Spaß und Spannung für alle Altersklassen. Sommerrodelbahn „Fichtenflitzer", Rutschenparadies, Riesentrampolin, Mega-Hüpfkissen, Kettcarbahn, Sand-Oase, Fun-House, Pano's Wunderland und viele weitere Attraktionen warten auf die ganze Familie. Erleben Sie wilde Tiere in bezaubernder Natur hautnah: Wölfe, Luchse, Bisons, Otter, Greifvögel und andere tierische Zwei- und Vierbeiner freuen sich auf Ihren Besuch. Durch optimale landschaftliche Voraussetzungen hat der Besucher z. B. beim Wolfsgehege die Möglichkeit, die Tiere von einer Brücke aus ganz nah zu beobachten. Auch Sika-, Rot- und Damwild hat im Panorama-Park Sauerland Wildpark in großzügigen Gehegen sein Zuhause. Daneben bietet der Park interessante Informationen und Lehrreiches, speziell für Schulen und Kindergarten-Gruppen. Über einen Naturerlebnispfad und das „Wildpark-Klassenzimmer" werden sich auch Kindergärtner, Lehrer, Erzieher und Gruppenleiter freuen. Ein besonderes Erlebnis für die kleinen Gäste Ist ein Streichelzoo. Entspannung zwischendurch finden alle großen und

kleinen Besucher auf zahlreichen Spiel- und Grillplätzen, in Restaurants und, wenn es ganz spät geworden ist, im angeschlossenen Waldhotel „Zum Rothaarsteig".

Wichtig!

Adresse:
Panoramapark Sauerland Wildpark
Rinsecker Str. 100, 57399 Kirchhundem
Tel. 02723/716220, Fax 02723/7162299
www.panoramapark-wildpark.de
info@pps1.de
Saison: Ab 10.04. bis 25.10.2009
Öffnungszeiten: Di.–So. von 10–17Uhr geöffnet. Einlass bis jeweils eine Std. vor Schließung. Juli/August bis 18 Uhr auch Montag.
Eintritt:
Erwachsene € 9,90
Wildpark außerhalb der Saison:
Erw. und Kinder jeweils € 5,–
Weitere Preistarife auf der Homepage.
Verpflegung: Gaststätte zur Hahnenquelle und Waldhotel Zum Rothaarsteig – beides auch ideale Treff- und Feierlokalitäten für Vereine, Tagungen und Seminare.

Paderborner Land

Paderborn – „Leben an den Quellen". Erkunden Sie mit Ihrer Familie, was sich hinter diesem Motto verbirgt – zum Beispiel in einem der Spaßbäder wie der „Schwimmoper" oder der Westfalen-Therme. Wer es ein wenig trockener mag, erforscht die alte Königs-, Hanse- und Bischofsstadt und ihre landschaftlich reizvolle Umgebung zu Fuß oder auf einer von über 2000 km ausgeschilderten Radrouten.

Das Heinz Nixdorf MuseumsForum

Faszinierende Zeitreise! Im größten Computermuseum der Welt, dem Heinz Nixdorf MuseumsForum, erwartet die Besucher eine Zeitreise durch 5.000 Jahre Informationstechnik: von alten Tontafeln über antike Rechen- und Schreibmaschinen bis zu Robotik. Im HNF bieten sich viele Möglichkeiten, selbst aktiv zu werden, z. B in der Unterhaltung mit dem Avatar Max über Fußball oder Glückszahlen. Für Kinder und Jugendliche gibt es interessante Angebote, bei denen man Geheimschriften lernen, Klingeltöne produzieren oder Roboter programmieren kann. Auch für Erwachsene werden zahlreiche Workshops angeboten.

Wichtig!

Adresse:
Heinz Nixdorf MuseumsForum
Fürstenallee 7, 33102 Paderborn
Tel. 05251/306600, Fax 05251/306609
Internet www.hnf.de
Öffnungszeiten: Di. bis Fr. 9–18 Uhr, Sa., So. und Feiertage 10–18 Uhr
Eintritt: Erwachsene € 5,–
Kinder € 3,–
Familienkarte € 10,–
Verpflegung: Bistro-Restaurant
Drumherum: An den Wochenenden kostenlose Führungen um 14 und 16 Uhr.
Informationen zu Paderborn gibt es bei der Tourist Information Paderborn,
Marienplatz 2a, 33098 Paderborn
Tel. 05251/882980, www.paderborn.de

Burg Desenberg bei Warburg

Auch wenn auf der Burgruine kein weiteres Programm wartet, kein Museum und kein Imbiss, so ist die Desenburg trotzdem ein lohnendes Ausflugsziel. In der absolut flachen Umgebung sieht man sie schon von weitem, und je näher man kommt, desto unbezwingbarer erscheint sie. Vor Jahrmillionen hob sich der heute nicht mehr aktive Vulkan aus dem Boden. Zur Zeit derGermanen soll hier eine Kultstätte der „Idisen" gewesen sein.

Später geriet der Bergkegel immer wieder in den Blickpunkt der Geschichte. Nach Karl dem Großen und Heinrich dem Löwen trieben hier im hohen Mittelalter die Raubritter des Geschlechtes „von Spiegel" ihr Unwesen. Es lohnt sich also, die Ritterausrüstung oder wenigstens einige Figuren mitzunehmen, um die alten Sagen und Geschichten nachzuspielen: Zum Beispiel die vom Kampf mit dem wilden Drachen, der einem jungen Recken die Desen Burge als Lehen einbrachte. Und der böse Ritter Bruno benahm sich so gründlich daneben, Mönchsmord inbegriffen, dass Gott die Burg mit einem Blitz zerstörte, wobei Bruno von einem gewaltigen Stein erschlagen wurde.

Wichtig!

Adresse und Anfahrt:
Die Burg Desenberg ist von weitem zu sehen und liegt etwa zwei Kilometer nordöstlich von Warburg. In der Stadt Richtung Bahnhof fahren, dann weiter Richtung Daseburg. Schnell erreicht man den unterhalb der Burg gelegenen Parkplatz.
Saison: ganzjährig
Eintritt: frei
Verpflegung: Picknick auf der Burg, Gaststätte in Daseburg, alle Verpflegungsmöglichkeiten in Warburg

Nordrhein-Westfalen

Die Nordeifel

Die Landesgrenze zwischen Nordrhein-Westfalen und Rheinland-Pfalz verläuft mitten durch die Eifel. In diesem Kapitel beschreiben wir deshalb nur den nördlichen Teil der Eifel. Wenig fruchtbar ist das Land hier, die vielen Hänge sind für den Ackerbau nicht nutzbar. Und trotzdem zog es Siedler in das Land, das Ufer des Rheins und viele heilende Quellen zogen sie an. Heute ist dieser Teil der Eifel Erholungsraum für viele Reisende aus dem Ruhrgebiet und auch für Touristen aus den Niederlanden und Belgien.

Wildgehege Hellenthal

Adler und Falken erleben! Wer Adlern einmal näher kommen möchte, der sollte auf keinen Fall den Besuch des Wildparkes Hellenthal versäumen. Pfeilschnelle Falken, prächtige Adler und ruhig segelnde Bussarde zeigen täglich ihr Flugprogramm. Auch die scheuen Nachtgreife kann man beobachten, wobei die seltenen Schnee-Eulen und Uhus hier an erster Stelle zu nennen sind. Neben einer großen Vielzahl an Greifvögeln kann man in Hellenthal auch noch andere Tiere sehen. Hautnah kann man die Tiere in drei großen Kontaktgehegen erleben, wo Sikawild, Damwild und Muffelwild gefüttert werden. Die einheimischen Luchse sind faszinierende Tiere, ebenso wie die Braunbären, Tarpane und Wisente, die in Hellenthal ebenfalls anzutreffen sind. Und damit sind noch längst nicht alle Tierarten genannt. Wer nicht alles zu Fuß erkunden möchte, steigt in den „Gehege-Express" zur kostenlosen Rundfahrt durch den Park. Ein großer Spielplatz inmitten des Parks ist bei den kleinen Besuchern begehrt.

Wichtig!

Adresse: Wildgehege Hellenthal
53940 Hellenthal, Tel. 02482/2292
www.wildgehege-hellenthal.de
Anfahrt: Hellenthal liegt an der B 265 rund 15 Kilometer südlich des Rursees
Saison: ganzjährig
Öffnungszeiten: 01.04.–14.11. von 9–18 Uhr und vom 15.11.–31.03. 10–17 Uhr
Eintritt: Sommersaison: Erw. € 8,–, Kinder (4–16 J.) € 5,50, Familienkarten(2 Erw./2 Ki.) € 25,–, jedes weitere Kind € 4,–
Verpflegung: Picknick, Café-Restaurant, Imbiss, Grillplatz
Drumherum: 15 Min. entfernt gibt es ein Besucherbergwerk zu besichtigen, nach Monschau und dem Rursee sind es ca. 20 Min.

Phantasialand Brühl

Das Phantasialand in Brühl steht für ausgezeichnete Unterhaltung: In sieben einzigartigen Themenbereichen warten weltweit einmalige Attraktionen, preisgekrönte Shows und phantastisches Open-Air-Entertainment. Eine prämierte Gastronomie und das Vier-Sterne-Erlebnishotel LING BAO, das Drei-Sterne-Plus Erlebnishotel MATAMBA sowie Smokey's Digger Camp machen das Phantasialand zu einem

Ausflugsziel, das für jeden Geschmackundjede Altersgruppe das Passende bereithält.

Deep in Africa lauert die Black Mamba, die auf einen höllischen Ritt durch tiefe Schluchten einlädt, in Mexico wird die Macht der aztekischen Gottheit Tlaloc im Talocan spürbar. Winja's Fear und Winja's Force in Wuze Town, Colorado Adventure, Stonewash Creek und Wildwash Creek, River Quest sowie Mystery Castle sorgen für Nervenkitzel und Action.

Auch die kleinen Gäste kommen hier ganz auf ihre Kosten: Das Reich der Wuze lädt mit unzähligen Details zu spannenden Erkundungstouren ein. Der Sommer 2009 steht zudem im Zeichen der Eröffnung der neuen Familienattraktion WAKOBATO. Mit einer einzigartigen Thematisierung verspricht der interaktive Wasserspaß, der in das große Areal des idyllischen Mondsees eingebettet ist, neue Erlebniswelten für Groß und Klein.

Mit 70 % überdachten Attraktionen trotzt das Phantasialand selbst schlechten Witterungen und bietet auch im Winter mit eigens kreierten Shows und Attraktionen grenzenlosen Spaß. Familien können sich das ganze Jahr auf spezielle Angebote freuen.

Wichtig!

Adresse: Phantasialand Brühl
Schmidt-Löffelhardt GmbH & Co. KG
Berggeiststraße 31–41, 50321 Brühl
Tel. 02232/362-00
www.phantasialand.de
Anfahrt: über die A 553, Abfahrt Brühl-Süd, dann ausgeschildert.
Saison: : 01.04.–01.11.09 von 9–18 Uhr
Beginn Ende November 2009 von 11–20 Uhr
Eintritt: Erwachsene Tageskarte € 31,–
Kinder 1 m–1,45 m € 27,50
Kinder bis 1 m und Geburtstagskinder frei
Senioren ab 60 Jahren € 21,–
Verpflegung: 9 Restaurants, mehrere Cafés, Snacks und Picknickmöglichkeiten

Köln

Die Kölner sind sehr stolz darauf, seit fast 2.000 Jahren die Stadtrechte zu besitzen. Kaiserin Agrippina verhalf dem antiken „Colonia" 50 n. Chr. zu dieser Auszeichnung. Köln hat außer dem majestätisch vorbeifließenden Rhein und dem berühmten Dom einiges zu bieten, und Familien mit Kindern wissen die hohe Lebensqualität der Stadt mit ihren Parkanlagen zu schätzen. Ausgedehnte Grünflächen ziehen sich quer durch Köln. An erster Stelle ist der Rheinpark zu nennen: ein wahres Schatzkästchen für Erholungssuchende.

Das Schokoladenmuseum

Leckeres Museum! Im Schokoladen Museum gehen Sie auf eine Entdeckungsreise durch über 3.000 Jahre Kulturgeschichte der Schokolade – vom Kakaokult der Maya und Azteken bis zur modernen Produktion. Die Entdeckung der Schokoladenseite des Lebens fängt bei den Kakaobäumen an, die in der Wärme eines begehbaren Tropenhauses heranwachsen. Zu den Attraktionen des Museums gehört eine Miniaturproduktionsanlage, die sich über zwei Ebenen erstreckt. Man kann den Produktionsverlauf von der Kakaobohne bis zu feinster Tafelschokolade, erlesenen Trüffelpralinen, Osterhasen und Weihnachtsmännern verfolgen. Es gibt außerdem ein buntes Kindergeburtstagsangebot. Am Schokoladenbrunnen dürfen nicht nur Kinder flüssigwarme Schokolade auf Waffeln naschen! Spezielle Kinderführungen bringen den kleinen Besuchern das Thema Schokolade in all seinen Aspekten nahe.

Wichtig!

Adresse:
Schokoladenmuseum
Am Schokoladenmuseum 1a
50678 Köln
Tel. 0221/931888-0
www.schokoladenmuseum.de

Anfahrt: Das Museum liegt am linken Rheinufer zwischen Severins- und Deutzer Brücke.

Öffnungszeiten: Di. bis Fr. 10–18 Uhr, Sa. und So. 11–19 Uhr

Eintritt: Erwachsene € 7,50
Ermäßigte € 5,–
Gruppen ab 15 Personen € 6,50
freier Eintritt unter 6 Jahren.

Verpflegung: Restaurant mit Café. Picknicken am Rheinufer.

Drumherum: wenige Minuten entfernt befindet sich der Dom.

Die Claudius Therme

Die Claudius Therme in Köln ist seit über 10 Jahren ein Mekka der Erholungs- und Entspannungssuchenden. Im Herzen des Rheinparks bietet das Thermalbad seinen Besuchern abwechslungsreiche Angebote, z. B. die mit Thermalwasser aus zwei hauseigenen Brunnen gespeisten Badeeinrichtungen.

Das **staatlich geprüfte Heilwasser** mit hervorragenden therapeutischen Eigenschaften dient in vielerlei Anwendungsformen zur Aufrechterhaltung der Gesundheit. Auch das Schwimmen im Heilwasser oder die Wassergymnastik haben einen positiven Einfluss auf den menschlichen Organismus. Das „**Schwebebecken**", mit Salz aus dem Toten Meer zu einer 15 % Sole angereichert erlaubt ein Schweben auf dem Wasser ohne Schwimmtätigkeiten. Die Wassertemperatur ist ca. 36 °C. Die Wärme und das Gefühl, vom Wasser getragen zu werden, lösen Stress und Alltagshektik in kurzer Zeit auf. Eine Lichtinstallation sowie Musik unter Wasser verstärken den Entspannungseffekt!

Zu den Highlights **der Saunalandschaft** gehören Erdwallsauna, finnisch-sibirisches Saunadorf, Serailbad, Kräuter-Dampfbad und die original russische Banja mit klassischen Banjaritualen. Abwechslungsreiche Aufgussangebote und eine konstante Aufgussqualität zeichnen den Saunabereich aus!

Neben der Pflege der Gesundheit legt die Claudius Therme viel Wert auf die Schönheitspflege. **Im Kosmetikzentrum** genießt man Erholung und Entspannung, von Ayurveda über Fußreflexzonenmassage, Hot Stone, Kräuterstempelmassage bis hin zur Gesichtspflege. **Restaurants und Cafés** auf den Sonnenterrassen runden einen Tag der Erholung kulinarisch ab.

Wichtig!

Adresse: Claudius Therme
Sachsenbergstrasse 1, 50679 Köln
Tel. 0221/98144-0, Fax 0221/98144-12
www.claudius-therme.de
Saison: ganzjährig
Öffnungszeiten: täglich 9–24 Uhr
Eintritt: Einzelkarten 2 Std. € 14,–/€ 16,–*
4 Std. € 19,50/€ 21,50*, Tageskarte € 25,50/ € 27,50*. Alle Eintrittskarten gelten für die Nutzung des Sauna- und Thermalbereichen.
** Wochenend- und Feiertagstarif*
Verpflegung: Restaurants und Cafés

Der Kölner Zoo

Die Arche Noah! Diesen Beinamen hat der Kölner Zoo nicht ohne Grund: Die Zoodirektion will damit auf die große Aufgabe des Tierschutzes und der Tierpflege von modernen Zoos hinweisen, die oft zur letzten Heimstatt aussterbender Tierarten geworden sind. Von der Blattschneiderameise bis zum Elefanten werden im Kölner Zoo rund 600 Tierarten gezeigt, dies von allen Kontinenten und aus allen Weltmeeren, denn zum Zoo gehört auch das Aquarium. Große, alte Bäume und viele Wasserflächen sorgen für den Parkcharakter des Zoos. Auf rund 20 Hektar sind biotopartige Freianlagen für Bären, Großkatzen, Seelöwen und Affen bis hin zum Tropenhaus zu finden. Bei schlechter Witterung kann man sich in den Tierhäusern vergnügen, die Elefanten, Giraffen und die Halbaffen Madagaskars unter Dach und Fach bringen. Auf dem weitläufigen Gelände gibt es außerdem einen großen Kinderspielplatz.

Wichtig!

Adresse:
Kölner Zoo
Riehler Straße 173, 50735 Köln
Tel. 01805/280101 (0,14 €/Min aus dem deutschen Festnetz)
Fax 0221/7785111
info@koelnerzoo.de
www.koelnerzoo.de

Anfahrt: Vom Hauptbahnhof aus erreichen Sie den Zoo mit der U-Bahnlinie 18 oder vom Ebertplatz aus mit der Buslinie 140, Haltestelle Zoo/ Flora. Am Zoo, der nördlich des Doms am linken Rheinufer liegt, gibt es ein Parkhaus und mehrere Parkplätze.

Saison/Öffnungszeiten: Sommer 9–18 Uhr (ab 29. März bis 25. Oktober 09) und Winter: 9–17 Uhr (bis 28. März 09 und ab 26. Oktober 09) – Aquarium immer 9–18 Uhr

Eintritt: Erwachsene € 13,–
Kinder (4–14 J.) € 6,–
Studenten € 8,50

Verpflegung: Gastronomie im Zoo, vom Imbiss bis zum Restaurant, Picknick möglich

Aqualand Thermenwelt

Wasserwelten! Das Urlaubsland mit südlicher Strandatmosphäre, echten tropischen Pflanzen unter einer licht- und sonnendurchlässigen Kuppel. Hier können Sie sich das ganze Jahr über bräunen lassen, träumen, relaxen und die Seele baumeln lassen. Für das leibliche Wohl sorgt das Restaurante Aquabella mit einer großen Auswahl an kulinarischen Speisen und Getränken. Für die kleinen Badegäste gibt es einen schönen Mutter-Kind-Bereich mit angenehmen Wassertemperaturen und Spielgeräten. Der „Urlaub unter einem Dach" lässt auch in Wintermonaten und an Regentagen Badefreuden unbeschwert genießen.

Attraktionen: Solarien, Wassergymnastik, Freigelände mit Liegewiese, Riesenrutschen, Reifenrutsche Crazy River, Gesundheitswasser mit Sole aus Bad Reichenhall, Meersalzgrotte, Erlebnisgrotte für die Saune mit Dampfbad, Sauerstofftherapiebecken, Praxis für Physiotherapie Jodsprudelbad, Lasershow täglich bei Einbruch der Dunkelheit. Oder gehen Sie hier zum Frühstücksschwimmen, Gesundheitstag oder zur Happy Hour.

Wichtig!

Adresse:
Aqualand
Merianstraße 1/Ecke Neusser Landstraße
50765 Köln
Tel. 0221/70280
Anfahrt: Auf Homepage Anfahrtsübersicht
www.aqualand.de
info@aqualand.de
Saison: ganzjährig
Öffnungszeiten: Mo.–Do. 9–23 Uhr,
Fr. 9.30–24 Uhr, Sa. 9–24 Uhr,
So. + Feiertage 9–23 Uhr
Eintritt: Es gibt verschiedene Tarife, Zusammenstellung im Internet. Preisbeispiele jeweils für Eintritt mit der Tageskarte in die Themenwelt:
Erwachsene € 13,90,
Kinder (6–15 Jahre) € 9,50,
Kinder unter 6 Jahren € 4,–
Verpflegung: Gastronomie im Bad

Kölner Seilbahn

Luftiges Vergnügen! Einsteigen und davonschweben: Dazu lädt die Kölner Seilbahn ein! Sie fährt zwischen Mitte März und Oktober täglich von der Station Zoo über den Rhein zur Station Rheinpark und zurück. Von oben (Fahrhöhe bis 50 Meter) kann man das Panorama mit dem Dom, den Brücken und den Schiffen auf dem Rhein betrachten. Die Kabinen, jeweils für vier Personen geeignet, fahren mit bedächtigen 10 Stundenkilometern die rund einen Kilometer lange Strecke. Im Rheinpark, der zum Spielen, Spazieren, Picknicken und Sonnenbaden einlädt, kann man dann noch eine Fahrt mit der niedlichen Kleinbahn machen, die bei gutem Wetter von Mitte März bis Ende Oktober Saison hat. Nach soviel „Köln aus der Luft" haben Sie vielleicht Lust auf einen Museumsbesuch bekommen? Es gibt eine reiche Auswahl, z. B. das Kölner Museum, das Museum Ludwig, das Wallraf-Richartz-Museum, das römisch-germanische Museum, das Museum für ostasiatische Kunst und viele mehr.

Wichtig!

Adresse:
Kölner Seilbahn-Gesellschaft mbH
Riehler Straße 180
50735 Köln
Tel. 0221/547-4184
Fax 0221/547-4180
www.koelner-seilbahn.de

Anfahrt: Der Rheinpark liegt am Auenweg, direkt neben der Kölner Messe (weiträumig ausgeschildert), vom Hauptbahnhof zu Fuß in 10 Min. zu erreichen. Mit der U-Bahn vom Dom/Hbf. mit den Linien 15 und 16 bis Haltestelle Zoo. Am Zoo (ausgeschildert) gibt es das Zoo-Parkhaus, unter der Zoobrücke auch Parkplätze

Öffnungszeiten:
15. März bis 2. November, 10–18 Uhr sowie interessante Nacht- und Rundfahrten.

Preise: Erwachsene einfache Fahrt € 4,–
Hin- und Rückfahrt € 6,–
Kinder einfache Fahrt € 2,40
Hin- und Rückfahrt € 3,50
Gruppenermäßigungen ab 4 Personen.

Verpflegung: Picknick im Park, Gastronomie saisonabhängig im Park.

Aquazoo Düsseldorf

Fast wie selbst tauchen! Der Aquazoo liegt im Düsseldorfer Nordpark unweit der Messe, ist also leicht zu finden und bietet auch nach dem Besuch vielfältige Freizeitmöglichkeiten. Gezeigt werden Fische jeglicher Art, von kleinen Tropenbewohnern bis zu den etwas größer geratenen Haien. Man kann aber auch Robben bestaunen, die an Land zwar unbeweglich und träge sind, unter Wasser aber eine erstaunliche Eleganz entfalten und geradezu dahinschweben. Kinder haben besonderen Spaß, wenn sich Pinguine in Slapstick-Manier in die Becken stürzen. Viel Platz wird auch den Bewohnern des Insektariums eingeräumt, ebenso den Reptilien. Dazu gibt es noch weiterführende naturwissenschaftliche Ausstellungen.

Insgesamt kann man schon einige Stunden für den Rundgang einplanen, mit einem Spielaufenthalt im Park ist ein Nachmittag perfekt verplant! Fischefans können übrigens auch ihren Geburtstag hier im Aquazoo feiern.

Wichtig!

Adresse:
Aquazoo
Kaiserswerther Straße 380
40200 Düsseldorf
Tel. 0211/8996150, Fax 0211/8994493
www.duesseldorf.de/aquazoo

Anfahrt: Der Zoo liegt im Nordpark nahe der Messe, es sind Parkplätze vorhanden. Öffentliche Verkehrsverbindungen ab Hauptbahnhof mit den Linien U 78 und U 79.

Öffnungszeiten: ganzjährig, täglich 10–18 Uhr, geschlossen nur am: 1.1., Rosenmontag, 1.5., 24., 25. und 31.12.

Eintritt: Erwachsene: € 6,–
Kinder und Jugendliche vom 6. bis zum 18. vollendeten Lebensjahr sowie in Gruppen ab 10 Personen: € 4,–, Familien € 12,– für 2 Erwachsene und alle eigenen Kinder unter 18 Jahren

Verpflegung: Cafés und Restaurants wenige Minuten entfernt

Info zum Kindergeburtstag:
Tel. 0211/8996157

Das Siebengebirge

Sieben Riesen reinigten nach getaner Arbeit am Abend ihre sieben Spaten, und so entstand das Siebengebirge. Diese alte Sage enthält eine grobe Fehleinschätzung, denn die „Hausberge" der Stadt Bonn zählen nicht nur sieben, sondern insgesamt weit über 30 Hügel. Dreißiggebirge wäre aber wirklich ein zu blöder Name, und so beließen die Altvorderen es beim „Siebengebirge". Während man auf den Wanderwegen in Deutschlands ältestem Naturschutzgebiet normalerweise kaum eine Menschenseele erblickt, darf sich der Drachenfels „Europas meistbestiegener Berg" nennen. Hier nimmt man die Zahnradbahn oder auch einen Esel.

monte mare Rurwelle Kreuzau

Erholen, Entspannen, die Seele baumeln und sich verwöhnen lassen! Im monte mare Saunaparadies in Kreuzau genießen Sie Urlaubsgefühle an über 360 Tagen im Jahr. 6 Themen-Saunen mit unterschiedlichen Temperaturen und Luftfeuchtigkeiten sowie Ruhezonen, Wärmeliegen, Whirlpools und eine schöne Außenanlage garantieren unvergessliche Stunden. Die vielfältigen Wellnessanwendungen spenden neue Kraft.

Wichtig!

Adresse und Anfahrt:
monte mare Rurwelle Kreuzau
Windener Weg 7, 52372 Kreuzau
Tel. 02422/94260
Kreuzau@monte-mare.de
www.monte-mare.de

Öffnungszeiten: Mo.–Do. 10–22 Uhr, Fr. 10–23 Uhr, Sa. 9–23 Uhr, So. u. Feiertage 9–22 Uhr. Frühschwimmen Mo.–Fr. 6.30–8 Uhr. Mo. Damensauna 10–22 Uhr (an Feiertagen nur gemischte Sauna).

Eintritt: Sauna: Tageskarte Erw. € 15,50
Jugendl. (bis 16 J.) € 12,50
4 Std. Erw. € 14,50, Jugendl. (bis 16 J.) € 11,50
3 Std. Erw. € 13,50, Jugendl. (bis 16 J.) € 10,50
Freizeitbad: Kinder bis 4 Jahre frei.
Tageskarte Erw. € 8,–, Jugendl. (bis 16 J.) € 6,–
4 Std. Erw. € 7,–, Jugendl. (bis 16 J.) € 5,–
3 Std. Erw. € 6,–, Jugendl. (bis 16 J.) € 4,–
1,5 Std. Erw. € 4,–, Jugendl. (bis 16 J.) € 2,–
Familienkarte (1. Erw./2 Kinder) € 14,–
Familienkarte (2. Erw./2 Kinder) € 20,–
jedes weitere Kind € 3,–

monte mare Rheinbach

Willkommen in der fantastischen Welt von monte mare. Eingebunden in eine großzügige Architektur, eröffnet sich in Rheinbach eine Vielfalt an Attraktionen rund um „Wasser, Wärme, Wellness".

In der „Oase der Sinne", im Innen- und im Außenbereich warten insgesamt 11 verschiedene Saunen, Dampf- und Schwitzbäder darauf, entdeckt zu werden. Großzügige Ruhe- und Schlafräume, das monte mare Wellness-Haus, Whirlpools und ein Mentalruheraum lassen einen Besuch im monte mare zu einem unvergleichlichen Erlebnis werden.

Das Wellnessangebot mit Ayurveda, Bäderpackungen und Badezeremonien rundet einen erholsamen „Urlaubstag" im monte mare ab. Hier finden Sie ein Wellness-, Gastronomie- und Service-Angebot, das allen Wünschen gerecht wird.

Saunalandschaft: Niedertemperatursauna, Mentalsauna, Schlammbad, Aromazisterne, Laconium, Kräuterbad, Dampfbad, Finnische Aufguss-Sauna, Trockensauna, Erdsauna (außen), Teichsauna (außen), Erlebnisduschen, Single-Badewannen, Kneipp-Strecke, Fußwärmbecken, großes Bewegungsbecken (innen und außen), Mentalruheraum mit Wasserbetten.

Wellness: Umfangreiches Angebot wie z. B. Ayurveda-Massagen, Bäderpackungen, Thalasso, Aroma-Wellness, zahlreiche SPA- und Tagesarrangements.

Wichtig!

Adresse und Anfahrt:
monte mare Rheinbach
Münstereifeler Str. 69, 53359 Rheinbach
Tel. 02226/9030-0, Fax 02226/9030-99
www.monte-mare.de

Öffnungszeiten:
Sauna- und Wellnessparadies: Mo.–So. ab 10 Uhr. Mo.–Do. bis 23 Uhr. Fr. und Sa. bis 24 Uhr. Sonntags bis 21 Uhr.
Sport- und Erlebnisbad: Mo.–So. ab 10 Uhr. Mo.–Fr. bis 21 Uhr, Sa.–So. und Feiertage bis 19 Uhr.
Freibad (Sommersaison): Mo.–So. 10–20 Uhr

Eintritt: Kinder bis 1 m frei.
Sauna- und Wellnessparadies:
4 Std. € 19,–, Tageskarte € 23,–, Feierabendtarif ab 19 Uhr € 17,–, Wochenend-/Feiertagszuschlag: € 2,– je Besucher.
Freizeitbad (inkl. Sportbad) 3 Std.: Jugendliche bis 17 Jahre € 6,–, Erwachsene € 8,–, Familienrabatt (ab 2 Erw. + 1 Jugendlicher) 25 % Ermäßigung auf 3-Std.-Karte (für Sport- und Freizeitbad). Wochenend- und Feiertagszuschlag: € 2,– je Besucher. Feierabendtarif/Werktags ab 18 Uhr: Erw. € 5,–, Jugendliche bis 17 Jahre € 4,–
Freibad: Jugendliche bis 17 Jahre € 2,50 Erwachsene € 3,50

Indoor-Tauchzentrum monte mare Rheinbach

Angenehme 28 Grad Celsius und über zwei Millionen Liter Wasser: Das Indoor-Tauchzentrum im Rheinbacher monte mare Freizeitbad lädt zum Abtauchen ein.

Mit einer Wasserfläche von über 10 x 20 Metern und einer Wassertiefe von 10 Metern ist es in seiner Art und in der Kombination mit einem Erlebnisbad sowie einer Saunaanlage einzigartig.

Die künstlich angelegte Riff- und Grottenlandschaft, ein versunkenes Boots-Wrack, sprudelnde Unterwasser-Vulkane oder ein betauchbares senkrechtes Röhrensystem machen das Ganze zu einem Tauch-Erlebnis der besonderen Art. Mit der Wassertemperatur von 28 °C und drei verschiedenen Trainingsebenen steht dem Tauchvergnügen nichts mehr im Weg. Bereits Kinder ab einem Alter von 8 Jahren können im Tauchclub allerlei Action und Abenteuer rund ums Wasser erleben. Wer noch nie getaucht ist und seine ersten Unterwasser-Erfahrungen sammeln will, für den ist ein „Schnuppertauchen" genau das Richtige. Durch das etwa zweistündige Programm führen speziell dafür ausgebildete Tauchlehrer.

Das Ausbildungsprogramm reicht von klassischen Einsteigerkursen über spezialisierte Trainings bis hin zur Ausbildung zum Profi. Zu Tauchern also, die sich für eine Karriere als professionelle(r) Tauchlehrer(in) entschieden haben. Neu: e-learning, weitere Infos unter www.monte-mare.de

Wichtig!

Adresse und Anfahrt:
monte mare Rheinbach
Münstereifeler Straße 69
53359 Rheinbach
Tel. 02226/9030-0, Fax 02226/9030-99
tauchen@monte-mare.de
www.monte-mare.de

Öffnungszeiten: Mo.–So. ab 10 Uhr. Mo.–Sa. bis 22 Uhr. Sonntags bis 21 Uhr.

Eintritt: Wochentags 4 Std. € 32,–
Tageskarte € 39,–
Wochenend- und Feiertagszuschlag: € 10,– je Besucher.
Alle Preise inklusive Sportbad, Freizeitbad, Sauna- und Wellnessparadies, Blei sowie Flasche und Non-Limit-Füllung.
Ausrüstungen können vor Ort geliehen werden. Für Taucher ist eine telefonische Anmeldung unter 02226/9030-11 oder per Mail an tauchen@monte-mare.de erforderlich.

monte mare Reichshof-Eckenhagen

Erholen, Entspannen, die Seele baumeln und sich verwöhnen lassen! Im monte mare Saunaparadies in Reichshof-Eckenhagen genießen Sie Urlaubs-Gefühle an über 360 Tagen im Jahr.

Die Welt um sich herum vergessen, die Zeit anhalten und Körper und Geist in Balance bringen – das ist perfekte Erholung auf höchstem Niveau. Saunieren im monte mare Reichshof-Eckenhagen bedeutet Gesundheitsförderung und Wellness-Erlebnis in einem. Das breite Angebot von nunmehr neun verschiedenen Saunen mit unterschiedlichen Temperaturen und Luftfeuchtigkeiten sowie Ruhezonen, Wärmeliegen und Whirlpools garantiert unvergessliche Stunden. Für das leibliche Wohl sorgt eine große Auswahl an Speisen und Getränken in der Erlebnisgastronomie, die das monte mare-Angebot abrundet. Hier erwartet Sie unter anderem …

Saunalandschaft: Polarsauna, Dampfbäder sowie eine Biosauna. Sibirisches Saunadorf mit Erdsauna – Banja-Sauna – Blockhaus-Sauna,„SaunaGarten Eden" mit Rosensauna und ein Hühnerfuß-Banja. Das große Bewegungsbecken (außen) und die terrassenförmig angelegte Liegewiese mit Sonnenfalle, mehrere Ruheräume, Whirlpools und das Kalttauchbecken runden das Wellness-Erlebnis ab. Montags ist Damensauna im separaten „SaunaGarten Eden" (Rosensauna und Hühnerfuß-Banja).

Wellness: Umfangreiches Angebot mit Ayurveda-Massagen und Tagesarrangements.

Wichtig!

Adresse und Anfahrt:
monte mare Reichshof
Hahnbucher Str. 21
51580 Reichshof-Eckenhagen
Tel. 02265/99740-0, Fax 02265/99740-40
www.monte-mare.de
reichshof@monte-mare.de

Öffnungszeiten:
Saunaparadies: tägl. ab 10 Uhr, Mo. bis Do. bis 23 Uhr, Fr. bis 24 Uhr, Sa. bis 23 Uhr und sonntags und feiertags bis 21 Uhr.
Freizeitbad: täglich, ab 10 Uhr, Mo.–Sa. bis 22 Uhr, So. bis 21 Uhr.

Eintritt: Saunaparadies (inkl. Freizeitbad):
4 Std. € 13,–
Tageskarte € 15,–
Mondschein-Tarif (Mo.–Do. ab 20 Uhr) € 9,–
Wochenend- und Feiertagszuschlag € 1,50.
Familienrabatt ab 2 Erw. und 1 Kind bis 17 Jahre 30 % auf Einzeltarife.
Freizeitbad: Kinder bis 1 m
Eintritt frei, 2 Std. Erwachsene € 5,–
Jugendliche bis 17 Jahre € 3,50
Tageskarte Erwachsene € 9,–
Jugendliche bis 17 Jahre € 7,–
Wochenend- und Feiertagszuschlag € 1,50.

Tropfsteinhöhle in Wiehl

Ausflug für Höhlenforscher! Phantastisch, was Baumeisterin Natur in der Tropfsteinhöhle Wiehl zustande gebracht hat. Während Jahrmillionen tropfte kalkhaltiges Wasser von der Höhlendecke herab und formte eine phantastische Welt stetig wachsender Gebilde. Die Preisfrage lautet: Was unterscheidet Stalaktiten und Stalagmiten voneinander? Im rechten Licht betrachtet, glitzern die aufstrebenden Türmchen und herabhängenden Zapfen in märchenhaften Farben – und so wird die Tropfsteinhöhle Wiehl zu einem unterirdischen Palast. Die Führungen in der Höhle dauern bis zu einer Dreiviertelstunde. Anschließend kann man das nahegelegene Tiergehege besuchen oder sich auf den ab Eingang der Höhle ausgeschilderten Waldlehrpfad begeben. Im nahegelegenen Freizeitpark kann man Minigolf oder Beachvolleyball spielen, außerdem stehen Grillplätze zur Verfügung.

Wichtig!

Adresse:
Tropfsteinhöhle
51674 Wiehl
Tel. 02262/7920
Information zur Höhle:
www.wiehl.de/touristeninfo/sehenswuerdigkeiten

Anfahrt: Wiehl liegt südlich von Gummersbach und der A 4, 5 Minuten von der Ausfahrt Gummersbach entfernt. Die Höhle ist ausgeschildert.

Saison: ganzjährig

Öffnungszeiten:
15. März–31. Oktober täglich von 9–17 Uhr und 1. November-14. März Sa. u. So. von 11–16 Uhr
Gruppen nach Vereinbarung

Eintritt: Erwachsene € 3,–
Kinder € 2,30
Gruppen ab 20 Personen/p.P. Erw. € 2,50
Gruppen/p.P Kind € 2,10

Verpflegung: Picknick, außerdem Waldhotel Hartmann in der Nähe, Restaurants im Ort, Grillen im Freizeitpark.

Drumherum: 1,8 km langer Rundweg/Waldlehrpfad/Wildgehege

Das Neanderthal Museum Mettmann

Menschheitsgeschichte! Im Neanderthal Museum wird nicht nur die Geschichte des Neanderthalers nähergebracht, sondern die gesamte

menschliche Evolution. Der Gang durch das Museum beginnt mit dem Einführungsraum, in dem die Geschichte des Neanderthalers präsentiert wird.
Für Kinder ab dem Schulalter wird verständlich gezeigt, dass es sich bei diesen steinzeitlichen Menschen, die Europa besiedelten, keinesfalls um primitive, affenähnliche Geschöpfe gehandelt hat. Neanderthalerfrauen, -männer und -kinder stehen den Besuchern in Lebensgröße gegenüber.
Außerdem bekommt man einen Überblick über die Entwicklung des Menschen von seinen Anfängen bis zur Gegenwart mit Ausblick auf die Zukunft. Interessierte können sich in jedem Raum an PC-Stationen in die einzelnen Themen vertiefen. In der Steinzeitwerkstatt des Museums werden besondere Veranstaltungen angeboten: Vorführungen, Mitmachaktionen, Erlebnisgeburtstage und Wochenendseminare. Vorherige Buchung ist erforderlich. Nach soviel beeindruckender Geschichte hat man sich den Besuch des Museumsshops und des Cafés, die sich im oberen Gebäudeteil befinden und den Blick auf das Düsseltal freigeben, verdient.
Seit dem 10. Juli 2002 steht der Fundort des Neanderthalers als archäologische Erinnerungslandschaft Besuchern offen.

Wichtig!

Adresse: Neanderthal Museum
Talstraße 300
40822 Mettmann
Tel. 02104/979797
Fax 02104/979796
www.neanderthal.de
museum@neanderthal.de
Anfahrt: Das Museum liegt zwischen Erkrath und Mettmann und ist auch über die Buslinien 741 und 743 und die Regiobahn 34 zu erreichen.
Saison/Öffnungszeiten: ganzjährig, Di.–So. 10–18 Uhr, montags geschlossen, Sonntagsführungen: Fixführungen um 14 Uhr. Anmeldungen für Führungen und Veranstaltungen in der Steinzeitwerkstatt unter: Tel. 02104/979715 oder E-Mail: fuehrungen@neanderthal.de
Eintritt: Preise variieren je nach Ausstellung. Familien: 20 % Ermäßigung.
Verpflegung: Cafeteria im Museum, Gastronomie im Neanderthal

Der Zoo Wuppertal

Der Wuppertaler Zoo zählt mit seiner baumreichen Parklandschaft zu den landschaftlich schönsten seiner Art. In großzügigen Freigehegen und modernen Tierhäusern leben etwa 4.500 Tiere in fast 450 Arten. Neben Affen, Elefanten und Raubtieren zählen die seltenen Okapis (Waldgiraffen), die kleinen Pudus (Zwerghirsche) und Europas einzige Baird's Tapire zu den zoologischen Höhepunkten. Pinguine, Eisbären und Tapire schwimmen und tauchen hinter Unterwasser-Beobachtungsscheiben. Wie in einem Dschungel fühlt man sich in der Freiflughalle der Kolibris und anderer tropischer Vögel. Den Afrikanischen Elefanten steht eine der größten und modernsten Anlagen Europas zur Verfügung, die Orang-Utans bewohnen eine neue, naturnah gestaltete und gitterlose Freianlage. 2007 wurden neue fantastische Freigehege für Tiger und die größte Löwenfreianlage in einem deutschen Zoo eröffnet. Seit Anfang 2009 kann man in einer Königspinguinanlage die Pinguine aus einem Acrylglastunnel heraus beim Schwimmen und Tauchen beobachten. Besonders spannend für die kleinen Besucher sind natürlich die täglichen Fütterungen der Seelöwen, Pinguine und Großkatzen sowie der große Spielplatz. Vor allem in den Sommermonaten und den Schulferien wird ein buntes Programm für Groß und Klein mit Konzerten, Führungen, Kinderfesten und vielen anderen Aktionen angeboten. Da der Park landschaftlich so schön angelegt ist, lohnt es sich, genügend Zeit einzuplanen.

Wichtig!

Adresse:
Zoo Wuppertal
Hubertusallee 30, 42117 Wuppertal
Tel. 0202/563-3600, www.zoo-wuppertal.de
kontakt@zoo-wuppertal.de
Anfahrt: über die A 46, Abfahrt Wuppertal-Sonnborn, in der Stadt ausgeschildert.
Saison/Öffnungszeiten: ganzjährig, tägl. 8.30–18 Uhr, im Winter bis 17 Uhr.
Eintritt: Erwachsene € 8,–
Kinder (4–16 Jahre) € 4,–
Schüler, Stud., Azubis € 7,–
Verpflegung: Picknick möglich, Restaurant-Cafeteria.
Drumherum: Der Zoobesuch kann mit einer Fahrt mit der Schwebebahn verbunden werden, denn der Haltepunkt Zoo/Stadion ist nur wenige Schritte entfernt.

Bergisches Freilichtmuseum Lindlar

Wie's früher war! Vor den Toren Lindlars, im Herzen des Bergischen Landes und etwa 30 km östlich von Köln befindet sich das ökologische Freilichtmuseum. Das ganze Jahr kann man hier nachempfinden, wie das Leben und Arbeiten für die bergische Landbevölkerung vor 100 bis 150 Jahren war. Träger ist der Landschaftsverband Rheinland (LVR). Im Mittelpunkt steht die bergische Kulturlandschaft, wie sie im 19. Jahrhundert ausgesehen hat. Auf 25 ha wird das Gelände nach historischem Vorbild bewirtschaftet. Alte Tierrassen und Feldfrüchte gehören ebenso zur Präsentation wie die traditionellen Bewirtschaftungsmethoden der Felder mit Pflug und Pferd. Das Museumsgelände wurde konsequent in den Zustand zwischen 1850 und 1900 zurückversetzt. Alte Wege wurden wieder angelegt, Gärten eingerichtet und Ackerparzellen wieder auf die Größe gebracht, die im 19. Jahrhundert üblich war. So hebt sich das Museumsgelände wie ein bunter Flickenteppich von seiner Umgebung ab. Durch die kleinteilige Parzellierung entstanden vielfältige Lebensräume für Tiere und Pflanzen, die im Bergischen Land einst heimisch waren.

Wichtig!

Adresse:
LVR-Freilichtmuseum Lindlar, Bergisches Freilichtmuseum für Ökologie und bäuerlich-handwerkliche Kultur
Schloss Heiligenhoven, 51789 Lindlar
Kulturinfo Rheinland Tel. 02234/9921-555,
Verwaltung Tel. 02266/9010-0
Fax 02266/9010-200
www.bergisches-freilichtmuseum.lvr.de
bergisches-freilichtmuseum@lvr.de

Anfahrt: von Kreuz Köln-Ost über die A 4 Ri. Olpe bis Ausfahrt Untereschbach, dann L 299 Ri. Lindlar, dort ausgeschildert.

Saison/Öffnungszeiten:
1. Mär.–31. Okt. Di.–So. 10–18 Uhr
1. Nov.–30. Dez. Di.–So. 10–16 Uhr
2. Jan.–28. Feb. Di.–So. 10–16 Uhr
Montags geschlossen. Heiligabend, 1. Weihnachtsfeiertag, Silvester und Neujahr geschlossen. An allen anderen Feiertagen (auch montags) geöffnet. Auch außerhalb der Öffnungszeiten ist ein Museumsbesuch für Gruppen möglich.
Tel. 02266/9010-0

Eintritt: Erwachsene € 4,50
ermäßigt/Kinder (ab 6 Jahren) € 2,50
Gruppen Erw. pro Person € 4,– (ab 10 Pers.)
Gruppen erm. pro Person € 1,50 (ab 10 Pers.)
Familienkarte € 9,–
Jahreskarte € 21,–

Verpflegung: Restaurant mit Biergarten im Museumsgelände, Picknickplätze vorhanden

Siegerland und Wittgensteiner Land

Wie Perlen einer Kette reihen sich kleine Fachwerkorte in den Tälern des Siegerlandes aneinander. Schwarze Balken, weiße Gefache und ein schiefergedecktes Dach sind typisch für den Baustil in diesem Landstrich. Nicht selten sieht man auf einer Fahrt durchs Wittgensteinische ein Plakat an der Wand des einzigen Bushäuschens im Dorf, auf dem ein „Backes" angekündigt wird. Gemeint ist das gemeinsame Backen im Dorfbackhaus, eine alte Tradition, die wiederbelebt wurde.

Der Stahlberger Erbstollen

Im Bauch der Erde! Der Stahlberger Erbstollen, auch „Tiefer Müsener Stollen" genannt, wurde in den Jahren 1740 bis 1780 ursprünglich als Wasserableitungsstollen gebaut und hatte eine Länge von 1.144,5 m. Ab 1833 wurde über diesen Stollen das Erz aus der Grube gefördert. Von der gesamten Länge sind heute 380 m zur Besichtigung freigegeben. Bei Stollenmeter 310 berührt der Stollen ein Grauwackenlager. Dieses Lager wurde teilweise abgebaut, die dort gewonnenen Steine wurden beim Bau der Hochöfen in Müsen und Umgebung als Gestellsteine (Sedimentgestein) verwendet. In diesem Abbau werden heute ein Firstenstoßbau um 1930 und ein Abbau aus dem 17. Jahrhundert dargestellt, nachdem zwischen 1976 und 1979 der Stahlberger Erbstollen von der Arbeitsgruppe Stahlbergstollen in unzähligen Feierabend- und Wochenendschichten aufgewältigt und neu hergerichtet worden war. Im Jahre 1979, bei der 900-Jahrfeier in Müsen, wurde der Stollen dann als Schaubergwerk eröffnet. Im Stahlbergmuseum sind Erzstufen, Gezähe, Karten und Grubenwagen ausgestellt.

Wichtig!

Adresse:
Schaubergwerk Stahlberger Stollen
Auf der Stollenhalde 4
57271 Hilchenbach-Müsen
Tel. 02733/60264
www.stahlbergmuseum.de

Anfahrt: Der Ort liegt zwischen Kreuztal und Hilchenbach an der B 508, das Bergwerk ist ausgeschildert.

Öffnungszeiten: jeden 2. So. im Monat von 14.30 bis 16.30 Uhr. Während der Sommerferien jeden Sonntag. Dez. bis März geschlossen.

Ansprechpartner für Museums- und Stollenführungen: Rolf Golze (Tel. 0170/4114260), für Schulklassen: Gerhard Klein (Tel. 02733/128340).

Verpflegung: Picknick vor dem Bergwerk, Gaststätten in der Nähe

maritimo Saunaparadies & WellnessResort Oer-Erkenschwick

Eingebunden in eine großzügige Architektur, eröffnet sich im maritimo eine Vielfalt an Attraktionen rund um Wasser, Wärme und Wellness.
Preisgekrönt als eine der besten Wellness-Adressen in Europa, bietet Ihnen das maritimo ein perfektes Ambiente für Ihren Urlaub zwischendurch. In einem

maritimem Ambiente warten 11 unterschiedliche Schwitzbäder – vom Soft-Dampfbad bis zur feurig heißen Aufguss-Sauna – darauf, vom Besucher entdeckt zu werden.
Großzügige Aufenthalts- und Ruhezonen, der terrassenförmig angelegte Außengarten, Solegrotten und Sprudelbäder sowie die exzellente Gastronomie ergänzen das Angebot und lassen einen Besuch im maritimo zu einem unvergleichlichen Erlebnis werden.
Saunalandschaft: Dampfbad, Strandsauna, Kajütensauna, Kräuterbad im Innenbereich werden von Banja, Panoramasauna, Stollensauna, Kelo-Sauna und Baumsauna im Außenbereich ergänzt. Solebecken mit Unterwassermusik (AquaSound), Erlebnisduschen, Cleopatrabad, Fußwärmbecken, großes Bewegungsbecken (innen und außen), Mentalruheraum und Salinen vermitteln Wohlbefinden rundum.

Wellness: Umfangreiches Angebot wie z. B. Hamam, Ayurveda-Massagen, Bäderpackungen, Thalasso, Aroma-Wellness, Cleopatrabad, Solegrotten mit Aqua-Sound, SPA- und Tagesarrangements.

Wichtig!

Adresse und Anfahrt:
maritimo Oer-Erkenschwick
Am Stimbergpark 80
45739 Oer-Erkenschwick
Tel. 02368/698-0, Fax 02368/698-199
kontakt@maritimo.info, www.maritimo.info
Öffnungszeiten:
Saunaparadies & WellnessResort: Täglich ab 9 Uhr, Mo.–Do. bis 23 Uhr. Fr./Sa. bis 24 Uhr u. So./feiertags bis 21 Uhr.
Sport- und Freizeitbad: Täglich 9–19 Uhr.
Freibad: siehe Sommersaison 2009
Eintritt: Saunaparadies & WellnessResort (inkl. Sport- und Freizeitbad):
4 Std. € 19,–, Tageskarte € 24,–
Wochenend-/Feiertagszuschlag € 2,–
Sport- und Freizeitbad:
Kinder bis 1 m frei.
Jugendl. bis 15 J. € 5,–, Erw. € 6,–
Familienrabatt ab 2 Erw. + 1 Kind 10 %
Wochenend-/Feiertagszuschlag € 2,–
Freibad: Jugendl. bis 15 J. € 2,50, Erw. € 4,–

monte mare Rengsdorf

Das monte mare Saunaparadies in Rengsdorf wartet mit vielen Highlights auf Sie! In einer der schönsten Saunalandschaften ist der terrassenartig angelegte Außengarten eine Besonderheit. Sowohl im Sommer als auch im Winter lädt er zum Frischluft-Tanken ein. Kurzum: Bei monte mare beginnt Ihr Urlaub vor der Haustür.

13 (!) Saunen mit unterschiedlichen Temperaturen und Luftfeuchtigkeiten, Ruhezonen, Wärmeliegen und der „Kurgarten" mit Saline – all dies garantiert unvergessliche Stunden im monte mare Rengsdorf.

Saunalandschaft: Panorama-Sauna mit stündlich wechselnden Aufgüssen, Kräutersauna, Dampfbad, Aromadampfbad, Caldarium, Sauerstoffsauna, Niedertemperatursauna und Mentalsauna mit Musikuntermalung. Saunen im Außenbereich: Arktic-Sauna, Kristallsauna, Pfahlsauna, Trockensauna, ergänzt von einer Salz- und Stollensauna. Gastronomie, Aufenthalts- und Ruhezonen, Whirlpools, Whirlwannen, Tauchbecken, Fußwärmbecken, Kräuterwanne, Wärme- und Massageliegen, Ruheraum mit Wasserbetten, Sole-Grotte mit Musik und Licht, Saline im Kurgarten sorgen für entspannte Fitness.

Wellness: Umfangreiches Angebot mit Ayurveda-Massagen und vielen Tages-Arrangements.

Wichtig!

Adresse und Anfahrt:
monte mare Rengsdorf
Monte-Mare-Weg 1
56579 Rengsdorf
Tel. 02634/1382
Fax 02634/9663-63
info@monte-mare.de
www.monte-mare.de

Öffnungszeiten:
Täglich ab 10 Uhr, Mo.–Do. bis 23 Uhr. Fr. bis 24 Uhr, Sa. bis 23 Uhr und sonntags bis 21 Uhr.

Eintritt: Tageskarte Erwachsene € 18,–
Jugendliche bis 17 Jahre € 16,50
Kinder bis 1 m € 10,50
Pärchen-Tarif (immer montags) € 33,–
Wochenend-/Feiertagszuschlag € 2,–

Nordrhein-Westfalen

Hessen 195–228

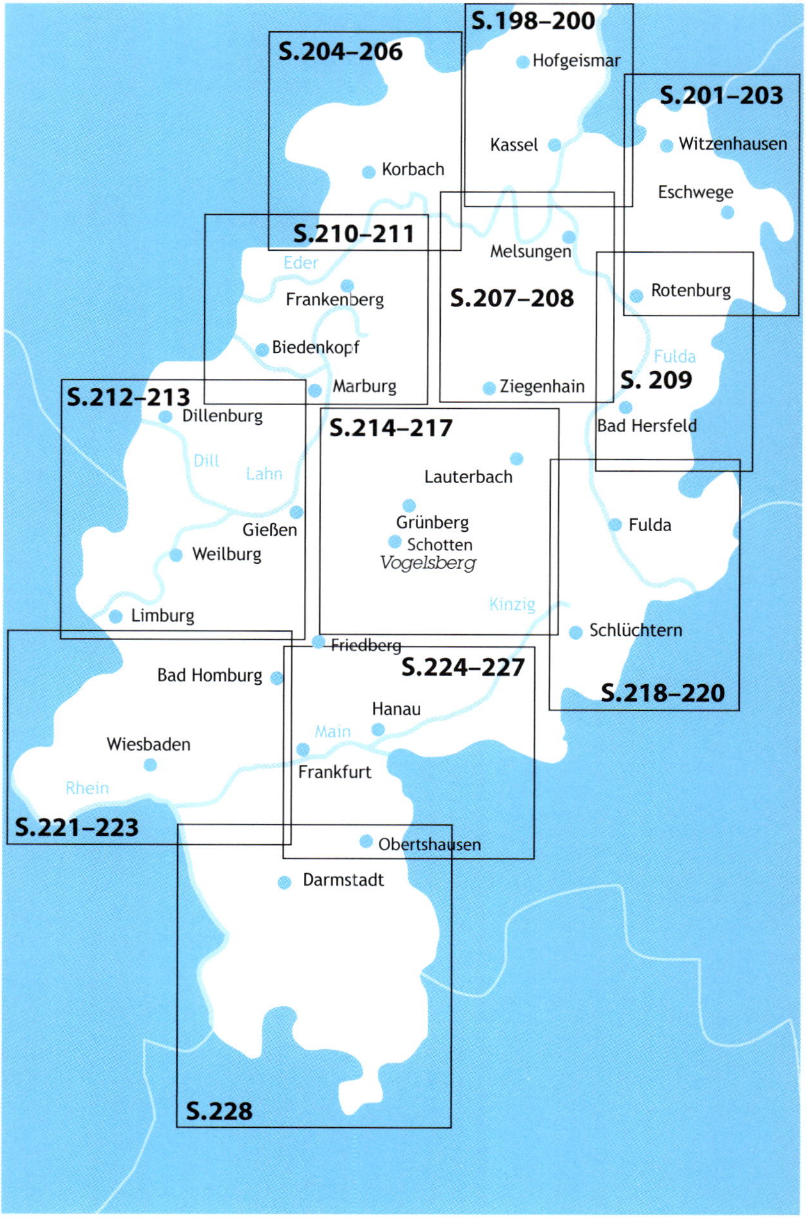
S.198–200
Hofgeismar
S.204–206
S.201–203
Kassel
Witzenhausen
Korbach
Eschwege
S.210–211
Melsungen
Eder
Frankenberg
S.207–208
Rotenburg
Biedenkopf
Fulda
Marburg
Ziegenhain
S. 209
S.212–213
Dillenburg
S.214–217
Bad Hersfeld
Dill
Lahn
Lauterbach
Gießen
Grünberg
Fulda
Schotten
Weilburg
Vogelsberg
Kinzig
Limburg
Schlüchtern
Friedberg
S.224–227
Bad Homburg
S.218–220
Hanau
Main
Wiesbaden
Frankfurt
Rhein
S.221–223
Obertshausen
Darmstadt
S.228

Im Märchenland der Brüder Grimm

Wer kennt es nicht, das Märchen von Dornröschen. Nur wenige wissen: Es gab das Schloss des hundertjährigen Schlafes wirklich! Als Vorbild diente den Brüdern Grimm die Sababurg unweit von Hofgeismar. Und tatsächlich wirkt das Land zwischen den Flüssen Weser, Diemel und Fulda auch heute noch märchenhaft und verzaubernd auf seine Besucher. Es gibt verwunschene kleine Täler mit klaren Bächen, langgezogene, majestätische Laubwälder und viele entzückende Dörfer, die zu besuchen sich lohnt.

Die Sababurg bei Hofgeismar

Burgromantik! Wer hier einschläft, der muss damit rechnen, dass er erst nach hundert Jahren wieder aufwacht! Die Burg diente den Brüdern Grimm schließlich als Vorbild ihres „Dornröschenschlosses". Heutzutage hat der Tierpark Sababurg die wichtige Aufgabe, bedrohte europäische Tierarten zu züchten und bereits ausgestorbenen Tierarten durch Rückzüchtung ein zweites Leben zu schenken. Man sieht prächtige Wisente, drei europäische Wildpferdarten und viele andere seltene Tiere. Kinder freuen sich über den Streichelzoo. Es gibt eine Kindereisenbahn und eine Fischotteranlage. Interessant zu beobachten sind die Fütterungen von Steinmardern, Pinguinen und Fischottern. Einmalig schön am Burgberg gelegen, ist die Greifvogelanlage. Von Mitte April bis 31. Oktober finden dreimal täglich (außer montags) Flugvorführungen statt. Die fast 30-minütige Flugschau beginnt jeweils um 11.30 Uhr, 14.00 Uhr und 16.15 Uhr.

Wichtig!

Adresse: Tierpark Sababurg
Tel. 05671/8001-2251, Fax 8001-2250
www.tierpark-sababurg.de
Anfahrt: über die B 83 in Richtung Trendelburg, gleich kurz hinter der Stadt rechts abbiegen auf die Straße nach Sababurg. Dann ausgeschildert.
Öffnungszeiten:
Januar bis Februar 10–16 Uhr
März 9–17 Uhr
April bis September 8–19 Uhr
Oktober 9–18 Uhr
November bis Dezember 10–16 Uhr
Eintritt von März bis Oktober:
Erwachsene € 5,–
Kinder (4–15 Jahre) € 3,–
Verpflegung: Das rustikale Restaurant „Zum Thiergarten" mit regionalen Spezialitäten
Drumherum: In unmittelbarer Nähe liegt der Urwald Sababurg

Museumszug Hessencourrier

Mit einer Dampflok und über 100 Jahre alten Personenwagen befährt der Hessencourrier von Januar bis Dezember die alte Bahnstrecke von Kassel nach Naumburg. Los geht's um 11 oder 12 Uhr. Die einfache Fahrt dauert 90 Minuten. Rückkehr in Kassel gegen 17:30 Uhr. Während der Fahrt wird im Buffetwagen für das leibliche Wohl gesorgt. Schaffner in historischen Uniformen sorgen für ein Reisegefühl wie zu Zeiten der Großeltern. In Naumburg laden der Kurpark mit Spielplatz, Eisenbahnmuseum, Schwimmbad und die gut erhaltene Fachwerkaltstadt zum Verweilen ein.

Wichtig!

Adresse: Hessencourrier e.V.
Bahnhof Kassel-Wilhelmshöhe Hessencourrier
Johanna-Waescher-Straße, 34131 Kassel
Tel. 0561/8075700
Anfahrt: Beste Verbindungen mit öffentlichen Verkehrsmitteln, da nur zehn Minuten Fußweg vom ICE- Bahnhof Kassel Wilhelmshöhe. Fahrtzeiten und Preise im Internet unter: www.hessencourrier.de
Verpflegung: Buffetwagen im Zug, Grillen, Picknick und Restaurants in Naumburg.

Die Kurhessen Therme in Kassel

Die 4 Elemente „Wasser, Luft, Feuer und Erde" standen Pate bei der Gestaltung der wunderschönen Anlage der Kurhessen Therme, die mitten im Kurbezirk von Bad Wilhelmshöhe liegt. 1.200 Quadratmeter Wasserlandschaft im Innen- und Außenbereich erwarten den Gast. Dazu zählen Thermalsolebecken, Bewegungstherapie, Whirlpools, Quellen, Wasserfälle und eine groß angelegte Kurabteilung. Wellnessbehandlungen, Fitness-, Entspannungs- und Sportmassagen sowie viele gesundheitsfördernde Kurse bieten ein Rundum-Gesundheitsprogramm, zu dem auch die vielseitige Saunawelt beiträgt.

Wichtig!

Adresse: Kurhessen Therme
Wilhelmshöher Allee 361, 34131 Kassel
Tel. 0561/318080
www.kurhessen-therme.de
info@kurhessen-therme.de
Anfahrt: mit der S-Bahn Linie 1 zu erreichen, für PKW-Anfahrt großräumig gut ausgeschildert.
Öffnungszeiten: tägl. 9–23 Uhr, Mi., Fr./Sa. bis 24 Uhr
Eintritt: Erw. 2 Std. € 15,–, 4 Std. € 20,–, Tageskarte € 27,–, Kinder bis 5 Jahre haben freien Eintritt, ab 6 Jahren ist für Kinder der volle Eintritt zu zahlen.
Verpflegung: Restaurants im Nass- und Trocken-Bereich, Picknick im nahen Schlosspark Wilhelmshöhe möglich.

Der Schlosspark Wilhelmshöhe

Stilepochen der Gartenkunst! Der Park ist 240 Hektar groß und bietet Gelegenheit, einen ganzen Tag sowohl auf den Spuren der hessischen Ge-

schichte als auch in der Geschichte der Gartenkunst zu wandeln. Das Oktogon mit der aus Kupfer getriebenen Herkulesstatue (erbaut 1701–1718), die dem Mittelalter nachempfundene Löwenburg (erbaut 1793–1798), das klassizistische Schloss (erbaut 1786–1798) und das Große Gewächshaus (erbaut 1822) sind nur einige Beispiele der Bau- und Gestaltungskunst aus der Geschichte der Kasseler Landgrafen. Die üppigen Wiesen, die seltenen Bäume, der schattenspendende Wald und die sich stets abwechselnden Wasserflächen lassen die verschiedenen Stilepochen der Gartenkunst beim Spazierengehen durch den Park hautnah erleben. Die Wasserkünste im Park Wilhelmshöhe sind eine einmalige Attraktion. Die verschiedenen Inszenierungen können mittwochs, sonn- und feiertags besichtigt werden. Die einzelnen Stationen: 14.30 Uhr Start (und Treffpunkt) Oktogon, 15.10 Uhr Teufelsbrücke, 15.20 Uhr Aquädukt, 15.30 Uhr Abschluss Große Fontäne.

Wichtig!

Adresse:
Museumslandschaft Hessen Kassel
Postfach 41 04 20
34066 Kassel
Tel. 0561/31680-123
Fax 0561/31680-111
www.museum-kassel.de
Info: über das Besucherzentrum, an dem historischen Stationsgebäude der Endhaltestelle der Straßenbahnlinie 1, Sommermonate: täglich von 9.30–17.30 Uhr, Wintermonate: täglich von 9.30–16.30 Uhr
Tel. 0561/3163721
E-Mail: besucherzentrum@museum-kassel.de
Anfahrt: Der Schlosspark-Wilhelmshöhe befindet sich am Ende der Wilhelmshöher Allee und ist von der Stadtmitte aus mit der Linie 1 bis Endstation zu erreichen. Für Autofahrer gut ausgeschilderte Parkplätze vorhanden.
Saison/Öffnungszeiten: Der Park ist frei zugänglich, die einzelnen Attraktionen sind aber nicht durchgehend geöffnet. Weitere Informationen unter www.museum-kassel.de
Eintritt: für den Park frei
Verpflegung: Museumsbistro, Schlosscafé und Kaskadenwirtschaft, Picknick ist im Park sehr gut möglich, Grillen jedoch verboten.
Drumherum: Die Kurhessen Therme liegt in unmittelbarer Nähe

Werra-Meißner-Land

Das Land um den Hohen Meißner, den „König der hessischen Berge", ist das Land der Frau Holle – so wollen es jedenfalls alte Sagen wissen. Der Feriengast erlebt hier eine heile Welt mit ausgedehnten Wäldern, bunten Wildgraswiesen und blühenden Kirschplantagen. Der Naturpark Meißner-Kaufunger Wald zieht Jahr um Jahr Wanderer und Radfahrer an, die die Stille und Einsamkeit dieser Landschaft zu schätzen wissen. Man würde sich kaum wundern, träfe man auf einem Spaziergang durch Wald und Wiesen die Brüder Grimm auf der Suche nach ihrem Schneewittchen.

Der Wildpark in Meißner-Germerode

Mit Waldwichtelhaus! Ein kleiner, aber interessanter Tierpark mit fast allen heimischen Wildarten, Vogelvolieren und zwei großen Fischteichen. Alles kann man in Ruhe abwandern. Die Wege im Park sind buggytauglich, auch das Damwild möchte unbedingt gestreichelt werden. Wenn das noch nicht reicht, geht es auf den großen Kinderspielplatz. Dort gibt es noch das „Waldwichtelhaus", das sich als Museum entpuppt und das Natur zum Sehen, Fühlen und Staunen ausstellt. Der Eintritt ist inklusive.

Wichtig!

Adresse:
Wildpark Germerode
37290 Meißner-Germerode
Tel. 05657/7591
www.wildpark-germerode.de
Anfahrt: Germerode liegt in der Nähe von Eschwege, zwischen den Bundesstraßen B 7 und B 27, dort ausgeschildert.
Saison/Öffnungszeiten:
April–Oktober Di.–So. 10–18 Uhr
Nov.–März Sa., So., Feiertage 10–17 Uhr
Eintritt: Erwachsene € 3,50
Kinder € 1,50
Familienkarte € 9,50
Verpflegung: Grillhütte und gemütliche „Wildparkstube".

Kanu-Fahrten auf der Werra

Wasser-Abenteuer! Die Werra ist der östliche Quellfluss der Weser. Sie entspringt im Thüringer Wald und ist einer der schönsten und abwechslungsreichsten Wanderflüsse im Mittelgebirge mit zahlreichen stillen Plätzen, Fachwerkstädtchen, Burgen und fast keiner Industrie. Flussgeschwindigkeiten und auch die verschiedenen Arten der Wehre machen den Fluss interessant für Kanufahrten. Mal muss umtragen werden, mal kann eine Schwallstrecke durchfahren werden, mal kann geschleust werden. Kanu-Touren auf der Werra versprechen viel Spaß und ein unvergessliches Erlebnis! Kanus werden tageweise verliehen. Man kann sich also entspannt auf den Wasserweg machen und fremde Ufer erforschen. Wo es gestattet ist, legt man an. Erfahrung mit Booten ist von Vorteil.

Es werden Rettungswesten für jedes Gewicht angeboten, für Kinder bereits auch unter 10 kg. Am günstigsten fährt, wer das Boot selbst abholt und wieder zurückbringt. Es werden aber auch komplette Touren mit Abholservice angeboten. Ebenso möglich sind Rücktouren mit Leihfahrrädern. Und wer nach einer schönen Kanutour nicht gleich wieder nach Hause fahren möchte, quartiert sich auf dem Campingplatz Werratal ein. Er liegt idyllisch direkt am Fluss und kann Basis für einen kurzen oder längeren Urlaub sein.

Wichtig!

Adresse:
Campingplatz Werratal
Familie Rudolph
Am Sande 11, 37213 Witzenhausen
Tel. 05542/1465, Fax 05542/72418
www.campingplatz-werratal.de
info@campingplatz-werratal.de

Anfahrt: Genaue Beschreibung siehe im Internet.

Touren-Saison: empfiehlt sich für Anfänger nur in den Sommermonaten

Kosten: je nach Boot und Transport. Beispiel Kanu bei Selbsttransport ab € 12,– pro Person. Mit Transfer von Organisator € 19,– pro Person.

Verpflegung: Es gibt einen kleinen SB-Laden. Entlang dem Ufer stößt man immer wieder auf Restaurants und Cafés, gepicknickt wird, wo man will.

Familien-Erlebnispark Ziegenhagen

Im Erlebnispark Ziegenhagen heißt das Motto: Die Familie soll miteinander spielen und Spaß haben und Vergangenes bewundern. Deshalb wird für jede Altersgruppe etwas geboten: Man kann sich im Irrgarten verlaufen, sich in der Gespensterburg gruseln, sich im Dornröschenschloss und dem Frau-Holle-Land verzaubern lassen, Tiere füttern oder im Wasserspringboot „Aquajet" abdüsen. Für die Eltern ist sicherlich die Oldtimer-Ausstellung interessant, die viele alte Autos und Motorräder präsentiert. Ebenso das Kunstgussmuseum mit den Ofenplatten und die volkskundlichen Sammlungen mit der Puppenausstellung. Der Museumsbereich macht unabhängig vom Wetter – es darf ruhig auch einmal ein paar Tropfen regnen. Im Gruselkeller stehen die Haare zu Berge, im Babyland dürfen die Kleinsten nach Lust und Laune spielen. Im Abenteuer-Simulator erlebt man Motorradrennen und Achterbahnfahren sowie ein Weltraumabenteuer. Über 35 Spiel- und Fahrattraktionen gibt es zum Mitmachen. Viele Blumen erfreuen die Seele. Ein besonderes Plus: Der Erlebnispark ist für Rollstuhlfahrer geeignet, es werden sogar Leih-Rollstühle und ein Karussell für Rollis angeboten.

Wichtig!

Adresse:
Erlebnispark Ziegenhagen
37217 Witzenhausen
Tel. 05545/246, Fax 05545/6372
www.erlebnispark-ziegenhagen.de
Anfahrt: Der Park liegt zwischen Kassel und Göttingen an der A 7, ca. 3 km von der Ausfahrt Nr. 75, Hann. Münden–Hedemünden.
Öffnungszeiten:
4. April bis 25. Oktober 2009 10–17 Uhr
1. Mai bis 31. August 2009 10–18 Uhr. Letzter Einlass 2 Std. vorher. Montags und freitags geschlossen, außer in den hessischen, niedersächsischen und thüringischen Ferien sowie an Brücken- und Ferientagen. Bei Dauerregen, Sturm, Eis und Schnee bleibt der Park geschlossen.
Eintritt: Besucher bis 90 cm frei
Körpergröße: 90–115 cm € 9,–
über 115 cm € 10,50
ab 60 Jahren € 8,–
ab 70 Jahren € 5,–
Verpflegung: SB-Gaststätte, Grillhütten zum Mieten, Picknick möglich

Das Waldecker Land/Ederbergland

Irgendwann im Mittelalter, als die Ritter und Räuber noch unterwegs waren, wurde hoch über dem Edertal eine Burg erbaut, die dem Land seinen Namen gab: Burg Waldeck. Heute thront dort das Schloss gleichen Namens, und zu seinen Füßen liegt der Edersee. Dominiert wird das Waldecker Land vom Grün der dichten Wälder, die das beliebte Feriengebiet zu einem guten Drittel bedecken. Hier ist der König des Waldes, der prächtige Rothirsch, noch zu Hause und mit ihm auch einige Tierarten, die anderswo längst selten geworden sind. Im Herbst schallt sein Brunftruf weit durchs Land, und das ist schön und schaurig zugleich.

Freizeitanlage Heloponte

Verwöhnte Wasserwelten! Freibad, Hallenbad, Saunalandschaft, Kegelbahn, Eisbahn, Aquagym, Sport, Events und mehr ... all das findet der Besucher in der Freizeitanlage Heloponte. Wassertemperaturen von 25 °C bis göttliche 32 °C lassen Stress und Hektik schnell vergessen. Wärmer ist es nur noch in der klassischen Sauna-Landschaft des Heloponte. Dort finden Sie Finnische und Kräuter-Sauna sowie Dampfbad und Kaltwasser-Anwendungen. Einmal auf der 85 m langen Riesenrutsche hinunter oder bei einem Beach-Volleyball-Match dabeisein ... jeder kommt hier auf seine Kosten. Im Helo-Fitness werden u.a. Kraft und Ausdauer an speziellen Übungsgeräten im Wasser trainiert. Aber auch Aerobic-Kurse sind hier voll im Trend. Von Pool-Party oder Eis-Disco „on skates", „Varieté" zu Wettkämpfen, alles ist hier möglich. Die großzügige Anlage mit über 6.000 qm Freigelände bietet genügend Platz und die besten Voraussetzungen für Veranstaltungen jeglicher Art. Und im Winter wird die Inlinebahn zur Eisbahn! Heloponte ist einfach mehr als ein Schwimmbad!

Wichtig!

Adresse: Freizeitanlage HELOPONTE Stresemannstraße 2, 34537 Bad Wildungen Tel. 05621/1600, Fax 05621/73237 www.heloponte.de, heloponte@t-online.de
Anfahrt: Der Kurort liegt zwischen Frankenberg und Fritzlar, hier schneiden sich die B 485 und die B 253
Öffnungszeiten: Verschiedene Öffnungszeiten für Hallenbad: Mo. 14–22 Uhr, Di., Mi., Do., So. 8–22 Uhr, Fr., Sa. 8–23 Uhr. Übersicht weiterer Öffnungszeiten für Sauna und Eisbahn im Internet.
Eintritt: Unterschiedlich je nach Bereich. Beispiele Hallenbad: 2 Std. Erw. € 2,50, Kinder (3–15 J.) € 1,50, 4 Std. Erw. € 4,50 Kinder (3–15 J.) 4 Std. € 2,50
Verpflegung: Gastronomie im Bad

Wild- und Freizeitpark Willingen

Der Wild- und Freizeitpark Willingen am Ettelsberg bietet im Sommer und Winter ein Erlebnis für die ganze Familie und ist garantiert immer eine Reise wert. Lassen Sie sich auf Ihrem Ausflug verzaubern und entdecken u. a. ein Wildgehege mit Schalenwild (Dam-, Rot-, Sikawild), exotischen Tieren (Berberaffen, Papageien) und Raubwild (Braunbären, Wildkatzen).

Eine Besonderheit eines jeden Besuchertages ist eine Greifvogelvorführung, die von fachkundigen Erläuterungen unseres Berufsfalkners begleitet wird. Er informiert über ökologische Bedeutung der verschiedenen Greifvögel, deren Jagd und Zucht. April–Oktober täglich außer Do. um 12.00, 14.15 und 16.15 Uhr. November–März täglich außer Do. um 13.00 Uhr.

Farbenfroh, spaßig und zugleich lehrreich präsentiert sich das neue Informationsprogramm (außer Freitag) im Papageiendschungel. Amazonen, Edelpapageien, Kakadus und viele weitere farbenreiche Exoten überraschen Euch mit ihrer Lernfähigkeit und kleineren Kunststücken. April–Oktober täglich außer Fr. um 11.15, 13.15, 15.15 Uhr. November–Februar täglich außer Fr. um 12.00, 15.00 Uhr.

Auf der Streichelwiese kann man eine Vielzahl von Tieren hautnah erleben, und bei einem Rundgang auf dem Waldlehrpfad informieren zahlreiche Lehrtafeln über die Vielfalt und den Artenreichtum des Waldes. Im Jagdmuseum kann die Unterwasserwelt von einheimischen Fischen in zwei Großaquarien beobachtet werden.

Das Dinoland, der Märchen- und Wichtelwald, Fahr- und Freizeitgeräte sowie ein alljährlich wechselndes Programmangebot sind nur einige der vielen Sensationen, die Euch im Wild- und Freizeitpark Willingen am Ettelsberg erwarten.

Wichtig!

Adresse:
Wild- und Freizeitpark Willingen
Am Ettelsberg 2, 34508 Willingen
Tel. 05632/69198, Fax 05632/69062
www.wildpark-willingen.de
info@wildpark-willingen.de

Anfahrt: an der B 252 zwischen Brilon und Korbach. Im Ort ist der Park ausgeschildert.

Saison: ganzjährig

Öffnungszeiten: April–Oktober von 9–18 Uhr, November–März von 10–16 Uhr

Eintritt: Erw. € 9,– (November–März € 7,50)
Kinder 4–14 J. € 6,–, (November–März € 5,–)
Jahreskarte Erw. € 36,–, Kinder € 22,–
Ermäßigte Eintrittspreise für Rentner, Schwerbehinderte, Schüler, Studenten und Gruppen ab 15 Personen.

Verpflegung: Imbiss und Snacks im Pack, Gaststätte 100 Meter entfernt, Picknick möglich

Drumherum: Fahrten mit dem Sessellift auf den Ettelsberg möglich.

Mit dem Schiff auf dem Edersee

See- und Bergwelt! Was für ein schöner See: Wie eine lange Schlange windet sich der Edersee durch die Berglandschaft, die ihn umgibt. Oft reicht der Wald bis dicht ans Ufer, hier plätschert ein klarer Bach in eine stille Bucht, dort stehen regungslose Graureiher und warten auf ihre Mahlzeit. Das alles sieht man am schönsten vom Wasser aus. Die Fahrgastschiffe „Stern von Waldeck" und „Edersee-Star" sind zwei schmucke neue Kreuzer. Spannend sind die Ablegemanöver – vielleicht lässt sich der Kapitän ja über die Schulter schauen. Wenn der Wasserstand der Talsperre niedrig ist, gibt

der See alte Ruinen frei, denn für den Bau wurden damals vor rund hundert Jahren zahlreiche Dörfer aufgegeben und versanken. Es gibt Rundfahrten ab 1 Stunde Dauer, die von unterschiedlichen Punkten ablegen.

Wichtig!

Adresse:
Personenschiffahrt Edersee
Ederseerandstraße 8 b
34513 Waldeck-West
Tel. 05623/5415
Fax 05623/5149
www.personenschiffahrt-edersee.de
personenschiffahrt-edersee@t-online.de

Saison: Hauptsaison vom Anfang Mai bis Ende August. Nebensaison von Ende August bis Anfang Oktober. In der Haupt- und Nebensaison finden täglich Rundfahrten nach Fahrplan statt. In der Vor- und Nachsaison (ab Anfang April bis Ende April und Anfang Oktober bis Ende Oktober) wird an Samstagen, Sonntagen und Feiertagen nach Fahrplan gefahren. In der Vor- und Nachsaison wird in der Woche nach Bedarf, Anmeldungen und Wetterlage gefahren. Lassen Sie sich einen detaillierten Fahrplan zusenden.

Eintritt: einfache Fahrt Erwachsene ab € 4,– Kinder (4–14 Jahre) ab € 2,50

Verpflegung: Günstige Gastronomie an Bord, im Bereich der meisten Anlegestellen gibt es Imbisse oder Kioske.

Drumherum: Das Schloss Waldeck kann besichtigt werden. Auf dem gegenüberliegenden Ufer liegt der Wildpark Hemfurth. Imposant sind die riesige Staumauer des Sees und die Kaverne des Kraftwerkes.

Kurhessisches Bergland

Von hier kommen die „Rotkäppchen" – so heißen die Trachten, die in der Schwalm, dem südöstlichen Teil des Kurhessischen Berglandes, getragen werden. Zum großen Gebiet des Berglandes zählen der Knüllwald, der Habichtswald und der Kellerwald – man sieht das Land vor lauter Bäumen nicht! Schon vor Tausenden von Jahren siedelten hier Jäger der Eiszeit; der heilige Bonifatius (der „Apostel der Deutschen") hatte es später sehr schwer, die heidnischen Germanen zu bekehren. Er griff kurzerhand zur Axt und fällte deren Heiligtum, die Donareiche bei Geismar nahe Fritzlar. Das imponierte den Heiden, und fortan hatte man es in der Gegend mit friedlichen, gottesfürchtigen Christen zu tun.

Das Naturzentrum Wildpark Knüll

Hier darf ausgiebig gestreichelt werden! Schafe, Esel, Ziegen und Minipferde bevölkern den Streichelzoo des schönen Tierparks. Rot-, Dam- und Sikawild sowie Muffelwild können freilaufend beobachtet werden. In einer großen Gemeinschaftsanlage leben Braunbären und Wölfe in einer „Wohngemeinschaft". Zu den gefährdeten oder in Deutschland ausgestorbenen Arten, die im Tierpark gezeigt werden, gehören zum Beispiel Luchs, Uhu und Wisent. Es gibt auch einen Spielplatz. Im Naturzentrum kann man sich über die Natur- und Kulturlandschaft der Region und über weitere Themen informieren. Auf der großzügigen Anlage und großen Gehegen kann man Natur hautnah erleben.

Wichtig!

Adresse:
Naturzentrum Wildpark Knüll
Im Seckenhain 10
34576 Homberg (Efze)-Allmuthshausen
Tel. 05681/2815, Fax 05681/921092
Internet: www.wildpark-knuell.de
wildpark-knuell@t-online.de
Anfahrt: über die A 7 Abfahrt Homberg (Efze) und Knüllwald–Remsfeld sowie über die B 254 über Homberg (Efze)-Lützelwig.
Saison/Öffnungszeiten: 1.04.–31.10 täglich 9–19 Uhr, 01.11.–31.01. Sa. und So. von 10 Uhr bis Einbruch der Dunkelheit.
Eintritt: Kinder ab 3 Jahren € 1,50 Erwachsene € 4,–, Familienkarte € 9,50
Verpflegung: Restauration und Kiosk im Park, Picknick möglich.

Hessisches Braunkohle Bergbaumuseum

Besucherstollen und Bergbaugeschichte: Auf Ihrem „Ausflug Untertage" führt Sie das Besucherbergwerk „vor Ort" mitten in die Arbeitswelt der Bergleute. Unterirdische Stollen, bergmännisches Gerät, Kumpelfänger und ein Kindererlebnisstollen – all das lässt sich Untertage erleben. Originale Bergbaugeräte werden Ihnen „in Arbeit" vorgeführt.
Im Themenpark „Kohle & Energie" veranschaulichen rasselnde Schaufelrad- und Eimerkettenbagger, dröhnende Turbinen und rauchende Kraftwerkskessel die raumgreifenden Prozesse des übertägigen Kohleabbaus und bringen Sie in Tuchfühlung mit der Lebens- und Arbeitswelt der Kumpel und Kraftwerker.
Für sechs- bis zwölfjährige Kinder gibt es besonders gestaltete Spiel- und Experimentierbereiche. Das Naturschutzinformationszentrum „Borkener See" und ein 32 km langer Braunkohle-Rundweg widmen sich dem Landschaftswandel.

Wichtig!

Adresse:
Hessisches Braunkohle Bergbaumuseum
Am Rathaus 7
34582 Borken
Besucherservice Tel. 05682/808271
www.braunkohle-bergbaumuseum.de
Internet für Kinder: www.kohlekids.de
Anfahrt: A 49, Autobahnabfahrt Borken. Borken liegt rund 35 Kilometer südlich von Kassel. Die Museumsbereiche sind innerörtlich gut ausgeschildert.
Öffnungszeiten: Besucherstollen ganzjährig geöffnet von Di.–So. 14–17 Uhr
Themenpark „Kohle & Energie" und Naturschutzinformationszentrum Saison vom ersten Sonntag vor Ostern bis 31. Oktober Di.–So. 14–17 Uhr
Eintritt: Besucherstollen:
Erwachsene € 2,50
Kinder (7–12 Jahre) € 0,80
Familienkarte € 4,50
Themenpark „Kohle & Energie":
Erwachsene € 3,50
Kinder (7–12 Jahre) € 1,25
Familienkarte € 7,–
Verpflegung: Museumscafé „Kohldampf"
Drumherum: Borkener Seeland, Braunkohlerundweg, Gedenkstätte Stolzenbach.

Waldhessen

Die Bürger Bad Hersfelds im Herzen Waldhessens sind bekannt als die „Mückenstürmer". Eines Tages nämlich entdeckten sie eine dunkle Wolke, die den Kirchturm verhüllte. Sofort rief man die Feuerwehr, um den vermeintlichen Brand zu löschen. Oben angelangt, mussten die wackeren Wehrmänner feststellen, dass ein mächtiger Mückenschwarm sie genarrt hatte. Der Reichtum dieser Region besteht in ihren Wäldern. Die vielgestaltige Mittelgebirgslandschaft lädt zum Wandern ein, auf den zahllosen Bergen und Hügeln dürfen Burgen und Schlösser bestaunt werden. Waldhessen ist vor allem für seine archäologischen Besonderheiten bekannt. So auch für die Hammundeseiche oder besser gesagt „Das verschwundene Dorf" ganz in der Nähe von Friedewald. Interessant auch die Burg Herzberg, die größte Höhenburg Hessens. Wer im Herbst durch die Region Waldhessen reist, sollte sich Deutschlands ältestes Heimatfest - das Lullusfest – nicht entgehen lassen. Das Lullusfest ist eines der ältesten Volksfeste in Deutschland. Es wird auf dem zwei Hektar großen Marktplatz in der Innenstadt von Bad Hersfeld gefeiert. Es findet jedes Jahr in der Woche des 16. Oktober statt. Und zum Lullusfest gehört auch das Lullusfeuer. Es brennt während der gesamten Festtage. Ununterbrochen! Bewacht wird es von einem Feuermeister, der den Besuchern gerne den Brauch rund um dieses Feuer erklärt, z. B. auch, warum jeder Besucher unbedingt Kastanien ins Feuer werfen sollte. Seinen Namen hat das Fest von Erzbischof Lullus von Mainz, der um das Jahr 769 das Benediktinerkloster in Bad Hersfeld gründete.

Sehr gut ausgebaute und betreute

touristische Infrastrukturen findet man beispielsweise in den Regionen Bad Hersfeld, Kirchheim, Rotenburg an der Fulda, Heringen/Werra, die auch eigene Internetpräsenzen haben. Wer nach direkten Urlaubs- und Freizeitangeboten Ausschau hält, kann sich zunächst einmal auf den Internetseiten der „Erlebnisregion Mittleres Fuldatal" sowie dem „Rotkäppchenland", der Stadt „Bad Hersfeld" oder „Nordhessen" (siehe Wichtig-Kasten) orientieren.

Wichtig!

Adresse: Tourist Information Bad Hersfeld
Am Markt 1, 36251 Bad Hersfeld
Tel. 06621/201274, Fax 06621/201244
E-Mail: touristikinfo@bad-hersfeld.de
Internetseiten:
www.tourist-hef.de
www.bad-hersfeld.de
www.nordhessen.de
www.waldhessen.de
www.mittleres-fuldatal.de
www.rotkaeppchenland.de

Marburger Land

Als der Maler Otto Ubbelohde damals im Luftkurort Wetter ausspannte, ließ er sich zu seinen berühmten Illustrationen der Grimmschen Märchen inspirieren. In Marburg, der alten Universitätsstadt, stritten sich Martin Luther und Huldrych Zwingli. Von hier stammt auch die Legende von der heiligen Elisabeth, einer der berühmtesten Frauengestalten des Mittelalters, die ihr Leben den Armen und Kranken widmete. Sie starb 24-jährig im Jahr 1231, ihr zu Ehren wurde vier Jahre später der Bau der Elisabethenkirche begonnen, die heute jedes Jahr Tausende von Besuchern anzieht.

Wildgehege Dautphetal-Hommertshausen

Dieser kleine private Tierpark ist immer frei zugänglich und bietet die Möglichkeit, einige Waldtierarten bei einem kleinen Spaziergang zu sehen. Der jetzige Besitzer hat das Anwesen von seinem Vater übernommen und hält dort Rotwild, Damwild, Hängebauchschweine und Ziegen. Insgesamt etwa 25 Tiere und vier Arten. Eine „Streichelabteilung" wird nicht angeboten. Es gibt einen kleinen Rundweg mit Bänken, in der Nähe eine Gaststätte und zwei Spielplätze. Einen Sonntag Nachmittag kann man hier leicht verbringen.

Wichtig!

Adresse:
Wildgehege
35232 Dautphetal-Hommertshausen
Tel. 06466/91380

Anfahrt: Dautphe liegt 7 km südlich von Biedenkopf, von dort fährt man über Silberg weitere 6 km. Im Ortsteil Hommertshausen ist das amerikanische Camp ausgeschildert, direkt darunter liegt das Gehege.

Saison/Öffnungszeiten: Das Gehege ist jederzeit zugänglich.

Eintritt: frei

Verpflegung: Picknick möglich, kein Kiosk oder Gastronomie. Nächste Gaststätte in Dautphe.

Freizeitzentrum Sackpfeife

Die Sackpfeife, Biedenkopfs Hausberg, ist mit 674 Metern die höchste Erhebung im Landkreis Marburg-Biedenkopf und einer der schönsten Aussichtspunkte. Für Fahrradfahrer und Mountainbiker sowie für Wanderfreunde ist die Sackpfeife ein beliebtes Ausflugsziel.

Von der Plattform des Aussichtsturms reicht der Rundblick über die Höhenzüge des Schiefergebirges, das Marburger Bergland und – an klaren Tage – sogar bis zum Taunus. Eine Attraktion ist die Superrutschbahn. Auf Gleitschlitten geht die Abfahrt 480 Meter in Kurven steil bergab, bergauf schwebt man bequem mit dem Sessellift. Die Berggaststätte auf dem Gipfel mit großer Freiterrasse liegt in unmittelbarer Nähe zum neu gestalteten Kinderspielplatz.

Wie fühlt sich Rindenmulch unter den Füßen an? Wie geht man auf Fichtennadeln? An den insgesamt 14 Stationen des Sinnespfads auf der Sackpfeife können große und kleine Besucher barfuß unterschiedliche Bodenbeläge – einschließlich eines Schlammbeckens – erfühlen und ertasten.

In einem kleinen Talkessel an der Talstation des Sessellifts öffnet im Sommer ein Indianerdorf mit Tipis, Feuerstelle und Bachlauf seine Pforten.

Hier können Kinder Bogen schießen, Gold waschen und viel über die Lebensweise von Indianern erfahren. Für Gruppen, Schulklassen und Kindergeburtstage gibt es Spezialangebote.

Im Winter ist die Sackpfeife ein beliebtes Wintersportgebiet. Skischule und gespurte Loipen, Skiabfahrt mit Flutlicht und Schlepplift und ruhige Winterwanderwege erwarten die Besucher und lassen Stress und Hektik vergessen.

Wichtig!

Adresse:
Freizeit, Erholung und Kultur
Eigenbetrieb der Stadt Biedenkopf
Freizeitzentrum Sackpfeife
Hainstraße 63
35216 Biedenkopf
Info-Tel. 06461/3778 oder
Tourist-Info Biedenkopf, Tel. 06461/95010
www.biedenkopf.de

Anfahrt: Biedenkopf liegt an den Bundesstraßen B 62 und B 253, zunächst Ri. Frankenberg, im Ort ausgeschildert.

Öffnungszeiten: in der Sommersaison Mo.–Fr. von 14–18 Uhr, Sa., So. und feiertags 11–18 Uhr.

Preise: Sommerrutschbahn: bitte erfragen unter Info-Tel. siehe oben.

Verpflegung: Picknick möglich, Berghütte mit Gastronomie

Lahn-Dill mit Weilburg/Limburg

Die schönen Flüsse Lahn und Dill geben dieser Region ihren Namen. Die herrliche Erholungslandschaft wird geprägt von vielen prächtigen Burgen und Schlössern, die von den Bergen aus Wacht halten oder sich zur Schau stellen. Hier würde man sich nicht wundern, wenn hinter der nächsten Talkehre ein Ritter in voller Rüstung erschienen.

Kneipp-Barfußpfad Bad Endbach

Hier sind die Füße König! Bei diesem Freizeitvergnügen rücken die Füße in den Mittelpunkt. Nicht selten staunt man, wie viel und wie sensibel Füße fühlen, tasten und spüren können.

Am Startpunkt des 550 m langen Pfades entledigt man sich zunächst einmal seiner Schuhe, die dann in langer Reihe auf die Rückkehr ihrer Besitzer warten. Mit befreiten Füßen geht es dann über Hängebrücken, durch ein Lehmbecken und anschließend durch den Bach Salzböde (zur Säuberung der Füße). Weiter führt der Pfad über verschiedene Beläge, z. B. Holz, Kiesel, Sand und Steinplatten. Von Juchzen, Kichern und Lachen begleitet, arbeitet man sich durch die „Anforderungen". Zwischendurch können sich die Fußsohlen immer wieder auf Wiesenboden erholen. Erfrischend und gleichzeitig eine Wohltat sind das Wassertreten im Kneipp-Becken und das abschließende Trockenlaufen auf der Wiese. Und wie ist das mit Ihnen? Wollten Sie nicht schon lange mal wieder durch Matsch waten?

Wichtig!

Adresse: Kurverwaltung, Herborner Str. 1
35080 Bad Endbach, Tel. 02776/801-16
www.barfusspark.info/parks/endbach.htm
gemeinde@bad-endbach.info
Anfahrt: von der A 45 in Höhe Herborn bzw. Dillenburg Richtung Bad Endbach. Der Kneipp-Barfußpfad befindet sich bei den Kuranlagen.
Saison/Öffnungszeiten: ganzjährig, je nach Wetterlage nutzbar.
Preise: frei zugänglich
Verpflegung: mehrere Restaurants und Cafés im Umfeld.
Drumherum: Ein Spaziergang im Kurpark könnte sich anschließen, auch ein Schwimmbad ist in der Nähe.

Der Vogelpark in Herborn-Uckersdorf

Am Ostrand des Westerwaldes liegt dieser sehenswerte Vogelpark, in dem über 100 heimische und exotische Tierarten, größtenteils Vögel, aus aller Welt zu Hause sind.

Die naturnahe Gartenanlage mit ihren teilweise begehbaren Gehegen, Volieren und Teichanlagen gilt als eine Perle unter den kleineren Tiergärten. Haben Sie schon mal ein Schwätzchen mit einem Papagei gehalten? Hier können Sie es, ebenso können Sie die zum Teil frei fliegenden Störche oder die farbenprächtigen Roten Ibisse beim Nestbau und bei der Aufzucht ihrer Jungen beobachten. Bewundern Sie Flamingos, elegante Kraniche oder die seltenen Bali-Stare und lauschen Sie dem dumpfen Gurren der exotischen, fast putengroßen Krontauben. Der Vogelpark beteiligt sich an verschiedenen europäischen Erhaltungszuchtprogrammen. Besonders possierlich ist die muntere Gruppe der Lisztäffchen mit ihrer markanten Frisur. Sie sind die Lieblinge der Kinder. Dies gilt, nicht zuletzt seit Harry Potter, auch für die eindrucksvollen Bartkäuze, Schneeeulen und Uhus, die nur kniehohen Chinesischen Muntjakhirsche, die Parmakängurus oder die Zwergziegen, Kaninchen, Meerschweinchen und Mäuse des Streichelgeheges. Zudem beleben einheimische Kriechtiere – von der Europäischen Sumpfschildkröte bis zur übrigens völlig harmlosen Ringelnatter – das Naturerlebniszentrum. Hinzu kommen verschiedene Lurche, Fische und Insekten wie Bienen, Hornissen, Gespenstheuschrecken, Ameisen und Libellen. Zahlreiche naturkundliche Angebote, darunter die zweimal täglich um 11.30 und 15 Uhr angebotenen Führungen „Mit dem Tierpfleger unterwegs", vermitteln dem Besucher spannende Einblicke in das Netzwerk der Natur. Ein Kinderspielplatz und ein Gartencafé mit herrlichem Ausblick runden das familienfreundliche Angebot ab.

Wichtig!

Adresse:
Vogelpark Herborn GmbH, Im Beilsbach 16
35745 Herborn-Uckersdorf, Tel. 02772/42522
www.vogelpark-herborn.de
info@vogelpark-herborn.de

Anfahrt: 4 km nordwestl. von Herborn entfernt. Von der BAB A 45 Abfahrt Herborn-West, auf die B 255 Ri. Bad Marienberg. Nach 500 m ausgeschildert.

Saison/Öffnungszeiten: März bis November täglich von 9.30–19 Uhr.

Eintritt: Erw. ab 16 Jahre € 5,–, Kinder € 2,–
Ermäßigte (Studenten, Behinderte) € 4,–
Gruppenpreise (ab 15 Personen)
Erwachsene € 4,–, Kinder € 1,50

Verpflegung: Gartencafé mit Sonnenterrasse im Park geöffnet an den Wochenenden/Feiertagen, während der hessischen Schulferien auch täglich von 12.30–17.30 Uhr

Vogelsberg-Wetterau

Eigentlich ein ungemütliches Gefühl, ganz in der Nähe von Europas größtem Vulkan zu sein – doch keine Angst, der Vogelsberg hat schon seit sieben langen Jahrmillionen keine Lava mehr ausgespuckt. Dichte Wälder und weite Täler umgeben den markanten Kegel. Die Wetterau ist wegen ihres fruchtbaren Lößbodens berühmt, in der langgestreckten Senke finden sich zahlreiche, vom Mittelalter geprägte Städte und eine ganze Reihe von Kurorten.

Alligator-Action-Farm in Friedberg

Persönliches Alligator-Video! In den geheizten Hallen können Sie bei jeder Witterung ständig auf ca. 3.000 m² insgesamt 40 Alligatoren erleben, die sich in mehreren Becken mit ca. 2 Millionen Liter Wasser tummeln. Hinzu kommen noch Leguane, Vogelspinnen und Tigerpythons in verschiedenen Terrarien. Eine besondere Rarität ist das seltene Kuba-Krokodil. Das Highlight für Besucher mit Mut und ein Event für besonders Wagemutige: der sogenannte „Kopftrick" bei einem 3,5 m langen Alligatorbullen. Stecken Sie Ihren Kopf in den Rachen eines ausgewachsenen Alligatorbullens! Oder gehen Sie – mit einem Neoprenanzug bekleidet (wird gestellt) – zu den Alligatoren ins Becken. Oder lassen Sie sich eine ausgewachsene Python um den Hals hängen und fühlen Sie die Kraft und das Gewicht dieser faszinierenden Riesenschlangen. Auf Wunsch wird Ihr gesamter Besuch oder Teile davon (Kopftrick, Schwimmen mit Alligatoren, Tierfütterung usw.) auf Foto oder Video festgehalten! Andere Zeitgenossen machen Extremsport wie Rafting, Bungee-Springen, Fallschirmspringen und ähnliches – aber wer kann schon von sich behaupten, mit einer Alligatorengruppe geschwommen zu sein?

Wichtig!

Adresse: Alligator-Action-Farm
Usinger Str. 50, 61169 Friedberg-Ockstadt
Tel. 06031/687697
www.alligator-action-farm.de
info@alligator-action-farm.de
Anfahrt: Plan siehe Homepage
Saison/Öffnungszeiten: ganzjährig, täglich 11–18 Uhr, nur nach tel. Voranmeldung, damit die Besuchergruppen besser organisiert werden können.
Eintritt: Erwachsene € 12,–
Kinder (2–12 Jahre) € 7,–
Schwimmen mit Alligatoren mit Videoaufnahmen € 300,–.

Halligalli Family-Fun-Center Alsfeld

Spielen und Toben erwünscht! Das Halligalli Family-Fun-Center ist ein Paradies für Kinder. Es darf gespielt und getobt werden – eine bewusst ganzheitliche Philosophie setzt auf gleichgewichtige Reize für Körper und Geist. Auf dem Klettergerüst oder am Kletterturm können motorische Fähigkeiten entdeckt und entwickelt werden. Herrlich weich ist es auf dem Wabbelberg und viel Spaß gibt es garantiert im Snappy-Wal, auf den Trampolinen oder in der Hüpfburg. Hier kann man sich richtig austoben! Beim „Vier gewinnt" ist strategisches Denken und Kombinationsgabe gefragt. Auch gibt es eine Kinderbaustelle sowie einen Malcomputer, wo die Juniors kreativ ans Werk können. Ein spezielles Softplayareal bietet erste Anregungen für Krabbelkinder. Kleinere Kids haben Spaß mit den Elektrokarts, der Eisenbahn, den Bobbycars oder tauchen ins Bällebad ein. Die überwiegende Mehrheit der Geräte eignet sich jedoch für fast alle Altersgruppen. Kicker, Airhockey oder der kreative Klettertum bieten selbst Erwachsenen spannende Herausforderungen. Übrigens: Auch Kindergeburtstage (rechtzeitig buchen!) können hier gefeiert werden. Inmitten des Spielelands werden sie zum unvergesslichen Erlebnis. Neu ab Ostern 2008: Feiern für Erwachsene Tanzparties, Betriebs- und Familienfeiern können in der 60 Personen fassender Bar und bis zu 500 Personen in der Partyhall Platz finden.

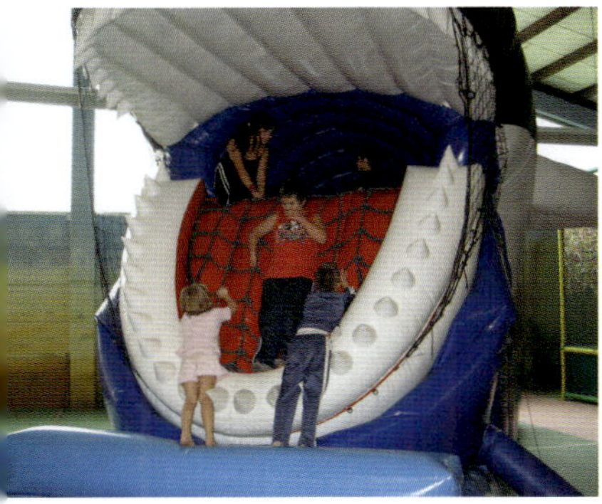

Wichtig!

Adresse:
Halligalli Alsfeld
An der Siechkirche 13
36304 Alsfeld
Tel. 06631/5335, Fax 06631/3035
www.halligalli-alsfeld.de
Öffnungszeiten: Di.-Fr. 14.30–19 Uhr
Sa., So. und in den Schulferien: 11–19 Uhr
Montags Ruhetag
Eintritt: Kinder € 5.90 (ab dem voll. 2. Lebensjahr), Erwachsene: € 2,90, Schwerbehinderte und Happy Hour (nach 18 Uhr): halber Eintrittspreis (Ausweis)
Gruppen: € 2,90 (mind. 15 Kinder/nur nach Voranmeldung)
Verpflegung: Gastronomietheke und Sitzbereich vom Eingangsbereich bis in die Spielhalle

Vogelpark Schotten

Lustiges Tierleben! Der Vogelpark Schotten gehört zu einem der beliebtesten Ausflugsziele der Region. Hier haben neben zahlreichen heimischen und exotischen Vögeln auch Tiere wie Kängurus, Affen, Erdmännchen u.v.m. ihr Zuhause gefunden. Im Außenbereich mit seinen rollstuhlgerechten Wegen kann man auch Lamas und Emus entdecken, die sich auf den saftigen Weiden im Vogelsberg „pudelwohl" fühlen. Im Streichelgehege können die Kinder hautnah Kontakt zu den Ziegen, Hasen und Meerschweinchen aufnehmen und die zutraulichen Tiere dabei füttern und streicheln. Bei einem Gang durch die tropisch angelegte Freiflughalle kann man zahlreiche Vogelarten ohne Gitter und Zäune beobachten und zusehen, wie die Luftakrobaten ihre Kreise ziehen. Wer gerne die Natürlichkeit wiederentdecken möchte, ist im Sinnespark genau richtig. Bei einem Gang über den Barfußpfad oder im Kräutergarten werden die Sinne aktiviert. Für reichlich Bewegungsspielraum sorgen ein Bolzplatz, eine Torwand, ein Basketballkorb und viel Rasen zum Toben und Springen. Die alljährlichen Events können auch in dieser Saison fest in den Terminkalender eingetragen werden. So haben die Kinder im Sommer beim Spielfest wieder mit vielen Aktionen ihren Spaß oder im Oktober, wenn zur Halloweenparty die Geister durch den Park ziehen und es richtig gruselig wird. Modellauto-Liebhaber kommen im September auch wieder auf ihre Kosten; von Slotcars über Sport- und Rennwagen bis hin zu Automobil-Klassikern können getauscht oder erworben werden. Für den Hunger zwischendurch können Sie sich im Café-Restaurant Vogelpark mit kalten und warmen Snacks oder hausgemachten Kuchen verwöhnen lassen. Oder kommen Sie zum Osterbrunch oder am 10.05. zum Muttertagsbrunch mit ausgiebigem Frühstücksbuffet und warmen Köstlichkeiten. Falls Sie an diesen Tagen keine Zeit haben, können Sie sich auch jeden Sonntag ab 10 Uhr bis 12 Uhr mit einem reichhaltigen Frühstücksbuffet verwöhnen lassen.

Wichtig!

Adresse und Anfahrt: Vogelpark Schotten
Vogelsbergstraße 212, 63679 Schotten
Tel. 06044/6009-144, Fax 06044/4394
www.vogelpark-schotten.de
info@vogelpark-schotten.de
Öffnungszeiten: 4. April bis 25. Oktober, täglich 10–18 Uhr, Einlass bis 17 Uhr
Eintritt:
Erwachsene (ab 16 Jahren) € 3,50
Kinder (ab 3 Jahren) € 2,–
Familientageskarte € 10,50
Verpflegung: Café-Restaurant, Grillen möglich nach Voranmeldung.

Märchenhaftes Schloss Braunfels

Zurück in die Ritterzeit! Vom mittelalterlichen Marktplatz geht es die Reitertreppen hoch zum Schloss, das durch ein mächtiges Portal hindurch betreten wird. Wer sich auf die spannende Erkundungstour durch das Märchenschloss begibt, erfährt viel Interessantes über das 750 Jahre alte Schloss, seine Geschichte und seine Bewohner. Die große Führung durch Rittersaal, Gemäldegalerie- und Gesellschaftsräume ist für die Besucher gedacht, die in einer knappen Stunde einen schönen Eindruck von den reichhaltigen Fürstlichen Sammlungen gewinnen wollen. Auch eine 1/2 stündige Turmführung wird angeboten. 142 Stufen geht's hinauf auf den Bergfried mit toller Aussicht bis weit in Taunus und Westerwald.

Kinder von 6–12 Jahren können übrigens im Bergfried, dem höchsten Turm des Schlosses, Kindergeburtstag feiern! Weitere Erlebnisprogramme mit Such- und Rollenspielen lassen Kinder mit ihren Eltern das Schloss und seine zahlreichen Ausstellungsstücke neu entdecken und verstehen. So können sie auch alles über die Geschichte erfahren, „wie die Prinzessin Luise den bösen Ritter Gustav besiegte".

Das „Familienmuseum" ist das ganze Jahr über durchgehend geöffnet und zeigt in 14 Räumen ausgesuchte Sammlerstücke der Familie, Waffen, Uniformen, Porzellane, Münzen und verschiedenste Historika dieses ehemals selbständigen Fürstentums. Nach dem Besuch im Schloss erreichen Sie in wenigen Minuten den Fürstlichen Tiergarten. Bei freiem Eintritt dürfen Kinder während der Wildfütterung zwischen 16 und 17 Uhr zuschauen und auch selber Mais an die Wildschweine verfüttern.

Wichtig!

Adresse:
Fürstliche Rentkammer
Belzgasse 1, 35619 Braunfels
Tel. 06442/5002 Fax 06442/5306
www.schloss-braunfels.de
info@schloss-braunfels.de

Öffnungszeiten: Gesellschaftsräume: Ab Ostern bis 31. Oktober. Führungen täglich ab 11 Uhr jeweils zur vollen Stunde. Vom 1. November bis Ostern an Wochenenden, Feiertagen und in den hess. Schulferien ab 11 Uhr, an den Werktagen flexibel nach Voranmeldung. Familenmuseum: täglich durchgehend von 8–19 Uhr

Verpflegung: Cafés u. Restaurants am Marktplatz und im Tierpark, Picknick möglich

Drumherum: Tierpark, Kurpark mit Spielplatz

Die Rhön mit Fulda

Die Rhön wartet mit einer ganzen Zahl markanter Erhebungen auf, und jede hat ihre Geschichte: So liegt einer Sage zufolge unter der Milseburg der mächtige Riese Mils begraben. Auf der 950 Meter hohen Wasserkuppe wurde die Segelfliegerei erfunden. Der Wallfahrtsort Kreuzberg, „Heiliger Berg der Franken", beherbergt knorrige Franziskanermönche, die das dunkle Kreuzbergbier brauen. Die Rhön ist eine der markantesten Vulkanlandschaften in unseren Breitengraden mit schattigen Wäldern und bizarren Hochmooren.

Der Wildpark Gersfeld

Selbst füttern erwünscht! Zu den sehenswerten Ausflugszielen in der Rhön zählt der Wildpark Gersfeld. Zu jeder Jahreszeit bereitet das Beobachten und das Füttern der zahlreichen Tiergattungen viel Freude. Besonders für die Kinder ist der Gang um die Gehege lustig, oftmals sogar richtig spannend. Für die Vierbeiner selbst ist der Wildpark ein wahres Paradies. Die großzügig angelegte Gatterfläche von ca. 50 ha bietet genügend Platz für die nötige Bewegungsfreiheit der Tiere. Über 150 Tiere bevölkern das weitläufige natürliche Revier.

Rot-, Dam-, Silka-, Reh-, Muffel- und Schwarzwild, Dybowskihirsche sowie Gemsen und Steinböcke können ohne Störung des Wildes aus nächster Nähe beobachtet werden. An eingerichteten Futterstellen besteht die Möglichkeit, das Wild mit Spezialfutter anzulocken. Dies erhalten die Besucher an der Kasse und an Automaten. In Kleingattern findet man Waschbären, Eichhörnchen, Kaninchen, Fasane, Rebhühner und einheimische Singvögel. Für Kinder gibt es einen Spielplatz und viele Streicheltiere.

Wichtig!

Adresse: Wildpark Gersfeld
36129 Gersfeld/Rhön
Tel. 06654/680 oder Tourist-Information Gersfeld, Tel. 06654/1780, Fax 1788
www.gersfeld.de/g_wildpark.html
E-Mail: tourist-info@gersfeld.de
Anfahrt: Gersfeld liegt an den Bundesstraßen 279 und 284 rund 30 km südlich von Fulda. Über die A 7 Frankfurt–Kassel, Abf. Fulda Süd/Eichenzell.
Öffnungszeiten: Wildpark täglich von 9–18 Uhr, im Winter 10–16 Uhr
Eintritt: bitte tel. erfragen
Verpflegung: Gaststätte, Grillhütte, Kiosk

Kinder-Akademie Fulda

Studieren macht Spaß! Wenn die Museumsleitung sagt, sie habe ein Herz für Kinder, dann ist das keine bloße Floskel, denn die Hauptattraktion im Dauerausstellungsbereich ist das europaweit einzigartige „Begehbare Herz". Bei den Führungen – einem Lehrprogramm für Besucher ab 8 Jahren – durchwandert man das Riesenherz als „rotes Blutkörperchen" und kann so den Motor des Lebens erforschen. Und so, wie Kinder sich mit Hand und Fuß biologisches Verständnis aneignen können, gibt es viele interaktive Objekte aus Naturwissenschaft und Technik, an denen spielerisch Zusammenhänge entdeckt werden können. Neben Projekten gibt es wechselnde Sonderausstellungen, Sommerakademien und Fortbildungen für Multiplikatoren. Letztere z. B. zu den Themen: Chemie im Vorschulalter, elektrischer Strom, Astronomie, Mathematik- Zahlenwerkstatt und weitere.

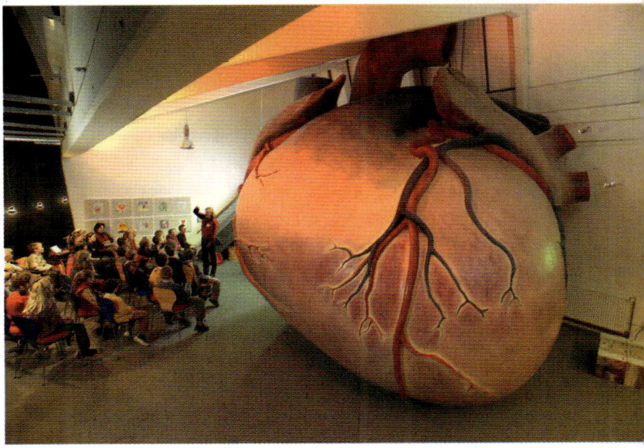

Wichtig!

Adresse: Kinder-Akademie Fulda
Mehlerstraße 4, 36043 Fulda
Tel. 0661/90273-0, www.kaf.de, info@kaf.de
Anfahrt: Der Fußweg ab Bahnhof zur Akademie beträgt rund 15 Minuten.
Saison/Öffnungszeiten: ganzjährig, Mo. bis Fr. 10–17.30 Uhr, So. 13–17.30 Uhr, Okt. bis April: auch samstags 13–17.30 Uhr. Sonderführungen für Vorschulkindergruppen, Patientengruppen und medizinisches Fachpersonal. Geeignet für Fortbildungsveranstaltungen.
Führungen durch das Herz Mo.–Fr. 16 Uhr, So 15 und 16 Uhr, (Sa. 15 und 16 Uhr nur Okt.–April)
Eintritt: Es gibt verschiedene Preisvarianten, einige Beispiele: Museumsbesuch: Einzelbesucher ab 3 Jahren pro Person € 3,–, Familien € 9,–, Museumsbesuch + „Herz" Einzelbesucher € 6,–, Familien € 18,–, Bei Sonderaustellungen ab 3 Jahren pro Person inkl. Museum € 4,–, Familien € 12, Austellungsbesuch inkl. Museum und „Herz" € 7,–, Familien € 21,–
Verpflegung: MuseumsKAFé, nach Anmeldung gibt's für Gruppen Mittagessen.

Ski- und Rodelarena Wasserkuppe

2 mal 700 m Sommerrodelbahn und der 1060 m lange Rhönbob bieten Spaß pur für Jung und Alt. Im 260 m langen Hexenbesen erlebt man Achterbahn-Feeling pur – lassen Sie sich überraschen. Für die kleinen Gäste ist der Märchenwiesenpark im Aufbau. Neben dem bereits vorhandenen Goldeselbagger sind weitere Anlagen wie Minikart, Höllenrutsche, Kletterturm, Nautic-Jet und einiges mehr geplant. Die Fertigstellung ist für den Saisonbeginn März 2009 vorgesehen.

Auch den Wintersportbegeisterten bietet die Wasserkuppe einiges: 5 Lifte, schneesichere Pisten, Schneekanonen, Flutlicht, Zauberteppich, Skikindergarten und den Wie-Li, der auch im Sommer für Rundfahrten genutzt wird.

Wer nach den rasanten Abfahrten Hunger verspürt, kann sich anschließend in der preiswerten Märchenwiesenhütte mit leckeren Speisen verwöhnen lassen.

Wichtig!

Adresse: Ski- und Rodelarena Wasserkuppe
36129 Gersfeld
Tel. 06654/632 oder 06651/9800
www.ski-und-rodelarena-wasserkuppe.de
info@wiegandslide.de

Anfahrt: über die B 284 von Gersfeld nach Ehrenberg, Abzweig nach Abtsroda (Zufahrt auf halber Strecke nach rund 2 km) oder über die B 458 von Fulda in Richtung Hilders bis Dietges, Abfahrt zur Wasserkuppe zu erreichen.

Saison/Öffnungszeiten: Sommer: täglich 10–17 Uhr, WInter: Mo.–Sa. 9.30–22 Uhr, sonntags bis 18 Uhr bei passendem Wetter

Eintritt: Sommer, jeweils Preis pro Fahrt: Erwachsene € 2,–, Kinder bis 14 Jahre € 1,50
Winter: z.B. 4-h-Karte Erw. € 7,50, Ki. € 6,50 sowie Gruppenermäßigung

Verpflegung: Ausflugslokal „Märchenwiesenhütte" direkt neben den Rodelbahnen.

Drumherum: Segelflugmuseum, Rundflüge, Drachenfliegen etc.

Rheingau-Taunus mit Wiesbaden

Die Römer hatten viele Probleme mit den wilden Germanen. Was lag da näher, als sie mit dem Grenzwall des „Limes" einfach „wegzusperren". Das ehemalige Römerkastell Saalburg erzählt noch heute von den wilden Zeiten in den Jahrhunderten nach Christi Geburt. Große landschaftliche Vielfalt zeichnet das Gebiet Rheingau-Taunus aus: Sonnige Südhänge, tiefe Täler und viele kleine Hügel und Berge wechseln hier ab. Weinbau hat hier seit Jahrhunderten Tradition. Geschichtsfans können das mittelalterliche Kloster Eberbach besuchen, wo die Innenaufnahmen des Kinofilmes „Der Name der Rose" gedreht wurden.

Der Opel-Zoo bei Kronberg

Tiere und viele Attraktionen! Die große Attraktion des Zoos sind die afrikanischen Elefanten. Daneben findet man viele andere Tierarten, die man sonst nur aus dem Fernsehen kennt: Flusspferde, Zebras, Affen, Giraffen, Elche, Erdmännchen, Braune Hyänen, Warzenschweine und zahlreiche Antilopenarten. Hautnahen Kontakt kann man im Streichelzoo aufnehmen. Neben den Tieren – insgesamt 1.400 Exemplare, rund 200 verschiedener Arten – gibt es weitere tolle Kinderattraktionen: Abenteuerspielplätze mit Kletterwald, Riesenrutsche, Trampolinen und vielen weiteren Spielgeräten. Ponys laden die Kinder zu einem Ritt ein (für Kinder bis 6 Jahre) – ein schönes Motiv für das Familienalbum!

Wichtig!

Adresse: Opel-Zoo
Köngsteiner Str. 35
61476 Kronberg
Tel. 06173/79749
www.opel-zoo.de, info@opel-zoo.de

Anfahrt: Der Opel-Zoo liegt an der B 455 und verfügt über zahlreiche, kostenfreie Parkplätze. Mit dem ÖPNV: Mit der S 4 nach Kronberg, vom Kronberger Bahnhof mit dem Linienbus 917 Richtung Falkenstein.

Saison/Öffnungszeiten: ganzjährig täglich geöffnet. Während der Winterzeit von 9–17 Uhr, während der Sommerzeit von 9–18 Uhr, im Juni/Juli und August (bzw. bis Ende der hessischen Sommerferien) von 9–19 Uhr. Die Besucher können bis zum Einbruch der Dunkelheit im Zoo bleiben.

Eintritt: Erwachsene € 9,–
Kinder (3–14 Jahre) € 6,–
Gruppen ab 20 Personen:
Erwachsene € 8,–, Kinder € 5,–

Verpflegung: Viele Picknick- und Rastplätze oder im Zoorestaurant Sambesi mit großer Sonnenterrasse.

Das Taunus-Wunderland

Inmitten von viel Wald und Grün liegt das Taunus-Wunderland. Grandiose Attraktionen, viel Spaß und Action kann man hier erleben. Wer ist mutig genug, im neuen Piratenschiff sich in die Luft zu schwingen und über die Wellen zu reiten? Wer traut sich, im Silberpfeil, Hessens höchster Rutschbahn, in voller Fahrt in die Tiefe zu rauschen? Toll ist auch die Fahrt mit dem Big Scooter. Das und vieles mehr kann man hier einmal testen. Mehr als 30 Hits für Kids, mal spritzig, mal luftig, mal zauberhaft, mal rätselhaft, mal rasant, mal ausgeflippt und kunterbunt. Die Attraktionen im Taunus Wunderland sind auf ganz unterschiedliche Spiel- und Erlebnisbedürfnisse abgestimmt. Da heißt es, reichlich Zeit einzuplanen – am besten einen ganzen Tag. Da können Kids sich richtig austoben – und selbst für die Kleinsten gibt es genug zum Fahren oder Mitfahren. Und: Auch Papa und Mama haben Riesenspaß bei allem.

Wichtig!

Adresse: Taunus-Wunderland
65388 Schlangenbad
Tel. 06124/4081
www.taunuswunderland.de
info@taunuswunderland.de
Anfahrt: über die A 66 von Wiesbaden in Richtung Rüdesheim, Ausfahrt Schlangenbad und dann auf der B 260 der Beschilderung folgen. Von der A 3 Ausfahrt Idstein Richtung Bad Schwalbach, weiter auf der B 275 der Beschilderung folgen.
Das Wunderland liegt ca. 10 km westl. von Wiesbaden und 5 km südlich von Bad Schwalbach
Öffnungszeiten/Saison: April bis Oktober 2009 täglich von 9.30 Uhr bis 18 Uhr geöffnet (Einlass bis 17.00 Uhr). Die Fahrgeschäfte sind von 10–18 Uhr in Betrieb.
Eintritt: Tageskarte € 15,50
Kinder unter 100 cm frei
Kinder von 100–130 cm € 14,–
Senioren ab 60 Jahren € 14,–
Rollstuhlfahrer frei
Saisonkarte, Gruppen, Vereine, Kindergärten, Schulklassen Preis auf Anfrage
Verpflegung: vom Picknick bis zum Restaurant ist alles da!

TAUNUS WUNDERLAND

Freizeitpark Lochmühle

Kunterbuntes Vergnügen! Aus einem ehemaligen Bauernhof ist ein ausgewachsener Freizeitpark für die ganze Familie geworden: Ponyreiten und Parkbahnfahrten sind ebenso möglich wie Fahrten mit Wasserbob, Motorbooten oder dem Floß. Es gibt einen Streichelzoo, viele, viele weitere Tiere zum Anschauen und ein richtiges Landwirtschaftsmuseum. Bei schlechtem Wetter verlegt man seine Aktivitäten in die Allwetterhalle. Weitere Attraktionen sind die Springburg, die Hubschraubertretbahn, Minigolfanlage, Eichhörnchenbahn, Berg- und Talbahn, Riesenrutsche, die Maxi- und Mini-Autoscooteranlage sowie das Kettenkarussell! Wenn man an einem Nachmittag alles abgeackert hat, dann fällt das Einschlafen abends sicher nicht schwer. Neu sind Traktor-Schienenbahn, überdachter Streichelzoo und neue Spielanlagen für Kleinkinder.

Wichtig!

Adresse: Freizeitpark Lochmühle
61273 Wehrheim/Taunus
Tel. 06175/790060
Internet www.lochmuehle.de

Anfahrt: Wehrheim liegt nördlich von Bad Homburg, Anfahrt z. B. über die B 465 Bad Homburg–Usingen, Wehrheim

Saison/Öffnungszeiten: vom 04. April bis 25. Oktober täglich von 9–18 Uhr.
Kassenschluss und letzter Einlass ist um 16.30 Uhr, der Fahrbetrieb läuft von 10–17.30 Uhr. (Saisonale- und witterungsbedingte Änderungen vorbehalten.)

Eintritt: Besucher ab 120 cm € 11,50
Besucher von 90–120 cm € 10,–
unter 90 cm frei.

Verpflegung: 40 Grillplätze und Grillhütten (bitte Voranmeldung unter: 06175/790060 sowie in den Gaststättenbetrieben Kiosk, Speisepavillon am Teich und in der Brezelbäckerei. In den Ferien und an Sonntagen sind zusätzlich die beiden Verkaufsstellen Polo-Grill und SB-Café Lochmühle geöffnet.

Deutsches Filmmuseum Frankfurt

Bis zu den Anfängen des Films! Das Medium Film entwickelte sich im 20. Jahrhundert zur bedeutendsten künstlerischen, kommerziellen und dokumentierenden Ausdrucksform.

„Bewegte Bilder" prägen unsere Gesellschaft, erzählen „Mythen des Alltags" und tragen zur Meinungsbildung bei. Sie dienen ebenso zur Bildung wie zur Unterhaltung. Das Filmerbe zu bewahren, es aufzubereiten und dem Publikum zu präsentieren – diesen Aufgaben widmet sich das Deutsche Filmmuseum seit seiner Eröffnung 1984. Die Dauerausstellung zeigt im ersten Teil „Vom Guckkasten zum Cinématographe Lumière" den Weg zur Kinematographie im 19. Jahrhundert, im zweiten Teil die „Filmproduktion und Kinogeschichte" des 20. Jahrhunderts. Wechselnde Ausstellungen zu Stars wie Audrey Hepburn, Romy Schneider und Charles Chaplin, zu Regisseuren wie Stanley Kubrick, zu speziellen Themen wie Animationsfilm sowie zur deutschen und internationalen Filmgeschichte begeistern das Publikum. Museumspädagogische Angebote richten sich an „Groß und Klein". Das tägliche Kino-Programm mit Filmreihen und Festivals, Veranstaltungen und „DAS CAFÉ im Filmmuseum" machen das Haus zu einem Treffpunkt am Frankfurter Museumsufer. Die Sammlungen und Archive des Deutschen Filminstituts – DIF als Träger des Deutschen Filmmuseums verwahren bedeutende Materialien der Filmgeschichte für heutige und künftige Generationen.

Wichtig!

Adresse:
Deutsches Filminstitut – DIF/
Deutsches Filmmuseum
Schaumainkai 41
60596 Frankfurt/Main
Tel. 069/961220220
www.deutsches-filmmuseum.de
info@deutsches-filmmuseum.de
Saison/Öffnungszeiten: ganzjährig, Di., Do. und Fr. 10–17 Uhr, Mi. 10–19 Uhr, Sa. 14–19 Uhr, So. 10–19 Uhr, Mo. geschlossen.
Eintritt: Dauerausstellung:
Erwachsene € 2,50
Kinder mit Frankfurt-Pass € 0,65
Sonderausstellungen: variieren
Verpflegung: Café/Restaurant
Information: Über Austellungen, Kinoprogramm, Festivals und unsere wissenschaftliche Arbeit informiert das monatliche Programmheft. Download im Internet unter www.deutsches-filmmuseum.de

Halligalli Kinderwelt Kelkheim

Tolle Spiel- und Tobelandschaft! Nach Alsfeld und Rosbach gibt es nun auch in Kelkheim ein Halligalli-Spielcenter mit vielen Spiel- und Sportaktivitäten für die ganze Familie. In dem ehemaligen Schwimmbecken des Hallenbades der Stadt Kelkheim wurde ein Abenteuerlabyrinth mit Wellenrutsche, Fun-Shooter und 50 Aktivitäten errichtet. Man kann sich viele Stunden hier aufhalten und es wird kein bisschen langweilig. Im Gegenteil, man entdeckt immer wieder etwas Neues. Viele Fahrzeuge, elektronisches Basketball, das Spinnenspiel, ein Wabbelberg, eine Trampolin-Anlage und vieles mehr sorgen für Spaß und gute Laune – und das bei den Kids sowie bei den Eltern. Im Kleinkindbereich vergnügen sich die Allerkleinsten. Nebenbei lernen die Kinder. Sie entwickeln ihre motorischen Fähigkeiten und Sozialkompetenz. Das Halligalli ist auch der ideale Ort für fröhliche Feste, z. B. bei Schulausflügen, für Vereinsfeiern oder Kindergeburtstage. Im Rahmen einer Geburtstagspauschale sorgt das Halligalli-Team für einen unvergesslichen Tag.

Wichtig!

Adresse und Anfahrt:
Halligalli Kelkheim
Lorsbacher Str. 41
65776 Kelkheim
Tel. 06195/672850, Fax 06195/672851
www.halligalli-kelkheim.de
Öffnungszeiten: ganzjährig, Mo.-Fr. 14.30–19 Uhr, Sa., So. und in den Schulferien: 11–19 Uhr
Eintritt: Kinder € 6,50 (ab dem voll. 2. Lebensjahr), Erwachsene: € 3,50, Schwerbehinderte und Happy Hour (nach 18 Uhr): halber Eintrittspreis (Ausweis)
Gruppen: € 3,50 (mind. 15 Kinder/nur nach Voranmeldung), Für Kindergärten, Schulen oder Vereinsausflüge gibt es Sonderarrangements.
Verpflegung: Eine nette Cafeteria im afrikanischen Stil bietet Essen und Trinken zu familienfreundlichen Preisen

Der Frankfurter Zoo

Fotos: Sabine Binger

Mitten in der Stadt! Der Frankfurter Zoo wurde als 2. Tierpark in Deutschland im Jahre 1858 durch eine Bürgerinitiative ins Leben gerufen. Der Zoo ist mitten in der Stadt am Ende der Einkaufsmeile Zeil gelegen. Man findet dort tiergärtnerisch hervorragende Anlagen, so das Exotarium, Vogelhallen und Grzimekhaus. In den letzten Jahren kamen einige attraktive Neubauten hinzu und seit einigen Jahren haben auch Großkatzen im Katzendschungel ihr Revier bezogen. Insgesamt gibt es 13 Reviere – außer den schon genannten noch die Bärenburg, den Kinderzoo, die Affenanlagen, das Nashornhaus, die Robbenklippen, den Großen Weiher, das Giraffenhaus, Zebragehege und das Kamelrevier. Wer durch den Zoo gestreift ist, hat dann rund 5.000 Tiere betrachten können. Ein Spielplatz, Ponyreiten am Wochenende und ein Streichelzoo sorgen für helle Begeisterung bei Kleinkindern. Im Winterhalbjahr finden außerdem die beliebten Zoo-Abende sowie Mal- und Bastelstunden statt.

Wichtig!

Adresse: Zoo Frankfurt
Bernhard-Grzimek-Allee 1
60316 Frankfurt am Main
Tel. 069/212-37855
www.zoo-frankfurt.de

Anfahrt: Liegt am östlichen Rand der Innenstadt und ist überall ausgeschildert. Anfahrt auch mit den Linien U 6 und U 7 oder mit dem Bus 31.

Saison/Öffnungszeiten: ganzjährig, Sommerzeit täglich 9–19 Uhr, Winterzeit täglich 9–17 Uhr. Schließung der Tierhäuser und Haupteingänge : 18.30 Uhr (Sommer), 16.30 Uhr (Winter)

Eintritt: Erwachsene € 8,–
Kinder/Jugendliche (6–18 Jahre) € 4,–
Familien (zwei Erwachsene + familienangehörige Kinder) € 20,–

Verpflegung: Cafeteria, Restaurant und Kiosk sind vorhanden.

Halligalli Kinderwelt Rosbach

Spielen und Toben erwünscht! Wirklich megastark, der Halligalli Indoorspielpark in der Sportwelt Rosbach. Hier kann Langeweile erst gar nicht aufkommen. Tolle Spielideen und Klettergeräte, jede Menge Spaß und Action und immer wieder überraschende Highlights. Hier kann man nach Herzenslust toben und spielen. Beispielsweise kann man eine weiche Rutschpartie auf dem Wabbelberg erleben, auf der Kinderbaustelle kreativ sein, auf dem Trampolin oder in der Hüpfburg toben oder an der großen Kletter- und Boulderwand testen, wie Bergsteigen geht. Ein Heidenspaß ist Snappy, das luftgefüllte Riesenkrokodil. Es sperrt sein Maul weit auf, damit die Kids hineinklettern können. Torschützen können sich an der Shoot-Out Torwand oder dem Electronic Basketball versuchen. Elektrokarts, Kickertische, Mal- und Lerncomputer und vieles mehr gibt es außerdem zu entdecken. Abgesehen vom Spielen lernen die Kinder ganz nebenbei. Sie entwickeln ihre motorischen Fähigkeiten und Sozialkompetenz. Das Halligalli ist auch der ideale Ort für fröhliche Feste. Hier kann man herrlich coole Kindergeburtstage und -parties feiern und all das tun, was woanders verboten oder zu gefährlich ist. Im Rahmen einer Geburtstagspauschale sorgt das Halligalli-Team für einen unvergesslichen Tag.

Wichtig!

Adresse:
Halligalli Rosbach
Sportzentrum Ober-Rosbach
61191 Rosbach
Tel. 06003/8290282, Fax 06003/810290
www.halligalli-kinderwelt.de
Öffnungszeiten: ganzjährig,
Mo.-Fr. 14.30–19 Uhr, Sa., So., feiertags und in den Schulferien: 11–19 Uhr
Eintritt: Kinder € 5.90 (ab dem voll. 2. Lebensjahr), Erwachsene: € 2,90, Schwerbehinderte und Happy Hour (nach 17.30 Uhr): halber Eintrittspreis (Ausweis)
Gruppen: € 2,90 (mind. 15 Kinder/nur nach Voranmeldung), Für Kindergärten, Schulen oder Vereinsausflüge gibt es Sonderarrangements.
Verpflegung: Eine nette Cafeteria bietet Essen und Trinken zu familienfreundlichen Preisen.

monte mare Obertshausen

Urlaubszeit ist die schönste Zeit! Erholen, Entspannen, die Seele baumeln und sich verwöhnen lassen. Im monte mare Obertshausen genießen Sie dieses Urlaubs-Gefühl an über 360 Tagen im Jahr.

Die Welt um sich herum vergessen, die Zeit anhalten und Körper und Geist in Balance bringen – das ist Erholung auf höchstem Niveau.

Das Sauna-Paradies erwartet Sie mit den verschiedensten Schwitz-Angeboten vom Soft-Dampfbad bis zur feurig-heißen Aufguss-Sauna. Das umfangreiche Wellnessangebot rundet Ihren unvergesslichen und erholsamen „Urlaubstag" im monte mare Obertshausen ab.

Innenbereich

Neben dem umfangreichen Wellness- und Massageangebot erwarten Sie im Innenbereich auf mehr als 1.200 qm:

Tepidarium, Schlammbad, Bauernsauna, Saunarium mit Licht- und Toneffekten, Damensauna, Saline, Kristalldampfbad, Eisbrunnen, Whirlpool, Ruhebereiche und Sauna-Gastronomie.

Saunagarten

Der großzügige Außenbereich bietet Ihnen:

Aufguss-Sauna, Erdsauna, Bio-Sauna, Ruhehaus, Entspannungsbecken und ein Kalttauchbecken.

Wellness

Von Aroma-Wellness bis „Zeit für Gefühle". Gönnen Sie sich auch das Wellness-Programm im monte mare!

Wichtig!

Adresse und Anfahrt:
monte mare Obertshausen
Badstraße 19, 63179 Obertshausen
Tel. 06104/8019-0
Fax 06104/8019-99
obertshausen@monte-mare.de
www.monte-mare.de

Öffnungszeiten: Saunaparadies:
täglich ab 10 Uhr, Mo.–Do. bis 23 Uhr, Sa. bis 24 Uhr und Sonn- und Feiertage bis 21 Uhr
Sport- und Freizeitbad:
täglich 10–21 Uhr, Frühschwimmer (€ 3,–) immer Mi. 7.30–9 Uhr

Eintritt: Saunaparadies: (Inkl. Nutzung des Sport- und Freizeitbades) 2-Stunden € 11,–, 4-Std. € 15,–
Tageskarte € 18,–
Wochenend-/Feiertagszuschlag € 1,50
Sport- und Freizeitbad:
Tageskarte Erwachsene € 10,–
Tageskarte Ermäßigte € 7,50
Wochenend-/Feiertagszuschlag € 1,50,

Thüringen 229–242

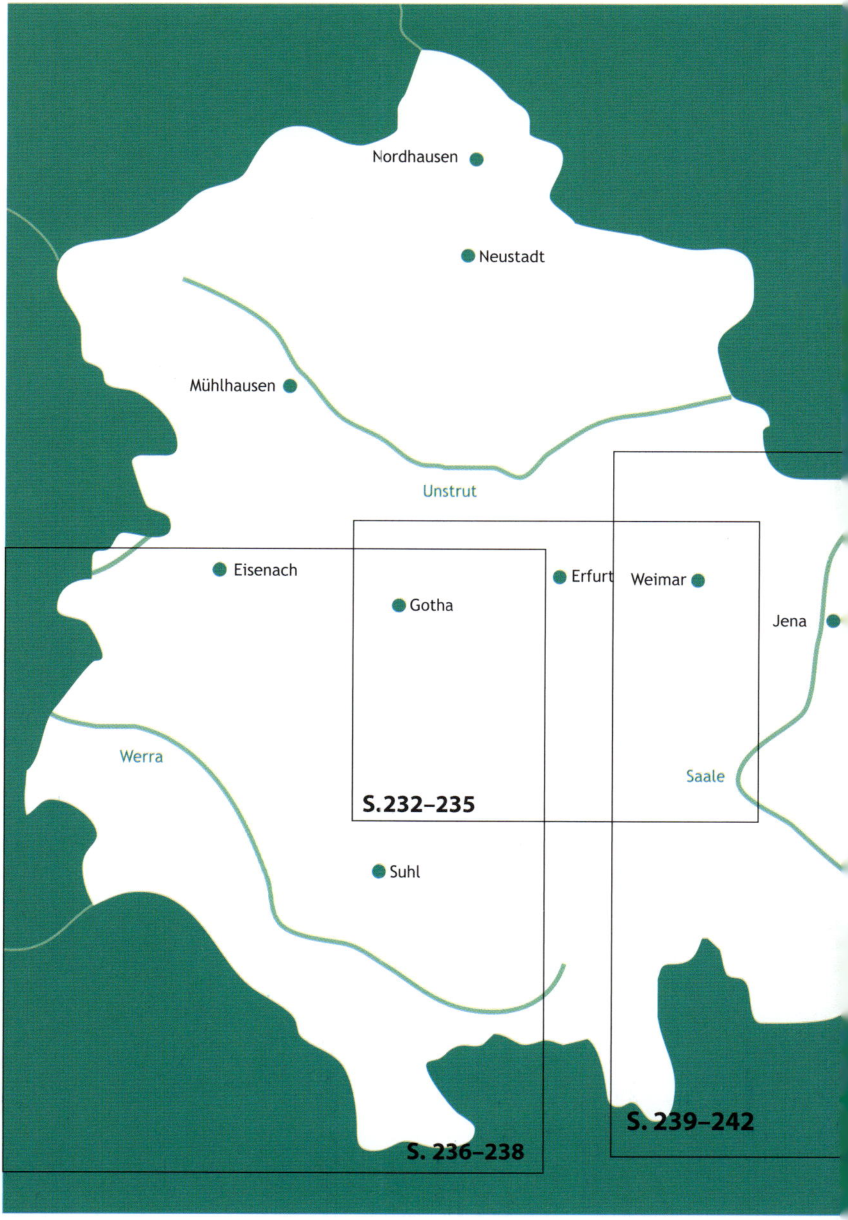
Nordhausen
Neustadt
Mühlhausen
Unstrut
Eisenach
Gotha
Erfurt
Weimar
Jena
Werra
Saale
S.232–235
Suhl
S. 236–238
S. 239–242

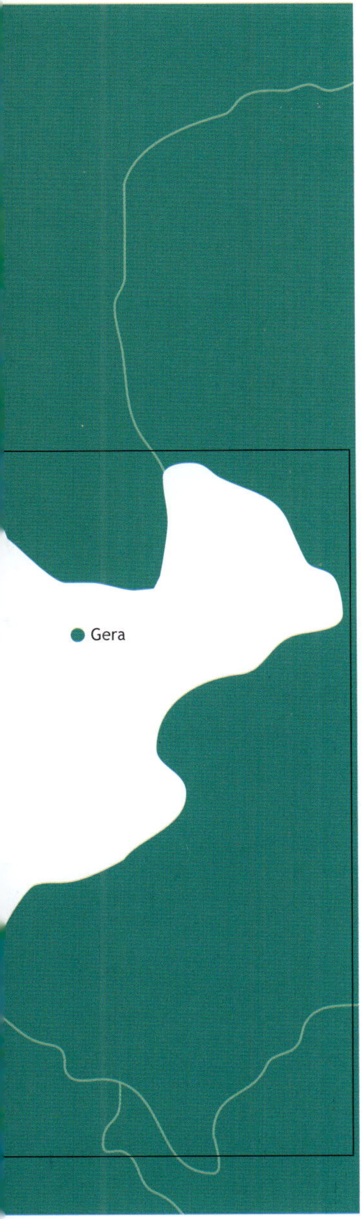
Gera

Erfurt und Umgebung

Die Landeshauptstadt Thüringens führt viele Beinamen: So ist sie als „Luther-, Dom- und Blumenstadt" benannt und weit hin bekannt. Ihren Aufschwung im Mittelalter verdankt sie ihrer günstigen Lage am Schnittpunkt europäischer Handelsstraßen. Zeugen der vergangenen Tage sind auch heute noch überall vorhanden – ein Besuch in Erfurt und Umgebung lohnt sich!

Theater Waidspeicher

Puppentheater hat einen ganz eigenen Zauber, der Kinder und Erwachsene gleichermaßen in den Bann zieht: Sprechende Tiere, fliegende Menschen, phantastische Wesen und immer wieder überraschende Effekte bringen die Zuschauer zum Staunen, zum Lachen und zum Nachdenken.

Seit 1979 begeistert die renommierte Bühne jedes Jahr tausende Besucher mit Inszenierungen von hohem Niveau. Hinter diesem Erfolg stehen die professionellen Puppenspieler, das hauseigene Atelier, in dem Puppen und Dekorationen in liebevoller Handarbeit gefertigt werden, und die qualifizierten Bühnentechniker, die für das richtige Licht und den guten Ton sorgen.

Wichtig!

Adresse: Theater Waidspeicher
Domplatz 18
99084 Erfurt
Tel. 0361/5982924
(auch Tel. für Vorverkauf)
Fax 0361/5982923
puppe@waidspeicher.de
www.waidspeicher.de
Anfahrt: in der Stadt ausgeschildert.
Saison: ganzjährig, Sommerpause meist Juli und August
Vorverkauf: Domplatz 18, 99084 Erfurt
Di. bis Fr. 10–14 Uhr u. 15–17.30 Uhr
Sa. 10–13 Uhr unter obiger Tel.-Nummer
Vorstellungen: täglich, meist 10 Uhr, sonntags 11 Uhr, Abendvorstellungen 19.30 Uhr oder 22 Uhr
Eintritt: Preise und Gruppenpreise sowie Ermäßigungen bitte telefonisch erfragen
Verpflegung: Gastronomie in der Innenstadt

Thüringer Zoopark Erfurt

Von Afrika bis Hofluft. Der Thüringer Zoopark erstreckt sich mit 63 ha auf dem Roten Berg im Norden der Landeshauptstadt Thüringens. Vom Haupteingang aus ist es ein Katzensprung in die Löwensavanne. In dieser räkeln sich sieben stattliche Löwen, kleine Erdmännchen und Klippschliefer. Gleich nebenan wartet das Kangaroo-Land auf die Gäste. Hier findet man Graue Riesenkängurus, Bennett-Kängurus, Emus und Rosakakadus, die die Fauna Australiens repräsentieren. Im Elefantenhaus warten drei afrikanische Elefanten, Schlangen sowie weitere Reptilien und Amphibien auf die Besucher. Ganz besonders stolz ist der Zoopark auf seine Nashornzucht. Des Weiteren leben im Zoo unter anderem Giraffen, Bisons, Lamas, Adler, Trampeltiere und Stachelschweine.

Auch über die großen Schildkröten, wie z.B. Spornschildkröten aus der Sahelzone Afrikas, kann man während des Zoorundgangs staunen. Auf dem Bauernhof können die Besucher echte Stallluft schnuppern. Dort kann man von schnatternden Gänsen über Pferde bis hin zu Ouessant-Schafen alles finden. Bei Ouessant-Schafen, die nur eine Schulterhöhe von maximal 50 cm erreichen können, handelt es sich um die kleinste Schafrasse der Welt. Für das leibliche Wohl sorgen die Zoogaststätte „Weinberghaus“, das Bistro „Hakuna Matata“ und Imbissstände. Während die Eltern noch gemütlich auf dem Plateau des Bistros einen Kaffee trinken möchten, können sich die kleinen Zoobesucher in der Zwischenzeit im nebenan gelegenen Streichelgehege oder auf dem Abenteuerspielplatz vergnügen. Im Nettelbeckufer 28a befindet sich das Aquarium des Zooparks. Dort kann man über 350 Tierarten bestaunen. Für die zahlreichen Salzwasserfische wurde ein extra großes Riffbecken angelegt, in dem sie sich entfalten können. Vor allem hat sich das Aquarium der Haltung und Zucht von Süßwasserfischen aus aller Welt verschrieben. Die Sammlung dieser Fische ist eine der artenreichsten in Deutschland.

Wichtig!

Adresse:
Thüringer Zoopark Erfurt
Zum Zoopark 1, 99087 Erfurt
Tel. 0361/751880 Fax 0361/7518822
www.zoopark-erfurt.de, zoopark@erfurt.de
Anfahrt: mit der Buslinie 50 oder der Stadtbahnlinie 5 bis Endhaltestelle „Zoopark“.
Öffnungszeiten: November bis März 10–16 Uhr, April bis Oktober 9–18 Uhr
Eintritt: Zoopark: Erwachsene € 6,– Kinder/Schüler € 3,–, Familienkarte € 15,– Hunde € 1,– (sind an der Leine erlaubt)
Aquarium: Erwachsene € 2, Kinder € 1,– Familienkarte € 5,–
Verpflegung: Zoogaststätte, Bistro und Imbissstände.

ega Cyriaksburg

Freizeitparadies! Thüringens Besuchermagnet Nummer 1: Die ega Erfurt ist eine junge und zugleich traditionsreiche Ausstellung. Der Name ega ist eng mit dem Image der Thüringer Landeshauptstadt Erfurt als „Blumenstadt" verbunden. So wurde das Areal rund um die Festung Cyriaksburg bereits in den 20er Jahren des vorigen Jahrhunderts als Parkanlage genutzt. Blumen- und Parkanlagen sind das besondere Markenzeichen der ega. Das 6.000 m^2 große Blumenbeet ist die größte ornamental gestaltete Fläche dieser Art in Europa. Tropische Pflanzenschauhäuser, Schmetterlingshaus, herrliche Staudenanlagen, interessante Themengärten und ein großzügig angelegter Rosengarten werden jeden Naturfreund begeistern.

Ein Paradies für Kinder ist der größte und schönste Spielplatz Thüringens. Hier können Kinder nach Herzenslust spielen, toben, aber auch lernen. Der Spielplatz bietet neben dem Planschbecken und der Riesenwasserrutsche, dem Matschplatz, den Seilpyramiden, dem Fitnesscenter, dem Bootsscooter und dem Kleinkinderspielplatz viele weitere Spiel- und Spaßgeräte. Jährlich sorgen mehrere Veranstaltungen und Ausstellungen für Abwechslung, Spaß und Unterhaltung für die ganze Familie.

Wichtig!

Adresse: TFB Thüringer Freizeit und Bäder GmbH, Bereich ega
Gothaer Straße 38, 99094 Erfurt
Tel. 0361/5643737, Fax 0361/5641702
info@egapark-erfurt.de, www.egapark.de
Anfahrt: in der Stadt ausgeschildert.
Saison/Öffnungszeiten: ganzjährig, März/April 9–18 Uhr, Mai-Mitte Sept. 9–20 Uhr, Mitte September–31. Oktober 9–18 Uhr, Nov./Dez./Jan./Feb. 10–16 Uhr
Eintritt: Tageskarte Erwachsene € 6,–
Kinder (4–6 Jahre) € 2,–,
Tageskarte Ermäßigte € 4,80
Veranstaltungseintritt Ermäßigte € 6,–
Veranstaltungseintritt Erwachsene € 7,50
Veranstaltungen – Beispiele:
April/Mai Frühjahrsblumenschau
Mai Azaleenblüte im Japanischen Garten
Juni bis Oktober Freilandfuchsienschau
August bis Oktober Dahlienschau
Verpflegung: Café-Restaurant Orchidee, Café am Spielplatz, Weinrestaurant Caponniere, Parkcafé an der Parkbühne, Pflanzencafé

Eissportzentrum Erfurt

Eislaufen in der Erfurter „Gunda-Niemann-Stirnemann-Halle" ist eine Attraktion. Top-Athleten aus vielen Ländern loben sie als eine der schönsten Hallen der Welt, die noch dazu schnelles Eis bietet. Jedermann kann zwischen Oktober und März beim Publikumslaufen seine persönlichen Eis-Erfahrungensammeln oder bei den Wettkampfhighlights wie dem Weltcup im Eisschnelllauf Ende Januar 2009 zuschauen. Schlittschuhausleihe und Imbiss direkt an der Bahn komplettieren das Angebot für den privaten Besuch oder in Gruppen (Schulklassen). Für Eislaufanfänger stehen kostenfrei Eiswichtel zur Unterstützung bereit.

Fotos: Reinhard Lemitz

Wichtig!

Adresse:
Eissportzentrum Erfurt
Arnstädter Straße 53
99096 Erfurt
Tel. 0361/6554695
www.gunda-niemann-stirnemann-halle.de
eissportzentrum@erfurt.de

Anfahrt: Die Arnstädter Straße führt als B 4 in Richtung Arnstadt und Autobahn, Erfurt-West (Parkhaus „Am Stadion")

Öffnungszeiten: Zeiten für öffentliches Eislaufen auf der Homepage.

Eintritt: Erwachsene € 6,–
Ermäßigte € 3,50
Evtl. kommt zum Eintrittspreis noch die Schuh-Leihgebühr von € 3,– hinzu.

Verpflegung: Imbiss direkt an der Bahn.

Thüringer Wald

Mitten im Thüringer Wald, über der Stadt Eisenach, thront die „deutscheste aller Burgen", die Wartburg. Hier übersetzte Martin Luther, der sich „undercover" Junker Jörg nannte, die Bibel ins Deutsche. Der Teufel wollte ihn versuchen, Luther warf mit dem Tintenfaß nach ihm – so erklären jedenfalls die Burgführer den kleinen dunklen Fleck an der Wand von Luthers Schreibstube.

Unweit der Wartburg zieht sich der kahle Hörselberg durchs Land: Hier sollen sich nach alten Sagen der germanische Göttervater Wotan und Frau Holle ihre Unterkunft in der „Venushöhle" teilen.

Sandstein- und Märchenhöhle

Zauberhafte Höhlenwelten! Der Eingang zur Sandsteinhöhle ist eine alte eisenbeschlagene Tür, die mit lautem Krachen ins Schloss fällt. Dann ist man

drin, in dem riesigen unterirdischen Labyrinth, einer der größten von Menschenhand geschaffenen Höhlen Europas, das wie kaum ein anderer Ort allein mit seiner Atmosphäre bezaubert und die Fantasie anregt. Hier wurde schon in den 50er Jahren jede Nische genutzt, um Märchenszenen darzustellen. So warten im Sandsteinberg Rapunzel und der Froschkönig auf Besucher sowie die alte Märchenerzählerin, die in ihrem Ohrensessel von lauschenden Mäuschen und einer Katze umringt ist. Der Rundgang durch die Höhle dauert eine knappe halbe Stunde. In der Außenanlage befinden sich eine Gaststätte, Imbiss, Eisbar sowie ein kleines Tiergehege mit Ziegen und Minihängebauchschweinen, bei denen man unbedingt ein Päuschen einlegen sollte. Im Anschluss an den Höhlengang lädt der Minifreizeitpark der Familie Heinig – direkt auf dem Höhlengelände, mit Kinderanimationsgeräten wie Minibaggeranlage, Kinderautoscooter, Elektro-Go-Cart-Bahn, Bumper-Bootanlage (alle Geräte mit Münzeinwurf) – zum weiteren Verweilen ein.

Wichtig!

Adresse: Sandstein- und Märchenhöhle Bernd Hartung, An der Sandsteinhöhle 4 98639 Walldorf, Tel. 03693/89910 Fax 03693/890163, www.sandsteinhoehle.de sandsteinhoehle@t-online.de

Anfahrt: Walldorf liegt nördlich von Meiningen an der B 19 nach Eisenach, mit Auffahrt zur A 71, Ortsausgang Meiningen, Ri. Suhl. Die Höhle ist ausgeschildert.

Saison/Öffnungszeiten:
Vorsaison: 01.03.–31.05. 10–17 Uhr
Hauptsaison: 01.06.–31.08. 10–18 Uhr
Nachsaison: 01.09.–01.11. 10–17 Uhr

Eintritt: inklusive Führung Erw. € 4,– Kinder (3–14 J.) € 2,50

Verpflegung: Restaurant, Imbiss, Eisbar an der Sandsteinhöhle.

Tipp: Übernachtungen sind in der Pension Sandsteinhöhle möglich.

Tierpark Suhl

Tolles Tierparkfest! In einem idyllischen Wiesental, eingebettet zwischen dem Ringberg und dem Döllberg, liegt der Tierpark Suhl. Die rund 500 Bewohner in 100 Arten des Parks sind an 38 verschiedenen „Anlaufstellen" anzutreffen. Hierzu zählen z. B. das Terrarium, die Haustieranlage, die Pferdekoppel, das Wildkatzengehege, die Waldtiergehege, die Vogelhäuser bis hin zum Streichelzoo. Eine langjährige und immer willkommene Tradition ist das jährlich stattfindende Tierparkfest. Gerne besucht werden auch die angebotenen Veranstaltungen, die besonders auf Kinderwünsche abgestimmt sind. Dazu zählen beispielsweise die Nachtführung, Spiel- und Bastelstunden, eine Ferienabschlussfete bis hin zur Halloweenparty. Einen Veranstaltungskalender findet man im Internet.

Wichtig!

Adresse: Tierpark Suhl
Carl-Fiedler-Str. 58, 98527 Suhl
Tel. 03681/760441, Fax 03681/305724
www.tierpark-suhl.de
Anfahrt: Suhl liegt an der B 247. Man durchfährt Suhl bis Ortsausgang, dann Ri. Ilmenau (ausgeschildert).
Saison/Öffnungszeiten: Ganzjährig täglich ab 9 Uhr. April–Sept. Mo.–Fr. bis 18 Uhr. Sonnabend/Sonntag und an Feiertagen bis 19 Uhr. Okt. bis März Mo.–So. bis 16.30 Uhr
Während den Sommermonaten an den Wochenenden ab 13.30 Uhr Pony- und Eselreiten.
Eintritt: Erwachsene € 3,–
Kinder 3–6 Jahre € 1,50
Kinder 7–16 Jahre € 2,–
Familienkarte € 7,– (2 Erw./2 Kinder)
Führung nach Vereinbarung.
Verpflegung: ganzjährig geöffnetes Bistro

UNESCO-Welterbe Wartburg

Majestätisch! Die Wartburg in Eisenach blickt auf eine fast tausendjährige Geschichte und zählt zweifellos zu den bekanntesten und beliebtesten Burgen. Seit 1999 gehört sie zu den ausgewählten Stätten des UNESCO-Welterbes. Beim Betreten der Räume öffnet sich dem Besucher ein wahrhaftiges Geschichtsbuch – man wird erinnert an den sagenhaften Streit der Minnesänger, wandelt auf den Spuren der heiligen Elisabeth und fühlt sich in der Lutherstube zurückversetzt in die Zeit der Reformation, da sich Martin Luther als Junker Jörg auf der Burg verbarg. Nach einer Führung durch den romanischen Palas erwarten den Besucher im Museum Kunstschätze aus acht Jahrhunderten und der Südturm lädt zu einem einzigartigen Blick auf die Burganlage und in den Thüringer Wald ein. Die Wartburg ist aber auch Kulisse für eine Vielzahl von Veranstaltungen – ob Konzerte im großen Festsaal, Sommernächte oder historischer Weihnachtsmarkt. Das besondere Erlebnis für Kinder ist der traditionelle Eselritt zur Wartburg. Die Eselstation wird bei gutem Wetter in den Sommermonaten betrieben.

Wichtig!

Adresse: Wartburg-Stiftung
Auf der Wartburg 1, 99817 Eisenach
Tel. 03691/2500, Fax 03691/203342
www.wartburg.de
info@wartburg.de
Anfahrt: Autobahn A 4 Dresden–Frankfurt/Main, Abfahrt Eisenach
Öffnungszeiten: Führungen März bis Okt. 8.30–17 Uhr, Schließung des Burgtores 20 Uhr. Führungen Nov.–Febr. 9–15.30 Uhr. Schließung des Burgtores 17 Uhr.
Eintritt: Museumsbesuch mit Palastführung
Erwachsene € 7,–
Angemeldete Gruppen ab 25 Pers. € 6,50
Familienkarte € 18,–
Schüler und Studenten € 4,–
Empfehlung: Wer einen Eselritt machen möchte, sollte vorher anrufen, ob die Station besetzt ist, dies unter
Tel. 03691/210404

Ostthüringen/Raum Gera

Gera feierte 1995 Geburtstag, die Stadt wurde 1000 Jahre alt. Heute ist sie, die durch ihre Textilmanufakturen zu Wohlstand gelangte, das Zentrum Ostthüringens, wo man nicht nur die dickste Eiche Deutschlands mit einem Umfang von 12,80 Meter, sondern auch den Wohnsitz derer von Münchhausen findet – beides ist nicht gelogen. Die Heimat der Spielkarte ist nicht fern, sie wird in Kaiser Barbarossas Residenz in Altenburg sogar mit einem Museum gewürdigt.

Tierpark Gera

Tiere des Nordens! Obwohl der Geraer Tierpark hauptsächlich Tieren der nördlichen Erdhalbkugel ein Heim bietet, darf doch der König der Tiere nicht fehlen – aus naheliegendem Grund: Ein goldener Löwe ist das Wappentier der tausendjährigen Stadt. Ansonsten erwarten den Besucher auf dem 20 Hektar großen Gelände 500 Tiere in 80 Arten, darunter Säuger wie der Chinesische Leopard und der Berberaffe, aber auch Federvieh wie Eulen und Greife. Für Kinder gibt es ein Streichelgehege mit Schafen und Ziegen sowie altersgerechte Spielplätze. Auf dem Bauernhof können sie ihre tierischen Altersgenossen kennenlernen.

Besonders begehrt ist der begehbare Affenwald. Führungen sind nach Absprache möglich, die Parkeisenbahn verkehrt täglich außer montags und freitags.

Wichtig!

Adresse:
Tierpark Gera
Straße des Friedens 85
07548 Gera
Tel. 0365/810127
www.gera.de (Link Tierpark)
E-Mail: tierpark@gera.de
Anfahrt: Der Tierpark liegt an der B 2 in Richtung Schleiz, im Stadtgebiet ausgeschildert. Mit den Straßenbahnen 1, 2, 3 bis Haltestelle „An der Spielwiese". Mit den Buslinien 10, 17, 19 in Richtung Klinikum, Frankenthal und Weißig.
Saison/Öffnungszeiten: März bis Oktober 9–18 Uhr, November/Februar 9–17 Uhr, Dezember/Januar 9–16 Uhr
Eintritt: Erwachsene € 2,50
Kinder € 1,50
Familienkarte € 7,–, Gruppen ermäßigt.
Verpflegung: Fischspezialitäten, Kiosk

Botanischer Garten in Jena

Blumen-Eldorado! Der Botanische Garten Jena wurde bereits im Jahre 1586 gegründet und ist damit nach Leipzig (1542) und noch vor Heidelberg (1593) die zweitälteste Einrichtung dieser Art in Deutschland. Heute ist der Garten als Abteilung des Instituts für Spezielle Botanik ein auch der Öffentlichkeit verpflichteter und zugänglicher Teil der Friedrich-Schiller-Universität und gilt mit Recht als eine touristische Attraktion der Stadt Jena. Durch seine zentrale Lage im Herzen der Stadt kommt dem Garten zudem eine wichtige Funktion als Grüne Lunge bei der Verbesserung des Stadtklimas zu. Auf 4,5 Hektar Grundfläche werden in Frei- und Gewächshausanlagen rund 10.000 Pflanzenarten aus allen wichtigen Vegetationseinheiten der Erde kultiviert und ästhetisch präsentiert. Die Gewächshäuser wurden in den Jahren 1980 bis 1983 rekonstruiert und erweitert. Ein Eingangsgebäude mit Ausstellungsvitrinen verbindet einen Komplex von mehreren Glashäusern, zu denen das Kakteen- und Sukkulentenhaus, Hartlaub- und Lorbeerwaldhaus, Palmen- und Tropenhaus, Evolutionshaus sowie das Victoria-Haus gehören. Sie umgeben einen freien Innenhof mit einem beheizbaren Wasserbecken. Hier kann die ganze Familie Pflanzenkunde betreiben und die Vielfalt von „Mutter Natur" bewundern.

Wichtig!

Adresse:
Botanischer Garten
Fürstengraben 26
07743 Jena
Tel. 03641/949271
www2.uni-jena.de/biologie/spezbot
(Link „Botanischer Garten")
Saison/Öffnungszeiten: ganzjährig täglich geöffnet. 15. Mai bis 14. September täglich 9–18 Uhr, 15. Sept. bis 14. Mai täglich 9–17 Uhr, Führungen: Tel. 03641/949271 (Auskunft)
Eintritt: Erwachsene € 3,–
Ermäßigte € 1,50
Jahreskarte € 20,–
Familienkarte € 7,50
Führungen nach Voranmeldung € 25,–
Verpflegung: Gaststätten, Cafés und Bistros in unmittelbarer Nähe

Thüringen

Theater Altenburg Gera

In diesem Theater kommen Kinder nicht zu kurz! In den verschiedenen Spielstätten (Theater, Großes und Kleines Haus, Heizhaus, Theater unterm Dach) gibt es Theaterstücke für Kinder aller Altersstufen – und natürlich auch für Erwachsene. So werden Gäste ab 3 Jahren mit Aufführungen von „Max und Moritz" über „Nils Holgersons wundersame Reise" bis hin zum Marionettenspiel „Rapunzel" bestens unterhalten. Während der Saison kann man fast täglich zu unterschiedlichen Uhrzeiten eine passende Theatervorstellung besuchen. Einige Beispiele: Premiere wird gefeiert am 10.04.2009 vom Stück „Macbeth" oder „ Oh, wie schön ist Panama" am 11.04.2009. Am 19.04.2009 ist die Premiereveranstaltung von „Otello".

Viele weitere Events, Shows und Theateraufführungen während des Jahres ergänzen das Programm. Spielpause ist von Mitte Juli bis Ende August.

Wichtig!

Adresse:
Altenburg-Gera Theater GmbH
Küchengartenallee 2
07548 Gera
Tel. 0365/8279-0
www.theater-altenburg-gera.de
kasse@theater.altenburg.gera.de
Spielstätten:
Großes Haus, Heizhaus, Theater unterm Dach, Theaterplatz 19, 04600 Altenburg
Vorverkaufsstellen: Theater Altenburg: Tel. 03447/585161
ATI Kartenvorverkauf: Tel. 03447/512800
Theater Gera: Tel. 0365/7736343
Saison: Spielpause von Mitte Juli bis Ende August
Programm: detailliert im Internet. Kartenbestellung übers Internet möglich.
Eintritt: je nach Stück, für Kinder zu Kindervorstellungen ab ca. € 6,–
Verpflegung: Getränke erhältlich, im Großen Haus auch Speisen

Historische Höhler in Gera

Unterirdische Gänge! Die „Höhler" – in Gera und Umgebung so bezeichnet – sind unterirdische Gänge und Nischen, in denen vor Jahrhunderten Bier lagerte und reifte. Sie wurden tief unter der Erde, unter den eigentlichen Hauskellern, angelegt und boten auf Grund der gleichbleibenden kühlen Temperaturen ideale Lagermöglichkeiten für die nicht unbeträchtlichen Biermengen. Einen Teil davon – zehn Höhler mit insgesamt 250 m Länge – kann man heute noch in ihrer Ursprünglichkeit besichtigen. Für Besucher gut nachvollziehbar werden der Transport und das Lagern des Bieres, aber auch die spätere Nutzung der Höhler in Inszenierungen dargestellt. Diese Historischen Höhler, eine Einrichtung des Stadtmuseums Gera, sind täglich (außer Montag) im Rahmen von Führungen zugänglich (Dauer ca. 45 Min.). Mit einer spannenden Kinderveranstaltung in den Geraer Höhlern kann man viel Abwechslung in eine Familienfeier (Schuleinführung, Kindergeburtstag usw.) bringen. Nach Voranmeldung begeben sich die Kinder (Alter 6–10 Jahre) auf Schatz- und Gespenstersuche oder erfahren so manches aus der Märchen- und Sagenwelt.

Wichtig!

Adresse:
Historische Geraer Höhler
Eingang Steinweg/Ecke Geithes Passage
Voranmeldung von Führungen und Veranstaltungen Tel. 0365/55249954
Stadtmuseum Gera
Museumsplatz 1, 07545 Gera
Telefon 0365/8381470
Fax 0365/8381473
stadtmuseum@gera.de

Öffentliche Führungen:
Dienstag: 13, 15, 17 Uhr
Mittwoch bis Freitag: 11, 13, 15 Uhr
Samstag, Sonntag und Feiertag: 11, 13, 15, 17 Uhr und nach Vereinbarung

Eintritt: Erwachsene € 3,–
Ermäßigte € 2,–
Tagesfamilienkarte € 6,50 (bis zu 2 Erw. und 5 Ki. einer Familie). Bei Gruppen ab 10 Personen gilt für alle Besucher der ermäßigte Eintritt.

Sachsen 243–260

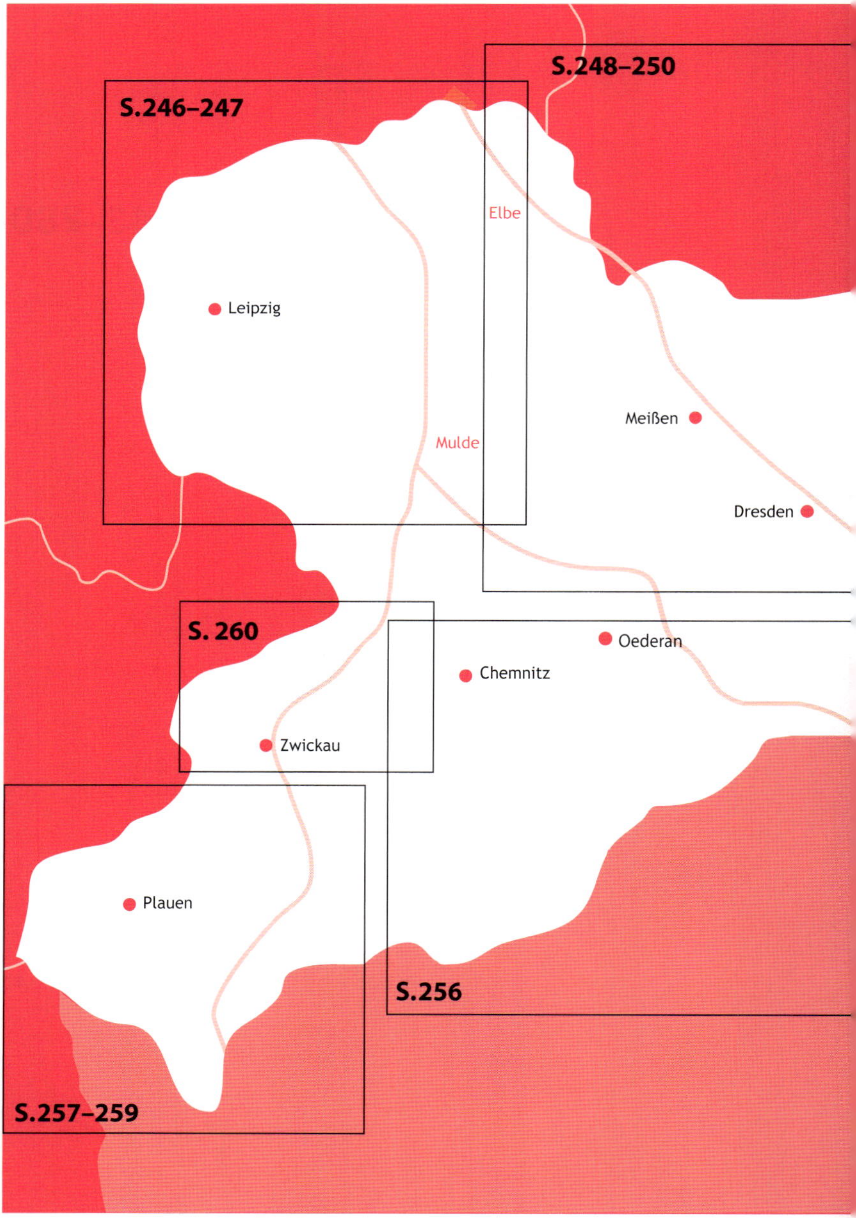
S.248–250
S.246–247
Elbe
Leipzig
Meißen
Mulde
Dresden
S. 260
Oederan
Chemnitz
Zwickau
Plauen
S.256
S.257–259

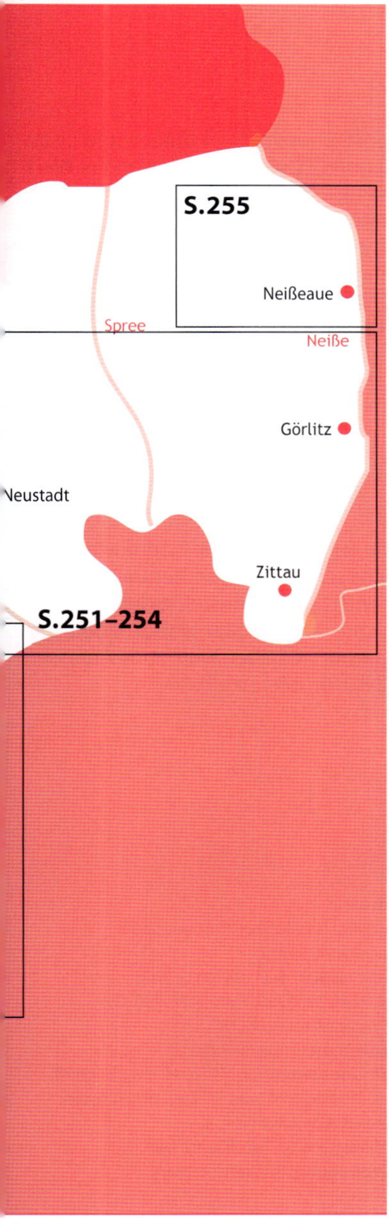
S.255
Neißeaue
Spree
Neiße
Görlitz
Neustadt
Zittau
S.251–254

Leipzig und Umgebung

Schon im Mittelalter war Leipzig als Messestadt berühmt, ein Ruf, um den die Stadt heute mit dem Slogan „Leipzig kommt" kämpft. Um den Weltruf als Stadt der Musik muss Leipzig nicht kämpfen: Das Gewandhausorchester dirigierte ab 1835 Felix Mendelssohn-Bartholdy, der während seiner Schaffenszeit die Talente Chopins, Schumanns und Liszts erkannte. Er war es auch, der das Werk Johann Sebastian Bachs wiederentdeckte.

Um das Maß voll zu machen: Auch Richard Wagner, umstrittener Meister der romantischen Oper in Deutschland, wurde in Leipzig geboren.

Museum für Musikinstrumente Leipzig

Musikgeschichte! Leipzig wird gern als „Stadt der Musik" bezeichnet, und diesem Namen macht das Museum für Musikinstrumente alle Ehre. In einer umfangreichen und sehr interessanten Ausstellung kann man hier viele Jahrhunderte Musikgeschichte und die Entwicklung der Musikinstrumente verfolgen. In 12 Kapiteln werden die markanten Epochen der Renaissance, des Barock, der Klassik und der Romantik bis hin zur Gegenwart dargestellt. Die Namen berühmter Komponisten wie Bach oder Mendelssohn und Oberbegriffe wie „das Wiener Pianoforte" oder „Sächsischer Instrumentenbau" weisen auf wichtige Meilensteine der Musikgeschichte hin. Im Klanglabor laden Instrumente aus aller Welt zum Anfassen und Ausprobieren ein.

Wichtig!

Adresse:
Museum für Musikinstrumente der Universität Leipzig
Johannisplatz 5-11, 04103 Leipzig
Tel. 0341/9730750, Fax 0341/9730759
www.grassimuseum.de
musik.museum@uni-leipzig.de
Öffnungszeiten: Di. bis So. 10–18 Uhr geöffnet, montags, 24. und 31. Dez. geschlossen.
Eintritt: Erwachsene € 4,–
Ermäßigte € 2,– (bis 6 Jahre frei).
Verpflegung: Bistro-Restaurant

Die Museen von Leipzig

Historisches Gedächtnis! Die Museen der Stadt Leipzig erzählen die Wandlungen der Zeit und des Zeitgeistes in allen Fassetten. An geschichtlich bedeutenden Orten werden Liebe und Krieg, Tod und Teufel, Reichtum und Armut, Glauben und Verbrechen, Kunst und Wissenschaft thematisiert. Einige Beispiele:

Altes Rathaus: Das 1556 von Hieronymus Lotter errichtete Alte Rathaus (Markt 1) gehört zu den schönsten Bauwerken der deutschen Renaissance. Neben dem kurfürstlichen Baumeister und Leipziger Bürgermeister Lotter begegnen Sie in der ständigen Ausstellung Prominenten wie Martin Luther, Johann Sebastian Bach und Johann Wolfgang Goethe. 1100 Originale, Meisterwerke der Kunst, Kostbarkeiten und verblüffende Kuriositäten vom 8. bis zum 18. Jahrhundert, geben Einblicke in die wechselvolle Geschichte Leipzigs.

Stadtgeschichtliches Museum – Neubau: Der Neubau (Böttchergäßchen 3) ist das Zentrum und der Tresor für die Schätze des Stadtgeschichtlichen Museums. Die moderne Funktionsarchitektur beherbergt Direktion, Sammlungen und Service-Einrichtungen und ist Bühne für zahlreiche Sonderausstellungen und Heimat des 2004 eröffneten Kinder- und Jugendmuseums LIPSIKUS. Für die Öffentlichkeit zugänglich sind außerdem die stadtgeschichtliche Bibliothek, die Fotothek und die zentrale Dokumentation der kulturhistorischen Sammlungen.

Museum Zum Arabischen Coffe Baum: Im Herzen der Leipziger Altstadt, wenige Meter vom Alten Rathaus entfernt, befindet sich das älteste Kaffeehaus (Kleine Fleischergasse 4) Deutschlands. Seit 1711 wird hier der Sachsen liebstes Getränk, der Kaffee, ausgeschenkt. Das außergewöhnliche Hauszeichen gab dem Haus seinen Namen „Zum Arabischen Coffe Baum“. In den oberen Stockwerken vermitteln mehr als 500 Exponate die glänzenden Höhepunkte und charakteristische Besonderheiten der sächsischen Kaffeekulturgeschichte.

Wichtig!

Info-Telefonnummern der Museen:
Altes Rathaus: Tel. 0341/965130
Öffnungszeiten:
Di.–So., Feiertage 10–18 Uhr
Stadtgeschichtliches Museum - Neubau:
Tel. 0341/9651340
Öffnungszeiten:
Di.–So., Feiertage 10–18 Uhr
Museum Zum Arabischen Coffe Baum:
Tel. 0178/8592199
Öffnungszeiten:
Täglich 11–19 Uhr
www.stadtgeschichtliches-museum-leipzig.de

Dresden

Das „Elbflorenz" profitiert heute noch vom Wirken Augusts des Starken, der eine ganze Reihe beherrschender Gebäude entlang des Stromes bauen ließ. Wer Dresden besucht, der wird angetan sein von der stillen Eleganz, die die Stadt ausstrahlt. Die Semperoper, sowie die Frauenkirche sind imposante Gebäude in der Stadt. Das architektonische Glanzlicht hinterlässt bei vielen einen bleibenden Eindruck. Nur eine Stunde entfernt von der Hektik der Business-Stadt Leipzig, demonstrieren die Dresdener ihr Savoirvivre. Und wer der Stadt dann doch entfliehen will, der ist nach kurzer Zeit im idyllischen Elbtal mit seinen traditionsreichen Weingütern.

Dampfschifffahrten auf der Elbe

Größte Raddampferflotte! In Dresden ist eine weltweit einmalige Flotte beheimatet: Mit neun historischen Raddampfern ist die Sächsische Dampfschiffahrt die Älteste und größte Raddampferflotte der Welt. Die Schiffe, die fast alle aus dem 19. Jahrhundert stammen, werden noch mit echten Dampfmaschinen betrieben. Auf ihrem Fahrgebiet zwischen Diesbar/Seulitz bei Meißen und Bad Schandau in der Sächsischen Schweiz bietet die Sächsische Dampfschiffahrt ein umfangreiches Linien- und Sonderfahrtenprogramm an, so zum Beispiel Ausflüge in die Sächsische Schweiz und ins Sächsische Elbland. Als Rundfahrten stehen die „Brückentour" und die „Stadtrundfahrt zu Wasser" auf dem Programm.

Dampferfahren mit Musik macht besonders viel Spaß. Die Sächsische Dampfschiffahrt bietet Jazz-und Dixielandfahrten, Dixielandfrühschoppen und Sommernachtsfahrten an. Und die Mütter können sich am 10. Mai bei einer Muttertagsfahrt mit Buffet so richtig verwöhnen lassen. Anlässlich der Schuleinführung findet die Zuckertütenfahrt am 8. August statt.

Wichtig!

Adresse: Sächsische Dampfschiffahrt
Hertha-Lindner-Straße 10, 01067 Dresden
Tel. 0351/866090, Fax 0351/8660988
www.saechsische-dampfschiffahrt.de
info@saechsische-dampfschiffahrt.de
Anfahrt: Anlegestelle Dresden, Terrassenufer, unterhalb der Brühlschen Terrasse
Saison: Sommer 04.04. bis 01.11.2009
Winter 03.11. bis 31.12.2009
Fahrzeiten: stündl. Abfahrt, Mai–Okt. zusätzl. Abendfahrten.
Preise: z. B. für eine Jazz- und Dixielandfahrt, Erwachsene € 18,–, Kinder € 9,– oder Sommernachtsfahrt mit Buffet, Erwachsene € 33,50, Kinder € 16,75

monte mare Neustadt

Erste „Europasauna" Sachsens! 35 km südöstlich von Dresden befindet sich dieses Sauna- und Wellnessparadies der besonderen Art.

Insgesamt warten 7 verschiedene Saunen, Dampf- und Schwitzbäder darauf, von Ihnen entdeckt zu werden. Eine Wohltat für Körper und Seele sind die finnischen Saunen, das römische Dampfbad, die Mentalsauna mit entspannender Musik sowie die Niedertemperatur-Sauna. Die stündlichen Kräuteraufgüsse sind ein absolutes Highlight.

Relaxen Sie in der Wärmekabine oder bei kulinarischen Genüssen an der Saunabar. Genießen Sie die wohltuenden Massagen und einen Hauch von Sommer in den Solargrotten.

Abgerundet wird das Angebot durch ein Freizeitcenter mit umfangreichen Möglichkeiten zur sportlichen Betätigung sowie die faszinierende Wasserwelt mit dem traumhaften Flair der Südsee. Badespaß, Sport, Wellness, Freizeit und Fun – jeder findet hier, in wunderschönem Ambiente, die richtige Art, sich zu entspannen. Neben den schon erwähnten Saunen gibt es ein Schlammbad, eine Aromazisterne, Laconium, Kräuterbad, Dampfbad, Trockensauna, Erdsauna (außen), Teichsauna (außen), Erlebnisduschen sowie Single-Badewannen. Für Fitness sorgen die Kneipp-Strecke, Fußwärmbecken und die großen Bewegungsbecken (innen und außen). Entspannung pur bietet der Mentalruheraum mit Wasserbetten.

Wellness: Umfangreiches Angebot wie z. B. Hamam, Ayurveda-Massagen, Bäderpackungen, Thalasso, Aroma-Wellness, Beauty sowie zahlreiche Day-SPA- und Tagesarrangements.

Wichtig!

Adresse und Anfahrt:
monte mare Neustadt
Götzingerstraße 12
01844 Neustadt/Sachsen
Tel. 03596/502070, Fax 03596/502080
neustadt@monte-mare.de
www.monte-mare.de

Öffnungszeiten Saunaparadies:
Mo. ab 14 Uhr bis 22 Uhr, Di.–So. ab 10 Uhr, Di.–Do. bis 22 Uhr, Fr./Sa. bis 23 Uhr und So. bis 21 Uhr.
Freizeitbad: Mo. ab 14 Uhr bis 21 Uhr, Di.–Do./So. 10 bis 21 Uhr, Fr. bis 22 Uhr, Sa. bis 23 Uhr. Während der Schulferien/Sachsen und feiertags ab 10 Uhr geöffnet
Freizeitcenter: Mo.–So. ab 9 Uhr, Mo.–Fr. bis 22 Uhr und Sa.–So. bis 19 Uhr.

Eintritt: (Saunaparadies inkl. Freizeitbad)
Tageskarte Erwachsene € 16,–
Tageskarte Jugendliche (bis 16 Jahre) € 14,–
Kinder unter 111 cm/Geburtstagskinder frei,
Eltern mit eigenem Kind (bis 16 J.) € 45,–
Eltern mit mehr eig. Kindern (bis 16 J.) € 58,–
Wochenend-/Feiertagszuschlag € 1–3.

Zoo Dresden

Ferne Welten ganz nah. Direkt im Zentrum Dresdens, eingebettet in den Großen Garten, liegt der Dresdner Zoo. Große und kleine Tierfreunde können sich rund 2.000 Tiere aus fast 300 Arten anschauen.

Die tierischen Attraktionen werden durch spezielle Kinderangebote wie Abenteuerspielplätze, Zookasper, Streichelzoo und Autoscooteranlage ergänzt.

Im Afrikahaus, wo Elefanten und Mandrills leben, grünt und blüht es üppig und tropisch mit Pflanzen der afrikanischen Galeriewälder. In der neuen Löwensavanne kann der König der Tiere vom 5 m hohen Besucherfelsen oder durch eine Glasscheibe zu ebener Erde beobachtet werden. Im restaurierten Raubtierfelsen befindet sich außerdem eine Ausstellung zur fast 150-jährigen Zoogeschichte.

Die neu eröffnete Giraffen- und Zebraanlage bietet verschiedene Blickwinkel auf die Tiere: auf einer „Landzunge" gehen die Besucher tief in die Außenanlage hinein und erleben die Tiere rund um sich herum. Im Inneren eines „Spähbaumes" können Kinder allerlei entdecken und in 3,50 m Höhe den Giraffen beim Fressen zuschauen. Im Giraffenhaus können die schönen Tiere sowohl durch große Glasscheiben als auch über eine Art Galerie „Aug-in-Aug" beobachtet werden.

Noch interessanter wird der Besuch des Zoos durch eine individuelle Zooführung. Die Besucher werden zu den schönsten Stellen im Zoo geführt und erhalten tolles Insiderwissen über die Tiere. Eine schöne Tradition ist die Übernahme von einer Tierpatenschaft, mit der man zum Unterhalt des Patentieres beiträgt.

Wichtig!

Adresse:
Zoo Dresden GmbH
Tiergartenstraße 1
01219 Dresden
Tel. 0351/478060, Fax 0351/4780660
www.zoo-dresden.de

Anfahrt: Der Zoo liegt südlich der Elbe und ist mit den Straßenbahnen 9, 13 und der Stadtbuslinie 75 erreichbar. Im Zentrum ausgeschildert.

Saison/Öffnungszeiten: ganzjährig, im Sommer 8.30–18.30 Uhr, im Winter 8.30–16.30 Uhr

Eintritt: Erwachsene € 8,–
Kinder (3–16 Jahre) € 4,–
Ermäßigte € 6,–

Verpflegung: Picknick, Gastronomie im Zoo

Die Oberlausitz

Nur wenige wissen, dass es auf deutschem Boden eine ethnische Minderheit mit eigener Sprache und Kultur gibt: die slawischen Sorben. Bis heute lebt diese katholische Volksgruppe im wunderschönen Dreiländereck der Oberlausitz. In dieser urtümlichen Naturlandschaft wird vom Radwandern bis zum Wintersport alles geboten. Dörfer wie Großschönau, Waltersdorf, Jonsdorf und Obercunnersdorf sind durch eine in Europa einmalige, für diese Gegend charakteristische Bauweise geprägt: die Umgebindehäuser. Sie verweisen auf eine Jahrhunderte alte Tradition der Weberkunst. Aber auch das tausendjährige Bautzen, Görlitz an der Neiße und das Riesengebirge sind reizvolle Ausflugsziele im Dreiländereck von Deutschland, Polen und der Tschechischen Republik.

Schmalspurbahn Zittau

Seit 1980 „schnauft" die Zittauer Schmalspurbahn durchs Zittauer Gebirge, und zwar bis zu 7mal täglich die Strecke Zittau–Kurort Oybin–Kurort Jonsdorf und zurück. Die Fahrt dauert etwa 50 Minuten. Ein längerer Zwischenstopp in Oybin mit einer Wanderung zur romantischen Bergkirche, der Burg und Klosterkirche auf dem Gipfel lohnt sich auf alle Fälle. Auf den Spuren von Caspar David Friedrich bieten sich dem Wanderer beeindruckende Motive. Im Sommer finden auf dem Gipfel Konzerte, Ritterspiele und historische Mönchszüge statt. In Jonsdorf kann man sich auf der Waldbühne nochmal voll der Muse widmen. Beachten Sie bitte auch das große Veranstaltungsangebot.

Wichtig!

Adresse:
Sächsisch-Oberlausitzer
Eisenbahngesellschaft
Bahnhofstraße 39, 02763 Zittau
Tel. 03583/64456, Fax 03583/64458
Internet: www.soeg-zittau.de
Anfahrt: Zittau liegt an den B 178 und B 96 an der Grenze zu Polen, die Bahn ist im Ort ausgeschildert.
Saison:
Hauptsaison:
01.05.2009–01.11.2009
04.04.2009–19.04.2009
31.01.2009–22.02.2009
Nebensaison: übriger Zeitraum
Fahrzeiten: bis zu 9 Fahrten täglich, genaue Zeiten und Fahrpreise tel. erfragen, Pläne auch im Internet, siehe oben.
Verpflegung: Picknick, Gastronomie vor Ort

Das Waldstrandbad in Großschönau

Sommerfreuden! Schroffe Felsen, steile Berggipfel, markante Sandsteingebirge und malerische Täler laden zum unbeschwerten und abwechslungsreichen Urlaubsvergnügen ins Zittauer Gebirge ein. Zu Füßen der knapp 800 m hohen Lausche zwischen saftig grünen Wiesen und weiten Wäldern breitet sich auf einem 15 ha großen Areal Sachsens größter Freizeitpark aus. „Vergnüg' dich gesund!" – so lautet hier das Motto und dies begleitet einen durch den ganzen Urlaub. Mit einem Bad im Waldstrandbad oder im subtropischen Freizeitbad könnte der Tag beginnen. Auf einer 200.000 qm großen Wasserfläche, umgeben von Liegewiesen und Strandkörben, breitet sich das Waldstrandbad aus und mitten im Wasser thront das Walross „Trixi" – das Maskottchen des Ferienparks. Bestehen Sie die Mutprobe mit einem Sprung vom 10-m-Turm oder gehen Sie es eher beschaulich an? Verweilen Sie bei einem leckeren Eis, Kaffee und Kuchen auf der Dachterrasse und genießen Sie einen fantastischen Ausblick auf das Zittauer Gebirge. Eine großzügige Saunalandschaft, ein ebensolches Wellness-Angebot und viele andere Freizeitaktivitäten lassen keine Wünsche zum Erholen und Wohlfühlen offen.

Wichtig!

Adresse:
Trixi-Park Zittauer Gebirge
Jonsdorfer Straße 40
02779 Großschönau
Tel. 035841/6310
Fax 035841/631118
www.trixi-park.de
info@trixi-park.de

Anfahrt: aus Richtung Dresden über die A 4, Abfahrt Bautzen-Ost, B 6 bis Löbau, in Löbau B 178 bis Herrnhut, Richtung Oberoderwitz Großschönau/Zittauer Gebirge.

Saison/Öffnungszeiten:
Freizeitpark ganzjährig,
Freizeitbad: Mo.–Do. 10–22 Uhr, Fr. und Sa. 10–23 Uhr, So. 10–21 Uhr.

Eintritt: Erwachsene 3 Std. € 7,50
Tageskarte € 9,50
Kinder 3 Std. € 6,50
Tageskarte € 8,–

Verpflegung: „Trixi's Inn", Restaurant mit Dachterrasse, Picknick im Bad.

Querxenland Seifhennersdorf

Tolle Ferienfreuden! In der Oberlausitz werden kleine Kobolde „Querxe" genannt, im Querxenland in Seifhennersdorf zu Füßen des Zittauer Gebirges sind alle Sorten von Kobolden stets willkommen! Das Querxenland ist eine Gruppenunterkunft für Schulklassen, Kinder- und Jugendgruppen, Sport- und Kulturvereine sowie Familien. Die Möglichkeiten zur Freizeitgestaltung sind sehr vielfältig, es beginnt beim Freizeitzentrum mit Sauna, Fitnessraum und Computerkabinett und endet noch längst nicht beim kleinen Park mit Abenteuerspielplatz, BMX-Strecke, Mehrzwecksportfeld und Kletterberg.

Bei schlechtem Wetter gibt es die Möglichkeit zum Basteln, bei schönem Wetter stehen ein Besuch des Waldbades „Silberteich" oder Ausflüge auf dem Programm. Die Auswahl an Ausflugszielen in der näheren Umgebung ist sehr groß. Eine besondere Unterkunft ist das rollstuhlgerechte Bettenhaus. Somit ist das Querxenland eine barrierefreie Gruppenunterkunft und es heißt alle recht herzlich willkommen!

Wichtig!

Adresse:
KiEZ Querxenland
Viebigstraße 1
02782 Seifhennersdorf
Tel. 03586/4511-0
Fax 03586/451116
Internet: www.querxenland.de
E-Mail: info@querxenland.de
Anfahrt: Seifhennersdorf liegt südlich der B 96 zwischen Bautzen und Zittau. Im Ort ausgeschildert.
Saison: ganzjährig
Preise für Gruppenunterkunft:
auf Anfrage
Verpflegung: eigene Küche, Voll- und Halbpension möglich, Cafeteria

Saurierpark Kleinwelka

Urzeitabenteuer! Jedes Jahr laden neue Attraktionen Jung und Alt ein, aktiv und fantasievoll eine längst vergangene Zeit lebendig werden zu lassen. Über 200 detailgetreue Plastiken im Saurierpark in Kleinwelka stellen typische Vertreter der Saurierwelt in verschiedenen Erdzeitaltern dar. Nicht nur Kinder und Jugendliche sind begeistert, wenn sie in der Netzspielanlage den Giganten der Urzeit in einer Höhe von 10 m ganz nah sind. Sie können auch wie kleine Wissenschaftler in der Ausgrabungsstätte nach einem Saurierskelett suchen. Immer wieder kann der Besucher auf neue Einblicke in die Erdgeschichte gespannt sein. Auf dem Planetenspielplatz erlebt man in einem „Flugmobil“ eine virtuelle Reise durch den Mittelpunkt der Erde. Flugsaurierschaukel, Niedrigseilgarten, 8 m hohe Klettwand, Matschtische und Riesenrutsche sorgen für aktive Urzeitabenteuer. Mit der Eintrittskarte vom Saurierpark kann man auch den Sauriergarten besuchen – eine Anlage von Franz Gruß, der den Grundstein für den heutigen Park legte. Der Sauriergarten schließt sich unmittelbar an den Saurierpark an und widmet sich speziell dem Thema Urmenschen, deren Lebensweise in verschiedenen Szenen veranschaulicht wird.

Wichtig!

Adresse und Anfahrt:
Saurierpark Kleinwelka, Am Saurierpark 1
02625 Bautzen OT Kleinwelka
Tel. 035935/3036, Fax 035935/21504
www.saurierpark.de, info@saurierpark.de
Anfahrt: 4 km nördlich von Bautzen in Kleinwelka an der B 96 in Richtung Hoyerswerda, A 4 Ausfahrt Salzenforst. Der Parkplatz ist ausgeschildert.
Öffnungszeiten: Ab 01.04–31.10. täglich 9–18 Uhr geöffnet. Wenn Ostern im März ist, bereits ab Karfreitag geöffnet. In den Sommermonaten Juli und August öffnet der Saurierpark von 9–19 Uhr.
Eintritt: Erwachsene € 9,–, Kinder € 5,–, Familienkarte € 22,50
Gruppen 20 % Ermäßigung
Verpflegung: umfangreiches Imbissangebot, Grillhütte (Grillhütte nur bei Voranmeldung)

Kulturinsel Einsiedel – Grüngeringelter Abenteuerfreizeitpark

Am östlichsten Punkt Deutschlands wächst seit 19 Jahren die Kulturinsel Einsiedel – der „Grüngeringelte Abenteuerfreizeitpark" mit dem 1. Baumhaushotel der Republik. Eine ungewöhnliche Oase, abseits von Stadt und Dorf, mitten in der Ferienregion Zenral-Lausitz.

Auf dieser grüngeringelten Abenteuerspielwildnis, heißt es Durchklettern, Durchkriechen, Erforschen und Ausprobieren. Verschlungene Wege, unterirdische Geheimlabyrinthe, ein sagenhaftes Zauberschloss und die Entdeckung des über 1.000 Jahre verschollenen Volkes von Turi Sede zeigen, dass Märchen kein Kinderkram sind und wofür Phantasiewelten gut sind. Eine „Insel", wo die Häuser auf Bäumen wachsen, Mythen und Sagen sich um die Geschichte der Kulturinsel ranken und die Inselgeister daraus lebendige Geschichte und experimentelle Archäologie machen.

Vergeblich sucht man in der Feuerschenke, dem Galerie-Café oder Fresstempel nach Coca-Cola, Pizza, Bratwurst oder Pommes. Ausgewählte Köstlichkeiten aus der ganzen Welt werden hier frisch zubereitet und statt Cola gibt's Himbeerbrause. Da meist ein Tag nicht ausreicht, bietet die Kulturinsel Abenteuernächte im Erdhaus, Waldsiedlum, Tipisiedlum oder wipfelluftig im 1. BH-Hotel Deutschlands an.

Einzigartig ist auch die Wanderbrücke, die Gäste und ihre Fahrräder (auf der „Insel" gibt es auch einen Fahrradverleih) über die Neiße ins polnische Nachbarland schifft.

Wichtig!

Adresse: Kulturinsel Einsiedel – Grüngeringelter Abenteuerfreizeitpark
Kulturinsel Einsiedel 1
02829 Neißeaue/ OT Zentendorf
Tel. 035891/491-0, Fax 035891/491-11
www.kulturinsel.de, info@kulturinsel.de
Öffnungszeiten: März–Okt., tägl.10–18 Uhr
Eintritt: Erw. € 8,–, Kinder (4–16 J.) € 5,50
Ermäßigte € 6,50, Familien € 22,–
Abenteuernächte im:
Waldsiedlum € 38,50 bis € 48,–; Erdhaus € 33,50 bis € 43,–; Tipi € 28,50 bis € 41,–
Abenteuernächte im Baumhaus z. B. Fiona: € 213,50, Bodelmutz: € 203,50.
Verrückte Feste: Hier einige Beispiele:
30.04.: „Pyromanum", Feuerspiele zur Walpurgisnacht.
20.06.: Mystum – Die Nacht der verbotenen Spiele.
04.09.–06.09.: 16. FOLKLORUM – das Festival der Kulturen mit den Kulturkreisen Mexiko, Polen, Deutschland & Klezmer Musik.
10. & 11.10.: 4. internationaler BaumhausBAU-wettbewerb.

Oberwiesenthal im Erzgebirge

Befindet man sich auf dem „Dach Sachsens", dem Gipfel des Fichtelbergs, liegt einem die höchstgelegene Stadt Deutschlands mit 914 m ü. NN zu Füßen. Im deutschen Mittelgebirge zählt der Kurort Oberwiesenthal zu den schönsten Wintersportgebieten. Hier hat man eine große Auswahl an Möglichkeiten, die von Langlauftouren über Schlittenfahrten bis hin zu rasanten Abfahrten mit Ski und Snowboard reichen. Dank einer modernen Beschneiungsanlage mit über 120 Schneekanonen ist Skifahren im Winter nahezu immer möglich. Rodeln, Freizeitvergnügen auf der Natureisbahn, ein Snowboard-Park mit Halfpipe, Ski- und Snowboardschulen, eine Kinderskischule und Skiverleihe machen das Obere Erzgebirge zu einem Anziehungspunkt für Touristen.
Eine Fahrt mit der mehr als einhundert Jahre alten dampfbetriebenen Schmalspurbahn wird zu einem unvergesslichen Erlebnis. Sie schnauft täglich zwischen dem Kurort Oberwiesenthal und Cranzahl entlang der 17,3 km langen Strecke. Genießen Sie bei gemütlicher Fahrt die landschaftlichen Schönheiten des Erzgebirges entlang des romantischen Sehma- und Pöhlbachtales.
Als Olympiastützpunkt und Bundesleistungszentrum ist es dem Kurort Oberwiesenthal möglich, das hohe Niveau im Leistungssport zu halten. Talenten wie dem Skispringer Jens Weißflog, dem 3-fachen Olympiasieger in der Nordischen Kombination Ullrich Wehling, der Langläuferin Barbara Petzold folgen Spitzensportler wie die erfolgreichste Rennrodlerin aller Zeiten Sylke Otto, Rennrodlerinnen Tatjana Hüfner und Anke Wischnewski, Rennrodler Torsten Wustlich sowie die erfolgreichen Langläufer René Sommerfeldt, Claudia Künzel und Viola Bauer. Der Shootingstar in der Nordischen Kombination ist Eric Frenzel. Wer die aufsteigenden Talente in den Nordischen Skidisziplinen in Aktion erleben möchte, kann an den Schanzen oder in der Sparkassen Skiarena den einen oder anderen Sportler antreffen.
Hochentwickelte Hotellerie, familiär geführte Pensionen und gemütlich eingerichtete Privatquartiere mit insgesamt über 3.800 Betten stehen für eine erstklassige Gastlichkeit zu jeder Jahreszeit zur Verfügung.

Wichtig!

Adresse: Gästeinformation Kurort Oberwiesenthal, Marktstraße 8
09484 Kurort Oberwiesenthal
Tel. 037348/1550-50, Fax 037348/1550-182
www.oberwiesenthal.de
tourist-info@oberwiesenthal.de
Anfahrt: Routenplaner für die individuelle Anfahrt im Internet.

Das Vogtland

Plauen ist eine Spitzenstadt! Die einstige Tuchmacher- und Webermetropole ist kultureller und wirtschaftlicher Mittelpunkt der Region Vogtland ganz im Westen Sachsens. „Plauener Spitze" war Ende des vergangenen Jahrhunderts ein Produkt von Weltgeltung, heutzutage ist diese alte Tradition ein wenig in Vergessenheit geraten. Das Vogtland hat aber noch viel zu bieten. Einen Besuch wert ist beispielsweise der Ort Tannenbergsthal, genauer gesagt den kleinen Ortsteil Schneckenstein. Dort gibt es einen unterirdischen See zu erkunden, auch kann man Edelsteine dort schleifen.
Ob Wandern, Urlaub zu Pferde oder Kuren und Baden, die Region hält für jeden Geschmack das Richtige bereit.

Tierpark Klingenthal

Mit ca. 400 Tieren in 30 Arten bietet der Tierpark Klingenthal eine schöne Basis, einen interessanten Nachmittag oder, je nach Beobachtungsfreude, ganzen Tag zu verbringen.

Neben einheimischen Tieren werden hier auch exotische Tiere gehalten. Gleich am Eingang wird man von den Grizzly-Bären „Nina" und „Ulla" begrüßt. Nebenbei sei erwähnt, dass hier der größte Grizzly von Deutschland lebte, bevor er im Jahr 2002 starb. „Taps" hatte eine Standhöhe von 2,60 m und er brachte 700 kg auf die Waage. Der Publikumsliebling bleibt der Bevölkerung im Naturkundemuseums Chemnitz aber erhalten. Im Warmhaus wurden Landschaftsvitrinen gestaltet, die zum Beispiel Aras und Grüne Leguane beherbergen. In mehreren Volieren leben verschiedene Fasane, Sittiche, Waldkäuze, Bussarde und Schnee-Eulen. Ergänzend gibt es einen kleinen Spielplatz und einen Streichelzoo.

Wichtig!

Adresse: Tierpark Klingenthal
Richard-Wagner-Höhe, 08248 Klingenthal
Tel. 037467/22397, www.klingenthal.de
(Link: Tourismus, Ausflugsziele, Tierpark)
tierpark@klingenthal.de
Anfahrt: Klingenthal liegt südöstlich von Plauen an der B 283, der Tierpark ist im Ort ausgeschildert
Saison/Öffnungszeiten: täglich von 9–18 Uhr, im Winter bis zum Einbruch der Dunkelheit
Eintritt: Erwachsene € 3,– , Kinder € 1,50 unter 3 Jahren frei, Familienkarte € 7,50
Gruppen ab 10 Personen:
Erwachsene € 1,50, Kinder € 1,–
Verpflegung: Gaststätte und Imbiss

Klingenthaler Schauwerkstatt

Musikwelten! Der Instrumentenbau im Vogtland hat eine alte Tradition, in der Klingenthaler Schauwerkstatt kann man sich die Herstellung von Akkordeons, Harmonikas und Concerterias genau anschauen. Die Schauwerkstatt ist anders aufgebaut als ein Industriebetrieb. Geringer technischer Aufwand und bewusste Wertlegung auf handwerkliche Fertigung erhöhen die Attraktivität für den Besucher. Alle in der Schaumanufaktur gefertigten Musikinstrumente können käuflich erworben werden. Kinder im Vorschulalter sind hier gut aufgehoben, sie können den Instrumentenbauern Löcher in den Bauch fragen.

Wichtig!

Adresse: BGK Schaumanufaktur
Falkensteiner Straße 31
08248 Klingenthal
Tel. 037467/22407, Fax 037467/21504
www.akkordeon-schau-manufaktur.de
schaumanufaktur@musikzentrum.de
Saison/Öffnungszeiten: ganzjährig, Führungen durch die Manufaktur Montag bis Donnerstag 9.30 Uhr, 11 Uhr, 13.30 Uhr, Freitag 9.30 Uhr
Eintritt: Eintritt: auf Anfrage
Verpflegung: Restaurants im Ort.

Miniaturenpark Klein Erzgebirge

Kleine Welten! Auf einer Fläche von ca. 12.000 m² finden Sie hier die schönsten Bauwerke des Erzgebirges. Maßstabsgetreu und teilweise funktionsfähig, in erzgebirgischer Tradition aus Holz gefertigt, werden sie ständig mit viel Liebe zum Detail gepflegt und erweitert. Die Parkeisenbahn lädt Groß und Klein zum Mitfahren ein. Für die kleinen Besucher des Miniaturenparkes ist sie auch immer wieder eine Attraktion: Die attraktive Spiellandschaft, von der sich Kinder immer wieder begeistert angezogen fühlen.

Wichtig!

Adresse: Miniaturenpark Klein Erzgebirge
Richard-Wagner-Straße 2
09569 Oederan/Sachsen
Tel. 037292/599-0
www.klein-erzgebirge.de, info@klein-erzgebirge.de
Anfahrt: von der A 4 über die Abfahrten Frankenberg bzw. Hainichen in Ri. Oederan B 173, dann ausgeschildert:
Öffnungszeiten: Saisonstart am 21.03. bis 2.11., täglich geöffnet von 10–18 Uhr, von Juni bis August täglich von 9-18 Uhr.
Eintritt: Erwachsene € 7, Kinder 4–14 Jahre € 5,– Familienkarte (2 Erw. u. bis zu 3 Kinder 4–14 Jahre) € 18,–, Geburtstagskind (4 bis 14 Jahre) frei
Verpflegung: Restaurants am Park

Die Drachenhöhle in Syrau

Vor genau 81 Jahren wurde die Drachenhöhle – die einzige Schauhöhle Sachsens – entdeckt. In 15 Metern Tiefe unter der Erdoberfläche erwartet den Besucher der Drachenhöhle die Märchenwelt der Tropfsteinformationen. Bizarr, was da von der Decke herab- und vom Boden heraufwächst. Die Kalksteingebilde haben im Volksmund Namen wie „Der steinerne Wasserfall" und „Elefantenohr" bekommen. Eine der Hauptattraktionen der Höhle ist der stille Nixensee, dessen glatte Oberfläche die Höhle widerspiegelt. Nach dem Rundgang, der in der Regel die Kinderphantasie zu Höhenflügen inspiriert, schaut man sich noch schnell die Windmühle an oder macht sich auf dem Spielplatz breit. Während die Kids die Strapazierfähigkeit der Geräte testen, machen es sich die Eltern auf der mitgebrachten Decke bequem oder bauen das Kalte Buffet auf. Die Kinder wollen natürlich lieber „Pommes", und die gibt es am Kiosk, der ebenfalls nicht weit ist.

Wichtig!

Adresse:
Drachenhöhle Syrau
Höhlenberg 10, 08548 Syrau
Tel. 037431/3735
Fax 037431/80912
www.drachenhoehle.de
syrau@t-online.de
Anfahrt: Die Höhle liegt im Zentrum des Ortes. Bis zur Windmühle ist es etwa 1 km in Richtung Fröbersgrün. Sie ist schon von weitem sichtbar.
Saison: Höhle ganzjährig, Mühle Mai bis 3. Oktober
Öffnungszeiten: April bis Oktober 9.30–17 Uhr, Nov. Bis März 10–16 Uhr
Eintritt: Drachenhöhle:
Erwachsene € 4,50
Kinder 4–14 Jahre € 2,50
Familienkarte Eltern mit eigenen Kindern 4–14 Jahren € 12,60
Gruppen ab 15 Personen p. P. € 4,–
Verpflegung: Picknick, Imbiss, Grillmöglichkeit.

Tierpark Hirschfeld

Der kleine Tierpark in ländlicher Lage ist auf einem alten Parkgelände von besonderer Schönheit entstanden. Zahlreiche Bäume wurden bereits seit Jahrhunderten geschützt, und so kann man z. B. 450 Jahre alte Buchen hier finden. Waren es ursprünglich nur einheimische Wildtiere, die hier lebten, so sind mittlerweile viele andere Tierarten hinzugekommen. Insgesamt präsentiert der Tierpark etwa 700 Tiere in 120 verschiedenen Tierarten. Wie wär's zunächst mit einem Besuch bei Familie Waschbär? Oder lieber die größere Variante Bär? Dann auf zu den Braunbären, die auch gerne Besuch haben. Ruhig und langsam geht's im Vivarium voran, wo Schildkröten gemütlich in der Sonne dösen. Beliebt sind die Hüpfkissen, der Kinderspielplatz, die Kegelbahn und die Minigolf-Anlage. Durch ein vielfältiges Veranstaltungsprogramm ist immer etwas los im Zoo. Im Sommer gibt es beispielsweise ein tolles Kinderfest mit Kinderdisco, Feuerwehr, Ponykutsche und vielen Überraschungen.

Wichtig!

Adresse:
Tierpark Hirschfeld
Tierparkstr. 3
08144 Hirschfeld
Tel. 037607/5239
Fax 037607/85661
www.tierpark-hirschfeld.de
E-Mail: tierpark_hirschfeld@t-online.de
Anfahrt: In unmittelbarer Nähe der Autobahnabfahrt Zwickau West A 72
Saison/Öffnungszeiten: ganzjährig, täglich 9–18 Uhr, im Winter bis 17 Uhr
Eintritt: Erwachsene € 4,–
Kinder bis 14 Jahre € 2,–
Familienkarte € 12,–
Verpflegung: Gaststätte „Bärenschenke"

Rheinland-Pfalz 261–286

Saarland 287–290

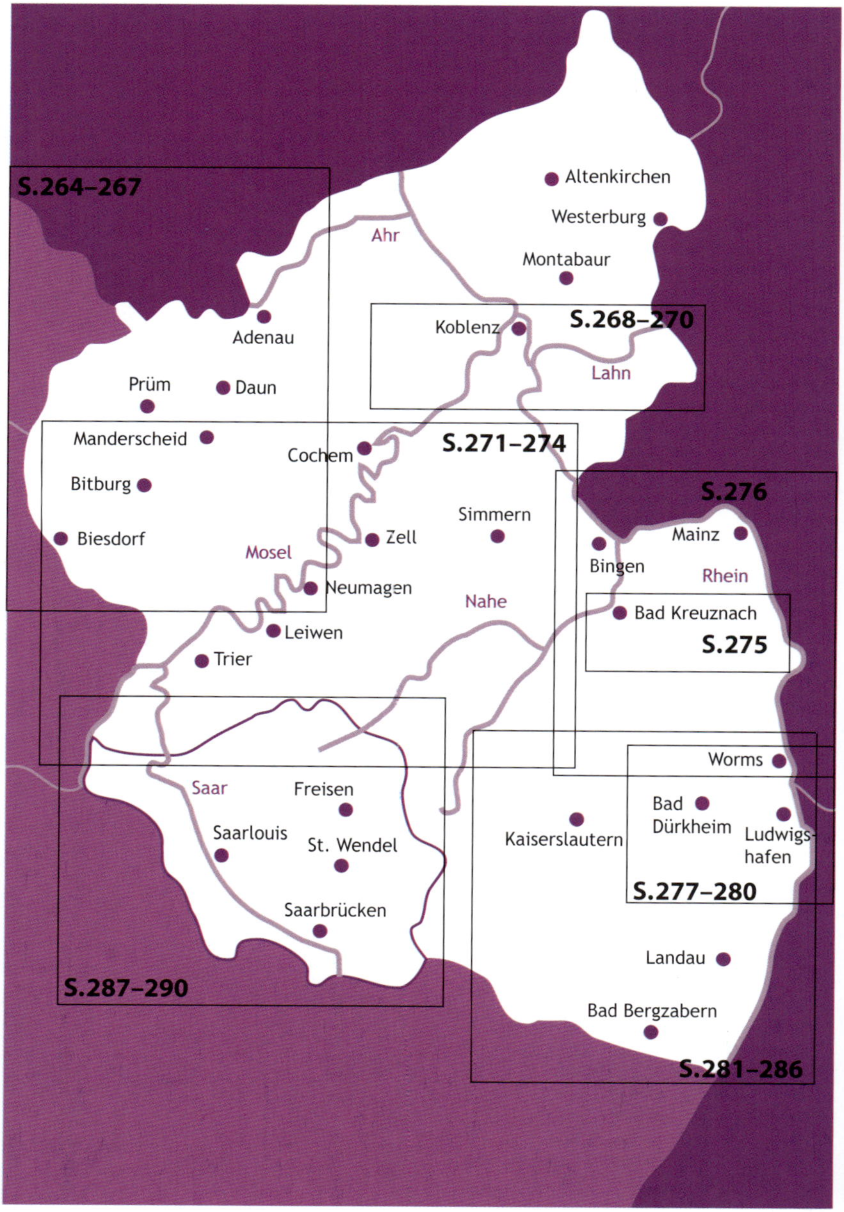
S.264–267
Altenkirchen
Westerburg
Ahr
Montabaur
Adenau
Koblenz
S.268–270
Lahn
Prüm
Daun
Manderscheid
Cochem
S.271–274
Bitburg
Simmern
S.276
Biesdorf
Zell
Mainz
Mosel
Bingen
Rhein
Neumagen
Nahe
Bad Kreuznach
S.275
Leiwen
Trier
Worms
Saar
Freisen
Bad Dürkheim
Kaiserslautern
Ludwigs-hafen
Saarlouis
St. Wendel
S.277–280
Saarbrücken
Landau
S.287–290
Bad Bergzabern
S.281–286

Südliche Eifel

Alljährlich am letzten Augustwochenende bestimmen eiserne Gestalten das Bild der Zwei-Burgen-Stadt Manderscheid: Dann nämlich wird das Burgenfest begangen, bei dem mutige Recken in ihren Rüstungen hoch zu Ross ihre Kräfte messen. Wer sich dafür interessiert, der sollte Kontakt mit dem Verkehrsverein aufnehmen, Tel. 06572/8949. Neben den vielen Burgen, die die bewegte Geschichte des Landes erzählen, sind erloschene Vulkane und die Vulkanseen, sogenannte Maare, typisch für das südliche Eifelland.

Der Wallende Born

Die Eifel ist reich an Naturdenkmälern, die aus der Vulkanzeit stammen. Eines der seltsamsten ist der „Wallende Born", eine ruhige kleine Kohlensäurequelle, die alle halbe Stunde Schwefelblasen hervorbringt und dabei meterhohe Fontänen ausstößt. Es ist fast wie im Yellowstone-Nationalpark. Der praktische Naturkundeunterricht ist für Kinder ab etwa sechs Jahren sehr spannend. Man muss sich mindestens zweimal die Fontäne anschauen. Die Zwischenzeit vertreibt man sich beim kleinen Picknick, derweil der Nachwuchs den Spielplatz hinter der Quelle in Anspruch nimmt. Anschließend kann man noch einen Spaziergang durch den Wald machen, Wanderwege gibt es überall.

Wichtig!

Adresse:
Wallender Born
54570 Wallenborn
Info-Tel. 06592/939177
Anfahrt: Wallenborn liegt an der B 257 zwischen Daun und Bitburg, die Quelle ist im Ort ausgeschildert.
Öffnungszeiten:
ganzjährig zugängig
Eintritt: frei
Verpflegung: Picknick, Gaststätte im Ort
Drumherum: Im Ort kann auch die Großimkerei Mehler besucht werden.

Der Eifelpark Gondorf

Tiere, Shows und Spiele! Im Eifelpark erwarten den Besucher atemberaubende Naturschauspiele, lustige Shows und spannende Abenteuer auf über 750.000 qm. Die Gäste können Bären und Luchs in freier Wildbahn erleben, hautnahen Kontakt zu Mufflons, Steinböcke oder Sikawild aufnehmen und sich auf die faszinierende Freifvogelshow freuen. Für diejenigen, die das große Kribbeln im Bauch brauchen, dürfte der Spaß beim freien Fall im Rutschenparadies oder bei einer rasanten Fahrt mit dem Eifelcoaster das Richtige sein. Entspannung pur bietet dann anschließend eine gemütliche Fahrt mit dem Eifel-Express quer durch den Park – so entgeht Groß und Klein keine Attraktion. Glänzende Augen bekommen die kleinen Besucher beim Clown im Zirkuszelt und beim Puppenspieler auf der Bergstation. Neugierig geworden? Dann hinein ins große Eifelpark-Vergnügen.

Wichtig!

Adresse: Eifelpark
54647 Gondorf bei Bitburg
Tel. 06565/956633, www.eifelpark.de
Anfahrt: Gondorf liegt östlich von Bitburg u. südl. der B 50, der Park ist ausgeschildert.
Saison/Öffnungszeiten: Wildpark ganzjährig, Vergnügungspark ab 05.04.–25.10.2009 täglich ab 9.30–17 Uhr, Fahrattraktionen ab 10 Uhr geöffnet, im Juli und August bis 18 Uhr geöffnet.
Eintritt: Erwachsene € 14,50
Kinder (3–14 Jahre) € 9,50
Familien-Tageskarte 2 Erwachsene und 2 Kinder bis 14 Jahre € 42,–
Verpflegung: Mehrere Imbissstände mit Sonnenterrasse auf der Berg- und Tal-Station, Grillmöglichkeiten.

Gran Dorado Heilbachsee

Der Urlaubspark Gran Dorado Heilbachsee liegt inmitten der wunderschönen Eifellandschaft. Die zentrale Lage zu den Städten Köln, Trier, Luxemburg, Mainz und die vielen Freizeitangebote im Park und Umgebung machen das Gran Dorado Heilbachsee zu einem idealen Urlaubsort für die ganze Familie. Der Park bietet 460 Bungalows, wetterunabhängiger GranPlace mit verschiedenen Themenrestau-

rants und Geschäften, Südsee-Badeparadies mit Sauna und Solarium, täglich wechselnde Unterhaltungsevents sowie Freizeit- und Kinderprogramm. Die Vulkaneifel – großartige Erlebnislandschaft mit weiten Wäldern, malerischen Dörfern, tiefen Seen und engen Flusstälern: Dies alles sind die besten Voraussetzungen für einen sportlich aktiven Urlaub mit abenteuerlichen Wanderungen oder Mountainbike-Touren in der hügeligen Landschaft. Mögen Sie es lieber ein wenig ruhiger, steht einem ausgedehnten Spaziergang entlang einem romantisch gelegenen Eifel-Maar nichts im Wege. Oder nehmen Sie einfach an einer Geosafari in einem Landrover teil und lernen Sie die einzigartigen Sehenswürdigkeiten dieser Gegend kennen.

Wichtig!

Adresse:
Heilbachsee
Gran Dorado Group
Am Kurberg
56767 Gunderath
Tel. 02657/809-0
Fax 02657/1460

Anfahrt: ab Koblenz/Trier:
A 48/A 1, Abfahrt Ulmen.
B 257, Richtung Nürburgring.
Nach 3 km ausgeschildert.
(Hörschhausen-Gunderath).
Ab Köln: A 1, bis Ende Autobahn, Ri. Nürburgring, dann B 257 Ri. Cochem/Zell, dann ausgeschildert (Mosbruch–Gunderath).

Öffnungszeiten: ganzjährig

Unterkunft: Angebote von Ferienwohnungen, Bungalows und Studios, Preise auf Anfrage.

Verpflegung: Restaurants, Café, Geschäfte

Adler- und Wolfspark Kasselburg

Greifvogelschau! Der Adler- und Wolfspark Kasselburg hat sich ganz auf die räuberischen Vertreter der heimischen Natur eingestellt, die es in der freien Wildbahn Deutschlands nicht mehr oder kaum noch gibt. Größte Attraktionen sind natürlich die Greifvogelschau und die Wolfsfütterung. Vormittags bekommt man bereits um 11 Uhr die Adler und Falken zu sehen. Meistens drehen sie ein paar Trainingsrunden. Nachmittags beginnt das Programm um 15 Uhr mit der Flugvorführung, bei der die mächtigen Greife, Könige der Luft, ihre Flügel spreizen. Um 15.45 Uhr findet die Wolfsfütterung statt. Zum Park gehören auch Gehege mit Schwarz- und Waldwildpferden (Tarpane), Schafen und Ziegen. Für die kleinen Gäste gibt es auch einen tollen Abenteuerspielplatz. Die Nahrungsaufnahme für die Großen und Kleinen ist ebenfalls gesichert, man kann im Park picknicken oder eine der zwei Gaststätten aufsuchen.

Wichtig!

Adresse:
Adler- und Wolfspark Kasselburg
54570 Pelm/Gerolstein
Tel. 06591/4213
www.adler-wolfspark.de
Anfahrt: Der Park ist ab Gerolstein ausgeschildert.
Saison/Öffnungszeiten:
1. März bis 31. Oktober täglich 10–18 Uhr,
1. November bis 23. Dezember Samstag/Sonntag 11–16 Uhr,
26. Dezember bis 14. Januar täglich 11–16 Uhr,
15. Januar bis 28. Februar Samstag/Sonntag 11–16 Uhr.
Flugvorführung täglich 11 + 15 Uhr,
Wolfsfütterung täglich 15.45 Uhr.
Eintritt: Erwachsene € 5,–
Kinder € 4,–
Schulklassen pro Schüler € 3,50
Gruppe (pro Erw.) € 4,50
Verpflegung: Picknick, Gaststätten

Koblenz und Umgebung

Am Deutschen Eck in Koblenz mündet die Mosel in den Rhein. Sie hat sich vorher einen windungsreichen Weg durch das rheinische Schiefergebirge gebahnt. An den steilen, sonnigen Uferhängen wird ebenso wie am Rhein seit Jahrhunderten Weinbau betrieben. Sollten Sie sich am zweiten

Samstag des Augusts nahe Koblenz befinden, dann ist das Feuerspektakel „Rhein in Flammen" einen Ausflug wert: Bengalische Feuer lassen die Burgen und Berge erglühen, zum Abschluss des Abends wird ein Riesenfeuerwerk auf der Festung Ehrenbreitstein abgebrannt.

Burg Eltz in Münstermaifeld

Rittersaal! Sie ist die Bilderbuchburg des deutschen Mittelalters. Glückliche Umstände sorgten dafür, dass die Burg Eltz nie zerstört wurde. Die beeindruckende vieltürmige Anlage bietet nicht nur von außen einen unversehrten Anblick, auch innendrin ist alles original erhalten. Führungen beginnen alle Viertelstunde. Kinder lassen sich zwar nicht unbedingt von den Gemälden eines Lucas Cranach d.Ä. in Bann schlagen, lauschen dafür aber um so interessierter, wenn im großen Rittersaal die Rüstungen besichtigt werden. Spannend wird es in den Gewölben der Schatzkammer, dort werden 500 Kostbarkeiten gezeigt.

Wichtig!

Adresse: Burg Eltz
56294 Münstermaifeld
Tel. 02672/950500
www.burg-eltz.de, burg@eltz.de
Anfahrt: auf der B 416 von Koblenz nach Cochem, über Münstermaifeld, dort ausgeschildert.
Saison/Öffnungszeiten: 1. April bis 1. November, täglich von 9.30 bis 17.30 Uhr (letzter Einlass)
Eintritt: Erwachsene € 8,–
Erwachsene in Gruppen ab 20 Pers. € 7
Schüler, Studenten, Behinderte € 5,–
Familienkarte (2 Erw. und Kinder) € 24,–
Verpflegung: In der Vorburg gibt es zwei SB-Restaurants.

Koblenz

Inmitten von vier Mittelgebirgen mit Wald-, Grün- und Wasserflächen liegt die Stadt Koblenz. Romantisch und vielfach besungen ist der Zusammenfluss von Rhein und Mosel am weltweit bekannten Deutschen Eck. Zeugnisse der über 2.000-jährigen Geschichte der Stadt sind Kirchen, Schlösser. ehemalige Adelshöfe und herrschaftliche Bürgerhäuser. Zu einem romantischen Spaziergang laden die engen Gassen mit historischen Plätzen ein. Koblenz wurde von Römern gegründet, von Franken erobert, von Kurfürsten zur Residenz erkoren, von Franzosen besetzt und von Preußen regiert. Eine sehr wechselvolle und von vielfältigen Einflüssen geprägte Geschichte also. Ein Stück dieser Geschichte kann man beispielsweise in den Museen der Stadt erleben. Einen interessanten Streifzug durch die Geschichte bietet das Mittelrhein-Museum. Es befindet sich seit 1965 im ehemaligen Kauf- und Danzhaus im Herzen der Koblenzer Altstadt. In einem Gewölbekeller, auf drei Etagen und in einem Glasbau sind verschiedene Sammlungen beherbergt, so vor und frühgeschichtliche Funde sowie aus der römischen Zeit Münzen des 11. bis 19. Jahrhunderts, Skulpturen, Gemälde u.v.m. Eine andere Welt tut sich im Ludwig Museum auf. Durch seine Ausrichtung auf aktuelle französische Kunst schließt das Ludwig Museum eine entscheidende Lücke in der deutschen Museumslandschaft. Es nimmt eine einzigartige Vermittlerfunktion wahr, die auch jungen Künstlern zugute kommt. Dem Besucher werden Einblicke in aktuelle Entwicklungen der Kunst des Nachbarlandes Frankreich gebort – von neu zu entdeckenden älteren französischen Künstlern bis hin zur internationalen Avantgarde. Abgesehen von den Museen gibt es auch viel schöne Landschaft zu genießen und natürlich auch die sprichwörtliche rheinische Gastfreundschaft.

Wichtig!

Weitere Infos:
Stadt Koblenz
Gymnasialstraße 2
56068 Koblenz
Tel.: 0261/129-0
internet@stadt.koblenz.de
www.koblenz.de

Burg Pyrmont

Burgromantik! Hier ist alles ein wenig anders, man wird nämlich nicht „an der Hand" durch die Burg geführt, sondern schaut sich alles im eigenen Tempo an. Dann kann man die Ritterrüstungen in der Schatzkammer etwas ausführlicher betrachten und verzichtet dafür auf anderen „alten Plünn", der die Kids meistens nicht besonders interessiert. Das Schießen mit der guten alten Armbrust kommt natürlich bei den kleinen „Militaristen" unter den Kindern ebenfalls immer sehr gut an. In der alten Küche kann man die wahren Schätze des Mittelalters erleben, die meistens mit Gold und Silber aufgewogen wurden. Im Burghof kann man zünftig picknicken, sofern man sein Geld nicht lieber in der „Gasterey" ausgeben möchte. Krönung ist der Aufstieg auf den 25 Meter hohen Bergfried. Ein Blick weit in die Eifel hinein, hinüber nach Münstermaifeld und zur Burg Eltz, ist der Lohn für die Kletterpartie.

Wichtig!

Adresse:
Burg Pyrmont
56754 Roes
Tel. 02672/2345
Fax 02672/8811
www.burg-pyrmont.de
Anfahrt: z. B. über die A 48 Trier-Koblenz, Ausfahrt Kaifenheim, dann Richtung Roes. Ausgeschildert.
Öffnungszeiten/Besichtigung:
Mi. bis So. und an Feiertagen, Juni, Juli und August von 11–17 Uhr, Mai, September und Oktpber von 11–16 Uhr
Eintritt: Erwachsene € 4,50
Kinder von 4–16 Jahren € 3,–
Familien (2 Erw. und ihre Kinder) € 14,–
Gruppen ab 20 Personen pro Person € 4,–
Verpflegung: Picknick, Gastronomie auf der Burg
Tipp: Interessante Sonderveranstaltungen unter www.burg-pyrmont.de

Hunsrück-Naheland

Die tief eingekerbten Bachtäler des Hunsrücks waren früher Rückzugsgebiet nicht nur für Dachs und Rothirsch – auch der berühmte Räuberhauptmann Schinderhannes wusste die Einsamkeit der weiten Waldgebiete zu schätzen. Hier versteckte er sich in der Zeit zwischen seinen Missetaten. In Simmer, einer kleinen Kreisstadt im Hunsrück, saß der Schinderhannes ein halbes Jahr lang im jetzt nach ihm benannten Turm, bis ihm schließlich die abenteuerliche Flucht gelang. Im Norden wird der Hunsrück vom Moseltal begrenzt, im Süden schlängelt sich die Nahe durch ihr liebliches Tal.

Barfußpfad in Bad Sobernheim

Alles barfuß! Schuhe aus, jetzt geht es barfuß durch die Natur! Was der Bad Sobernheimer Kurbegründer „Lehmpastor" Emanuel Felke schon seinen Patienten geraten hat, können Sie erleben und auch Sie sind dann „von den Socken". Ein Spaziergang über den 3.500 m langen Barfußpfad, quasi als Reflexzonenmassage über verschiedene Untergrundmaterialien wie Sand, Kies, Lehm, Rundhölzer, Gras, Rindenmulch und vieles mehr. Sie können auf 4 verschiedenen Wegen die Nahe überqueren. Auf einer schönen Holzbrücke oder durch eine Furt mit Hilfe eines Halteseils. Oder über die längste Fußgängerhängebrücke Deutschlands (insg. 50 m), alternativ mit einem Flussnachen selbst Fährmann spielen und sich über die Nahe ziehen. Ausgangspunkt ist der Quellenpavillon im Freizeitpark, wo man die Schuhe in Schließfächern deponieren kann. Unweit gibt es ein Erlebnisfreibad, eine Saunalandschaft sowie Restaurants.

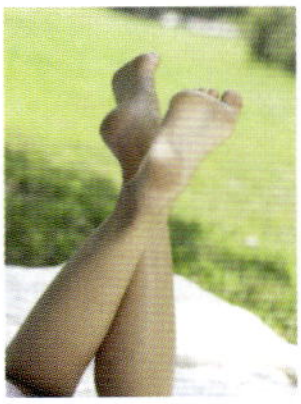

NEU ist das Thema Geologie auf dem Barfußpfad. Entdecken Sie die 300 Millionen Jahre Erdgeschichte.

Wichtig!

Adresse:
Barfußpfad, 55566 Bad Sobernheim
Tel. 06751/81241, Fax. 06751/81-240
(Kur- und Touristinformation)
www.bad-sobernheim.de
Anfahrt: im Nahetal, direkt an der B 41 zwischen Bad Kreuznach und Idar-Oberstein, der Barfußpfad ist ausgeschildert
Saison/Öffnungszeiten:
1. Mai bis 3. Oktober, täglich 9–20 Uhr
Eintritt: Erwachsene € 3,–, Kinder € 1,50
Verpflegung: Restaurant am Erlebnisfreibad oder Quellenpavillon sowie Gastronomie in der 10 Minuten entfernten Innenstadt.

Hunsrück Ferienpark Hambachtal

Traumhafte Freizeit! Das Hotel mit Studios und Appartements sowie die gemütlich eingerichteten Ferienhäuser sind an den sonnigen Südhang mitten ins Grüne, und wunderschön in

die Landschaft integriert, gebaut. Das Freizeitangebot umfasst: Abenteuerspielplätze, Mountainbike-Verleih, Minigolf, Boccia, Kinderclub mit Spiel und Spaß für jedes Alter, subtropisches Erlebnisbad „Die Pyramide" mit Kinderbecken, 97 m lange Riesenrutsche, Jetkanal, Spaß- und Sportbecken und Hot-Whirlpool. Auch schwitzen kann man hier nach allen Regeln der Kunst im Saunaparadies „die Insel". Man findet dort finnische Saunen, griechische und römische Dampf- und Ruhebäder, Hamam und Serailbad, eine Amethystdampfgrotte, Blütenpools, finnische Blockhaussauna sowie ein eigenes Sauna-Schwimmbad und weitere Einrichtungen fürs ganzheitliche Wohlbefinden. Sport und Fitness werden hier ebenfalls groß geschrieben. Es gibt eine Tennishalle mit Tennisschule und Außenplätzen, Kegel- und Bowlingbahnen, Billard, Bogenschießen und ein Trimm-Pfad. In der Beauty-Farm „Nofretete" kann man sich schließlich von Kopf bis Fuß pflegen und mit Naturkosmetik verwöhnen lassen.

Wichtig!

Adresse:
Hunsrück Ferienpark
Hambachtal
55765 Oberhambach
Tel. 06782/1010
www.hambachtal.de
info.hambachtal@roompotferien.de
Anfahrt: Hambach liegt 20 km von Idar-Oberstein entfernt.
Saison: ganzjährig
Preise: für Hotel/Ferienwohnung etc. auf Anfrage.
Verpflegung: Restaurants, Bars, Café und Diskothek.

Wildfreigehege Wildenburg

Waldtiere ganz nah! Im Mittelpunkt dieses besonders schönen Tierparks steht der König unserer hiesigen Wälder, der Rothirsch. Im weitläufigen Gelände zu Füßen der Wildenburg werden dem Besucher natürlich noch viele weitere heimische Tierarten vorgestellt, vom Schwarzwild bis zum Bussard, vom Muffelwild bis zu den Luchsen und Wildkatzen. Als Seltenheiten gibt es weiße Damhirsche und vollständig schwarz gefärbtes Damwild zu sehen. In der Streichelabteilung treffen die jungen Besucher auf Ziegen und Meerschweinchen, und wenn sich die Faszination der Tiere erschöpft haben sollte, dann gibt es noch die

große Spielburg mit Rutschen, Klettergeräten und Schaukel. Es gibt überall Sitzplätze, teilweise auch mit Tischen, man kann also problemlos picknicken. Im Anschluss an den Tierparkbesuch lohnt es sich auf jeden Fall, den Aussichtsturm der Wildenburg noch kurz zu erklettern. In den Ferien findet, jeweils dienstags und donnerstags ab 9 Uhr eine geführte Tierfütterung mit dem Wildhütter statt.

Wichtig!

Adresse:
Wildfreigehege Wildenburg
55758 Kempfeld/Hunsrück
Tel. 06786/7212 (Hunsrückverein e.V.)
www.hunsrueckverein.de

Anfahrt: über die B 422 ab Idar-Oberstein, nach rund 10 km geht es rechts ab nach Kempfeld. Der Tierpark ist ausgeschildert.

Saison/Öffnungszeiten: ganzjährig, täglich von 8.30–19 Uhr (Einlass bis 17 Uhr)

Eintritt: Erwachsene € 4,–
Kinder (4–16 Jahre) € 3,–
Preisänderungen vorbehalten.

Verpflegung: Picknick, Kiosk sowie Burggaststätte

Edelsteinminen Steinkaulenberg

In den einzigen zur Besichtigung freigegebenen Edelsteinminen Europas, den Edelsteinminen im Steinkaulenberg, beginnt die Reise durch eine faszinierende Welt voll Glanz und Kostbarkeiten.

Neben dem Besucherstollen stehen auch ein Edelsteincamp und zwei Schürffelder zur Verfügung. Auf dem Camp können Schatzsucher nach Herzenslust nach den Edelsteinen der Region schürfen. Die Schürffelder – vorwiegend für Kinder und Jugendliche gedacht – werden täglich mit Mineralien und Edelsteinen aus aller Welt bestückt. Voranmeldung erforderlich

Die nächste Station auf dem Weg der Edelsteine ist ihre Verarbeitung. In der Historischen Weiherschleife, der letzten Wasserrad-angetriebenen Schleife am Idarbach, wird die Verarbeitungsweise früherer Jahrhunderte demonstriert.

Ergänzt wird das Gewerbemuseum durch eine eindrucksvolle Multimedia-Show, welche das „Geheimnis der Edelsteine“ eindrucksvoll darstellt. Neben dem Schleifengebäude können Kinder und Jugendliche – Erwachsene nicht ausgeschlossen – auf dem Schürfplatz nach den begehrten Schätzen suchen. Auch das „Knacken“ einer Edelsteingeode gehört mit zu diesem einmaligen Abenteuer.

Wichtig!

Adresse: Edelsteinminen im Steinkaulenberg
55743 Idar-Oberstein, Ortsteil Algenrodt
Tel. 06781/31513 oder 06781/901918
www.idar-oberstein.de

Anfahrt: Der Steinkaulenberg liegt an der B 41 in südwestlicher Richtung von Bad Kreuznach, die Minen sind im Ort ausgeschildert.

Öffnungszeiten Besucherstollen: vom 15. März bis 15. Nov. täglich 9–17 Uhr. Für Gruppen Voranmeldung empfehlenswert unter Tel. 06781/47400, Fax 06781/980030

Öffnungszeiten Edelsteincamp: (zum Selberschürfen über Tage) täglich geöffnet von 9–17 Uhr

Eintritt: Besucherstollen: Erwachsene € 4,50
Kinder/Jugendliche (6–16 Jahre) € 3,–
Gruppen ab 10 Erw. pro Person € 3,50
Weitere Preisinfos, z. B. Edelsteincamp im Internet.

Verpflegung: Picknick vor dem Bergwerk, Kiosk, Gastronomie in Algenrodt und Idar-Oberstein

Bäderhaus Bad Kreuznach

Mit attraktiven Verwöhnpaketen setzt das Bäderhaus Akzente für die aktuelle Sauna-Saison: Ob wohltuende Entspannung allein, romantisches Erlebnis für Zwei, Wellness für Körper und Seele im Rhythmus der Jahreszeiten oder attraktive Schönheitsbehandlungen – anspruchsvolle, individuelle Wellness-Kompositionen bereichern das Angebot einer der schönsten Saunalandschaften Deutschlands in Bad Kreuznach.

Die vier Jahreszeiten können Besucher im Bäderhaus mit allen Sinnen genießen. Im Herbst, wenn an der Nahe der Wein gelesen wird, darf zum Beispiel ein hautpflegendes Weincreme-Bad nach einer einfühlsamen römischen Massage nicht fehlen, im Winter ein aromatisches Gewürz-Peeling vor einer regenerierenden Kräuter-Stempel-Massage Pantai Luar®. Frühlingserwachen beginnt dann mit einem entschlackenden Ganzkörperpeeling, während im heißen Sommer ein kühlendes After-Eight-Peeling erfrischt und eine Ayurveda-Massage entspannt.

Zum Abschalten und Verwöhnen sind die Exklusiv-Behandlungen für solche gedacht, die im Bäderhaus einfach eine „Auszeit" nehmen vom stressigen Arbeits- oder Familienalltag: Entspannende Massagen und Pflegebehandlungen liefern neue Energie. „Märchen für Pärchen" nennt sich das Angebot für zwei Genießer oder Romantiker, die Wellness im Bäderhaus gemeinsam erleben möchten. Traumhafte Peelings und Massagen mit Schokolade oder exotischen Kräutern und Gewürzen sind die Highlights. Schönheitsexperten kümmern sich ganz individuell um Gesichtspflege – mit exklusiven Muschelmassagen, Champagner-Extrakten und hochwertiger Kosmetik fühlt man sich nicht nur jünger, sondern sieht auch gut aus.

Wichtig!

Adresse: Bäderhaus
Kurhausstr. 23, 55543 Bad Kreuznach
Tel. 0671/991100, Fax 0671/991101
www.baederhaus.de, info@baederhaus.de

Anfahrt: Das Bäderhaus befindet sich im Kurviertel. Von der Bushaltestelle Badeallee sind es nur knapp 100 m zum Bäderhaus.

Öffnungszeiten: Täglich geöffnet von 10–22.30 Uhr (Saunaende 22 Uhr), montags Damensauna. Geschlossen: vom 1. bis 10. Juli sowie 24., 25. und 31. Dezember

Eintritt: Abendtarif ab 18 Uhr € 13,–
Tageskarte € 19,–

Verpflegung: im Restaurant des Bäderhauses

Besonderheiten: Das Bäderhaus ist ein textilfreier bereich, d. h. Badekleidung wird nicht getragen.

Rheinhessen

Ganz im Süden Rheinhessens, auf dem Grunde des Flusses bei Worms, schlummert ein großer Schatz und wartet darauf, entdeckt zu werden; hier soll Hagen von Tronje den Schatz der Nibelungen versenkt haben. Die Nordgrenze Rheinhessens markiert die rheinland-pfälzische Hauptstadt Mainz, Hochburg der Närrinnen und Narren. Zwischen den beiden Städten erstreckt sich sanftes Hügelland und grünes Weinland.

Das Gutenberg-Museum in Mainz

Geschichte des Drucks! Die Hauptattraktion des Weltmuseums der Druckkunst sind die rekonstruierte Werkstatt des Erfinders des Druckens mit beweglichen Lettern sowie die beiden originalen Gutenberg-Bibeln, die im Jahr 1455 fertiggestellt wurden. In der Gutenberg-Werkstatt finden jeden Tag Druckvorführungen statt. Für Kinder ab 8 Jahren ist der Besuch sicherlich schon interessant. Ein besonderes Vergnügen ist es aber, wenn man am Donnerstag zwischen 10 und 17 Uhr im „Druckladen des Museums" vorbeischaut. Dann darf auch selbst gesetzt und gedruckt werden. Voranmeldung ist ratsam. Kinder können sich zum Beispiel eine Einladung für ihren Geburtstag oder auch Visitenkarten drucken – die ganze Aktion ist kostenlos. Nach dem Museumsbesuch kann man noch über den Marktplatz bummeln oder zum Rheinufer marschieren.

Wichtig!

Adresse:
Gutenberg-Museum
Liebfrauenplatz 5
55116 Mainz
Tel. 06131/122640-44
Druckladen Tel. 06131/1226-86
www.gutenberg-museum.de
Anfahrt: in unmittelbarer Nähe zum Dom, unweit der Rheinstraße. Am besten, man steuert ein Parkhaus an. Vom Hauptbahnhof mit dem Bus bis „Höfchen".
Öffnungszeiten Ausstellungsgebäude: Di.–Sa. 9–17 Uhr, So. 11–15 Uhr geöffnet, Mo. und feiertags geschlossen.
Eintritt: Erwachsene € 5,–
Erwachsene Gruppe ab 10 Pers. € 3,50 p./P.
Kinder 8–18 Jahre € 2,–, (Kinder bis 7 J. frei)
Familienkarte (Eltern und eigene Kinder unter 16 Jahren) € 10,–
Verpflegung: im Museums-Bistro „Codex" oder in Cafés, Restaurants in der Stadt.

Ludwigshafen und Umgebung

Auch wenn Ludwigshafen ein bedeutender Standort der chemischen Industrie in Deutschland ist, gibt es dort noch immer grüne Refugien, die Erholung gewährleisten. Durch die Stadt führen rund 130 Kilometer Radwege, 1000 Hektar ihrer Fläche sind öffentliche Grünanlagen. Wenn auch Ludwigshafen selbst nicht unbedingt ein Urlaubsziel ist, die Umgebung mit traditionsreichen Städten wie Speyer und Worms und der nahen Weinstraße hat einiges zu bieten.

Das Eisstadion Ludwigshafen

Tanz auf dem Eis! Kinder ab Schuhgröße 24 sind dabei, und wenn Papi Größe 50 trägt, dann macht das auch nichts. Sobald man die Leihschuhe oder die eigenen geschnürt hat, kann es auch schon losgehen. Je nach Können mit Sieben-Meilen-Schritten oder vorsichtig staksend. Zur Verfügung stehen zwei Kunsteisbahnen von 30 x 60 und 26 x 45 Metern. Wenn man auf unsicheren Beinen steht, sind zwei Stunden eine lange Zeit. Am Kiosk in der Eissportanlage wird man mit Pizza, Glühwein und kleineren Gerichten versorgt. Im Bereich des Sportgeländes der Eisbahnen gibt es einen großen Fußballplatz, eine freie Wiese zum Picknicken und auch einen Spielplatz.

Wichtig!

Adresse:
Eisstadion
Saarlandstraße 70
67061 Ludwigshafen
Tel. 0621/563997
www.ercl.org
Anfahrt: Die Eissportanlage befindet sich auf dem Sportgelände des Südweststadions, das ausgeschildert ist.
Öffnungszeiten:
Mo.–Fr. 9–12 Uhr und 14.30–17.30 Uhr,
Sa./So. 10–13 Uhr und 14.30–17.30 Uhr,
Abends am Mi. und Do. 20–22 Uhr
Fr. bis So. 19–22 Uhr
Eintritt: Erwachsene € 3,50
Kinder bis 17 Jahre € 2,50
Studenten € 2,50
Eisdisco € 4,–
Verpflegung: Kiosk in der Halle, Picknick im Außengelände

Wildpark Ludwigshafen

Wichtig!

Adresse:
Wildpark Rheingönheim
Neuhöferstraße 60
67065 Ludwigshafen
Tel. 0621/504-3379 u. 0621/504-3380
Anfahrt: Ab dem südlichen Ludwigshafener Stadtteil Rheingönheim ist der Wildpark ausgeschildert. Buslinie 572; 582 ab Innenstadt, Bahnbus Linie 6746
Saison/Öffnungszeiten: ganzjährig, Jan., Febr., Nov. und Dez. tägl. 10–17 Uhr
März und Okt. tägl. 10–18 Uhr, April, Mai und Sept. tägl. 10–19 Uhr, Juni, Juli und Aug. tägl. 9–19 Uhr
Eintritt: Erwachsene € 2,50
Kinder (6–14 J.) € 0,80,
Kinder bis 6 J. frei,
Familienkarte € 5,–
Verpflegung: Picknick, Gastronomie im „Wildparkstübchen" vor Ort

Wildtiere füttern! Der Besuch des Wildparks Ludwigshafen ist ein besonderes Erlebnis, denn einige der tierischen Bewohner des Parks bewegen sich völlig frei. So zum Beispiel das Damwild. An zwei Stellen im Park kann man Ziegen und Wildschweine füttern, allerdings nur mit speziellem und keinesfalls mit mitgebrachtem Futter. Die Kleineren unter den Besuchern möchten den Kontakthof nicht verlassen, wenn sie dort erst einmal Tuchfühlung mit den Ziegen aufgenommen haben. Ein mächtiger Koloss ist der Auerochse, der bereits ausgestorben war

und rückgezüchtet wurde. Dieses Schicksal teilt er mit den Tarpanen. Im Frühjahr sorgt der gestreifte Wildschweinnachwuchs für Entzücken. Wer sich inniger mit Fortpflanzungstheorien beschäftigt, der schaut dem auf der Insel im Ententeich lebenden Storch ein wenig zu. Außerdem beherbergt der Park den Nordluchs, drei Hirscharten, Mufflon, Wisent und inzwischen auch die europäische Wildkatze.

Freizeitbad Salinarium Bad Dürkheim

Abschalten, relaxen und neue Kräfte sammeln kann man im Salinarium in Bad Dürkheim auf unterschiedlichste Weise. Das Sauna- und Freizeitbad ist dafür bestens ausgerüstet. Kleine und große Schwimmfans finden ein großzügig angelegtes Spiel- und Spaßbecken mit integriertem 25-Meter-Schwimmbecken vor. Kleinere Verspannungen werden von Massagedüsen, Wasserspeiern und Bodensprudlern wegmassiert. Beliebt bei Kindern aller Altersklassen sind die Rutschbahn sowie die Sprunganlagen. Im Sommer lädt das Freibad mit einer Liegewiese von 10.000 m² ein, sich ein nettes Plätzchen zu suchen und den Nachmittag zu genießen. Sehr

gelungen ist die Saunalandschaft mit finnischer Sauna, Sanarium, Blockhaussauna, Meditations- und Badestube, Osmanischem Bad, Edelstein-Sauna und Dampfbad. So können ein paar Stunden Freizeit sich zu einem kleinen Erholungsurlaub verwandeln.

Wichtig!

Adresse:
Freizeitbad Salinarium
Kurbrunnenstraße 28
67098 Bad Dürkheim
Tel. 06322/935865
www.salinarium.de
Anfahrt: im Ort ausgeschildert.
Saison/Öffnungszeiten: ganzjährig, Badelandschaft: Mo. 9–19 Uhr, Di.–Do. 9–22 Uhr, Mi. 6.45–22 Uhr, Fr. 9–23 Uhr, Sa./So. 9–21 Uhr. Saunalandschaft: Mo. 12–22 Uhr, Di.–Do. 10–22 Uhr, Fr. 10–23 Uhr, Sa.–So. 10–21 Uhr.
Eintritt: Verschiedene gestaffelte Tarife, Preisbeispiele Badelandschaft: Erwachsene 2 Std. € 4,50 Tageskarte € 5,50, Kinder 2 Std. € 2,20 Tageskarte € 3,–
Verpflegung: Café und Restaurant im Bad

Friedrich-Ebert-Park

Friedrich-Ebert-Pa

Freizeitoase! Der Friedrich-Ebert-Park liegt mitten in der Stadt. Wer kurzentschlossen ein wenig frische Luft tanken will, der ist auf dem rund 30 Hektar großen Areal genau richtig. Bei den Ludwigshafenern ist er wegen der Fülle seiner Freizeitangebote sehr beliebt: Ausgedehnt sind hier die Grünanlagen mit Rosen- und Quellgarten, es gibt Vogel-Volieren mit jeder Menge Piepmätzen und auch kleine Tiergehege. 1925 wurde der Park anlässlich einer Gartenschau eröffnet. Der Entwurf der Anlage geht auf das Konzept des Stuttgarter Gartenbauarchitekten C.W. Siegloch zurück. Sein Motto für den Park hieß „Sternklar“, es schlägt sich noch heute in dem achteckigen Brunnen mit Fontäne im Eingangsbereich nieder. Wer jetzt auf den „Parkgeschmack“ gekommen ist, kann noch den Stadtpark in Ludwigshafen besuchen.

Wichtig!

Adresse: Der Friedrich-Ebert-Park in 67059 Ludwigshafen liegt an der Erzbergerstraße und ist ausgeschildert.
Tel. 0621/512035
www.ludwigshafen.de (Link Freizeit, dann Link Parkanlagen)
Info auch über: Tourist-Information, Berliner Platz 1, 67059 Ludwigshafen,
Tel. 0621/512035, Fax 0621/624295
www.lukom.com,tourist-info@lukom.com
Öffnungszeiten: ganzjährig frei zugänglich
Verpflegung: Picknick
Infos über Stadtführungen unter:
www.lust-auf-lu.de

Der Pfälzerwald

Jeder Pfälzer kennt den „Nationalvogel" mit Namen Elwedritsche – gesehen hat den gefiederten Genossen allerdings noch niemand. Es geht das böse Gerücht um, der Vogel existiere nur in der Phantasie von Weintrinkern. Vielleicht versteckt er sich aber wirklich irgendwo im Pfälzerwald. Der Süden des Gebirges ist geprägt von bizarren Buntsandstein-Formationen, der Norden zeigt sich hügelreich und von Tälern durchzogen. Auf den Hochebenen der Region wird seit Jahrhunderten Getreide angebaut.

Bergbauerlebniswelt Imsbach

Bergwerke und Museum! Ein interessantes Ausflugsziel am Donnersberg ist die Bergbauerlebniswelt in Imsbach, bestehend aus dem Pfälzischen Bergbaumuseum, dem ehemaligen Silber- und Kupfererzbergwerk „Weiße Grube" und der Eisenerzgrube „Maria". Bei geführten Rundgängen durch die mehrere 100 Meter begehbaren Grubenbauten aus Stollen erhalten die Besucher Einblicke in die Arbeitswelt der Bergleute und in die Vielfalt der hier zu bestaunenden Bodenschätze. Angeschlossen sind drei thematische Bergbaurundwanderwege. Mit farbigen Schautafeln beschildert, führen sie durch die reizvolle Landschaft vom Imsbach und seiner Umgebung zu zahlreichen Relikten der einst regen Bergbaurundtätigkeit. Das Pfälzische Bergbaumuseum in der Dorfmitte präsentiert auf zwei Etagen Dauer- und Sonderausstellungen. Für Kinder besteht die Möglichkeit, an einer Museumsrallye teilzunehmen. In Imsbach finden alljährlich im Juli der „Pfälzische Bergbautag" statt sowie am 3. Wochenende im September die „Donnersberger Mineralien- und Fossilienbörse".

Wichtig!

Adresse: Besucherbergwerke
Langental 1, 67817 Imsbach
Bergbaumuseum, Ortsstr. 2
67817 Imsbach
Auskunft: Tourismusbüro Verbandsgemeinde Winnweiler, Jakobstr. 29,
67722 Winnweiler, Tel. 06302/602-0
www.bew-imsbach.de
www.winnweiler-vg.de
info@winnweiler-vg.de
Anfahrt: Imsbach liegt an der A 63 Mainz-Kaiserslautern. Ri. Winnweiler fahren, auf der B 48 der Beschilderung „Weiße Grube" folgen.
Öffnungszeiten: April–Ende Oktober
Sa. 13–17 Uhr, So- u. feiertags 10–17 Uhr
Für Gruppen (ab 15 Personen) Führungen auf Anfrage
Eintritt: (Kombiticket für Grube und Museum): Erwachsene € 4,–
Kinder € 2,–
Familien € 11,–
Verpflegung: Picknick, Gaststätten im Ort, Pfälzerwald-Vereinshütten (nur Sonntag)

Kurpfalz-Park in Wachenheim

Natur und Action! Der 700.000 qm große Wild- und Erlebnispark liegt inmitten der urwüchsigen Berglandschaft des Pfälzer Waldes. Auf großen Freiflächen, die teilweise auch durchwandert werden können, leben Dam-, Sika-, Rot- und Schwarzwild. Der landschaftlich reizvoll gelegene Park mit Teichen und einem großen See bietet Gelegenheit, der Natur einmal ganz nahe zu kommen.

Gehen Sie auf Spurensuche und lassen Sie sich mit einer spannenden Show und einem anschaulichen Vortrag direkt am Gehege in die fazinierende Welt der Wölfe entführen.

Bekannt ist der Park auch für seine spannenden und lehrreichen Greifvogel-Freiflugvorführungen, die von Mitte Mai bis Mitte September täglich mehrmals zu sehen sind. Besucher erhalten einen beeindruckenden Einblick in das faszinierende Leben der Greifvögel. Neben der beschaulichen Landschaft, die mit dem Kurpfalz-Express auch durchfahren werden kann, zeichnet sich der Park durch die gelungene Integration der Attraktionen in die pfälzische Landschaft aus. Die Rollerbobbahn „Rotsteigflitzer", die Schwanentretboote, die spritzigen Bumperboats, das große Piratennest, die vielen Spielanlagen, das große stählerne Rutschenparadies und auch der „Irrgarten" sorgen für mächtigen Spaß. Auch einen Besuch unseres Puppentheaters (Juli–August) sollten Sie nicht versäumen. Gerade für unsere Kleinen wird Tierfüttern und eine Rodelpartie auf der größten Rodelbahn in Rheinland-Pfalz zum Abenteuer und einem einzigartigen Erlebnis.

Wichtig!

Adresse: B & T Kurpfalz-Park GmbH & Co. KG
67157 Wachenheim
Tel. 06325/9590-10, Fax 06325/9590-25
www.kurpfalz-park.de, info@kurpfalz-park.de

Anfahrt: Der Park liegt zwischen Neustadt an der Weinstraße und Bad Dürkheim und ist ausgeschildert. 3-mal täglich mit der Buslinie 510 vom Hauptbahnhof Neustadt.

Saison/Öffnungszeiten: Vom 1. April bis 1. November 2009 ab 9 Uhr geöffnet, Fahrattraktionen ab 10 Uhr . An folgenden Tagen ist nur der Wildpark von 10–16 Uhr geöffnet: 20. April bis 24. April, 27. bis 30. April, 14. bis 18. September, 21. bis 25. September, 28. September bis 02. Oktober und 05. bis 09. Oktober.

Eintritt: Erwachsene € 13,–
Geburtstagskinder mit Ausweis frei
Kinder (4–14 Jahre) € 11,–
Senioren (ab 60 Jahre) € 11,–
Season-Card € 39,–
Gruppen ab 20 Personen:
Erwachsene € 11,–, Kinder € 9,–

Verpflegung: Picknick, Grillen, Imbiss, Restaurant

Baumwipfelpfad und Biosphärenhaus

Das Biosphärenhaus, namentlich geprägt durch seinen ihn umgebenen Naturraum, liegt im grenzüberschreitenden Biosphärenreservat Pfälzerwald/Vosges du Nord, das aus einem französischen und einen deutschen Teil besteht, dem größten zusammenhängenden Waldgebiet in Westeuropa. Einen Überblick verschaffen Sie sich am besten auf dem Baumwipfelpfad in 15–35 m Höhe. Ganz locker zwischen den Wipfeln umherlaufend, kann der Wald aus der Perspektive eines Eichhörnchens erlebt werden und alles ohne Sicherung und Bergführer über einen stabilen Holzsteg auf einem sicheren Pfad. Wer aber lieber die Höhe spüren und auch ein wenig wackeln möchte, der kann über schwankende Hänge- und Tellerbrücken balancieren und erhält einen herrlichen Blick über die Baumkronen. Nach einem gemütlichen Abstieg vom Wipfelpfad über eine Holzrampe oder aber über die 40-m-Wendelrutsche, mit der man in ca. 12 Sekunden wieder auf den Waldboden gelangt, geht es weiter auf sicherem Boden zur Multimedia-Mitmachausstellung im Biosphärenhaus. Hier werden interaktiv die einzelnen Lebensräume im Biosphärenreservat vorgestellt, Gewässer, Bachtäler, Sandsteinfelsen und vieles mehr. Ein spannender Raum in der Ausstellung beherbergt die „Nachtetage", hier wird die Nacht zum Tag. Oder wer die Nacht lieber live erleben möchte, für den gibt es viele Nachtwanderungen in den Sommermonaten oder sogar eine Nacht auf dem Baumwipfelpfad zum Verbringen. Auch Mini-Survival-Aktionen, Brotback-Kurse, Ziegen-Wanderungen und Mittelalter-Workshops werden im Jahr rund um das Biosphärenhaus und den Wipfelpfad angeboten.

Das Naturerlebniszentrum Wappenschmiede bietet aktive Umweltbildung mit Exkursionen, geführten Wanderungen und Erlebnistagen an.

10 Zimmer mit insgesamt 40 Betten, direkt neben dem Baumwipfelpfad gelegen, laden ein, mitten in der Natur zu übernachten.

Zwei Erlebnis-Rundwege, der Wasser- und der Biosphären-Erlebnisweg, sind jeweils 2 km lang und auch mit Kinderwagen problemlos befahrbar.

Wichtig!

Adresse: Biosphärenhaus
Am Königsbruch 1, 66996 Fischbach (Dahn)
Tel 06393/92100, Fax 06393/921019
www.biosphaerenhaus.de

Öffnungszeiten:
Januar bis März: Mo.–Fr. 9.30–15.30
April, Mai, Oktober: Täglich 9.30–17.30 Uhr
Juni bis September: Täglich 9.30–18.30 Uhr
November, Dez.: Mo.–Fr. 9.30–15.00 Uhr
Änderungen möglich, bitte tel. erfragen.

Eintritt: Erwachsene (ab 18 J.) € 8,–
Kinder € 6,–, Ermäßigte € 6,50
Familienkarte (2 Erw. und 2 Kinder) € 21,–
Gruppen Erw. ab 30 Personen € 6,–
Kinder ab 30 Personen € 5,–

monte mare Kaiserslautern

Entspannung, Wärme und Wellness! Das Saunaparadies im monte mare Kaiserslautern erwartet Sie mit den verschiedensten Schwitz-Angeboten vom Soft-Dampfbad bis zur feurig-heißen Aufguss-Sauna.

Die großzügige Architektur holt die Toskana in die Pfalz und lässt mit ihrer stimmungsvollen Gestaltung Erinnerungen an den letzten Italien-Urlaub wach werden. Sprudelbäder, Tropenduschen, Wasserliegen und Whirlpools in einer „Oase der Sinne" verwandeln Ihren Aufenthalt im monte mare zu einem unvergesslichen „Urlaub zwischendurch".

Entspannen Sie im toskanischen Ruhehaus und in der vielseitigen Sauna- und Badelandschaft. Genießen Sie Niedertemperatursauna, Mentalsauna, Schlammbad, Aromazisterne, Laconium, Kräuterbad, Dampfbad, Finnische Aufguss-Sauna, Trockensauna, Erdsauna (außen), Teichsauna (außen), Erlebnisduschen, Single-Badewannen, Kneipp-Strecke, Fußwärmbecken, großes Bewegungsbecken (innen und außen), Mentalruheraum mit Wasserbetten, Solebecken mit Unterwassermusik (AquaSound).

Wellness: Umfangreiches Angebot wie z. B. Hamam, Ayurveda-Massagen, Bäderpackungen, Thalasso, Aroma-Wellness, Kaiserbad sowie zahlreiche SPA- und Tagesarrangements.

Wichtig!

Adresse und Anfahrt:
monte mare Kaiserslautern
Mailänder Straße 6
67657 Kaiserslautern (PRE-Park)
Tel. 0631/3038-0, Fax 0631/3038-399
kaiserslautern@monte-mare.de
Internet: www.monte-mare.de

Öffnungszeiten: Saunaparadies täglich ab 10 Uhr, Mo.–Do. bis 23 Uhr, Fr./Sa. bis 24 Uhr und So. bis 21 Uhr.
Sport- und Freizeitbad täglich 10 ab Uhr, Mo.–Fr. bis 21 Uhr, Sa. u. So. bis 19 Uhr.

Eintritt:
Saunaparadies: (inkl. Sport- und Freizeitbad) Mo.–Fr. 4 Std. € 19,–, Tageskarte € 23,– Sa./So. und feiertags 4 Std. € 21,– Tageskarte € 25,–
Frühstarter-Tarif Mo.–Fr. 10–14 Uhr € 11,50
Feierabend-Tarif Mo.–Fr. ab 19 Uhr € 16,50
Sportbad: (60 Min. + 15 Schwimmer-Tarif) Mo.–Fr. Jugendliche bis 17 Jahre € 3,50 Erwachsene € 4,50, Sa./So. und feiertags Jugendliche bis 17 Jahre € 5,50 Erwachsene € 6,50, Kinder bis 1 m frei.
Freizeitbad (inkl. Sportbad): Mo.–Fr. 3 Std. Jugendliche bis 17 Jahre € 6,– Erwachsene € 8,– Sa./So. u. feiertags 3 Std. Jugendliche bis 17 Jahre € 8,– Erwachsene € 10,–, Familienermäßigung ab 2 Erw. + 1 Jugendlicher: 25 % Ermäßigung auf 3-Std-Karte, Kinder bis 1 m frei.

Holiday Park Hassloch

Action, Spaß und Faszination auf über 400.000 qm! Spannende und lustige Shows mit internationalen Künstlern und einzigartigen Fahrattraktionen für Jung und Alt inmitten einer herrlichen Park- und Waldlandschaft. Erleben Sie den Megacoaster „Expedition GeForce", der von Fans zur besten Achterbahn der Welt gewählt wurde (Internet Coaster Poll). Genießen Sie einen Flug in Deutschlands höchstem Flugkarussel, dem 80 m hohen „Lighthouse Tower". Holen Sie sich den Kick beim freien Fall aus 70 m Höhe in Europas erstem „Free Fall Tower". Aufregend sind auch das Stromschnellen-Rafting im „Donnerfluss" oder die Wildwasser-Action in den „Teufelsfässern". Sportliche Höchstleistungen kann man in Europas einziger professioneller Wasserski-Show bewundern. Kleine Gäste haben viel Spaß in „Holly's Kinderland" mit Abenteuerspielplatz, Kinder-Dschungel und tollen Fahrattraktionen für die 2- bis 8-Jährigen. Special Events 2009: Frühling im Holiday Park mit Ostereiersuche und Tulpenblüte sowie „Herbstspaß" ab September mit farbenprächtiger Herbstdekoration und origineller Kürbis-Skulpturen-Ausstellung. Vom 3.–31. Oktober lädt der Park zum „Schocktober – den Spuktakelwochen" – den gruselig-schönen Feiertagen des Halloweens ein und am 31.10. findet die große Halloween-Party bis Mitternacht statt. Holiday Park – von Frühling bis Herbst herrlicher Freizeitspass für Groß und Klein!
Infos: www.holidaypark.de

Wichtig!

Adresse: Holiday Park GmbH
D-67454 Hassloch/Pfalz
Tel. 0180/500 3246 (0,14 €/Min., Mobilfunk abweichend)
Fax. 06324/5993-50
www.holidaypark.de
info@holidaypark.de
Anfahrt: Der Holiday Park liegt an der A 65, Ausfahrt 10 bzw. 13 (Hassloch), alternativ A 61, Ausfahrt 63 (Kreuz Speyer), B 9 Richtung Speyer, B 39 Richtung Hassloch.
Saison 2009: Täglich vom 04. April bis 01. November 2009, außer 20.–21. April, 23.–24. April, 27.–28. April und 30. April sowie 4.–5. Mai, 7.–8. Mai, 11.–12. Mai, 14.–15. Mai und 18.–19. Mai und 28.–29. Sept. und 1.–2. Okt.
Öffnungszeiten: 10–18 Uhr, an Wochenenden, Ferien, Sonderveranstaltungen teilweise länger geöffnet.
Infos: www.holidaypark.de
Eintritt: Besucher ab 1,45 m: € 26,– Kinder unter 1,45 m: € 21,95 Kinder unter 100 cm frei, Geburtstagskinder (Ausweis) frei, 2-Tages-Karte, Jahreskarte,Schnupper- und Gruppenpreise auf Anfrage.
Verpflegung: Service-Restaurant, SB-Restaurant und zahlreiche Snackpoints

Freizeitbad Azur in Miesenbach

Immer Sommer! Der Sommer geht im Freizeitbad Azur nie zu Ende. 340 Tage im Jahr hat das moderne Freizeitbad geöffnet. In den Erlebnisbereich führt die gewundene Riesenrutsche, wer mit einem satten „Platsch" untergetaucht ist, taucht gleich hinüber zur begrünten Felslandschaft. Während die Eltern eher dazu tendieren, Sauna und Solarium auszuprobieren oder ganz einfach im Whirlpool „abzuhängen", tummeln sich die Besucher unter 1 Meter Größe im Kinderland. Dort ist das Wasser mollig warm. Natürlich kommen auch die „Lütten" in Bezug auf Wasserspaß auf der Wasserrutsche nicht zu kurz. Wenn der Spaß daran erschöpft ist, geht das Spiel am Schiffchenkanal munter weiter.

Wichtig!

Adresse:
Freizeitbad Azur
Schernauer Straße 50
66877 Ramstein-Miesenbach
Tel. 06371/71500
www.freizeitbad-azur.de

Anfahrt: über die A 6, Ausfahrt Landstuhl, Richtung Ramstein-Miesenbach. Dort ist das Bad ausgeschildert.

Saison/Öffnungszeiten: ganzjährig, nach Bad und Sauna sowie Wochentagen gestaffelt, ein Auszug: Montag 13–22 Uhr, in den Ferien ab 10 Uhr, Dienstag bis Freitag und an Feiertagen 9–21 Uhr, Samstag und Sonntag 9–20 Uhr

Eintritt: Verschiedene Preisstaffelungen, siehe Internet.

Verpflegung: Gastronomie im Bad

Das Saarland

Im Ostsaarland gibt es noch einige Orte, in denen der Brauch des „Pfingstquack" gepflegt wird. In Bexbach, Altstadt oder Limbach führen die Kinder am Pfingstmontag eine mit Blumen geschmückte Figur durchs Dorf, die „Quack" genannt wird. Vor jedem Haus werden Quack-Sprüche aufgesagt. Die Kinder werden mit Eiern und Speck belohnt. Das Saarland ist nicht, wie viele wohl glauben, eine reine Industrieregion, sondern üppig bewaldet.

Bergbaumuseum Bexbach

Museum in Turm und unter Tage! Wie wär's mit einem Museum, das in einem Aussichtsturm untergebracht ist und noch dazu eine unterirdische Bergwerksanlage hat? Dann ist das Saarländische Bergbauernmuseum Bexbach im 40 m hohen Hindenburgturm genau das Richtige, auch bei schlechtem Wetter, denn Untertage regnet es nicht. Und wenn man dann die Untertagewelt verlässt, befindet man sich direkt im Blumengarten, der das Museum umgibt. Hier gibt es jede Menge Spielmöglichkeiten, Teichanlagen und auch einen sehr interessanten Kräutergarten.

Wichtig!

Adresse:
Saarländisches
Bergbaumuseum Bexbach
Niederbexbacher Straße
66450 Bexbach
Tel. 06826/4887
Fax 06826/510884
www.saarpfalz-kreis.de/urlaub
(Link: Sehenswürdigkeiten)
Saarl.Bergbaumuseum@t-online.de
Anfahrt: Bexbach liegt an den Autobahnen A 6 und A 8, Ausfahrt Bexbach, Beschilderung „Messe, Blumengarten, Grubenmuseum" folgen.
Saison/Öffnungszeiten: Sommersaison 01.03.–30.09.2009, Mo.–Fr. 9–17 Uhr, Sa., So., Feiertag 10–18 Uhr, Wintersaison 01.10.09–28.02.09, Mo.– Fr. 9–16 Uhr, Sa.–So., Feiertag 13–17 Uhr
Verpflegung: Picknick oder Restaurants

Museums-Eisenbahn Losheim

Eisenbahnnostalgie hautnah! Die Museumsbahn pendelt an zahlreichen Sonn- und Feiertagen zwischen Merzig und Losheim. Fahrräder werden kostenlos transportiert. Eine Tour auf dem Saarland- oder Saar-Bostalsee-Radweg bietet sich an. Oder mit der Bahn von Merzig nach Losheim und mit dem Rad zurück (ca. 13 km und fast nur bergab). Der See lockt mit Riesen-Wasserrutsche und Tretbooten. Surfen, Segeln, Beach-Volleyball und ab Mitte des Jahres der neue „Park der vier Jahreszeiten" sorgen für kurzweiliges Vergnügen. In Merzig gibt es einen Wolfspark, ein Tiergehege und ein Expeditionsmuseum. Oder vielleicht lieber eine Schifffahrt auf der Saar?

Wichtig!

Adresse: Museums-Eisenbahn Losheim
66679 Losheim am See, Erlebnisbahnhof
Auskunft bei: Dreiländereck-Touristik GmbH
Poststraße 12, 66663 Merzig
Tel. 06861/73874, Fax 06861/73875
www.merzig-wadern-online.de oder www.losheim.de
Anfahrt: Losheim (B 268) und Merzig (B 51/A 8) liegen zwischen Saarbrücken und Trier. Der Bahnhof Merzig-Ost befindet sich in der Losheimer Straße, Richtung Losheim am See.
Saison: ab 13. April bis Anfang Dezember
Fahrzeiten: ab Bhf. Losheim 13.30, 14.30, 15.30, 16,30 und 17.30 Uhr. Einzelheiten im Internet,
Fahrtage: 13.04. Ostern, 31.05. Pfingsten mit Int. Kunsthandwerkermarkt, 28.06./19.07./08.08. + 09.08. Dampflokfest: 23.08./20.09./18.10., Nikolausfahrt: 28./29.11. (mit Weihnachtsmarkt) + 06.12.09
Fahrpreise: Erwachsene € 12,50
Kinder € 5,–
Familien € 25,–
Verpflegung: Bistro im Zug, Gaststätten, Picknick

Erlebnisbad Calypso Saarbrücken

Abenteuerlich! Mit Karacho jagt das Wildwasser vorbei an der Pueblolandschaft und landet in einer Höhlenwelt mit Insel. In der Kristallgrotte verzaubern sphärische Lichteffekte den Raum. In schwindelerregender Höhe geht es dann auf der Hängebrücke über das Abenteuerschiff zum anderen Ende der „gläsernen Tonne". Besonders die vielseitigen Rutschen, Rilchinger-Reifenrutsche (99 Meter), Black-Hole-Rutsche (97 Meter) und Coca-Cola Turboslide (74 Meter), sind Garanten für den super Calypso-Badespaß. Entspannung finden Sie unter freiem Himmel im Solebecken, in den Whirlpools oder auf einer der vielen Luftperlliegen. Wellness in „Reinform" bietet die großzügige Saunalandschaft mit Ranta- und Birkensauna, „Sudhaus", Kräuterdampfbad, Sanarium und Saunasee!

Wichtig!

Adresse:
Erlebnisbad Calypso
Deutschmühlental 7
66117 Saarbrücken
Tel. 0681/5881770
www.erlebnisbad-calypso.de
erlebnisbad-calypso@t-online.de

Anfahrt: über A 620, Ausfahrt Messegelände (Beschilderung Messegelände folgen).

Öffnungszeiten: Erlebnisbad und Sauna: Mo.–Fr. 10–22 Uhr, Wochenende 9–22 Uhr, Ferien- und Feiertage 9–22 Uhr.
Öffnungszeiten Sportbad: Mo. 10–16 Uhr, Di. 10–15.30 Uhr, Mi. 10–16 Uhr, Do. 10–16 Uhr 19–21.45 Uhr, Fr. 10–21.45 Uhr. Wochenende 9–21.45 Uhr

Eintritt: Verschiedene Preisstaffelungen, siehe Internet, hier einige Beispiele für das Erlebnisbad:
Erwachsene 1,5 Std. € 7,–
Kinder 3–15 Jahre 1,5 Std. € 4,–
Erwachsene Tageskarte € 16,–
Kinder 3–15 Jahre Tageskarte € 10,50
Familie Tageskarte € 35,–

Verpflegung: Restaurant „Buena Vista" im Bad, Saunabar, externes Calypso-Bistro.

Wolfspark in Merzig

Wölfe! Von den Germanen bewundert und verehrt, seit dem Mittelalter gefürchtet, gehasst und gejagt: Kaum ein Tier hat die Menschen über die Jahrhunderte so in seinen Bann gezogen.

In freier Wildbahn sind Wölfe bei uns heute nahezu ausgerottet. Doch das Erlebnis, Wölfe in ihrem natürlichen Lebensraum zu beobachten, ist wieder möglich: Im Merziger Kammerforst!

Hier, in einem stillen Waldgebiet nahe der Stadt, leben rund 20 der beeindruckenden Tiere in großzügigen Freigehegen: europäische Grauwölfe aus Spanien und Litauen, weiße Polarwölfe, zierliche indische und sibirische Wölfe.

Doch der Merziger Wolfspark ist nicht nur „Schau-Platz“: Es ist einer der wenigen Orte der Welt, wo das Verhalten der Wölfe erforscht wird. Den Grundstein für dieses Projekt legte Werner Freund, Verhaltensforscher von internationalem Rang, im Jahr 1977 mit dem ersten Gehege – heute die Heimat der europäischen Wölfe. In rund 30 Jahren baute er den Park – mit Unterstützung der Stadt Merzig und des „Förderkreises Merziger Wolfsgehege e.V.“ – auf seine heutige Größe von 4,5 ha aus. Die Kreisstadt Merzig ist zur Zeit dabei, den „Wolfspark Werner Freund“ auszubauen und zu modernisieren. Ein erster Bauabschnitt ist bereits abgeschlossen, in dem auch 2 neue große Aussichtstürme in den Ge-

hegen errichtet wurden. In einem weiteren Bauabschnitt werden 2009 die oberen Gehege ebenfalls erweitert, sodass nach Abschluss die Größe des Wolfsparks Werner Freund um mehr als das doppelte vergrößert werden wird.

Kostenlose Gruppenführungen mit Werner Freund finden jeden 1. Sonntag im Monat um 16 Uhr statt. Dies nur nach telefonischer Anmeldung: 06861/911818.

Wichtig!

Adresse:
Wolfspark Werner Freund, 66663 Merzig
Info über: Tourist-Info der Kreisstadt Merzig
Poststraße 12, 66663 Merzig
Tel. 06861/85221, tourist@merzig.de
www.wolfspark-wernerfreund.de

Anfahrt: Merzig liegt nördlich von Saarlouis an der B 51 und A 8 (Abfahrt von A 8 Ri. Merzig-Schwemlingen), ausgeschildert.

Saison/Öffnungszeiten: ganzjährig, täglich bis Einbruch der Dämmerung

Eintritt: frei

Verpflegung: Picknick, Gaststätte

Auskunft und Anmeldung:
zur Wolfsführung bei Werner Merzig:
Tel. und Fax 06861/911818

Bayern 291–338

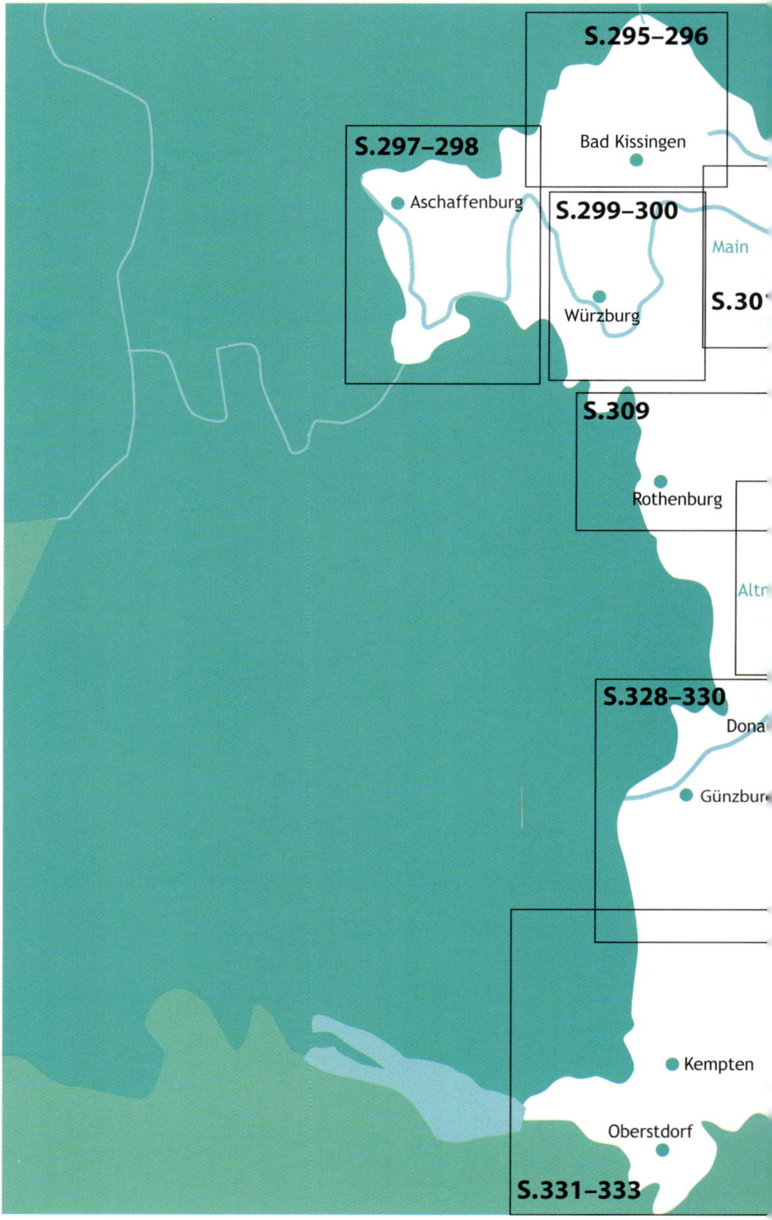
S.295–296
Bad Kissingen
S.297–298
Aschaffenburg
S.299–300
Main
Würzburg
S.309
Rothenburg
S.328–330
Günzbur
Kempten
Oberstdorf
S.331–333

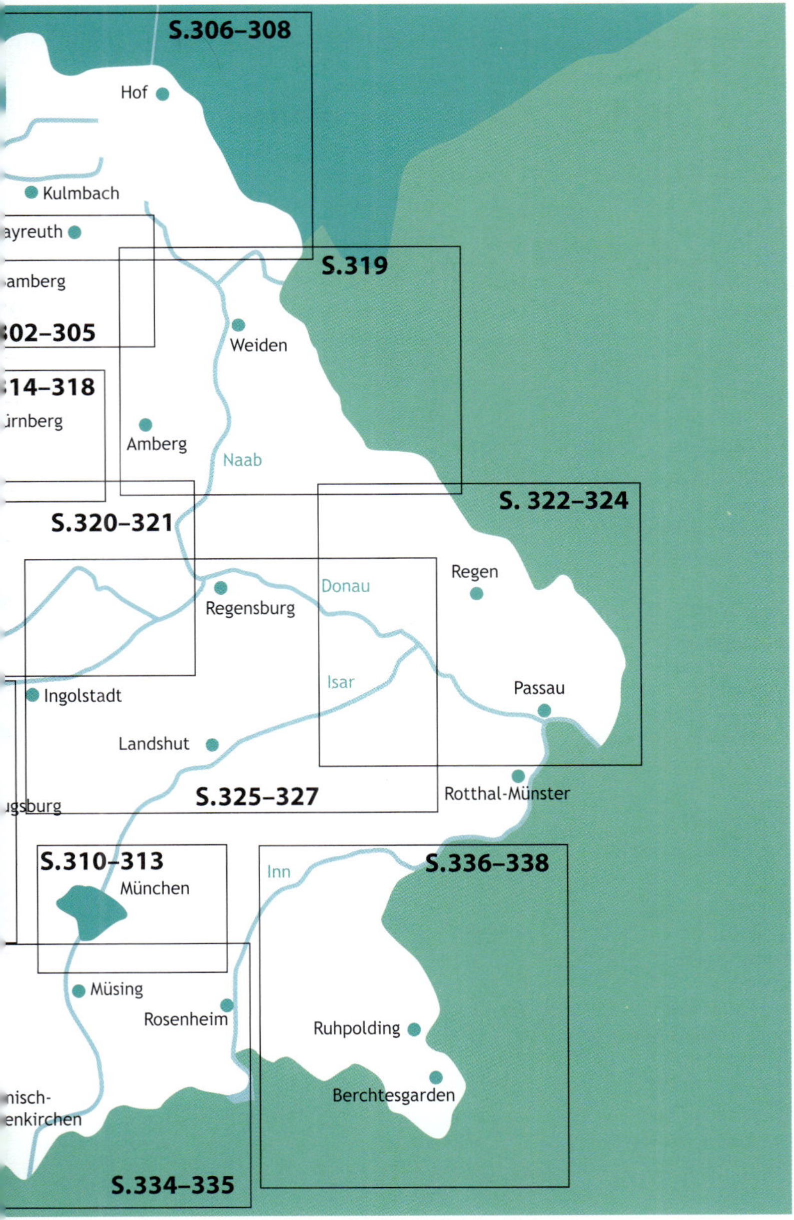
S.306–308
Hof
Kulmbach
ayreuth
amberg
02–305
S.319
Weiden
14–318
irnberg
Amberg
Naab
S. 322–324
S.320–321
Regen
Donau
Regensburg
Isar
Passau
Ingolstadt
Landshut
Rotthal-Münster
S.325–327
gsburg
S.310–313
München
Inn
S.336–338
Müsing
Rosenheim
Ruhpolding
Berchtesgarden
nisch-
enkirchen
S.334–335

Bayerische Rhön

Die Rhön ist, bildlich gesprochen, der Ferienbalkon zwischen Nord- und Süddeutschland. Von den Bergen der Rhön, dem „Land der weiten Fernen", hat man bei gutem Wetter phantastische Aussichten. Der Blick erfasst kleine fränkische Orte, umringt von Wald, Wiesen und Feldern. Das Land kann auf rund 3.500 km langen Wanderwegen durchquert werden. Rechts und links des Weges warten so seltene Pflanzen wie die Trollblume, das Wollgras und der Sonnentau – eine kleine Welt jenseits der Autobahnen!

Fränkisches Freilandmuseum

Historische Bauernhöfe! Für das Museum wurden ausgewählte Bauernhäuser und Höfe wieder aufgebaut, die von Verfall oder Abriss bedroht waren, und original mit Möbeln und Gebrauchsgegenständen ausgestattet. So finden sich neben Bauernhöfen und Tagelöhnerhäusern auch ein funktionstüchtiges historisches Gemeindebrauhaus, eine alte Dorfschule, eine Kirche sowie eine Getreide- und Ölschlagmühle. Zu festgelegten Terminen finden handwerkliche Vorführungen statt. Bunte Bauerngärten und ein reichhaltiger Tierbestand bringen zusätzlich Freude und Spaß in den Ausflugstag.

Wichtig!

Adresse:
Fränkisches Freilandmuseum
97650 Fladungen
Tel. 09778/9123-0
www.freilandmuseum-fladungen.de
Anfahrt: Fladungen liegt an der B 285 im nördlichsten Zipfel der Bayerischen Rhön. Das Museum liegt am östlichen Ortsrand gleich nach der Stadtmauer.
Saison/Öffnungszeiten: 01.04.–31.10.2009, täglich 9–18 Uhr. (April und Oktober: montags Ruhetag. Wenn Montag ein Feiertag ist, wird das Museum geöffnet)
Eintritt: Erwachsene € 4,–
Kinder € 2,50
Gruppen ab 15 Personen € 3,–
Kinder unter 6 Jahren frei
Familienkarte (Eltern mit Kindern) € 8,–
Verpflegung: Picknick im Museumsgelände oder Gasthaus „Zum Schwarzen Adler" mit großem Biergarten

Fahrt mit der Postkutsche

Keine Angst: Ein Überfall berüchtigter Postkutschenräuber steht bei dieser Fahrt nicht auf dem Programm. Das Vehikel aus der Biedermeierzeit, gezogen von vier Rössern, ist zwar nicht original, dafür verkehrt es auf der ursprünglichen Strecke zwischen Bad Kissingen und Bad Bocklet oder der Stadt Aschach. Pro Kutsche stehen ganze neun Plätze zur Verfügung, man sollte also schon etwas früher ans Buchen denken. Die Fahrten hin und zurück dauern jeweils rund eine Stunde: Der Postillon bläst lustige Weisen dazu. In Bad Bocklet oder Aschach sind einstündige Aufenthalte geplant. Kinder, die einen Platz in Anspruch nehmen, zahlen den vollen Preis.

In Bad Bocklet bietet sich ein Spaziergang in die Stadt an. Hier gibt es Spielplätze und alle Arten von Gastronomie. In Aschach kann man das Schlossmuseum besuchen.

Wichtig!

Adresse:
Informationen gibt es bei der Postfiliale Bad Kissingen in der Münchner Straße 1
Tel. 0971/7157452
Oder über:
Kur- und Tourist-Info
Am Kurgarten 1
97688 Bad Kissingen
Tel. 0971/8048-444
Fax 0971/8048-239
tourismus@badkissingen.de
www.badkissingen.de

Abfahrt/Zeiten: Die Kutsche fährt ab dem Telekom-Gebäude, Münchner Straße 5, tägliche Abfahrten um 14 Uhr, Rückkehr jeweils 17.30 Uhr

Saison: Anfang Mai bis Mitte Oktober

Kosten: Hin- und Rückfahrt bitte telefonisch erfragen

Verpflegung: Gastronomie jeder Kategorie im Ort

Der Spessart

Dass es ein „Wirtshaus im Spessart" gibt, weiß wohl jeder – viel weniger Leute aber dürften wissen, wo in deutschen Landen der Spessart liegt! Inmitten dieses stillen Fleckchens Erde ist das Märchen von Schneewittchen und den 7 Zwergen angesiedelt, ebenfalls im Spessart soll die böse Königin gerufen haben: „Spieglein, Spieglein an der Wand, wer ist die Schönste im ganzen Land?" Der Spessart jedenfalls zählt zu den schönsten Urlaubsregionen Deutschlands.

Naturpark Spessart

Erlebnisreiche Naturtouren! Klima, Landschaftsform und Kulturhistorie machen den Spessart zum idealen Erholungsgebiet. Um es auf die vielfältigste Weise zu entdecken, werden eine ganze Reihe Natur- und Landschaftsführungen angeboten. Durchgeführt werden die Wanderungen und Informationsrundgänge von zertifizierten Wanderführern der Region. Beispielsweise lädt ein großes Netz von Rundwanderwegen zu Erkundungstouren ein. Von überwie-

gend schattigen Waldparkplätzen aus, führen zwischen ein und vier Rundwanderwege zu den schönsten Stellen der Umgebung und leiten die Besucher nach ein bis zwei Stunden wieder sicher an den Ausgangspunkt zurück. Die Rundwanderwege des Naturparks sind mit Tier- und Pflanzensymbolen markiert. Der Spessart wurde bereits seit der Jungsteinzeit vor fast 8.000 Jahren vom Menschen geprägt und geformt, weshalb man hier auch eine reiche Kulturgeschichte vorfindet.

Wichtig!

Adresse: Durch die A 3 (Frankfurt/M–Würzburg) und die A 7 (Fulda–Würzburg) ist der Naturpark Spessart gut angebunden. B 8 und B 26 durchqueren die Spessartberge ebenso wie die „Deutsche Ferienstraße Alpen-Ostsee" B 276.

Info: Das Jahresprogramm 2009 zum Thema Wandern im Naturpark Spessart und mit einer Zusammenstellung der geführten Wanderungen kann unter folgender Adresse bestellt werden. Hier gibt es auch weitere Information über die gesamten Angebote:
Naturpark Spessart e. V.
Landratsamt Main-Spessart
Von-Bodelschwingh-Str. 83
97753 Karlstadt
Tel. 09353/793366, Fax 09353/79385366
www.naturpark-spessart.de
naturpark.spessart@lramsp.de

Gärten und Parks in Aschaffenburg

Entspannen im Park! Etwa 5.000 Straßenbäume und eine ganze Reihe von Gärten und Parkanlagen machen Aschaffenburg zu einer „Grünen Stadt". Zum einen ist es ihre natürliche Lage zwischen den Talauen von Main und Aschaff, die für grüne Aussichten sorgt, zum anderen wird das Stadtgebiet von historischen Gartenanlagen durchzogen. Das reicht vom im Westen liegenden Park Schönbuch bis nach Osten zur Fasanerie. Unter Erzbischof Karl Joseph von Erthal (1774–1802) wurden in den Jahren 1776–82 die Aschaffenburger Parkanlagen, so auch der „Schöne Busch", im Stile eines englischen Landschaftsgartens errichtet. Der Park ist auch heute noch ein Anziehungspunkt ersten Ranges und lädt ein zum „Lustwandeln". Nebenbei kann man hier noch Schlossromantik genießen, denn hier kann noch das Schlösschen besichtigt werden. Einen sehr schönen Mittag kann man auch im Stadtgarten „Am Rosensee" verbringen. Die 4 ha große Parkanlage befindet sich zwischen der Würzburger und der Schweinheimer Straße. In Ergänzung zu den bestehenden Parks und Grünflächen der Stadt ist dieser neue Stadtgarten gleichzeitig Spielplatz und Erholungsraum, grüne Lunge und ökologisches Modellprojekt der Stadt Aschaffenburg. Weitere „Grüne Tipps": Kleine Schönbuchallee, Schlossgarten, Nilkheimer Park und offenes Schöntal.

Wichtig!

Adresse:
Tourist-Information Aschaffenburg
Schloßplatz 1
63739 Aschaffenburg
Tel. 06021/395-800
Fax: 06021/395-802
www.info-aschaffenburg.de
tourist@info-aschaffenburg.de

Saison/Öffnungszeiten: ganzjährig frei zugänglich.

Verpflegung: Restaurants in bzw. in der Nähe der Parkanlagen.

Würzburg und Umgebung

Würzburg liegt inmitten des Fränkischen Weinlandes, das, der Name verrät es schon, den Frankenwein hervorbringt. Die Franken haben das Privileg, ihre Weine in den Bocksbeutel abzufüllen. Nicht nur gute Weine stammen von hier, Würzburg ist auch die Heimat der Künstler Tilman Riemenschneider und Balthasar Neumann. Renaissance-, Barock- und Rokokobauten zeugen vom Reichtum der Städter in vergangenen Jahrhunderten.

Walderholungsanlage an den Eichen

Toll für Elch-Fans! Inmitten des Stadtwaldes Schweinfurt steht diese schöne Erholungsanlage. Auf etwa 15 ha tummeln sich 500 Tiere in 48 Arten. In Waldgehegen leben die Huftiere wie Rotwild, Steinwild, Mufflons und Damhirsche, aber auch Haustiere von Hochlandrindern und Ziegen bis zu Hühnern und Tauben. Ein schönes, naturnahes Gehege bewohnen die Luchse und Uhus. Die Besucher wandern hier auf einem Steg entlang der Felswände. Absolute Publikumslieblinge sind die Elche, die noch relativ neu im Gehege sind. Sie wurden sofort zum Maskottchen des Zoos ernannt. Das schlägt sich überall nieder – man kann sogar Elch-Bier und Elch-Kekse am Kiosk bekommen. Auch der Luchs spielt hier eine große Rolle, es gibt ein interessantes Luchsgehege zu besichtigen. Auch Spaß und Spiel kommen hier nicht zu kurz: Fußball, Minigolf, Tischtennis, Rollschuh fahren sind möglich, ebenso Spiele im Indianerfort.

Wichtig!

Adresse:
Walderholungsanlage Eichen
Verwaltung: Städt. Forstamt Schweinfurt
97424 Schweinfurt
Tel. 09721/51502 oder 51504
www.wildpark-schweinfurt.de
info@wildpark-schweinfurt.de

Anfahrt: über die A 70 Ausfahrt Schweinfurt-Mitte, der Park liegt am Ortsausgang nach Bad Königshofen. Der Stadtwald liegt zwischen den Ortsteilen Steinberg und Deutschhof. Kostenlose Parkplätze vorhanden.

Öffnungszeiten/Saison: ganzjährig frei zugänglich

Eintritt: frei, Spende erbeten

Verpflegung: In der Waldschänke nur Souvenirverkauf und Snacks, Gaststätte mit Freiterrasse nördlich an den Park angrenzend.

Nautiland Würzburg

Das Freizeitbad Nautiland in Würzburg macht Familien glücklich: Während sich die Kinder im Wasserspielgarten ausgiebig vergnügen, lassen sich die Eltern in der Wärmegrotte mittels Lichttherapie die Winterdepressionen austreiben. Die „Lütten" nehmen die große Wasserrutsche in Beschlag, während „die Alten" in der Dampfsauna auf Vordermann gebracht werden. Dann fasst man sich an der Hand und schwimmt ins Sprudel-Außenbecken. Für die ganz Kleinen gibt es ein Planschbecken. Die „Familien-Ausrüstung" reicht bis zum Wickelraum.

Wichtig!

Adresse:
Erlebnisbad Nautiland
Nigglweg
97082 Würzburg
Tel. 0931/260260
www.stadtbau-wuerzburg.de/nautiland
Anfahrt: Im Ort ausgeschildert
Öffnungszeiten: Mo. bis Fr. 9–22 Uhr, Sa., So. und Feiertage 8–21 Uhr
Eintritt: Erwachsene ab € 3,– bis € 8,–
Jug. ab € 2,– bis € 6,–, Kinder unter 6 J. € 1,-
Familie € 10,– bis € 17,50
Sondertarife auf Nachfrage an der Kasse.
Verpflegung: Restaurant im Bad

Theater Spielberg Würzburg

Das Theater Spielberg in Würzburg hat immer ein paar tolle Kinderstücke im Programm. Abgesehen von der Theaterpause von Anfang August bis Mitte September, wird das ganze Jahr über gespielt, meist mit Vorstellungen am Samstag, Sonntag, teilweise auch am Donnerstag und Freitag. Gespielt wird mit etwa 200 Puppen, die von 4 Mitspielern zum „Leben erweckt" werden.

Wichtig!

Adresse: Theater Spielberg
Reiserstraße 7, 97080 Würzburg
Tel. 0931/26645 (Reservierung)
www.theater-spielberg.de
Anfahrt: Das Theater liegt gegenüber der Haupteinfahrt der Uniklinik, die ausgeschildert ist.
Saison/Spielzeiten: ganzjährig, genauer Spielplan auf der Homepage.
Eintritt: Kartenpreise: Nachmittagsvorstellung Erwachsene € 5,–, Kinder € 4,50, Gruppen ab 10 Pers. (Nachmittagsvorstellung) erhält eine Person freien Eintritt. Preise für Abendvorstellungen werden gesondert bekannt gegeben. Bitte bei der Beschreibung der Stücke nachschauen auf der Homepage. Reservierungen unter Telefon/Fax: 0931/26645.
Verpflegung: Kindercafé im Obergeschoss
Drumherum: Spielplatz im Außenbereich

Der Steigerwald

Eines gibt es im Steigerwald im Überfluss: Bäume! Das Mittelgebirge ist im Nordosten eine geschlossene grüne Mauer. Die zum Teil über 200 Jahre alten Buchenriesen wachsen hier höher als im übrigen Mitteleuropa. Die ausgedehnten Laubwälder beherbergen eine an Arten reiche Vogelwelt. Hier finden sich alle einheimischen Spechte ebenso wie Pirol und Turteltaube. In den Südlagen wird Wein angebaut, und auch die Karpfenzucht hat hier Tradition.

Freizeit-Land Geiselwind

Fahrattraktionen, Zirkus und Artisten! Das Freizeit-Land Geiselwind ist ein moderner Ausflugspark mit einem Riesenangebot, so dass man von Anfang an fürchten muss, nicht alles anschauen zu können. Das übliche Fahrprogramm mit über 20 Fahrattraktionen wird durch ein großes Zirkus-Angebot mit Artisten aus aller Welt aufgelockert. Zauberer, Schlangendompteure und Akrobaten geben sich die Klinke zum Bühneneingang in die Hand. Knisternd spannend sind die Auftritte der Acapulco-Springer, denen es nicht genügt, aus 25 Metern Höhe zu springen – sie müssen das auch noch als lebende Fackel tun! Ein Ausflug ins Dinosaurierland ist ebenso möglich wie der Kontakt mit echten Tieren von heute im Streichelzoo und im Bunten Kinderzoo. Für kleinere Kinder gibt es eine Menge weiterer Angebote, z. B. das Kiddy-Land. Man kann sich also aus dem Angebot herauspicken, was zur Tageslaune passt und problemlos einen ganzen Tag mit den Kindern im Freizeit-Land verbringen.

Wichtig!

Adresse: Freizeit-Land Geiselwind
Wiesentheider Str. 25, 96160 Geiselwind
Tel. 09556/9211-0
Fax 09556/9211-14
www.freizeit-land.de
Anfahrt: über die A 3 Nürnberg-Würzburg, Ausfahrt Geiselwind, dann ausgeschildert.
Saison/Öffnungszeiten: 04. April bis 18. Oktober, geöffnet 9–18 Uhr (Einlass bis 16 Uhr). April, September, Oktober teilweise nur am Wochenende geöffnet.
Eintritt: Besucher unter 1,10 m frei
Geburtstagskinder mit Ausweis frei
Besucher ab 1,10 m Größe € 19,50
Besucher ab 1,40 m Größe € 22,50
Verpflegung: SB-Restaurant, Bayerisches Bierzelt, Kioske, Picknick

Die Teufelshöhle bei Pottenstein

Tropfsteinpracht! Hinter dem imposanten Eingangstor der Höhle dehnt sich die Empfangshalle 80 m weit ins Gestein aus. Der Rundgang führt ca. 1 1/2 km durch den Berg – eine faszinierende Angelegenheit für „Höhlenforscher"! Wenn die Kinder nicht besonders ängstlich sind, lohnt sich schon für aufgeweckte 4-jährige der Besuch. Während der 40-minütigen Führung wird man durch Grotten, Säle und stattliche Hallen geführt. Es ist schon ein erhebendes Gefühl, wenn sich nach der Enge des Höhlengangs eine große Halle öffnet und im Licht starker Lampen die Tropfsteinpracht leuchtet wie die Kronjuwelen der Queen. Ein bisschen gruselig und deshalb sehr spannend sind die Skelette der Bären, die während der letzten Eiszeit die Höhle bewohnten. Kommt man wieder hinaus in die Frische eines sonnigen Sommertages, lockt in rund 1 km Entfernung der Schöngrundsee mit Kiosk. Dort werden auch Boote vermietet und in der Nähe befinden sich die Sommerrodelbahn Pottenstein sowie das Felsenbad mit einem schönen Biergarten.

Wichtig!

Adresse: Teufelshöhle Pottenstein
Zweckverband Teufelshöhle,
Forchheimer Straße 1, 91278 Pottenstein
Tel. 09243/208
www.teufelshoehle.de
Anfahrt: Pottenstein liegt an der B 470 zwischen Pegnitz und Forchheim, rund 10 km von Pegnitz entfernt. Die Höhle ist ausgeschildert.
Saison/Öffnungszeiten: 1. April bis 4. November, täglich 9–17 Uhr (letzter Einlass 16.30 Uhr), 5. November bis Palmsamstag, Di., Sa. und So. von 10–15 Uhr
Eintritt: Kinder unter 4 Jahren frei
Erwachsene und Jugendliche € 3,80
Gruppen Erw. und Jugendliche € 3,–
Familienkarte € 10,–
Weitere Preise auf der Homepage
Verpflegung: Schönes Terrassencafé und Picknick möglich.

Therme Obernsees

Einzigartiges Saunaparadies! Die Therme Obernsees in der Fränkischen Schweiz bietet ausgiebiges Bade- und Saunavergnügen für die ganze Familie. Entspannung und Erholung, aber auch Spiel und Spaß sind in der Therme Obernsees an der Tagesordnung. 865 qm Wasserfläche, verteilt auf 8 Becken, gefüllt mit wohlig warmem Thermalwasser mit Temperaturen zwischen 30 und 36 Grad laden große und kleine Badegäste zum Planschen und Genießen ein. Ruhebedürftige erholen sich an den Massagedüsen, besuchen das Meditationsbecken oder die Tropfstein-Dampfgrotte oder lassen im hyperthermisch betriebenen Außenbecken die Seele baumeln. Ein Hangelnetz sowie eine 90-Meter-Reifenrutsche locken vor allem junge Badegäste. Auch die kleinsten Wasserratten finden ihre eigene Wasser- und Spielwelt in der Kinderspiel-Oase. Aber nicht nur in der attraktiven Badewelt, sondern auch im einzigartigen Saunaparadies bleiben keine Wünsche offen. In der mit 5 Perlen intereuropäisch ausgezeichneten Saunaanlage sorgen z. B. das Kelo-Blockhaus, die Feuer- und Steinsauna, das fränkische Kräutersanarium und natürlich der schöne Saunagarten für einen erholsamen Aufenthalt. So werden wenige Stunden Freizeit zu einem fröhlichen Erlebnis für die ganze Familie.

Wichtig!

Adresse:
Therme Obernsees
An der Therme 1, 95490 Mistelgau
Tel. 09206/99300-0
Fax 09206/99300-10
info@therme-obernsees.de
www.therme-obernsees.de
Anfahrt: 17 km süd-westl. von Bayreuth. Über die A 9 von der Ausfahrt Trockau bis zur Therme Obernsees ausgeschildert.
Saison: ganzjährig
Öffnungszeiten: Oktober–April:
Mo.–Sa. 9–22 Uhr,
Sonntage und Feiertage 8.30–22 Uhr,
Mai–September: Mo.–Sa. 9–22 Uhr, Sonntage und Feiertage 8.30–20 Uhr
Eintritt: Erwachsene 3 Std. € 9,–, Tag € 12,–
Kinder (4–15) 3 Std. € 5,50, Tag € 8,50,
Familien 3 Std. € 21,–, Tag € 29,–
Weitere Preisangebote auf der Homepage
Verpflegung: Bistro und Saunafitbar, zusätzlich ein Bistro für externe Gäste

Dampfbahn Fränkische Schweiz

16 km unter Dampf! Ab Ebermannstadt verkehren sowohl alte Dampfloks als auch historische Dieselloks. Die Dampflokfahrten nach Behringersmühle bieten natürlich den vollen Genuss. Die befahrene Strecke ist 16 km lang, die Fahrt dauert rund eine 3/4 Stunde. Fährt man ab Behringersmühle nicht direkt zurück, dauert der Aufenthalt etwa zwei bis drei Stunden. Die kann man sich mit Picknick am Fluss vertreiben, einem Ausflug in den nahegelegenen Ort Gößweinstein oder bei einer Bootspartie auf der Wiesent mit einem Ruder- oder Tretboot. Jetzt schon vormerken sollte man sich die begehrten Nikolausfahrten, die an folgenden Wochenenden durchgeführt werden: 28. und 29. November 2009 sowie am 5. und 6. Dezember 2009. Abfahrt ist jeweils um 10, 13 und 16 Uhr. Zusätzlich am 4. Dezember um 17 Uhr. Weitere interessante Fahrten und Abfahrtszeiten finden Sie auf der Homepage der Dampfbahn.

Wichtig!

Adresse:
Dampfbahn Fränkische Schweiz
Postfach 1101
91316 Ebermannstadt
Tel. 09194/794541
Fax 09194/794542
www.dfs.ebermannstadt.de

Anfahrt: Der Ort liegt rund 13 km nordöstlich von Forchheim an der B 470, der Bahnhof ist ausgeschildert. Die Anreise ist auch mit der Nebenbahn von Forchheim möglich, die am Wochenende im Stundentakt fährt.

Saison: 26. April bis 25. Oktober 2009

Zeiten: eine detaillierte Abfahrtsübersicht auf der Homepage, z. B. Abfahrten um 10, 14 und 16 Uhr

Fahrpreis: je nach Menge der Stationen, Preisbeispiel: 4–6 Stationen:
Erwachsene € 7,–
Kinder (ab 6 bis 11 Jahre) € 3,50

Verpflegung: Buffetwagen (an Dampfbetriebstagen), Picknick, Gastronomie in den Orten

Fränkisches Wunderland

Viel Abwechslung! Das Fränkische Wunderland, der Freizeitpark in Plech, liegt im Naturpark Fränkische Schweiz–Veldensteiner Forst direkt an der A 9 und ist ca. 40 km nördlich von Nürnberg entfernt. Durch den romantischen Märchenwald führt ein Rundweg, vorbei an Frau Holle, Schneewittchen-Haus und den schönsten Märchenszenen der Gebrüder Grimm. Im Indianerlager finden in einem Erdhaus täglich live rituelle Tänze der Azteken-Indianer statt. Man erlebt in einer mystischen Atmosphäre ein faszinierendes Schauspiel und erfährt dabei Wissenswertes über eine fremde Kultur. Der Wilde Westen wird in der Westernstadt „Kansas City" wieder lebendig. Jede halbe Stunde schlägt die Geisterstunde in Tombstone. Seien Sie dabei, wenn Billy the Kid und seine Kumpanen wieder zum Leben erwachen! Das Babyland bietet Spielspaß für Kinder bis 6 Jahre. Es ist teilweise überdacht, so dass auch bei Regen das Spielen nicht ins Wasser fällt. Bei der „Schatzsuche" können kleine und große Hobbyforscher auf den Spuren der Erdgeschichte wandeln und ein Mammutskelett in Originalgröße freilegen. Eine Achterbahn, ein Riesenrad, ein Riesentrampolin und weitere Attraktionen runden das Angebot für einen Tagesausflug für die ganze Familie ab.

Wichtig!

Adresse:
Wunderland AG,
Zum Herrlesgrund 13
91287 Plech/Ofr.
Tel. 09244/989-0
www.wunderland.de

Anfahrt: Plech liegt direkt an der Autobahn A 9 Nürnberg–Berlin, Ausfahrt Plech.

Saison/Öffnungszeiten:
ab 4. April bis 4. Oktober 2009

Eintritt: Erwachsene und Kinder über 1,40 m € 12,–,
Kinder von 1 m bis 1,40 m € 10,50,
Weitere Preistarife auf der Homepage.

Verpflegung: Picknick, Kiosk, Café, Restaurant. Grillen von Selbstmitgebrachtem ist im Indianerlager möglich, Holzkohle kann man im Park kaufen, Grillroste werden verliehen.

Bayern

Frankenwald und Fichtelgebirge

Der Frankenwald setzt Bayern die Krone auf, denn die Mittelgebirgsregion liegt ganz im Norden des Freistaates. Stille Wälder und verwinkelte Städtchen charakterisieren das Land der Köhler und Flößer. Der Frankenwald zählt zu den abgeschiedensten Gebieten der Bundesrepublik, und das trifft auch auf das Fichtelgebirge zu. Bewaldete Bergrücken, bizarre Felsenlabyrinthe und glasklare Bäche machen es zum attraktiven Ferienland.

Sommerrodelbahn und Seilbahnen Ochsenkopf

Rausch der Geschwindigkeit! Rund einen Kilometer ist die Sommerrodelbahn lang, der Höhenunterschied beträgt 140 Meter. Fahren dürfen Kinder ab acht Jahren, darunter ist die Mitfahrt auf dem „Doppelrutscher" möglich. Das einzige Instrument, das bedient werden muss, ist die Bremse. Zum Startpunkt der Rodelbahn gelangen die Faulen mit der Schwebebahn, wahre Sportler bewältigen den Wanderaufstieg in einer Viertelstunde. Nach ein oder zwei Abfahrten (das Vergnügen hat schließlich seinen Preis) fährt man mit dem Sessellift bis auf die Bergstation. Vom Asenturm hat man einen hervorragenden Blick ins Tal. Den kann man hier auch sehr schön von der Picknickdecke aus genießen.

Wichtig!

Adresse:
Sommerrodelbahn am Ochsenkopf
Fröbershammer 27
95493 Bischofsgrün
Tel. 09276/435
www.sommerrodelbahn-ochsenkopf.de
webmaster@seilbahn-ochsenkopf.de
Anfahrt: über die B 303 ab Marktredwitz, die Schwebebahn ist ausgeschildert.
Saison: ganzjährig, Übersicht über Sommer- und Wintersaison auf der Homepage.
Öffnungszeiten: bei gutem Wetter täglich von 9.30–17 Uhr
Fahrpreise: Übersicht auf der Homepage.
Verpflegung: Picknick auf dem Berg sowie Gastronomie, Kiosk

Freizeitbad HofBad

Das Erlebnisbad HofBad ist mit seinen rund 730 m^2 Wasserfläche eines der schönsten Freizeiteinrichtungen Nordbayerns. Mit großem Schwimmerbecken, Römischem Brunnen, Nichtschwimmer- und Spaßbecken, Wildwasserkanal, Whirlpool, Wasserrutsche und Außenbecken mit Massagebucht findet man im HofBad alles, was man zu einem Kurzurlaub bei kühlen Temperaturen braucht. Cafeteria, Solarien, Sauna, Dampfbad und Aqua Fitness runden das Programm ab.

Wichtig!

Adresse: HofBad, Oberer Anger
95028 Hof, Tel. 09281/812-440.
Infos über: www.hofbad.de
Öffnungszeiten: HofBad: Mo.–Do. 9–21 Uhr, Fr., Sa., 9–22 Uhr, So.,Feiertag 9–21 Uhr.
Das HofBad ist mit Ausnahme einer Sommerpause im August ganzjährig geöffnet.
Eintritt: 2 Std: Erwachsene € 4,80
Schüler € 3,70
Familienkarte € 12,50
Verpflegung: Bistro-Cafeteria im Bad

Besucherbergwerk Fichtelberg

Das Bergwerk besteht seit dem Mittelalter, hier wurde nach Silbereisen gegraben. Die Besucher des Museums bekommen einen authentischen Einstieg, denn sie müssen zunächst den Bergmannshelm mit Grubenlampe aufsetzen. In historisch nachempfundener Grubenkleidung geht es dann los. Vorher schaut man sich noch eine Diaschau an. Im Stollen wird den frischgebackenen kleinen und großen „Bergleuten" nicht nur das rare Silbereisenerz gezeigt, sondern auch Quarze und Gesteinszeichnungen. Die Führung durch den Bauch des Berges dauert rund eine Stunde. Die Kinder sollten im Schulalter sein, denn ein einstündiger Vortrag kann sehr lang sein.

Wichtig!

Adresse: Besucherbergwerk Fichtelberg
Tel. 09272/848
www.bergwerk-fichtelberg.de
Anfahrt: Fichtelberg liegt zwischen Marktredwitz und Bad Berneck nahe an der B 303. Das Museum ist ausgeschildert.
Saison/Öffnungszeiten: April bis Okt. und in den Winterferien, Gruppen ganzjährig nach Anmeldung.
Öffnungszeiten: zwischen 10–17 Uhr
Eintritt: Erwachsene € 5,–
Jugendliche (14–17J.) € 3,50
Kinder (4–13 J.) € 2,50
Gruppenermäßigung.
Verpflegung: Picknick, Gaststätte in der Umgebung

Pony- und Reiterhof in Kronach

Auf dem Pony- und Reiterhof Lucky-Stable-Ranch sucht sich der Nachwuchs ein Pony in seiner Wunschgröße oder -farbe aus, und los geht das Reitvergnügen für Jung und Alt. Abseits vom Straßenverkehr tummeln sich Kinder mit Meerschweinchen, Hasen, Hühnern, Pfauen und Hängebauchschweinen oder kraulen die Eseldame „Mona". Das Reitangebot geht vom Ponyreiten bis hin zu speziellem Westernreitunterricht und Pferdeausbildung. Schlager sind die Reitercamps für Kinder mit Abenteuer- und Spaßprogramm.

Wichtig!

Adresse:
Lucky-Stable-Ranch
Mostrach 1
96317 Kronach
Tel. 09261/2366
Anfahrt: In Kronach Richtung Hof. Abbiegen Ri. Sportanlage Hammermühle, ab dort ausgeschildert.
Saison/Öffnungszeiten: ganzjährig, täglich, Zeiten gestaffelt, verschiedene Unterrichts- und Urlaubsangebote mit Unterkunft und Verpflegung. Näheres über www.frankenwald-tourismus.de
Kosten: je nach Reit- oder Urlaubswunsch
Verpflegung: Picknick, Gaststätte mit Biergarten

Wildpark Hundshaupten

Vom Urrind bis Hängebauchschwein! Der Wildpark Hundshaupten ist ein idyllisch gelegener Tierpark. In großen Gehegen sind Rothirsche, Dam- und Muffelwild zu beobachten. Das Wisentgatter beherbergt prächtige Exemplare des Urrindes. Kleinere Gehege sind von Füchsen und Waschbären bevölkert. Besonders beliebte Bewohner des Parks sind die barocken Hängebauchschweine.

Wichtig!

Adresse:
Wildpark Hundshaupten
Zaumbacher Str. 62
91349 Egloffstein
www.hundshaupten.de
Anfahrt: Ab Egloffstein Ri. Forchheim, in Hundsboden re. abbiegen, dann ausgeschildert.
Saison/Öffnungszeiten: ganzjährig, täglich 9–18 Uhr, in der Nebensaison von 9–17 Uhr
Eintritt: Erwachsene € 3,50
Kinder (5–17 Jahre) € 1,50
Kinder bis 5 Jahre frei.
Verpflegung: Picknick, Kiosk

Fränkisches Freilandmuseum

Leben wie damals! Das Fränkische Freilandmuseum des Bezirks Mittelfranken in Bad Windsheim zeigt in über 100 Bauern- und Handwerkerhäusern, Mühlen, Schmieden und einem Jagdschlösschen, wie die ländliche Bevölkerung Frankens früher gelebt, gewohnt und gearbeitet hat. In den Sommermonaten von Mai bis Mitte Oktober werden täglich die alten Handwerke vorgeführt: Handweben, Getreidemahlen,

Ölschlagen, Schmieden, Bierbrauen, Brotbacken, Wollspinnen, Korbmachen und Besenbinden. Im Seubersdorfer Hof werden Pferde, Ochsen, Ziegen, Schweine und Federvieh wie früher gehalten. Die alten Bauerngärten stehen im Sommer in herrlicher Blütenpracht und auf den Wiesen zwischen den Häusern lässt der Museumsschäfer seine Schafherde grasen. Nach dem Rundgang durch das Museum erwarten den Gast fränkische Spezialitäten in den schattigen Biergärten

oder in den historischen Wirtshäusern. Besonderheiten: Archäologiemuseum mit begehbarem Fürstinnengrab, Mittalterhäuser von 1367, Alter Bauhof mit Kräuterapotheke, das Museum Kirche in Franken, zwei Brauhäuser mit eigenem Museumsbier, Dauer- und Sonderausstellungen zu verschiedenen Themenbereichen. Umfangreiches Veranstaltungsprogramm während der ganzen Saison, Freilandtheater, Lesungen und Konzerte.

Wichtig!

Adresse: Fränkisches Freilandmuseum
Eisweiherweg 1, 91438 Bad Windsheim
Tel. 09841/66800, Fax 09841/668099
www.freilandmuseum.de
info@freilandmuseum.de

Anfahrt: Bad Windsheim liegt an der A 7 bzw. der B 470 zw. Rothenburg o. d. T. und Neustadt/Aisch, dort ausgeschildert, kostenfreier Bus- und Pkw-Parkplatz.

Saison/Öffnungszeiten: 8. März bis 13. Dezember, täglich außer montags (Oster- und Pfingstmontag sowie alle Montage vom 1. Juni bis 14. Sept. geöffnet). Am Dreikönigstag, 6. Januar zusätzlicher Winteröffnungstag von 10–16 Uhr.

Eintritt: Erwachsene € 5,–
Ermäßigte € 4,–
Familienkarte € 13,–

Verpflegung: 4 Wirtshäuser

München und Umgebung

Einer der berühmtesten Münchner ist der traurige Komiker Karl Valentin. Sein Aufstieg begann, nachdem er seinen Beruf als Schreiner an den Nagel gehängt hatte. Der Nagel ist im Valentin-Museum ausgestellt. Wer bei seiner München-Tour also beim „Ur-München" anfangen möchte, liegt beim Valentin-Museum richtig. Es ist in den Türmen des Isartors untergebracht und natürlich nur eines von vielen, denn die Münchner legen viel Wert auf Kultur. www.valentin-musaeum.de

Bavaria Filmtour

Film-Geheimnisse! Lassen Sie sich während Ihres Rundganges durch die Bavaria Filmstadt von der Atmosphäre dieses erfolgreichen Filmstudios verzaubern. Die freundlichen Mitarbeiter weihen Sie in die Geheimnisse des Filmemachens ein und präsentieren Ihnen die Drehorte bekannter Fernsehfilme und berühmter Filmklassiker. Erleben Sie die Originalkulissen aus „Das Boot", der „Unendlichen Geschichte" und viele mehr. Ab 1,22 m Körpergröße kann man ins 4-D-Erlebnis-Kino und erfährt die tollsten Szenen absolut hautnah mit.

Wichtig!

Adresse: Bavaria Filmstadt
Bavariafilmplatz 7, 82031 Geiselgasteig
Tel. 089/64992000 Fax 089/64993113
www.filmstadt.de
Anfahrt: Geiselgasteig liegt am südlichen Stadtrand von München an der Ausfallstraße in Richtung Grünwald/Bad Tölz. Straßenbahn Linie 25 Ri. Grünwald, Haltestelle Bavariafilmplatz.
Öffnungszeiten: täglich, auch an Sonn- und Feiertagen (24. und 25. Dezember geschlossen). Sommerzeit: 4. April bis 8. November 2009 von 9–16 Uhr; mehrmals stündlich Führungen (letzte Führung beginnt um 16 Uhr und endet ca. 17.30 Uhr. Winterzeit: 9. November bis Anfang März 2010 von 10–16 Uhr. Führungen in den Wintermonaten beginnen immer zur vollen Stunde.
Eintritt: Erw. Führung € 11,– (Erw. Spar-Kombi € 21,–), Ki. (6–14 J.) Führung € 8,– (Kinder Spar-Kombi € 18,–)
Gruppen ab 20 Personen p./P. € 10,– (Gruppen Spar Kombi p./P. € 20,–)
Verpflegung: McDonald's Restaurant

THERMENWELT ERDING

Thermen- und Saunaparadies, VitalOase und Rutschenwelt – in Europas größter und vielfältigster Thermenbadelandschaft und dem weltweit größten Saunaparadies findet jeder sein individuelles Wohlgefühl – auf über 145.000 qm Fläche. Den Alltag hinter sich lassend genießen Sie die faszinierende Verbindung von exotischem Ambiente und gesundem Thermalheilwasser

und erleben die wohltuende Wirkung des türkisfarbenen, 33° C bis 40° C warmen Thermalwassers der staatlich anerkannten Heilquelle. Entspannen können Sie in exotischem Südsee-Ambiente, eingebettet in einem Meer aus Palmen und tropischen Pflanzen, auf Sprudelliegen oder sich von einer sanften Thermal-Strömung einfach treiben lassen. Ein Solebecken, die Vital-Quelle sowie Aqua-Fitnessprogramme garantieren eine Extra-Portion Wohlbefinden.

Besucher ab 16 Jahren finden in der VitalOase Erholung in traumhaften Ruhezonen und werden mit vielfältigen Gesundheitsangeboten wie Massagekursen oder Vitalgymnastik verwöhnt. Eigene Thermal-Heilwasserflächen, Gesundheitsbecken, Vital-Quellen, Sauerstoffgarten, zwei Textil-Saunen und eine Bali Lounge runden das Wohlbefinden ab.

Im weltweit größten Saunaparadies, das mehr als 25 thematisierte Sauna-Attraktionen bietet, finden alle Saunafans ihr Refugium, unterstützt aus täglich über 80 wohltuenden Aufguss- und Wellnessangeboten. Im GALAXY, dem neuen Rutschenparadies, wird für Nervenkitzel gesorgt. Groß und Klein erleben auf 13 ineinander verschlungenen Hightech-Rutschen und drei Sommerrutschen mit insgesamt 1.400 Rutschenmetern gigantisches Rutschvergnügen. Die Mutigsten wagen den freien Flug auf der Schanzenrutsche oder rasen mit über 70 km/h durch die schwarz-gelbe Röhre. Andere sausen durch den Wildwasserstrom oder genießen mit über 360 m auf Europas längster Rutsche, der Magic Eye, minutenlanges Rutschvergnügen.

Wichtig!

Adresse: THERME ERDING GmbH
Thermenallee 1–5, 85735 Erding
Tel. 08122/2270-0, Fax 08122/2270-222
www.therme-erding.de

Öffnungszeiten: Therme und VitalOase:
Mo.–Fr. 10–23 Uhr, Sa.–So. 9–23 Uhr
Erster Samstag im Monat Mondscheinbaden
Saunaparadies: Mo.–Fr. 10–23 Uhr
Sa. 9–24 Uhr, So. 9–23 Uhr
Erster Samstag im Monat Mitternachtssauna

Preise: Thermenparadies inkl. GALAXY:
Kinder (bis 3 Jahre) frei
2 Stunden € 13,–, 4 Stunden € 17,–
Tageskarte: Mo.–Fr. € 23,–
Wochenend-/Feiertagszuschlag + € 4,–
Übergang VitalOase + € 3,–
Übergang Saunaparadies (inkl. VitalOase) + € 10,–
Zutritt zur VitalOase und Sauna ab 16 Jahren

Tierpark Hellabrunn in München

Schön zu jeder Jahreszeit! Besonders an die kleinen Gäste hat man gedacht und ihnen viel Platz eingeräumt. Der 36 Hektar große Park in den Isarauen beherbergt neben den großzügigen Tiergehegen ein Streichelgehege, einen Abenteuerspielplatz, eine Reitbahn, eine Kindereisenbahn, ein Karussell und eine Schaukelbrücke. Die Tiere sind natürlich noch mal so interessant, wenn man ihnen beim Fressen zusehen kann; detaillierte Auskünfte über die Fütterungszeiten bekommt man in einem Flyer, der mit der Eintrittskarte ausgegeben wird. Neuestes Highlight ist das Urwaldhaus mit der weltgrößten Innenanlage zur Haltung von Schimpansen und Gorillas auf natürlichem Rasen. Ein faszinierender Spaziergang vorbei an einem 13 m langen Korallenriff und Aquaterrarien mit Schlammspringern, Krokodilen und Anakondas erinnert an den langen, komplizierten Weg der Evolution bei der Entwicklung aller Lebewesen aus dem Wasser bis hin zum Menschen.

Wichtig!

Adresse:
Tierpark Hellabrunn
Tierparkstraße 30, 81543 München
Tel. 089/62508-0,
www.tierpark-hellabrunn.de
office@tierpark-hellabrunn.de
Anfahrt: Verkehrsverbindung: Bus Nr. 52 vom Marienplatz in der Innenstadt zum Flamingoeingang. U-Bahn-Linie 3 bis Haltestelle Thalkirchen.
Saison/Öffnungszeiten: April bis September 8–18 Uhr, Oktober bis März 9–17 Uhr. Die Tierhäuser schließen eine halbe Stunde vor Ende der Besuchszeit!
Eintritt: Erwachsene € 9,–
Kinder (4–14 Jahre) € 4,50 (Kinder bis 4 J. frei)
Diverse Ermäßigungen € 6,–
Familienkarte klein € 11,–, groß € 20,–
Verpflegung: Kioske, Pizzeria, Restaurant mit Biergarten beim Kindertierpark.

monte mare Schliersee

Erleben Sie die monte mare Saunawelt Schliersee in einer der schönsten Urlaubsregionen Deutschlands. Ob süßes Nichtstun oder aktives Verwöhnprogramm – von einer Rosenquarz-Grotte, Kelo-Sauna, Aufguss-Sauna, Entspannungs-Sauna, Regenstein-Sauna bis zur Hopfensauna bleiben keine Wünsche offen. Whirlpools, Schwall- und Erlebnisduschen, Fußwärmbecken, eine Kneippstrecke, Außenbecken mit Sprudelgrotte und Massagebänken, Wärmeliegen, Ruheräume mit Wasserbetten, Saunagarten auf der Dachterrasse mit See- und Bergblick, Kaminzimmer, Verweil- und Ruhezonen warten darauf, von Ihnen entdeckt zu werden.

Wichtig!

Adresse und Anfahrt: monte mare Schliersee
Perfallstraße 4, 83727 Schliersee
Tel. 08026/92090-0, Fax 08026/9206227
schliersee@monte-mare.de
www.monte-mare.de
Öffnungszeiten: Täglich ab 10 Uhr.
Saunawelt: Mo.–Do. bis 23 Uhr, Fr.–Sa. bis 24 Uhr, Sonn-und Feiertage bis 21 Uhr.
Vitaltherme: bis 20 Uhr.
Eintritt: Saunawelt: (Inkl. Vitaltherme) Tageskarte € 21,–, Relaxtarif (3 Stunden) € 17,–. Wochenend-/Feiertagszuschlag € 1,–
Vitaltherme: Mo.–Fr. Ki. bis 1 m frei. Tageskarte Jugendl. (bis 15 Jahre) € 7,–, Erw. €10,–. Sporttarif (90 Minuten): Jugendl. € 3,50, Erw. € 4,50. Relaxtarif (3 Std.): Jugendl. € 6,–, Erw. € 8,–, Wochenend-/Feiertagszuschlag € 0,50

monte mare Seesauna Tegernsee

Am Fuß der Alpen, weniger als eine Autostunde von der bayerischen Landeshauptstadt München entfernt, wartet eine wundervolle Wellnessanlage darauf, entdeckt zu werden. Die monte mare Seesauna Tegernsee verspricht Genuss und Wellness „pur". Warm ums Herz wird es in einem der sechs individuellen Dampf- und Schwitzbäder. Kelo-Sauna, Bootshaus mit Ruheräumen, Solebad, Sinnessauna, Schilfsauna, Kaminlounge und Wintergarten sorgen für Erholung und Genuss – mit direktem Zugang zum See. Einmalig: Ein Sauna-Schiff!

Wichtig!

Adresse und Anfahrt:
monte mare – Seesauna Tegernsee
Hauptstr. 63, 83684 Tegernsee
Tel. 08022/187477–0, www.monte-mare.de
tegernsee@monte-mare.de
Öffnungszeiten: Täglich ab 10 Uhr, Mo.–Do. bis 23 Uhr, Fr.–Sa. bis 24 Uhr, So. u. feiertags bis 21 Uhr. Strandbad: voraussichtl. ab Mai 09 geöffnet.
Eintritt: Tageskarte Seesauna € 20,–
Frühtarif von 10–14 Uhr € 11,–,
2-Std. € 14,–, 4-Std. € 17,–
Wochenend-/Feiertagszuschlag € 2,–

Erlebnispark Schloss Thurn

Familie gemeinsam erleben. Spaß pur rund ums Wasserschloss! Im Erlebnispark Schloss Thurn finden Sie auf 40 ha die Vorzüge eines historischen Baudenkmals mit der bunten Vielfalt eines phantasievoll gestalteten Freizeitparks. Der Erlebnispark Schloss Thurn ist ein ideales Ausflugsziel für Familien. Das barocke Wasserschloss (erbaut 1737) mit seiner romantischen Parkanlage ist einzigartig in der Region und macht das Ambiente des Parks vollkommen. Spaziergänge unter schattigen Bäumen oder Ausruhen auf einer der vielen Parkbänke lassen Ihnen Zeit zum Entspannen, Erholen und sogar zum Träumen. Pures Vergnügen für die ganze Familie bieten zahlreiche Attraktionen, Fahrgeschäfte und Shows: Ob Kribbeln im Bauch, die Welt auf den Kopf stellen oder sich mal richtig in die Kurven legen – hier ist für jedes Alter was geboten. Auch Pferdefans bekommen einiges zu sehen, etwa das Kutschenmuseum, Pferdeshows (Ritterturnier und Westernshow) sowie weitere Pferdeevents.

Wichtig!

Adresse: Erlebnispark Schloss Thurn
Schloßplatz 1
91336 Heroldsbach
Tel. 09190/929898
www.schloss-thurn.de
info@schloss-thurn.de

Anfahrt: Heroldsbach liegt nördlich von Nürnberg nahe der A 73, Ausfahrt Baiersdorf Nord

Saison/Öffnungszeiten: Diese sind unterschiedlich. Empfehlenswert ist, sich vor Ausflugsplaner auf der Homepage die genauen Daten anzusehen. Beispiele: Im März, April, Mai, Juni und Oktober meist von 10–17 Uhr geöffnet. In den Hauptmonaten August bis Mitte September von 10–18 Uhr geöffnet.

Eintritt: Erwachsene € 15,50
Kinder (4–13 Jahre) € 13,50
Gruppen ab 15 Personen Erw. p./P. € 13,–
Kinder 4–13 Jahre p./P. € 11,–

Verpflegung: Picknick, Kiosk, Cafeteria, Restaurant

Frankenalb Therme Hersbruck

Für Wellnessfans und Wasserratten! Im Herzen der Frankenalb lädt die Frankenalb Therme Hersbruck Wellnessfreunde, Saunabegeisterte, Sportschwimmer sowie kleine und große Wasserratten zum Thermen- und Saunaerlebnis ein. Das großzügige Bad ist innerhalb kürzester Zeit zu einem festen Bestandteil im Freizeitangebot der „Gesundheitsregion Hersbrucker Land" geworden. Das Wellness-, Sport- und Erlebnisbad erfüllt dabei die Wünsche aller Besucher: Kinder tummeln sich am liebsten auf der Rutsche oder im Strömungskanal der Erlebnishalle, wo im 25-Meter-Sportbecken auch die sportlichen Schwimmer ihre Bahnen ziehen. Alle Anhänger des natürlichen Heilwassers tauchen ein in die 33 Grad warmen Thermalbecken, lassen sich an Bodensprudeln und Massagedüsen bei Unterwassermusik umspülen und entspannen im Außenbecken, das auch im Winter bei 35 Grad wohliges Badevergnügen garantiert. Saunagänger freuen sich über ein großzügiges Angebot mit 6 Saunen und einem schönen Saunagarten. Im Sommer können die Thermengäste zudem kostenfrei das beliebte Freibad inmitten der malerischen Pegnitzauen nutzen. Für entspannende Stunden hat die Wellness-Oase von „PhysioWellness Hentes" das passende Angebot. Neben physiotherapeutischen Anwendungen bleiben hier von Massagen bis hin zu Kosmetikbehandlungen keine Wünsche offen.

Wichtig!

Adresse: Frankenalb Therme Hersbruck
Badstraße 16, 91217 Hersbruck
Tel. 09151/8393-0 Fax 09151/8393-10
www.frankenalbtherme.de
info@frankenalbtherme.de
Anfahrt: Von der Bundesstraße 14 km kommend, Ausfahrt Hersbruck Süd/Frankenalb Therme. Dann einfach den Schildern folgen.
Saison: ganzjährig, im Sommer mit Freibadbetrieb
Öffnungszeiten: Therme und Sauna: Mo.–Fr. 9–22 Uhr, Sa. 10–22 Uhr, Sonn- und Feiertage: von Oktober bis März 9–21 Uhr, von April bis September 9–20 Uhr. Weitere Öffnungszeiten auf der Homepage.
Eintritt: Therme und Freibad verschiedene Preistarife, einige Beispiele: 3 Std Erwachsene 3 Std. inkl. € 10,–, Kinder € 7,– Familienkarte € 21,–
Sauna: Saunazuschlag pro Person € 6,–, Happy Hour und weitere Tarife siehe Homepage
Verpflegung: Free-Flow Restaurant in der Therme, Saunabar, Freibad-Kiosk sowie Restaurant im Eingangsbereich

Tiergarten Nürnberg

Wildtiere aus 5 Kontinenten! Der Tiergarten Nürnberg ist ein sehr eindrucksvoller Landschaftszoo. Die weitläufigen Freigehege befinden sich in einer 63 ha großen Waldparkanlage mit alten Steinbrüchen, Wiesen und ausgedehnten Weihern. Der Zoo beherbergt rund 2.000 Wildtiere samt Eisbärin Flocke und bärenfreund Rasputin. Bereits die Namen der einzelnen Tierstationen machen neugierig. So passiert man die Affenstiege, die Flamingo-Allee, den Trampelpfad, den Wildwechsel,

den Schleich- und den Panoramaweg. An klassischen Zootieren präsentieren sich dem Besucher unter anderen Nashörner, Tiger, Wölfe, Bären, Antilopen, Strauße, Greifvögel, Geier und Pinguine. Im kleinen Aquarium tummeln sich rund 60 Arten von Meerwasser- und Süßwasserfischen. Internationale Bedeutung hat im Tiergarten die erfolgreiche Haltung und Zucht der Seekühe und der Delfine. Eine ganz besondere Führung wird zu den Delfinen angeboten, bei der man einen Blick hinter die Kulissen des Delfinariums werfen kann. Hier kann man Delfine und Seelöwen „hautnah" erleben. Nur das Schwimmen mit den Delfinen ist nicht möglich.

Wichtig!

Adresse:
Tiergarten Nürnberg
Am Tiergarten 30
90480 Nürnberg
Tel. 0911/54546
www.tiergarten.nuernberg.de
Anfahrt: Der Tiergarten liegt östlich der City und ist im Stadtbereich ausgeschildert.
Saison/Öffnungszeiten: ganzjährig ab 29. März bis Oktober 2009 8–19.30 Uhr. Winterhalbjahr 9–17 Uhr.
Eintritt Tiergarten: Erwachsene € 7,50
Kinder 4–13 Jahre € 3,70
Familienkarte € 18,–
Eintritt Delfinarium: Erwachsene € 4,50
Kinder 4–13 Jahre € 2,–
Familienkarte € 10,50
Verpflegung: Picknick, Kiosk, Gaststätte

Planetarium Nürnberg

Abenteuer Sternenwelt! Im Nürnberger Planetarium ist jede Menge los. Unabhängig vom Wetter gibt es Sternenvorführungen für die ganze Familie, Musikveranstaltungen und Sondervorträge im klimatisierten Kuppelsaal. Das reguläre Programm ist eine gelungene Mischung aus Information und Unterhaltung. Es richtet sich an alle, die den Sternenhimmel kennenlernen möchten

und etwas über den Weltraum erfahren wollen. Zu den angebotenen Familienvorführungen zählen z.B. „Der Blaue Planet im Visier", „Gefangen in Raum und Zeit", „Der aktuelle Sternenhimmel" und „Mit Professor Photon durchs Weltall". Für unsere jüngsten Besucher (ab 4 Jahre) gibt es märchenartige Geschichten, wie z.B. „Peterchens Mondfahrt" und „Plani und Wuschel retten die Sterne".
Detaillierter Spielplan im Internet unter www.planetarium-nuernberg.de

Wichtig!

Adresse: Planetarium Nürnberg
Am Plärrer 41
90429 Nürnberg
Sekr. Tel: 0911/9296553, Mo.–Fr. 8.30–14 Uhr
planetarium@stadt.nuernberg.de
www.planetarium-nuernberg.de
Anfahrt: Vom Bahnhof in westlicher Richtung bis zum Verkehrsknotenpunkt „Am Plärrer". Das Planetarium ist neben dem Hochhaus der Städt. Werke. Eingeschränkte Parkmöglichkeiten. Mit der U-Bahn Haltestelle Plärrer.
Saison/Öffnungszeiten: ganzjährig, Familienprogramme: Mi. 16 Uhr, Do. 19 Uhr, am 1.+3. Sa.+So. im Monat um 16 Uhr. Kinderprogramme: Do 16 Uhr, am 1.+3. Sa.+So. im Monat um 14 Uhr, in den bayer. Schulferien Di. 14 Uhr + 16 Uhr, am Mi. 14 Uhr, Sonderveranstaltungen siehe Spielplan; Feiertage geschlossen!
Eintritt: Erwachsene € 6,–
Kinder (bis 18 Jahre), Schüler, Zivil- und Wehrdienstleistende (jeweils mit Ausweis) € 3,50
Familienkarte (2 Erwachsene mit eigenen Kindern) € 13,50
Gruppen ab 15 Personen erhalten 20 % Ermäßigung.
Verpflegung: Sternencafé im Planetarium, Gastronomie in der Altstadt

Playmobil-FunPark in Zirndorf

Der PLAYMOBIL-FunPark in Zirndorf bei Nürnberg ist ein ideales Familienausflugsziel. Das 90.000 qm große Freizeitpark-Areal ist bei Kindern so beliebt, weil sie dort nach Herzenslust klettern, springen und spielen können. Das einzigartige Konzept setzt auf Aktiv-Sein statt Schlangestehen und Bewegung im Spiel.

Achtung Großbaustelle, heißt es ab Frühsommer 2009 im FunPark! In einem neu geschaffenen Spielbereich kann mit den aktuellen original PLAYMOBIl-Baufahrzeugen in toller Steinbruchkulisse realitätsecht beladen und gebaggert werden. Weitere Highlights im abwechslungsreichen Außenbereich sind die PLAYMOBIL-Spielwelten in Großformat, wie zum Beispiel Piratenschiff, Ritterburg und Bauernhof. Auch die speziell konzipierten Aktivspielplätze warten auf mutige Entdecker. Edelsteine suchen, Traktor fahren, matschen: die Spaß-Garantie des Playmobil-FunParks liegt im Selber-Machen und Erleben.

Bis zum Sommer 2009 entsteht im FunPark auf 3.000 qm ein neuer AktivPark: Outdoor-Fitnessgeräte, Sommer-Eisstockschießen, Boule-Bahnen und viele Angebote mehr laden Jung und Älter, Familien und Singles ein zum gesunden und geselligen Aktivsein. Durch die verlängerten Abendöffnungszeiten von Biergarten, dem 18-Bahnen-PLAYMOBIL-Minigolf-Platz sowie dem neuen AktivPark über den FunPark-Betrieb hinaus wird die Region um ein sportliches Freizeitziel reicher. Eignet sich das Wetter nicht, um draußen zu toben, können die Kinder den 1.000 qm großen überdachten Klettergarten mit Lichterlabyrinth erkunden oder im gläsernen Hob-Center beim PLAYMOBIL-Spielen in liebenswerten PLAYMOBIL-Kulissen stundenlang 1001 Geschichten und spannende Abenteuer erleben.

Wichtig!

Adresse: Playmobil FunPark
Brandstätterstraße 2–10, 90513 Zirndorf
Tel. 0911/96660, Fax 0911/9666120
Info-Hot-Line: 0911/9666-1700
www.playmobil-funpark.de

Saison: Im Winter bis zum Beginn der Frühjahrsaision am 4. April 2009 bleibt der Außenbereich geschlossen. Durchgehend offen sind der überdachte Klettergarten sowie die neuen Winterspielbereiche im FunPark-Shop.

Öffnungszeiten: täglich von 9 bis 18 Uhr

Eintritt: je nach Saison und Teilöffnung € 2,50 bis € 10 Euro pro Person. Kinder unter 3 Jahren frei. Geburtstagskinder mit Ausweis frei

Verpflegung: Kioske, Gastromonie

Der Oberpfälzer Wald

Jahrzehntelang war diese Region zwischen dem Fichtelgebirge und dem Bayerischen Wald sehr abgeschieden. Sie lag sozusagen im Dornröschenschlaf. Seit die Grenze zur Tschechischen Republik offen ist, leben die alten Verbindungen zu Böhmen wieder auf – Prag ist näher als München. Im ausgehenden Mittelalter war die Oberpfalz das Zentrum der deutschen Eisenherstellung. Jetzt dominieren hier Wald und Wiesen.

Oberpfälzer Freilandmuseum

Vom Ausflug bis zum Ferienprogramm! Das Oberpfälzer Freilandmuseum zeigt nicht nur erhaltenswerte Bauwerke aus mehreren Jahrhunderten, die neu entstandenen Dörfer werden auch mit Leben gefüllt. Die Felder des Museums werden authentisch bewirtschaftet. Hier grasen die starken Kaltblüter, dort schnattert ein Schwarm Gänse. An vielen Wochenenden gibt es zusätzliche Veranstaltungen, Feiern und Aktionstage. Die Ausstellungen bieten einen tiefen Einblick in die Lebens- und Arbeitswelt längst vergangener Zeiten auf dem Bauernhof. Hierzu zählen z. B. die Themenbereiche: „Der Bauer und sein Ross", das „Egerländer Fachwerk", „Remisen", „Geräte zur Feldarbeit", „Öfen und Herde aus der Oberpfalz", „vom Korn zum Brot" bis hin zum begehbaren Scheunendepot. Auch Kurse zu Bauern- und Klostertraditionen können besucht werden, so ein Kurs im Filzen, zur Hinterglasmalerei, zum Mähen und Dengeln und vielem mehr. Für Kinder werden interessante Ferienprogramme angeboten.

Wichtig!

Adresse: Oberpfälzer Freilandmuseum
Neusath 200, 92507 Nabburg
Tel. 09433/24420, www.freilandmuseum.org
Anfahrt: über die A 93 von Regensburg, Weiden oder Nürnberg, Ausfahrt Nabburg. Ausgeschildert.
Saison/Öffnungszeiten: Mitte März bis Anfang November, Di.–So. 9–18 Uhr
Montags, außer an Feiertagen, geschlossen.
Eintritt: Erw. € 4,50, ermäßigt € 3,–
Familientageskarte € 11,–
Verpflegung: Picknick, Gaststätte
Drumherum: Spielwiese auf dem Museumsgelände und Kegelmöglichkeit auf der alten Holzbahn

Das Altmühltal

Erlebnispark für Naturfreunde und Kultursuchende, eingerahmt von gewaltigen Felsen aus der Jurazeit, reich an Burgen und Schlössern, dazwischen in ihrer Ursprünglichkeit erhaltene Ortschaften, Sehenswürdigkeiten auf Schritt und Tritt. Wer gerne ein paar Stunden oder gar einen ganzen Tag an Bord eines schmucken Ausflugsschiffes verbringen möchte, sollte sich eine Schiffsfahrt ins Altmühltal nicht entgehen lassen (Linienverkehr zwischen Kelheim – Riedenburg – Dietfurt – Beilngries – Berching). Ausgangsort für eine Bootstour sind nahezu alle Orte auf dem Main-Donau-Kanal zwischen Kelheim und Berching. Aufenthalte, z.B. in Riedenburg mit Gelegenheit zur Besichtigung des Kristallmuseums und der Falknerei auf der Rosenburg, sind möglich.

Der Donaudurchbruch

Wildromantische Flusslandschaft zwischen der sehenswerten Wittelsbacher Stadt Kelheim und dem Benediktinerkloster Weltenburg mit der ältesten Klosterbrauerei der Welt und einem der schönsten Biergärten Bayerns. Die Schifffahrt durch den Donaudurchbruch (Linienverkehr Kelheim – Donaudurchbruch – Kloster Weltenburg) bildet den Höhepunkt eines Ausflugstages. Vorbei an bizarren Felswänden gleiten die komfortablen Schiffe zur Anlegestelle vor dem Kloster. Man sollte sich Zeit nehmen, sich auf der Kiesbank die Füße zu vertreten, die barocke Schönheit der Klosterkirche auf sich wirken lassen und anschließend das berühmte Weltenburger Klosterbier im schattigen Innenhof genießen.

Schifffahrt im Donau- und Altmühltal

Veranstaltungen an Bord! Die Schiffe der „Weißen Flotte" bieten nicht nur Linienfahrten zu den schönsten Zielen im Altmühl- und Donautal, sondern auch jeden Freitag und Samstag Abendfahrten mit Live-Musik und Tanz an Bord. Wer einen besonderen Sonntag erleben möchte, sollte sich eine „Brunch- oder Schlemmerfahrt", die übrigens auch im Winter angeboten werden, nicht entgehen lassen. Eine Geburtstags- oder Hochzeitsfeier, eine Tagung oder ein Betriebs- bzw. Vereinsausflug erhalten eine ganz besondere Note, wenn dies an Bord eines Schiffes stattfindet. Es gibt eine Vielzahl von Möglichkeiten – die Schiffe bieten immer das richtige Ambiente. Auch für das leibliche Wohl ist an Bord bestens gesorgt. Die Personenschifffahrt im Donau- und Altmühltal bietet mit ihren schmucken Ausflugsschiffen neben Linienverkehr eine Vielzahl von Veranstaltungen an Bord an, wie z.B. Saisonauftakt im Donau- und Altmühltal am letzten Sonntag im April (Kinder bis 16 Jahre werden kostenlos befördert).

Wichtig!

Adresse:
Verschiedene Anbieter, beispielsweise:
Altmühltal Personenschifffahrt
Postfach 1111, 93301 Kelheim
Tel. 09441/2487 oder:
Personenschifffahrt Altmühltal
Renate Schweiger
Rennweg 32
93309 Kelheim
Tel. 09441/17698-0
www.schiffahrt-kelheim.de
Saison: Es gibt einen umfangreichen Sommer- und Winterfahrplan – siehe Homepage – und einen ebenso umfangreichen Fahr- und Veranstaltungsplan.
Infos und Pläne im Internet:
www.schiffahrt-kelheim.de
Verpflegung: Gastronomie an Bord. Jeden Sonntag Schlemmerbrunchfahrten.

Bayerischer Wald

Einmal im Jahr feiert ganz Furth im Wald den „Drachenstich". Gemeint ist der sagenhafte Sieg des Ritters Udo über ein Ungetüm, das die Stadt bedrohte. Das Fest ist seit über 500 Jahren Tradition. Einzigartig in Mitteleuropa ist der Nationalpark Bayerischer Wald. In Ruhezonen des Parks darf der Wald „machen, was er will". Nach und nach soll so im Laufe der Jahrzehnte und Jahrhunderte eine usprüngliche Vegetation entstehen. Doch schon jetzt bietet sich diese Gegend hervorragend für Wanderungen, Wellness und Radtouren an.

Donauschiffahrt Passau

Drei Fahrten auf dem Donau-Strom eignen sich auch für Familien mit kleineren Kindern. Zunächst ist da die Drei-Flüsse-Rundfahrt, die eine Dreiviertelstunde dauert. Höhepunkt ist der Zusammenfluss der drei Passauer Gewässer Donau, Inn und Ilz. Der Inn trifft als blauer Alpenfluss die braune Donau, die Ilz ist merkwürdig schwarz eingefärbt. Anlegestelle ist der Rathausplatz. Die Schiffe verkehren von März bis November. Die zwei weiteren Möglichkeiten: Die Fahrt von Passau nach Obernzell dauert zwei Stunden. Daneben gibt es täglich Ausflüge ab Passau zur Schlögener Schlinge oder nach Engelhartszell.

Wichtig!

Adresse:
Donauschiffahrt Wurm + Köck
Höllgasse 26, 94032 Passau
Tel. 0851/929292
www.donauschiffahrt.de

Anfahrt: Die Anlegestellen befinden sich an der Donauuferstraße. Die Parkhäuser P 1, P 2 und P 5 liegen in der Nähe – Leitsystem beachten

Saison: Von März bis Anfang November, sonst eingeschränkt

Fahrzeiten/Preise: umfangreiches Fahrtenprogramm im Internet. Jedes Wochenende besteht zudem die Möglichkeit, von Passau nach Wien zu reisen.

Verpflegung: Gastronomie an Bord

Glasdorf Weinfurtner in Arnbruck

Träume aus Glas! Glas in allen Variationen steht im Mittelpunkt bei einem Ausflug zum Glasdorf Weinfurtner. Wer dabei war, wenn Glas in Handarbeit hergestellt und veredelt wird, wer die Hitze des Glasofens spürt, der erhält einen neuen Bezug zu diesem wundervollen Werkstoff. Staunend kann man beobachten, wie heißes Glas in wenigen Sekunden uneingeschränkt formbar wird und das, ohne beim Erkalten zu kristallisieren. Ein außergewöhnliches Erlebnis ist es auch, den Glasmalerinnen, Schleifern und Graveuren bei ihrer Arbeit zuzuschauen. Die kreativen Modelle der Designer und Künstler kann man in Werkstätten, Ausstellungen und in der Erlebnis-Galerie „Kunst & Form" betrachten und sich Anregungen zum Schmücken, Schenken und zur Tischkultur holen. In dem wunderschön angelegten Garten des Glasdorfes schlendert man an gläsernen Träumen vorbei, die in ihren Formen und Farben mit den Pflanzen wetteifern und sich doch harmonisch ergänzen. Außerdem gibt es eine Porzellan- und Silberabteilung, auch hochwertiges Kinderspielzeug und Landhausmode werden angeboten. Das Glasdorf wirkt mit seinen über 100 Mitarbeitern wie eine große Familie und ist immer offen für Anregungen und Fragen.

Wichtig!

Adresse:
Weinfurtner Das Glasdorf
Zellertalstr. 13
93471 Arnbruck
Tel. 09945/9411-0
Fax 09945/444
www.weinfurtner.de
info@weinfurtner.de
Anfahrt: Routenberechnungsplaner für individuelle Anfahrt auf der Homepage
Öffnungszeiten:
Bis 01.05.09: Mo.–Fr. 9–18 Uhr, Sa. 9–16 Uhr
Von 01.05.–31.10.09: Mo.–Fr. 9–18 Uhr
Sa. 9–16 Uhr, Sonn- und Feiertage 10–16 Uhr
Eintritt: frei
Verpflegung: Glashütten-Wirtshaus und Bistro Vier Jahreszeiten
Tipp: Weitere Verkaufsfilialen sind in Bodenmais (mit Glashütte), St. Englmar, Freyung (mit Glashütte), Bad Birnbach, Zwiesel, Bad Füssing, Bad Griesbach und in Coswig.

Churpfalzpark Loifling

Ob Jung oder Alt, für jeden hat dieser Park Sehens- und Erlebenswertes. Die Ausgewogenheit zwischen Blumen- und Gartenschau einerseits sowie Erlebnis, Unterhaltung und vielen Attraktionen andererseits zieht viele Besucher an. Besondere Attraktionen sind die schönen Sommergärten mit 860 tanzenden Fontänen und der 8.000 m² große Heide-, Dahlien- und Englische Garten.

Wichtig!

Adresse: Churpfalzpark
93455 Loifling bei Cham
Tel. 09971/30340 oder 30300
www.churpfalzpark.de
Anfahrt: Loifling liegt an der B 20 zwischen Straubing und Cham.
Saison/Öffnungszeiten: 04.04.-18.10.09, täglich von 9–18 Uhr. Fahrzeiten der Attraktionen von 10–17 Uhr. In der Mittagspause (12–13 Uhr) wechselseitiger Betrieb.
Eintritt: Erwachsene € 15,–
Kinder (3–13 Jahre) € 13,–
Senioren (ab 65 Jahre) € 12,–
Gruppen ab 20 Pers. € 1,– Rabatt pro Person
Gruppen ab 40 Pers. € 2,– Rabatt pro Person
Verpflegung: Picknick, Gaststätte, Kiosk, Cafeteria

Museumsdorf Bayerischer Wald

Das Museumsdorf zeigt die historischen Bauformen des Bayerischen Waldes aus der Zeit von 1580 bis 1850. Mit einer Fläche von 20 ha und mehr als 150 Gebäuden ist es eines der größten Freilichtmuseen in Europa. Zugleich beherbergt es mit über 60.000 Objekten die größte volkskundliche Sammlung des Bayerischen Waldes. Das Museum ist eingetragen in die Liste „national wertvolles Kulturgut".

Wichtig!

Adresse: Museumsdorf Bayerischer Wald
Am Dreiburgensee, 94104 Tittling bei Passau
Tel. 08504/8482
www.museumsdorf.com
Anfahrt: Auf der B 85 ab Passau in Richtung Norden.
Saison/Öffnungszeiten: von April bis Ende Oktober, täglich von 9–17 Uhr
Eintritt: Erwachsene € 4,50
Kinder (bis 12 J.) in Begleitung der Eltern frei, Gruppen ab 16 Personen, (Schüler, Studenten und Schwerbehinderte) € 3,50 pro Person
Verpflegung: Gasthaus im Museum

elypso – Traumbad in Deggendorf

Von Erholung bis Action! In Deggendorfs Traumbad elypso findet jeder Gast etwas nach seinem Geschmack. In der Badewelt können die

Schwimmer im 25-m-Sportbecken ihre Bahnen ziehen, die Genießer auf den Sprudelliegen, im Dampfbad oder im Whirlpool entspannen, die Action-Suchenden auf den vier verschiedenen Rutschen, ob mit Reifen oder ohne, einen besonderen Adrenalin-Kick erfahren und die Kinder sich nach Herzenslust im eigenen Kinderbereich, der selbst für die Kleinsten geeignet ist, austoben. Die Saunafreunde haben eine große Auswahl: Panorama-, Kelo- und Duft-Sauna, Dampfbad, Erdsauna sowie das Sanarium versprechen Entspannung pur. Für die Erfrischung danach sorgen der kostenlose Brunnen mit Grandawasser, der einmalige Sauna-Schwimmteich, die Erlebnisduschen, das Tauchbecken oder der Eisbrunnen. Des Weiteren erwarten Sie für einen Wohlfühltag im elypso modernste Solarien sowie verschiedene Massage- und Kosmetikangebote. Ein breit gefächertes Kursprogramm, vom Babyschwimmen bis hin zur Wassergymnastik, rundet die Vielfalt ab. Überzeugen Sie sich selbst!

Wichtig!

Adresse:
elypso
Sandnerhofweg 4–6
94469 Deggendorf
Tel. 0991/2896-0
Fax 0991/2896-555
www.elypso.de, info@elypso.de

Anfahrt: Von der A 92, München Deggendorf, Ausfahrt Plattling Nord der Beschilderung folgen!

Saison: Bade- und Saunawelt ganzjährig geöffnet, Freibad von Mitte Mai bis Mitte September geöffnet

Öffnungszeiten: Bade- und Saunawelt
Mo. bis Fr. 10–22 Uhr, Sa. und So. 9–21 Uhr,
Feiertag 9–21 Uhr,
Freibad täglich 9–20 Uhr

Eintritt:
Freibad: Tageskarte Erw. € 3,–, Kinder € 2,–
Badewelt: Erw. 3 Std. € 5,50/Tag € 8,–, Kinder 3 Std. € 4,–/Tag € 5,50, Familie 3 Std. € 15,–/Tag € 19,–.
Saunawelt: Erw. 3 Std. € 13,–/Tag € 16,–, Familie 3 Std. € 30,–/Tag € 35,–. (Für Kinder bis zum vollendeten 6. Lebensjahr ist der Eintritt frei. Weitere Tarife/Kombinationen auf Anfrage)

Verpflegung: Gastronomie im Foyer, Free-Flow-Bereich im Erlebnisbad, Saunafitbar im Saunabereich, Kiosk mit Biergarten im Freibad

Der Bayern-Park in Reisbach

Der Bayern Park öffnet im April wieder seine Pforten und bietet heuer gleich fünf neue Highlights. Sicher haben noch viele die atemberaubende Wildwasser-Rafting-Anlage vom letzten Jahr in Erinnerung. Die Rundboote, die mit einem 100 m langen Aufzug in eine Höhe von 24 m befördert werden. Oben angelangt werden sie mit einem Ruck in einen 600 m langen Wasser-Kanal hineingeschoben, wo es in rasanter Fahrt durch enge Kurven abwärts geht. Mit dem „Power Paddler" wird den Kindern nicht nur etwas Neues geboten, sondern auch der Spaßfaktor in die Höhe geschraubt. Die unsinkbaren Boote werden über Schaufelräder mit den Händen bedient. Für Aufregung sorgt auch der „Tube Racer". Die 90 m lange Riesenrutsche verfügt über zwei Bahnen, in denen Schlauchboote aus einer Höhe von ca. 13 m starten und nach unten fahren. Neu ist auch ein Bereich, in denen Kinder ihre Geburtstage mit all ihren Freunden feiern können. Abgeschirmt vom Lärm laden bei angenehmer Musik Ruhebänke ein, die Seele baumeln zu lassen, um für kurze Zeit dem Alltag zu entfliehen. Als weitere Attraktion lockt mit der Achterbahn ein echter Klassiker. Ebenso für Spaß sorgen aber auch die Fahrt mit einem Rundboot durch Schlossgarten und Grotte, das Fantasieland der wirbelnden Pilze, die Twinbob-Rodelbahn, der Hubseilturm, die ungefährliche Zugspitzwand als Kletterberg, die

Tunnelrutsche, das Schaukelschiff und der Wellenflieger, ein Schwanen-Karussell, eine Schweinchen- und Schildkrötenbahn und viele weitere Spiel- und Spaßanlagen. Anziehungspunkt auch sind die voriges Jahr geborenen Berberaffen-Babys. Neben Steinböcken, Gämsen, Schafen und Mini-Ponys sind ein Rot- und Damwild-Gehege, ein Sikawild-Gehege sowie Greifvögel und Luchse zu bestaunen.

Zum Abschluss teilen sich meist die Besucher bei den letzten Stationen. Eltern, die den Tag bei einem Getränk im Biergarten ausklingen lassen, und Kinder, die in der Hüpfburg und am Trampolin nochmals Gas geben.

Wichtig!

Adresse: Bayern-Park Freizeitparadies GmbH, Fellbach 1
94419 Reisbach, Tel. 08734/817, Fax 08734/929819
www.bayern-park.de, info@bayern-park.de
Anfahrt: z. B. über die A 92 Ri. Deggendorf bis Ausfahrt Dingolfing Ost, ausgeschildert.
Öffnungszeiten: 04.04. bis 11.10.2009. In der Hauptsaison von Mai bis Sept. geöffnet von 9–18 Uhr
Eintritt: Geburtstagskinder (mit Ausweis) frei
Besucher von 3–13 Jahren € 11,50
Besucher ab 14 Jahren € 13,50
Gruppen ab 20 Personen tel. Voranmeldung 08734/9298-0
Verpflegung: Gastronomie im Park, Imbiss, Kiosk, Picknick

Ergomar in Ergolding

Mit Großwasserrutsche! Die Bade-undSaunaoase Ergomar in Ergolding ist ein Erlebnis für Jung und Alt. Mit ihren Spiel-, Spaß- und Sportmöglichkeiten bieten die Badewelt und Sauna ganzjährig für jeden etwas. Zu den zahlreichen Attraktionen zählen die 78 m lange Großwasserrutsche, die Erlebnisbecken im Innen- und Außenbereich, der Wasserspielgarten für Kinder im Freibereich und ein ganzjährig geöffnetes Warmwasserbecken. Sportfans können sich im 25-m-Sportbecken im Innenbereich oder im 50-m-Sportbecken im Freibadebereich austoben. Die Vielfalt des Angebotes, die das Ergomar als Wasserwelt auszeichnet, gilt auch für die Saunalandschaft. Wellness-Fans bietet sich das ganze Spektrum der Körperkultur. Neben einer finnischen Sauna, einer Bio-Sauna und einer Blockhaussauna verfügt der Wellnessbereich auch über ein Dampfbad und ein Shiatsu Vitarium. Regelmäßige Veranstaltungen wie Aqua-Fitness-Kurse, kostenlose Wassergymnastik, Kinder-Erlebnistage oder Sauna-Lounge machen das Ergomar zum Erlebnispool.

Wichtig!

Adresse: Ergomar
Industriestraße 7, 84030 Ergolding
Tel. 0871/73771, Fax 0871/1438777
www.ergomar-ergolding.de
info@ergomar-ergolding.de
Anfahrt: Über die A 92 München Richtung Deggendorf, Ausfahrt Landshut Nord, der B 299 folgen bis Ortseinfahrt Landshut, an der Ampel links in die Industriestraße abbiegen.
Saison: ganzjährig
Öffnungszeiten: Wintersaison Mo.–Mi. und Fr. 13–22 Uhr, Do. 10–22 Uhr, Wochenende und Feiertage 10–20 Uhr (Sauna bis 22 Uhr). Sommersaison: Täglich 9–20 Uhr im Freibad, in Badewelt Mo.–Mi. und Fr. 13–20 Uhr, Wochenende und Feiertage 10–20 Uhr, in den Schulferien Mo.-Fr. 10–20 Uhr
Eintritt: Verschiedene Preistarife, je nach Bereich und Std.-Aufenthalt, siehe Homepage. Preisbeispiel für Eintritt 3 Std. in Badewelt:
Erwachsene € 5,50
Kinder € 3,–
Familienkarte € 14,–
Verpflegung: Restaurants in der Badewelt und Sauna sowie „Kulimar-Restaurant" im Foyer

Legoland® Deutschland in Günzburg

Wichtig!

Adresse:
Legoland® Deutschland Freizeitpark GmbH
Legoland Allee, 89312 Günzburg
Tel. 0180/570075701, Fax 0180/5545801
www.legoland.de, info@legoland.de
Anfahrt: Autobahn A8, München – Stuttgart, Ausfahrt Günzburg. Mit der Bahn: vom Bahnhof Günzburg direkter Shuttlebus zum Park.
Saison/Öffnungszeiten: 4. April bis 8. November 2009 von 10–18 Uhr. Längere Öffnungszeiten an Wochenenden, Ferienterminen und Feiertagen. Geschlossen ist der Park jeweils am Mo, Di. und Mi. an folgenden Daten: 4.–20. Mai, 15.–23. September 2009.
Eintritt: Tageskarte Erwachsene € 32,– Kinder (3–12 J.), Senioren (ab 60 J.) € 28,– Kinder bis 3 Jahre frei, weitere Preistarife auf der Homepage.
Verpflegung: Mehrere Restaurants im Park

Eine bunte Welt voller Action, Spaß und Abenteuer wartet im LEGOLAND® Deutschland auf große und kleine Besucher. Der Familienpark im bayerischen Günzburg liegt direkt an der A 8, etwa eine Autostunde von München und Stuttgart entfernt. In den acht faszinierenden Themenbereichen mit über 50 außergewöhnlichen Achterbahnen, Wasserattraktionen, Live-Shows und Workshops kann jeder in die Rolle eines echten Helden schlüpfen und einmal Pirat, Ritter oder Rennfahrer sein.

Spaß und Unterhaltung kombiniert mit spielerischem Lernen und interaktiven Elementen – das ist die einzigartige Mischung, die das LEGOLAND® Deutschland zu etwas ganz Besonderem macht. Der Park ist so groß wie 26 Fußballfelder und bietet mit über 50 Attraktionen Action für die ganze Familie. Egal ob bei einer abenteuerlichen Kanufahrt in der Dschungel X-pedition, bei einer rasanten Achterbahn-Reise auf dem Rücken des Feuerdraches, oder bei einer wilden Wasserschlacht in Käptns Nicks Piratenschlacht – im LEGOLAND bestimmt jeder sein Abenteuer selbst. In der Saison 2009 präsentiert das LEGOLAND seinen Gästen zwei Deutschlandpremieren: eine atemberaubende LEGO® Unterwasserwelt und den neuen 4D-Film „Bob der Baumeister".

Bei so viel Spaß und Action vergeht ein Tag im LEGOLAND wie im Flug. Wer seinen Aufenthalt verlängern möchte, kann im weltweit ersten LEGOLAND Feriendorf direkt neben dem Park übernachten und dort in die Welt von Piraten, Rittern, Rennfahrern und Abenteurern eintauchen. Egal ob in den 45 Ferienhäusern im typisch bunten LEGO Look oder auf dem Campingplatz – im Feriendorf geht das Abenteuer weiter.

KikiMondo – Günzburg

Das Abenteuerland – der Indoorspielplatz KikiMondo in Günzburg ist eine Urlaubsinsel für Kinder. Umgeben von blauem Wasser, tauchen die Kinder im Norden Günzburgs in eine bunt schillernde Unterwasserwelt ein und verbringen eine spannende Zeit in diesem Spielparadies.

Auf dem Indoorspielplatz KikiMondo in Günzburg reisen die Kinder in eine abwechslungsreiche Inselwelt.

Magisch angezogen von überdimensionalen Hüpfburgen, toben die kleinen und größeren Piraten über die doch immerhin 3500 m² große Spielfläche. Hopsen, Balance halten auf der 6er Trampolinanlage, Fahren und sogar Reiten und Schätze suchen bietet das Abenteuerland.

Auch Kletteraffen kommen auf dem Abenteuerspielplatz, dem Klettergarten auf ihre Kosten. Spaß verspricht auch die Kletterwand, wo sich die Kinder gekonnt nach oben hangeln. In vier Metern Höhe dürfen sich kletterbegeisterte Kinder auf der Pirateninsel wie echte Piraten fühlen und gesichert rumentern und die riesige Piratenburg macht aus den Kindern kleine Seefahrer

und Piraten. Kleinere Kinder vergnügen sich stattdessen im bunten Kleinkindbereich, wo Softbausteine und Bällchenbad locken.

Eltern haben die Möglichkeit, sich in den gemütlichen Gastronomiebereich zurückzuziehen, zu entspannen und das Treiben der Kids auf der Insel in aller Ruhe zu beobachten.

Einen abwechslungsreichen Kindergeburtstag können die Kinder ebenfalls im KikiMondo in Günzburg mit ihren Freunden ausgelassen feiern.

Wichtig!

Adresse:
KikiMondo in Günzburg
Heidenheimer Straße 64
89312 Günzburg
Tel. 08221/2047365
www.kikimondo.de
info@kikimondo.de
Öffnungszeiten: Mo.–Fr. 14–19 Uhr, Sa., So., Feiertage sowie Ferien 10–19 Uhr
Eintritt: Erwachsene: Mo.–So. € 3,–
Kinder (ab 95 cm) Mo.–Fr.: € 6,–
Sa, So, Feiertage: € 7,–. Inklusive 1 Cartchip

Zoo Augsburg

Idyllisch liegt der Augsburger Zoo am Rande des Siebentischwaldes. Alter Baumbestand, naturbelassenes Grün und zahlreiche Teiche und Wasserläufe laden zu Erholung und Entspannung ein. Im Herzstück des Zoos – in der weitläufigen Afrika-Panorama-Anlage – leben Breitmaulnashörner, Watussi-Rinder, Rappenantilopen, Kamerunschafe, Grevy-Zebras und Rothschildgiraffen friedlich beisammen. Von Kolibri, Erdmännchen und Nasenbär bis zu Pelikan, Löwe und Elefant ist für die ganze Familie etwas dabei.

Für die kleinen Besucher sind die Ziegen im Streichelgehege die absolute Attraktion. Aber auch Zoo-Minibahn und Abenteuerspielplatz laden zum Spielen und Erleben ein. Die Seebären-Fütterung ist für alle lustig zu beobachten. Und auch eine Führung durch die Welt der befellten, gefiederten und beschuppten Bewohner des Augsburger Zoos wird für Kinder und Erwachsene zum unvergesslichen Erlebnis (Anmeldung spätestens jedoch eine Woche vorher). Für den kleinen und großen Hunger bieten die Zoogaststätte und die verschiedenen Kioske allerlei Köstlichkeiten. Auch Hunde sind im Zoo willkommen. Weitere Informationen finden Sie auch unter www.zoo-augsburg.de.

Wichtig!

Adresse:
Augsburger Zoo GmbH, Brehmplatz 1, 86161 Augsburg
Tel. 0821/567149-0, Fax 0821/567149-13
www.zoo-augsburg.de, E-Mail: info@zoo-augsburg.de
Anfahrt: Gut erreichbar mit der Buslinie 32 ab Bahnhof und Königsplatz Haltestelle direkt am Zoo.
Saison/Öffnungszeiten: ganzjährig, täglich ab 9 Uhr geöffnet. Der Zoo schließt jeweils: im Nov./Feb. 16.30 Uhr, März/Okt. 17 Uhr, April/Mai/Sept. 18 Uhr, Juni/Juli/ August 18.30 Uhr. Die Kasse schließt 60 Minuten früher.
Eintritt: März bis Oktober: Erwachsene € 8,–, Kinder 3–15 Jahre € 4,–, Ermäßigte € 7,–
November bis Februar: Erwachsene € 6,–, Kinder 3–15 Jahre € 3,–, Ermäßigte € 5,–
Kinder unter 3 Jahren frei, Hunde (an der Leine) € 1,50. Weitere Preise siehe Homepage.
Verpflegung: mehrere Kioske, Gaststätte
Drumherum: neben dem Zoo befindet sich der Botanische Garten.

Allgäu Skyline Park Bad Wörishofen

Zehn Jahre Allgäu Skyline Park. Vor den Toren des Allgäus in einer der schönsten Ferienregionen Deutschlands liegt der Allgäu Skyline Park, der in der Saison 2009 sein 10-jähriges Jubiläum feiert! Im Jubiläumsjahr dürfen spannende Neuattraktionen natürlich nicht fehlen. Der „Sky Twister" wird das neue Familienhighlight. Nach den Sternen greifen: an einem stabilen Mast werden viele kleine Flugzeuge auf magische 34 Meter Höhe gehoben und beginnen dort spielerisch den Himmel zu erkunden.

Insgesamt mehr als 50 überirdische Attraktionen wollen entdeckt werden, ebenso die Fahrattraktionen auf Sterne-Niveau: Die wagemutigsten Adrenalinjunkies trauen sich in unseren Himmelsstürmer – das Sky Wheel, die höchste Überkopf-Achterbahn der Welt. Das Gefühl, von fast 50 Metern Höhe kopfüber in die Tiefe zu rasen, nur durch einen Hüftbügel gehalten, das ist Faszination pur! Genauso spektakulär ist der Sky Shot, sicher in der Kugel festgeschnallt werden die Besucher über 90 Meter in den Himmel katapultiert. Wer es schafft, die Augen offen zu halten, hat ihn – den grandiosen Ausblick über das Allgäu!

Das große Skyline Park Jubiläums-Wochenende am 18. und 19. Juli mit extra langen Öffnungszeiten, spannenden Live-Acts, Bands, atemberaubenden Shows, einem Jubiläums-Feuerwerk und vielen magischen Aktionen. Am 22. August bebt die Erde beim Bayerischen Wochenende, die „Boygroup" aus dem wilden Süden, „Alpenmafia", heizt richtig ein. Weitere tolle Events findet man im Internet unter www.skylinepark.de. Extrabonbon: die Jahreskarte zu einem unglaublichen Sonderpreis!

Wichtig!

Adresse: Allgäu Skyline Park
Im Hartfeld 1, 86825 Bad Wörishofen
Info-Tel. 01805/884880
www.skylinepark.de
Anfahrt: verkehrsgünstig direkt an der Autobahn München–Lindau, Ausfahrt Bad Wörishofen. Parkplätze sind kostenlos.
Öffnungszeiten: 04.04. bis 25.10.2009
Eintritt: Erw. € 18,–
Kinder (100–150 cm) € 15,–
Kinder unter 100 cm und Geburtstagskinder frei, Familienkarte (2 Erw. + 2 Kinder) € 55,–
Gruppen ab 20 Personen p. P. € 13,50
Verpflegung: Restaurants, Hütten und Biergärten

Das Allgäu

Im Allgäu steht ein Bauwerk, das von Tausenden ausländischen Besuchern für besonders deutsch gehalten wird: Neuschwanstein, das Märchenschloss des Königs Ludwig II. In Füssen kann man seine Geschichte als Musical ansehen. Doch nicht nur das traumhaft gelegene, vieltürmige Schloss ist ein „Exportschlager“. Auch Allgäuer Molkereiprodukte werden allerorts geschätzt, denn jeder vierte Käse, der in Deutschland gekauft wird, stammt von hier.

Hallen- und Stadtbad CamboMare

Mit Black-Hole-Röhrenrutsche! Freuen kann man sich im CamboMare auf eine Schwimmlagune mit Sprudelgrotte, Wasserpilz und Bodensprudler. Wer es sportlicher möchte, geht ins 25-m-Sportbecken mit Strömungskanal und Sprungbrettanlage. Eine Black-Hole-Röhrenrutsche sowie eine 122-m-Doppel-Reifen-Rutsche bescheren Badespaß vom Feinsten. Das Warmwasser-Außenbecken ist das ganze Jahr in Betrieb, so dass man auch im Winter wunderbar entspannende Badestunden erleben kann. Nicht nur Kinder lieben übrigens den Wellengang und springen gleich ins bewegte Nass, wenn die „Flut“ kommt. Für Kleinkinder gibt es ein Planschbecken und ein Piratenkletterschiff. Eine schöne Saunaanlage mit 10 verschiedenen Saunen, Außenbereich und Außenschwimmbecken sowie einer Sinnes-Oase mit Shiatsu-Massageliegen runden das Relax-Vergnügen ab.

Wichtig!

Adresse:
CamboMare
Aybühlweg 58, 87439 Kempten
Tel. 0831/58121-0, Fax 0831/58121-22
www.cambomare.de
info@cambomare.de
Anfahrt: Im Ort ist das Bad ausgeschildert.
Saison/Öffnungszeiten: ganzjährig, Mo. bis Fr. 10–22 Uhr, Sa., So. und Feiertag 9–21 Uhr. Weitere Öffnungszeiten für Feiertage und Schulferien siehe Homepage.
Eintritt: Verschiedene Preistarife je nach Std.-Aufenthalt und Bereich, siehe Homepage.
Badewelt: Erwachsene 2 Std. € 7,–
Kinder € 4,50
Sauna (inkl. Badewelt): Erw. 3 Std. € 13,50
€ Kinder 12,–
Verpflegung: Cafeteria im Bad

Starzlachklamm bei Sonthofen

Beeindruckende Kulisse! Eine Wanderung entlang der Schlucht des Flusses Starzlach ist ein Abenteuer. Der kleine Fluss hat sich im Laufe der Jahrtausende durch das schöne Tal gefressen, das heute eine beeindruckende Kulisse für einen Sonntagsspaziergang bietet. Der Rundweg dauert immerhin anderthalb Stunden, die Kinder sollten also schon wanderfest sein. Angesichts des wildromantischen Tals mit der tosenden Gischt des herabstürzenden Wassers werden die Kleinen bestimmt nicht so schnell quengeln. Der mit Geländern gesicherte Weg duckt sich unter Felswänden hindurch und führt mit Brücken über den Fluss hinweg. Nach soviel schöner Natur hat man sich eine Jausen-Pause redlich verdient.

Freizeitpark Illerparadies

Hier gibt's viel zu entdecken! Das Illerparadies ist ein romantischer kleiner Freizeitpark, der einen schönen Nachmittag garantiert, selbst wenn die Kinder noch klein und niedlich sind. Zunächst fährt man mit der Western-Eisenbahn gern einmal den Park ab, danach steht ein Besuch des kleinen Wildparks auf dem Programm. Dort leben zum Beispiel Rothirsche, Muffel- und Schwarzwild. Im Streichelzoo warten Kaninchen und weitere Kumpane mit seidigem Fell. Auch ein kleiner Ritt mit der Bonanza-Pferde-Reitbahn ist keine schlechte Wahl. Die Mini-Autoscooter kommen bei den kleinen Bruchpiloten sehr gut an, und zukünftige Kapitäne üben mit den Mini-Elektrobooten. Eine Oldtimer-Bahn und eine Parkseilbahn machen das Angebot mit der neueren Luna-Looping-Bahn und dem Dinosauriergarten perfekt.

Wichtig!

Adresse:
Illerparadies
Hinwang 2, 87493 Lauben/Allgäu
Tel. 08374/7477

Anfahrt: Der Freizeitpark liegt auf halber Strecke zwischen Dietmannsried und Lauben am Fluss Iller, etwa 10 km nördlich von Kempten.

Öffnungszeiten: tägl. 9.30–19 Uhr, Donnerstag Ruhetag

Eintritt: frei – alle Fahrgeschäfte müssen separat bezahlt werden.

Fünfseenland und Werdenfelser Land

Der Starnberger und der Ammersee sind die „Badewannen der Münchner". Das Fischerdorf Starnberg am gleichnamigen See wurde Mitte des 19. Jahrhunderts von Adligen und wohlhabenden Bürgern der bayerischen Landeshauptstadt als „Sommerfrische" entdeckt. Der See hat trotz der Ausflugsscharen, die hier jedes Wochenende einfallen, sein nobles Image bewahrt. Das Fünfseenland: Wörthsee, Pilsensee und Weßlinger See gehören auch noch dazu. Das Werdenfelser Land ist wirklich die Höhe, denn hier führt die Zugspitzbahn auf Deutschlands höchsten Berg. Und was schon längst kein Geheimnis mehr ist: in Bayern kann man vorzüglich essen! Also sollte man sich einige gemütliche Schlemmerstunden keinesfalls entgehen lassen!

Eine Starnberger Seefahrt

Romantische Schifffahrten! Bei schönem Wetter schaut man über das Südende des Sees bis weit in die Alpen hinein. Die Hauptanlegestelle ist in Starnberg. Von hier aus starten Schiffe zu Rundfahrten von einer Stunde (über den nördlichen Seeteil) und von ca. 3 Stunden (über den gesamten See), wobei hier zwei Fahrtunterbrechungen möglich sind. Es bieten sich auch kombinierte Schiffs-Fahrrad-Touren an, z. B. von Starnberg nach Leoni, mit dem Schiff nach Possenhofen, dann zurück nach Starnberg. In Possenhofen steht das Geburtsschloss von Sisi. Auf den großen Schiffen gibt es übrigens Spielplätze.

Wichtig!

Adresse: Schifffahrt Starnberger See
Dampfschiffstraße 5, 82319 Starnberg
Tel. 08151/18061
www.seenschifffahrt.de

Anfahrt: Die Anlegestelle ist in Starnberg ausgeschildert. Nach Starnberg gelangt man von München auch mit der S-Bahn.

Saison Fahrplan Starnberger See:
12. April bis 18. Oktober 2009

Fahrplan: Die Fahrpläne sowie allerlei Tipps gibt es auf der Homepage www.seenschifffahrt.de

Preise: Preisbeispiel für große Seerundfahrt
Normaltarif € 15,90
Gruppentarif € 14,40 p/P.
Familienkarte 2 Erw. mit bis zu 3 Kindern bis 14 Jahre € 36,90

Verpflegung: Picknick überall am Ufer, Bordgastronomie

Drumherum: Am See kann man Ruder- oder Elektroboote ausleihen.

Rundreise mit der Zugspitzbahn

Die Zugspitze bietet das alpine Bergerlebnis der besonderen Art auf knapp 3000 Metern Höhe.
Der Besucher kann nicht nur Deutschlands einzigen Gletscher bestaunen, sondern genießt von der Gipfelstation aus ein 360-Grad-Panorama mit Blick auf die Deutschen und Österreichischen Alpen, bis zu den Dolomiten und Schweizer Bergen.
Der schönste Weg, die Zugspitze zu „erfahren“, ist die Zugspitz-Rundreise. Mit der Zahnradbahn ab Garmisch, Grainau oder Eibsee zum Zugspitzplatt. Die Gletscherbahn verbindet das Zugspitzplatt mit dem Gipfel. Ins Tal schwebt der Besucher mit der Eibsee-Seilbahn und gelangt ab Eibsee mit dem Zug zurück nach Garmisch.
Abgerundet wird der Tag mit gastronomischen Highlights. Im Gletschergarten direkt am Zugspitzgletscher. Der Gast entspannt bei euro-asiatischer Küche und genießt die Ruhe der alpinen Bergwelt. Die Panorama-Lounge 2962 am Gipfel lädt zu kleinen Snacks und Kaffee mit Kuchen ein, während man das Panorama auf mehr als 400 Berggipfel bestaunt.
Die Zugspitze hat außerdem zu bieten:

höchste Kirche Deutschlands, Rundwege am Zugspitzplatt, Sonnenterrasse am SonnAlpin, Zugspitzausstellung mit Filmen, Fotos und kuriosen Exponaten, Wetterwarte, Klettersteig zum Gipfelkreuz, Grenzüberschreitung nach Tirol, Mitglied im „Kinderland“.

'lder: Bayerische Zugspitzbahn Bergbahn AG

Wichtig!

Adresse: Bayerische Zugspitzbahn Bergbahn
Olympiastraße 27
82467 Garmisch-Partenkirchen
Tel. 08821/7970, Fax 08821/797901
www.zugspitze.de
zugspitzbahn@zugspitze.de
Anfahrt: Zufahrt zu den Bahnen im Ort beschildert
Saison: ganzjährig
Zeiten: Zahnradbahn: stündlich ab Garmisch: 8.15 bis 14.15 Uhr, ab Grainau: 8.30 bis 14.30 Uhr, ab Eibsee: 8.45 bis 14.45 Uhr, bei Bedarf Zwischenfahrten
Fahrpreise: je nach Bahn verschieden, aktuelle Informationen auf www.zugspitze.de
Verpflegung: SonnAlpin, Gipfelalm, Panorama-Lounge 2962,
Tipp: Gletschergarten

Berchtesgaden und Chiemgau

In Deutschlands Südostwinkel, dem Berchtesgadener Land, reiht sich Naturschönheit an Naturschönheit. Unumstrittener Herrscher inmitten des „Herrgottswinkels" ist der Watzmann, 2713 Meter hoch. Der Watzmann stand Pate, als es um den Namen für ein engagiertes Kinderprojekt dieser Urlaubsregion ging – den Watzmannkinder-Club, der inzwischen mehr als 1300 „Wakis" zählt. Mitmachen kann jeder, das ganze Jahr über werden viele tolle Freizeitaktivitäten angeboten.

Kindertheater in Rosenheim

Im „KU'KO", dem Kultur- und Kongress Zentrum, finden wieder tolle Veranstaltungen für Groß und Klein statt. In der Reihe Kindertheater werden u.a. die Stücke „Peter und der Wolf", „Das tapfere Schneiderlein", „TKKG – Gefangen im Spukhaus", „Der Froschkönig" und „Hexe Lilli und der verrückte Ritter" gespielt. Für jeden Geschmack gibt es das Richtige vom Musiktheater, Schauspiel bis hin zum Meisterkonzert.

Das angeschlossene Ausstellungszentrum präsentiert vom 29. April bis 25. Oktober 2009 die Ausstellung „Dinosaurier – Giganten Argentiniens". Mehr Info darüber: www.lokschuppen.de

Wichtig!

Adresse:
Kultur + Kongress Zentrum
Kufsteiner Straße 4, 83022 Rosenheim
Tel. 08031/365-9-365
www.kuko.de
Saison/Zeiten: ganzjährig, bitte Programm anfordern. Kartenvorverkauf Mo. bis Fr. 9–17 Uhr, Sa. 10–12 Uhr
Adresse Lokschuppen: Ausstellungszentrum Lokschuppen, Rathausstraße 24, 83022 Rosenheim, Tel. 08031/365-9036, www.lokschuppen.de
Öffnungszeiten Lokschuppen: 29. April bis 25. Oktober 2009, geöffnet von Mo.–Fr. 9–18 Uhr, Sa., So., Feiertage 10–18 Uhr.
Eintritt: Erwachsene € 9,–
Kinder ab 6 Jahren € 4,50

Salzbergwerk Berchtesgaden

Die Reise durch das Salz – eine Begegnung mit dem Außergewöhnlichen.
Erleben Sie eine geheimnisvolle Reise in die Tiefe der Berge. Tief im Inneren des Berchtesgadener Salzbergwerkes wartet eine verborgene Welt darauf, erforscht zu werden. Eine Welt, die die Vielfalt des Geschehens rund um das Salz, seine Geschichte und seine Bedeutung auf faszinierende Weise spiegelt.
Ein Ort, an dem heute noch Salz gewonnen wird. Das Salzbergwerk Berchtesgaden, das neu gestaltete Erlebnisbergwerk.
Begeben Sie sich auf einen geheimnisvollen Weg in die Schatzkammer der Menschheit. Auf einen Ausflug durch Erdgeschichte, Phantasie, effektvolle Inszenierungen und spannende Informationen, die Sie im Laufe der SalzZeit-Reise nicht einfach nur erfahren, sondern mit allen Sinnen erleben werden. Eine Reise aus der Vergangenheit in die Zukunft, die sich fortsetzt auf dem Spazierweg zum Bergmandl im Pulverturm und zum 350 Jahre alten Stollen „Moserrösche". Ein Erlebnis zum Staunen, zum Freuen, zum Wiederkommen für die ganze Familie.

Salzi's Tipp:
Spaß pur mit dem Familienticket oder Kombiticket mit der Alten Saline Bad Reichenhall!

Wichtig!

Adresse:
Salzbergwerk Berchtesgaden
Bergwerkstraße 83
83471 Berchtesgaden
Tel. 08652/60020
Fax 08652/600260
www.salzzeitreise.de
info@salzzeitreise.de
Anfahrt: im Ort ausgeschildert
Saison/Öffnungszeiten: 1. Mai bis 31. Oktober, täglich geöffnet von von 9–17 Uhr (letzter Einlass). Wintersaison 2. November bis 30. April, täglich geöffnet von 11.30–15 Uhr (letzter Einlass) An folgenden Tagen ist geschlossen: 01.01., Karfreitag, Pfingstmontag, Allerheiligen, 24. und 25.12.
Eintritt: Erwachsene € 12,90
Kinder (4–16 Jahre) € 7,50
Familienkarte (2 Erw. + bis 3 Kinder) € 36,–
Verpflegung: Gaststätte

Freizeitpark Ruhpolding

Märchenhaft! Mitten in einer der schönsten Naturlandschaften befindet sich der Freizeitpark Ruhpolding. Kindgerecht aufbereitet, findet man hier die Geschichten der Handwerksberufe sowie Erzählungen zur Sagenwelt rund um Ruhpolding. Zahlreiche alte und neue Märchen, die zum Teil mit der Wasserkraft eines Bergbaches angetrieben werden, begeistern nicht nur die kleinen Besucher. Nachdem man sich über eine Hängebrücke gewagt hat, können kleine wie große Forscher am Berg der Dinosaurier ein Dinosaurier-Skelett in Originalgröße ausbuddeln. Im Kristallbergwerk werden die Besucher den fleißigen Berg-Zwergen begegnen. Kinder finden hier verschiedene Möglichkeiten, das Element Wasser kennen-

zulernen. Über eine Kurbelpumpe wird Wasser gefördert und weitergeleitet zum Kristallwaschplatz. Mit etwas Glück kann man im Sand der Staustufen einen echten Kristall aus dem Bergwerk finden. Beliebt ist auch das Babyland – das Eldorado für Kinder bis 6 Jahre mit allerlei Spielgeräten, vom Kleinkindertrampolin bis zur Rutschbahn durch einen hohlen Baum. Ältere Kinder oder jung gebliebene Erwachsene haben auf der Box-Auto-Anlage ihren Spaß, dort darf es mal so richtig krachen. „Drachenritt Siegfried" – ein riesiger Drache – saust mit 35 Besuchern auf dem Rücken über Berg und Tal, Kribbeln im Bauch garantiert. Das Rutschparadies, vier Rutschen, jede mit einer Länge von 50 Metern, spricht die ganze Familie an. Wer den freien Fall erleben will, der versucht sich an der 60 Grad steilen Höllenrutsche.

Wichtig!

Adresse und Anfahrt:
Freizeitpark Ruhpolding
Vorderbrand 7, 83324 Ruhpolding
Tel. 08663/800622
Fax 08663/800623
Info-Tel. 08663/1413
www.freizeitpark.by
ruhpolding@freizeitpark.by
Anfahrt: Autobahn A 8 München/Salzburg bis zur Ausfahrt Traunstein/Siegsdorf, anschließend 8 km weiter nach Ruhpolding; am Ortseingang von Ruhpolding rechts abbiegen.
Saison/Öffnungszeiten Sommer: Ostern bis Ende Oktober täglich von 9–18, und während der bayerischen Weihnachtsferien 10–19 Uhr Weihnachtsferien bis 18 Uhr
Eintritt: Erwachsene € 8,80
Kinder von 90 cm bis 13 Jahre € 7,70
Verpflegung: Im neuen Park-Restaurant „Tischlein Deck Dich" mit Indoor-Spielbereich. Eine Empore bietet sich für Familienfeiern an.
Neu 2009: Fässerspiel „ozapft is"

Baden-Württemberg 339–381

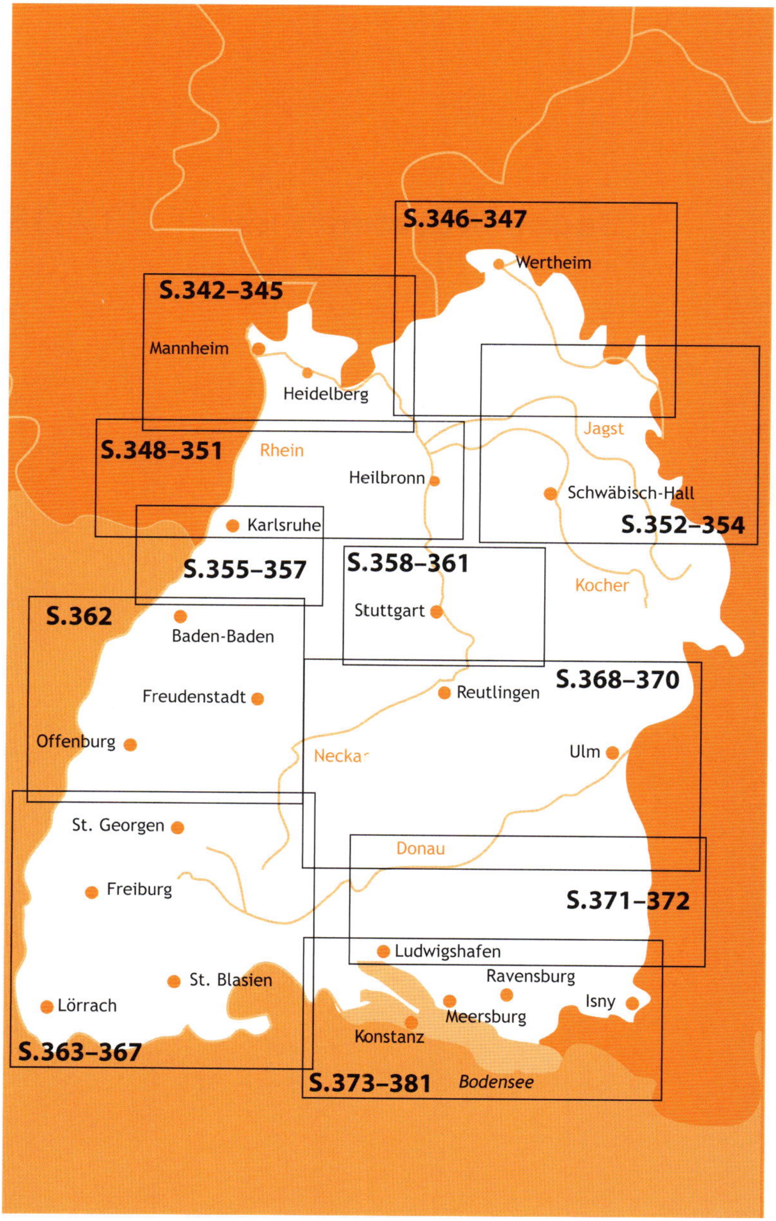
S.346–347
Wertheim
S.342–345
Mannheim
Heidelberg
S.348–351
Rhein
Heilbronn
Jagst
Schwäbisch-Hall
S.352–354
Karlsruhe
S.355–357
S.358–361
Kocher
S.362
Baden-Baden
Stuttgart
Freudenstadt
Reutlingen
S.368–370
Offenburg
Ulm
St. Georgen
Donau
Freiburg
S.371–372
Ludwigshafen
Ravensburg
St. Blasien
Isny
Lörrach
Meersburg
Konstanz
S.363–367
S.373–381
Bodensee

Mannheim und Umgebung

Die barocke Stadtanlage Mannheims erinnert an ein Schachbrett. Im Mittelpunkt steht das Schloss mit seinen 500 Zimmern. Aus der einstigen Residenz ist heute die Universität geworden. Wer nach Mannheim fährt, der sollte sich auch das Kapitel über Ludwigshafen anschauen, denn die Stadt erreicht man mit einem einfachen Spaziergang über die zwei großen Brücken.

Schnawwl Kinder- und Jugendtheater

Ein besonderes Anliegen des Schnawwls ist es, Kinder und Jugendliche mit dem Theater vertraut zu machen und sie so früh wie möglich an das Erleben des Geschehens auf der Bühne heranzuführen. Der Spielplan reicht von erzählten und inszenierten Märchen über mystische und klassische Stoffe bis hin zu modernen Familien- und Jugendstücken aus der Lebensrealität heutiger Jugendlicher. Seit 2006 wird das Programm des Schnawwls dabei durch die musikalischen Produktionen der Jungen Oper ergänzt und bereichert. Fast täglich finden im Schnawwl Vorstellungen statt, werktags an Vormittagen (für Schulklassen und Kindergärten), an Wochenenden nachmittags und abends (für Familien).

Wichtig!

Adresse:
Schnawwl Kinder- und Jugendtheater
am Nationaltheater Mannheim
Brückenstraße 2
68167 Mannheim
Tel. 0621/1680-300
schnawwl@mannheim.de
www.schnawwl.de

Anfahrt: Im Internet verschiedene Beschreibungen je nach Herkunftsrichtung.
Mit der S-Bahn: Haltestelle „Alte Feuerwache".

Saison: Mitte September bis Ende Juli.

Öffnungszeiten: Umfangreicher Spielplan, siehe Internet.

Eintritt: Je nach Stück, auch verschiedene Abo-Tarife werden angeboten.

Verpflegung: Getränketheke im Schnawwl Foyer

Luisenpark Mannheim

Viel Abwechslung! Mannheimer Kinder sind um den Luisenpark im Herzen der Stadt wirklich zu beneiden!

Über den gesamten Park verteilt sind zahlreiche Spielplätze der Luxusklasse - das beginnt beim Wasserspielplatz und endet beim Burgspielplatz mit Wendelrutsche. Das Freizeithaus und die Freizeitwiese bieten allerlei Spielmöglichkeiten. Nach dem Austoben geht's zum Tiergehege! Da gibt es die „Tiere des Bauernhofs", Volieren mit tropischen Vögeln, Eulen, Freigehege mit Flamingos und Streifengänsen. Im Aquarium tummeln sich 350 Fischarten aus aller Welt, im Pflanzenschauhaus bewundert man die Pracht der Subtropen und Tropen, das Schmetterlingsparadies, die Welt der Kakteen und das Terrarium. Überall im Park fühlen sich Störche wie zu Hause, Pinguine tummeln sich im Gehege. Auf dem Weiher fährt die Gondoletta-Flotte, die einen Hauch von Venedig nach Mannheim bringt. Hier oder in der Klang-Oase können sich die Eltern richtig entspannen. Absolutes Highlight ist die auf 5000 m^2 entstandene, authentisch gestaltete chinesische Gartenanlage, u.a. mit bewirtschaftetem Teehaus, farben- und formenprächtigem Päoniengarten (Ende April–Anfang Juni) und Steingebirge mit Wasserfall. Wer angesichts dieser enormen Vielfalt den Überblick verliert, der begibt sich ins Drehrestaurant „Skyline" im Fernsehturm, der ebenfalls am Gelände des Luisenparks steht.

Wichtig!

Adresse:
Stadtpark Mannheim
Gartenschauweg 12, 68165 Mannheim
Tel. 0621/41005-0
www.stadtpark-mannheim.de
Anfahrt: S-Bahnhaltestelle „Luisenpark", Großparkplatz Friedensplatz I–III (kostenlos) vor dem Haupteingang
Saison/Öffnungszeiten: ganzjährig, täglich ab 9 Uhr bis zur Dämmerung, Mai bis August bis 21 Uhr, bei Schlechtwetter früherer Kassenschluss.
Eintritt: von März bis Oktober:
Erwachsene € 5,–, Kinder (6–15 Jahre) € 2,50
von November bis Februar:
Erwachsene € 2,50, Kinder (6–15 Jahre) € 1,–
Familientarif auf Anfrage.
Verpflegung: Teehaus, Café-Restaurant und Drehrestaurant im Fernsehturm
Drumherum: Planetarium und Landesmuseum für Technik

Landesmuseum für Technik und Arbeit

Museum und Werkstatt! Prädikat: Besonders attraktiv für Kinder. Zahlreiche, interessante Maschinen und Geräte sehen Sie täglich in Betrieb, bedient und vorgeführt von Fachleuten: so zum Beispiel die riesige Dampfmaschine, den Tretkran, verschiedene Druckmaschinen und eine voll funktionsfähige Getreidemühle. Mitmachen ist jederzeit erwünscht. Besonders beliebt ist die Fahrt mit der Museumslokomotive; die steht unter echtem Dampf. Vorführtermine erhalten Sie am Info-Tresen im Foyer.

Jeden Freitag können kleine Tüftler beim Forschertreff im Laboratorium unter kundiger Anleitung physikalische und chemische Experimente durchführen. An Sonn- und Feiertagen finden unter dem Motto „Familie aktiv" von 13.00 bis 17.30 Uhr Mitmach-Aktionen in der Ausstellung statt – vom Papier schöpfen bis hin zum Drucken von Grußkarten. Ebenfalls sonn- und feiertags werden auf dem Museumsschiff von 14 bis 17 Uhr Aktivitäten rund um den Lebensraum Neckar für Kinder und Familien angeboten. Ein „Renner" ist die Zukunftswerkstatt Elementa. Zahlreiche Experimente zum Mitmachen ziehen Kinder und Erwachsene magnetisch an. Die Bandbreite des Angebotes der Elementa ist enorm, ebenso der Spaß und die Spannung dabei.

Wichtig!

Adresse:
Landesmuseum für Technik und
Arbeit in Mannheim
Museumsstraße 1
68165 Mannheim
Tel. 0621/4298-9
Tel. 0621/4298-839 (Anmeldung für Gruppen)
www.landesmuseum-mannheim.de
www.elementa-mannheim.de

Anfahrt: Luisenpark/Landesmuseum. Das Museum ist in der Innenstadt ausgeschildert

Saison/Öffnungszeiten: ganzjährig, Mo. geschlossen, Di. 9–17 Uhr, Mi. 9–20 Uhr, Do. und Fr. 9–17 Uhr, Sa., So. und Feiertage 10–18 Uhr

Eintritt: Erwachsene € 3,–
Kinder & Ermäßigte € 2,–
Familien € 6,–

Verpflegung: Bistro im Museum, nebenan im Luisenpark Restaurant

Planetarium Mannheim

Ein Blick in die Sterne im Großplanetarium Mannheim ist sowohl für Erwachsene als auch für Kinder ein faszinierendes Erlebnis. Die Sternenshows für Groß und Klein mit regelmäßig wechselnden Programmen bieten einen spannenden Mix aus Unterhaltung und Wissen, und natürlich gibt es auch spezielle Programme für Kinder.

Der neue High-Tech-Projektor von Zeiss, das „Universarium", zeigt einen so brillanten Himmelsanblick, wie ihn bisher nur Astronauten vom Weltall aus sehen konnten. Hochmoderne Glasfaser- und Videotechnik lässt die Besucher durch die fantastische Welt der Planeten, Sterne, Nebel und Galaxien reisen. Die Vorstellungen dauern etwa 50 Minuten und finden bei jedem Wetter im klimatisierten Sternensaal statt.

Wichtig!

Adresse: Planetarium Mannheim
Wilhelm-Varnholt-Allee 1(Europaplatz), 68165 Mannheim
Info und Kartenreservierung: Telefon 0621/415692
Online-Reservierung unter www.planetarium-mannheim.de
Anfahrt: Das Planetarium steht direkt am Autobahnende Mannheim-Mitte (Nähe ADAC/Landesmuseum). Bis zu 3 Busse können direkt am Planetarium parken. Eine ausreichende Zahl von PKW-Parkplätzen befindet sich nur wenige Gehminuten entfernt auf dem Friedensplatz. Straßenbahnlinien 6 oder 6a bis Haltestelle „Planetarium".
Saison: ganzjährig
Öffnungszeiten: 1 Stunde vor Vorstellungsbeginn. Ganzjährig geöffnet. Montags und an wenigen Feiertagen geschlossen.
Eintritt: Erwachsene € 6,–
Ermäßigt € 4,50
Kinder (bis 12 Jahre) € 3,–
Gruppen Erwachsene ab 10 Personen € 5,50 p. P.
Verpflegung: Bistro zu allen Vorstellungen geöffnet

Das Taubertal

Das Taubertal trägt das Etikett „lieblich" zu Recht. In weit ausholenden Mäandern fließt die Tauber von Bad Mergentheim nach Wertheim, die stille Schönheit des Tals schlägt seine Besucher in Bann. Die Städte hier schöpfen aus der reichen Geschichte des Landes, das von Reichsrittern, fränkischen Adelsgeschlechtern und den kirchlichen Mächten aus Würzburg und Mainz regiert wurde.

Solymar in Bad Mergentheim

Einfach mal abschalten. Hier bietet das Solymar die entsprechenden Angebote, z.B. ein Wellenbad mit stündlich bis zu ein Meter hohen Wellen. Eine 70 m Röhrenrutsche mit ihren Licht- und Soundeffekten sollte sich der Gast nicht entgehen lassen. Das Thermal-Mineralbecken bei 34° C im Innen- und Außenbereich – also auch im Winter zu nutzen – mit verschiedenen Liegesprudlern und Massagedüsen enthält die Sole der Bad Mergentheimer Paulsquelle. Darüber hinaus gibt es einen Whirlpool im Außenbereich und Liegesprudler im Innenbecken. Auf die jüngsten Besucher wartet ein separater Kinderwasserspielplatz. Die Besucher des Solymars kommen in der finnischen Blockhaussauna bei bis zu 100° C und niedriger Luftfeuchtigkeit mit Blick auf das Liebliche Taubertal ins Schwitzen. Andere genießen den wechselnden Kräuterduft des Nebels im Dampfbad. Für Einsteiger eignet sich das Biosanarium mit Farblicht- und Aromatherapie. Bei Farblichttherapie und Meditationsmusik können die Besucher im Caldarium die Seele baumeln lassen. Gelegenheiten zum Abkühlen gibt es nach dem Saunagang natürlich genügend u.a. ein Wasserbecken mit Gegenstromanlage mitten im großzügigen Saunagarten. Im Themenbereich „EntspannungsTRäume" erwarten den Gast individuell zusammengestellte Schönheits- und Entspannungsprogramme.

Wichtig!

Adresse:
Bade- und Wellnesspark Solymar
Erlenbachweg, 97980 Bad Mergentheim
Tel. 07931/965680, www.solymar-online.de
Saison/Öffnungszeiten: ganzjährig
Thermal-Mineralbecken, Wellenbad:
Mo. 13–18 Uhr, Di.–Fr. 10–22 Uhr, Sa., So. und Feiertage 9–13 Uhr. Sportbad und Saunalandschaft siehe Internet.
Eintritt: Kombikarte (Badepark + Sauna):
Erw. 3,5 Std. € 13,50, Erw. Tageskarte € 14,30
Kinder bis 16 Jahre 3,5 Std. € 6,75
Kinder bis 16 Jahre Tageskarte € 7,25
Familientageskarte € 32,60
Verpflegung: Saunabar, Cafeteria, Restaurant

Wildpark Bad Mergentheim

Herzlich willkommen in einem Wildpark der etwas anderen Art. Auf insgesamt 35 ha leben ca. 1.000 Tiere aus 70 Arten. Hier gibt es kaum Maschendraht, Käfige oder Gitter – fast alle Gehege sind mit kaum wahrnehmbaren Begrenzungen als naturnah gestaltete Freisichtanlagen gebaut. Der Rundgang ist mit befestigten Wegen gut angelegt und besitzt keine großen Steigungen oder Gefälle, ist also sowohl für Rollstuhlfahrer als auch für schnell ermüdende Kinder geeignet.

Bei der 2x täglich angebotenen Fütterungsrunde sehen die Besucher alle Tiere in Aktion und erhalten viele interessante Informationen zur jeweiligen Tierart. Kormorane und Fischotter tauchen nach Fisch und Fleischbrocken. Geier, Adler, Eulen und Bussarde lassen sich bei ihren Beuteflügen beobachten. Die Hauptattraktionen sind sicherlich die Fütterungen bei Europas größtem Wolfsrudel, der begehbare Geiersteinbruch, die begehbare Flughundhöhle, die Braunbären und die Luchse, die mit Hilfe von Beutesimulatoren gefüttert werden. Neben dem Spielbauernhof mit dem Streichelzoo zeigen viele alte Haustierrassen bei ihren Vorführungen,

was früher dörflicher Alltag war. Aber auch auf eigene Faust lassen sich noch viele andere Tiere wie Steinböcke, Mufflons, Rothirsche, Eisfüchse oder Wildkatzen entdecken. Auf zwei großen Spielplätzen kann nicht nur gerutscht und geschaukelt, sondern auch Burgen gebaut, Bäche umgeleitet und auf Schiffen gespielt werden. Für den kleinen und großen Hunger finden Gäste im Jägerstüble, am Waldkiosk oder auf der Sonnenterrasse immer gute und preiswerte Mahlzeiten. Ein Grillplatz, der auch für Gruppen geeignet ist, steht nach Anmeldung kostenlos zur Verfügung.

Wichtig!

Adresse: Wildpark, 97968 Bad Mergentheim
Tel. 07931/41344 , www.wildtierpark.de
Anfahrt: Der Wildpark liegt südlich der Stadt an der Straße nach Crailsheim und ist ausgeschildert. Parkplätze sind kostenfrei.
Saison/Öffnungszeiten: 14.03.–01.11.2009 täglich von 9–18 Uhr geöffnet.
Fütterungsbeginn: 9.45 und 13.30 Uhr.
Eintritt: Erw. und Jug. (ab 15 Jahre) € 8,50
Kinder (3–15 Jahre) € 5,50
Verpflegung: Picknick, Kiosk, Cafeteria

Der Kraichgau

Der Kraichgau ist eine wenig bekannte Gebirgslandschaft zwischen Schwarzwald und Odenwald. Sanfte bewaldete Hügel bestimmen hier das Bild. In der Rheinebene vor den Toren der Kreisstadt Bruchsal werden Tabak und Spargel angebaut. Der Ort ist europaweit der größte Hauptumschlagsplatz für das Genießergemüse. Wie passend: In den Weinbergen ringsum wachsen die Trauben des Bruchsaler Tropfens, der zu den Spitzenweinen Badens zählt.

Aquatoll in Neckarsulm

Palmenparadies! Wohlbefinden, Spaß und Geselligkeit für die ganze Familie verspricht diese in Palmen gerahmte Badelandschaft. Hier findet jeder Freude am und im Wasser: vom Kind über die Eltern bis zu den Großeltern. Es gibt ein Erlebnisbecken mit 30° Wassertemperatur, in dem man nicht nur schwimmen kann, sondern sich auch mit Boden- und Nackensprudler ausgiebig verwöhnen lässt. Im Spaßbecken erlebt man Abenteuer pur mit dem Wildwasserfluss und der Black-Hole-Rutschbahn. Eine 700 qm² große Kindererlebniswelt und eine große Saunalandschaft mit ganz neuer Panoramasauna runden das Angebot ab.

Wichtig!

Adresse:
Erlebnisbad Aquatoll, Am Wilfenseeweg
74172 Neckarsulm
Tel. 07132/2000-0
Fax: 07132/2000-20
www.aquatoll.de
email@aquatoll.de
Anfahrt: Neckarsulm liegt an der A 6 Mannheim–Würzburg, Ausfahrt Neckarsulm
Saison/Öffnungszeiten: ganzjährig, Mo., Di., Do., Fr. 10–22 Uhr,. Mi., Sa., So. und Feiertage 9–22 Uhr
Eintritt: Verschiedene Preisstaffelungen nach Tagen, Übersicht im Internet.
Einige Beispiele: Mo.–Fr.
Erwachsene 1,5 Std. € 4,50,
Tageskarte € 12,–,
Mo.–Fr. Kinder (bis 1,10 m) unbegrenzt € 2,–
Verpflegung: Restaurant im Bad

Musikautomaten-Museum

Musik in allen Ecken! Das klingende Museum im Bruchsaler Schloss ist ein Museum zum Hinhören und Hinschauen. Es passiert etwas mit den Ausstellungsstücken, und deshalb ist der Besuch äußerst kurzweilig. Da ist zum Beispiel der Kuckuck, der aus der Schwarzwalduhr herausfliegt und seinen Ruf ertönen lässt. Dann ertönt der vielfältige Klang des Orchestrions, der „Musicbox" unserer Urgroßväter. Für die Kinder dürfte es nicht so entscheidend sein, dass mit mehr als 500 Exponaten die Entwicklung der Spielwerke nachgezeichnet wird – ganz toll finden sie es aber, dass der Spieldöschenaffe raucht und ein Stöckchen schwingt. Oder dass Tino Rossi, der lebensgroße Akkordeonspieler, mächtig in die Tasten greift. Nicht nur für Sammler beeindruckend ist auch die „Phoniliszt-Violina" mit dem „Teufelsspiel" dreier Geigen. Nach dem Rundgang durch das Museum bietet es sich an, durch den Schlosspark zu spazieren.

Wichtig!

Adresse:
Deutsches Musikautomaten-Museum
Außenstelle des Badischen Landesmuseums
Schloss Bruchsal
76646 Bruchsal
Tel. 07251/742652
Fax 07251/742675
www.landesmuseum.de
Anfahrt: Das Schloss liegt nördlich des Hauptbahnhofs und ist ausgeschildert.
Saison/Öffnungszeiten: ganzjährig, täglich von 10–17 Uhr, montags geschlossen
Eintritt: Erwachsene € 5,–
Kinder € 2,50
Der Eintritt schließt Historische Schauräume und alle Museen in Schloss Bruchsal sowie eine Führung mit ein.
Verpflegung: Schlosscafé, Gastronomie in der Nähe

Tierpark Bretten

Zum Anfassen! In dem am Waldrand gelegenen Tierpark Bretten gibt es hauptsächlich begehbare Freigehege, in denen die Tiere frei sind und gefüttert werden dürfen.
Der 6 ha große Tierpark ist Deutschlands größter Streichelzoo. Außer Ziegen, Pony, Schafe, Pferde, Kühe, Schweine, Esel, Damhirsch, Hühner, Meerschweinchen und Vögel gibt es auch exotische Tiere wie Zebra, Lama, Alpaka, Benett-Kängurus und Yak.

Vor dem Tierpark wartet außerdem ein städtischer Kinderspielplatz. Eine große Bonsai- und Keramikausstellung mit Verkauf lässt zum Abschluss die Herzen von Pflanzenfreunden höher schlagen.

Wichtig!

Adresse:
Tierpark Bretten
Salzhofen 9
75015 Bretten
Tel. 07252/7256
Fax 07252/86721
www.tierpark-bretten.de
Anfahrt: Bretten liegt am Schnittpunkt der Bundesstraßen B 35 und B 293, 20 km östlich von Karlsruhe.
Saison/Öffnungszeiten: März–Oktober täglich von 9–18 Uhr, November täglich von 9–17 Uhr, Winterpause von 1. Dez. bis Ende Februar
Eintritt: Erwachsene (ab 16 Jahre) € 3,–
Kinder (3–15 Jahre) € 1,50
Verpflegung: Picknick, Kiosk

Erlebnispark Tripsdrill

Vor den Toren Stuttgarts liegt Tripsdrill, Deutschlands erster Erlebnispark. Hier wird 2009 das 80-jährige Jubiläum gefeiert, denn mit der ersten Altweibermühle ging 1929 alles los. Umgeben von Natur, finden die Besucher heute über 100 originelle Attraktionen auf 77 Hektar. Von weitem gut sichtbar ist die neue Holzachterbahn „Mammut". Die Züge sind als Sägen gestaltet, brettern durch eine Sägemühle und durchschneiden förmlich das Gebälk.

Für spritziges Vergnügen sorgen die Badewannen-Fahrt zum Jungbrunnen und das Waschzuber-Rafting. Die Dorfstraße mit ihren urigen Fachwerkhäusern lädt zum Bummeln und Einkehren ein. Bei der Familien-Attraktion „Maibaum" bestimmen die Besucher selbst, wie hoch sie hinaus wollen. Im Themenbereich „Mühlental" begeistern der Doppelte Donnerbalken, das interaktive Seifenkisten-Rennen, die Spritztour für Seefahrer und die Mühlbach-Fahrt speziell für kleine Kinder.

Im Eintritt für den Erlebnispark ist auch das Wildparadies Tripsdrill enthalten, das nur einen Wildkatzensprung entfernt liegt. Höhepunkte sind hier neben den neuen Polarwölfen die Flugvoliere für Adler und Geier, der Walderlebnispfad, der Abenteuerspielplatz, der Barfußpfad, die Wildsau-Schenke und täglich um 14.30 Uhr (außer freitags) die Fütterung von Wolf, Luchs, Geier und Co.

Wichtig!

Adresse: Erlebnispark Tripsdrill
74389 Cleebronn
Tel. 07135/9999, Fax 07135/999666
www.tripsdrill.de, info@tripsdrill.de

Anfahrt: Autobahn A 81 Stuttgart–Heilbronn, Ausfahrt Mundelsheim. A 6 Mannheim–Heilbronn, Ausfahrt Sinsheim–Steinsfurt.

Saison: 04. April bis 01. November 2009

Öffnungszeiten: täglich von 9 bis 18 Uhr

Eintritt: Erw. und Jugendl. (ab 12 J.) € 22,–
Kinder (4–11 Jahre) € 18,–
Senioren (ab 60 J./Ausweisvorlage) € 18,–
Ermäßigungen für Menschen mit Behinderungen und Gruppen (Anmeldung erforderlich), Geburtstagskinder haben freien Eintritt (Ausweisvorlage)

Verpflegung: Gasthaus zur Altweibermühle, Dorf-Schenke, Vespergarten, Wildsau-Schenke u.v.m.

Hohenlohe

Wenn auch das Hohenloher Land voll von Burgen und Schlössern ist, überregional bekannt wurde nur Götz von Berlichingen, der Ritter mit der eisernen Hand. Ihm zu Gedenken werden jedes Jahr im Sommer die Burgfestspiele von Jagsthausen in der Götzenburg aufgeführt. Der Dichter Eduard Mörike sah Hohenlohe so: „Eine besonders zärtlich ausgeformte Hand voll Deutschland". Bewaldete Höhenzüge reichen bis an die fruchtbaren Weiten der Hohenloher Ebene, offene Flusstäler und eine Vielzahl kleiner Seen prägen das Bild.

Spielplatz in Dörzbach-Laibach

Der Abenteuerspielplatz liegt oberhalb des Teilortes Laibach. Kinder können dort einige Stunden verbringen. Herz des Spielplatzes sind das große Klettergerüst und der Ritterturm, außerdem gibt es natürlich Rutschen, Schaukeln und Wippen.

Die Marktgemeinde Dörzbach hat aber noch einiges mehr zu bieten: zwei Schlösser, eine Burg und im Teilort Maßbach die schönste Barockkirche des Hohenloher Landes. Eine besondere Art der Übernachtung erlebt man im Heuhotel – naturverbunden in duftendem Heu schlafen und anschließend ein ausgiebig deftiges Frühstück. Auch Sportbegeisterte kommen auf ihre Kosten: Reiten, Kutschfahrten, Kanufahrten, Angeln und Baden, Wanderungen und Radtouren, Tennis, Modell- und Ultralightfluggelände.

Wichtig!

Adresse und Anfahrt:
Abenteuerspielplatz Dörzbach-Laibach
Tel. 07937/361. Dörzbach liegt an der B 19, 14 km südlich von Bad Mergentheim, der Ortsteil Laibach ist weitere 3 km entfernt. Der Spielplatz ist ausgeschildert.

Saison/Öffnungszeiten: frei zugänglich. Die Spielgeräte werden Mitte April aufgebaut und stehen bis zum Herbst.

Eintritt: frei

Verpflegung: Picknick, Grillen, Gastronomie im Ort

Tierpark Öhringen

Klein aber fein! Im 250 Jahre alten Park im Herzen von Öhringen befindet sich seit 1971 ein kleines Tiergehege. Es ist ein Hofgarten mit Spielplatz und Skulpturen. Man macht dort einen schönen Sonntagsspaziergang, der durch die kleinen Stopps an den Tiergehegen aufgelockert wird.
Es gibt nicht besonders viele Tierarten hier, der kleine Park will auch nicht mit den großen Zoos konkurrieren.

Favoriten der kleinen Besucher sind meist die Hängebauchschweine. Den Berber- und Rhesusaffen steht genügend Platz zur Verfügung, um ausgelassen zu toben. Gelassen schauen die Guanakos die neugierigen Besucher an. Ein Vogelhaus mit über 100 Exoten und ein Streicheltiergehege vervollständigen die Anlage ab. Der Eintritt in den Tierpark ist frei, wer noch dazu den Picknickkorb gepackt hat, macht einen sehr schönen „Low-Budget-Ausflug".

Wichtig!

Adresse:
Tierpark Öhringen
Hofgarten mit Tiergehege
Stadtverwaltung Öhringen
Am Marktplatz 15
74631 Öhringen
Tel. 07941/911910
Anfahrt: Der Park befindet sich in der Nähe zur Autobahnausfahrt Öhringen, A 6 Heilbronn–Nürnberg
Öffnungszeiten/Saison: immer zugänglich
Eintritt: frei
Verpflegung: Picknick, Gastronomie im Ort

Schwaben-Park Gmeinweiler

Würden Sie gern einmal eine Schimpansenshow sehen? Lieben Sie so spritzige Vergnügen wie Nautic Jet- und Wildwasserfahrten oder Fahrten mit der Bobkart-Bahn? Dann ist der Schwaben-Park in Gmeinweiler die richtige Anlaufstelle für Sie. Die 600 m lange Zweisitzer-Bob-Kart-Bahn lädt zur fröhlichen Berg- und Talfahrt ein und die Formel-1-Go-Kart-Bahn wurde ins Freie verlegt sowie deren Bahnlänge auf 500 m erweitert. Auch das Angebot an Kinderattraktionen wird vergrößert, neu ist ein Kinder-Free-Fall-Tower. Beliebt sind auch die „Cracy-Worm"-Familien-Achterbahn und die Haustier-Show. Insgesamt erwarten einen hier rund 70 verschiedene Einrichtungen für Spiel und Spaß pur auf einer Fläche von 150.000 m^2. Natürlich gibt es auch einen Streichelzoo. Er ist begehbar, so dass man ganz nahe bei den streichelwilligen Vierbeinern sein kann.

Wichtig!

Adresse:
Schwaben-Park Gmeinweiler
73667 Gmeinweiler bei Welzheim
Tel. 07182/936100
Info-Telefon 0180/3232390
www.schwabenpark.com
info@schwabenpark.com
Anfahrt: Zwischen Schwäbisch-Gmünd und Schwäbisch Hall an der „Idyllischen Straße"
Saison/Öffnungszeiten: 04.04.–01.11.09, täglich 9–18 Uhr, Einlass bis 16.30 Uhr.
Show-Time: täglich mehrere Shows
Eintritt: Erwachsene ab 12 Jahren € 17,–
Kinder (4–11 Jahre) € 14,50
Geburtstagskinder (Ausweis) frei.
Verpflegung: Picknick, Kiosk, Cafeteria

Karlsruhe

Markgraf Karl III. Wilhelm plagte die Wohnungsnot, denn sein Schloss in Durlach war unbewohnbar geworden. Die neue Residenz Carols-Ruhe gab der Stadt ihren Namen. Von oben betrachtet, ziehen die Straßenzüge Karlsruhes einen fächerförmigen Grundriss – im Traum über den verlorenen Fächer seiner Frau soll der Markgraf städtebaulich inspiriert worden sein. Früher mussten die Bürger der Stadt den Spleens des absolutistischen Herrschers folgen, heute spricht hier das Bundesverfassungsgericht Urteile der letzten Instanz.

Schlossgarten Karlsruhe

Stadt der Gärten! Wer nur einfach einen schönen Nachmittag verbringen möchte, der ist im Schlossgarten an der richtigen Adresse. Es gibt viel Grün und große Liegewiesen, die sich hervorragend zum Ausruhen eignen. Die Eltern legen sich auf die Decke, während die

Kids den Abenteuerspielplatz aufmischen. Es lohnt sich auch, die Frisbeescheibe oder einen Fußball einzupacken. An Wochenenden verkehrt eine Minieisenbahn. Nicht weit entfernt sind außerdem der Botanische Garten, der Fasanengarten, die Günter-Klotz-Anlage, der Nymphengarten, die Nottingham-Anlage … Man sieht, Karlsruhe ist auch eine Stadt der Parks und Gärten.

Wichtig!

Adresse:
Schlossgarten
76124 Karlsruhe
Auskunft KMK Tourismus
Tel. 0721/3720-5383
www.karlsruhe.de (Link: Natur, Stadtgruen, Parks & Gruenflaechen, Schlossgarten
Anfahrt: Das Schloss ist ausgeschildert. Mit der Straßenbahn auf allen Linien bis Haltestelle Marktplatz.
Saison: ganzjährig
Öffnungszeiten: täglich ab 8 Uhr bis zum Einbruch der Dunkelheit
Eintritt: frei
Verpflegung: Picknick, Café und Restaurant

Zoo und Stadtgarten Karlsruhe

Erlebnisreich! Der Karlsruher Zoo ist einer der ältesten Zoos in Deutschland und liegt als „grüne Oase" mitten im Herzen der Stadt. Es sind nur wenige Meter zum Hauptbahnhof und nur 10 Geh-Minuten zum historischen Markt- und Schlossplatz. Auf dem Weg in die Innenstadt von gärtnerischer Pracht und von 900 Tieren in 130 Arten begleitet zu werden, ist für viele Besucher ein angenehmes und spannendes Erlebnis. Langhalsige Giraffen, Antilopen, Zebras und Strauße sind in der Afrika-Savanne zu beobachten, Katzenarten im Raubtierhaus, Schimpansen und andere Affenarten im Affenhaus. Eine Haupt-Attraktion ist das Eisbärengehege das zu den modernsten in Europa zählt. Im Sommer 2009 werden neue Gehege für Robben und Pinguine eröffnet. Beim Dickhäuterhaus mit Elefanten und Flusspferden befindet sich der Kinderzoo mit Haus-

tieren aus aller Welt, zu denen direkter Kontakt möglich ist. Kinder finden auf dem Abenteuerspielplatz ein weitläufiges Areal zum Spielen und Toben oder zum Fahren mit den Kinderoldtimern. Wer die Ruhe sucht, kann sich beim Freiluft-Schachspiel in den Parkanlagen

entspannen. Gondoletta-Boote laden zu einer gemütlichen Fahrt auf den großen Seen ein und Veranstaltungen runden das Angebot ab.

Wichtig!

Adresse:
Zoo Karlsruhe
Ettlinger Str. 6
76137 Karlsruhe
Tel. 0721/133-6815
www.karlsruhe.de/Zoo, zoo@karlsruhe.de
Anfahrt: Haupteingänge direkt am Hauptbahnhof und am Festplatz, Nebeneingang in der Ettlinger Str. 6. In der Stadt ausgeschildert. Parkplätze vorhanden.
Saison/Öffnungszeiten: ganzjährig, Sommer von 8–18 Uhr, Winter von 9–16 Uhr.
Eintritt: Erwachsene € 5,50
Kinder (6–15 Jahre) € 2,50
Senioren/Schüler/Stud. € 4,50
Verpflegung: Picknick, Kiosk, mehrere Restaurants

Fahrgastschiff „Karlsruhe"

Ausflug auf dem Wasser! Mit dem Fahrgastschiff „Karlsruhe" geht's rhein auf und rheinab, je nach gewünschter Route. Besonders für Kinder zu empfehlen sind die kurzen Kaffeefahrten, die rund zwei Stunden dauern.

Es geht vorbei an Altrheinarmen, Auwäldern und kleinen Dörfern, am schönsten ist der Ausblick natürlich bei schönem Wetter vom Sonnendeck. Mehr als fünf Stunden dauert die Fahrt zur Staustufe Iffezheim, Schleusung inklusive. Hier kommen auch technisch Interessierte auf ihre Kosten.

Wer sich einen ganzen Tag gönnen möchte, kann sich für die Speyerfahrt inklusive Aufenthalt entscheiden. Dieser Ausflug dauert ca. 9 Stunden. Zur Beschäftigung der Kinder sollte für die lange Rückfahrt an Spielzeug oder Ähnliches gedacht werden. Ein gewisser Grundstock davon ist auch an Bord vorhanden. Die Fahrten starten von März bis Dezember, die genauen Fahrzeiten sollte man, da sie je nach Ziel variieren, telefonisch erfragen.

Wichtig!

Adresse:
Rheinhäfen Karlsruhe
KVVH GmbH Geschäftsbereich Rheinhafen
Werftstraße 2
76189 Karlsruhe
Tel. 0721/5997424
www.fahrgastschiff-karlsruhe.de
Anfahrt: Die Rheinhäfen liegen am östlichen Ende des Zentrums. Die Anlegestelle ist ausgeschildert. Straßenbahn zum Rheinhafen – vom Stadtzentrum (Marktplatz) – Linie 5
Saison: März–Dezember. Näheres auf der Homepage.
Vorverkauf: Beispielsweise bei:
Touristinfo, Bahnhofplatz 6
Mo.–Fr. 9–18 Uhr, Sa. 9–13 Uhr, Auskunft auch unter der oben angegebenen Tel.-Nummer.
Fahrpreis: je nach Fahrt, Bsp. Rundfahrt,
Erwachsene ab ca. € 8,–
Kinder (4–15) € 4,–
Familienkarte € 18,–
Verpflegung: Gastronomie an Bord

Planetarium Stuttgart

Sternenwelt erleben! Das Planetarium Stuttgart bietet ein umfassendes und faszinierendes Programm aus Vorträgen, Vorführungen und Kursen zum Erleben der Astronomie. Beispielsweise die Vorführung „Die große Tour durch Raum und Zeit", die jeden Mittwoch und Freitag um 10 Uhr und jeden Sonntag um 16 Uhr die Zuschauer in ihren Bann zieht. Mit dem ultramodernen Planetariumsprojektor von Carl Zeiss Jena lassen sich Reisen durch Raum und Zeit simulieren. Die Vorführung beginnt mit einem Blick zurück in eine ferne Vergangenheit.

Man sieht die seltene Planetenkonstellation vom Februar des Jahres 1953 vor unserer Zeitrechnung, die den Beginn des alten chinesischen Kalenders markiert. Zurück in der Gegenwart, werden der aktuelle Wintersternenhimmel und vieles mehr demonstriert und erläutert.

Zusätzlich gibt es ein Kinderprogramm, das ab dem Schulalter geeignet ist. Die Kindervorführungen beginnen samstags und sonntags um 14 Uhr und dauern höchstens bis zu einer Stunde. Es empfiehlt sich eine frühzeitige Kartenreservierung – auch online möglich. Für Besuchergruppen ab 20 Personen ist eine Voranmeldung – mindestens drei Wochen vor dem gewünschten Termin – erforderlich.

Wichtig!

Adresse:
Carl-Zeiss-Planetarium Stuttgart
Willy-Brandt-Straße 25
70173 Stuttgart
Tel. 0180/511044522 (0,14 €/Min.)
Fax 0711/2163912
www.planetarium-stuttgart.de
Anfahrt: Parkplatz an der Willy-Brandt-Straße. Öffentl. Verkehr bis Haltestelle Staatsgalerie.
Öffnungszeiten:
Di.–Fr. 9–11.30 Uhr und 14–16.30 Uhr
Mi. und Fr. zusätzlich 19–21.30 Uhr
Sa. und So. 13–19.30 Uhr
Eintritt: Erwachsene € 6,–
Kinder, Schüler, Studenten, Zivil- und Wehrdienstleistende, Schwerbehinderte € 4,–
Für die Vormittagsvorführungen gilt generell der ermäßigte Eintrittspreis von € 4,– (auch für Erwachsene).
Bei LaserVisionen oder Sphärenklänge gilt generell der Eintrittspreis von € 6,– (auch für Schüler).

KikiMondo – Kirchheim unter Teck

Das KikiMondo in Kirchheim unter Teck ist ein riesiger Spielpalast, eine Urlaubsinsel für Kinder, die Familien den Eindruck gibt, auf einer Urwaldinsel zu stranden. Für die Kinder gibt es 1.400 m^2 zu erkunden. Die Spielmöglichkeiten im KikiMondo in Kirchheim unter Teck bringen die Familien ins Staunen.

Die Fläche ist auf vier Ebenen verteilt, so dass viel Platz zum Toben besteht. Umgeben von blauem Wasser, tauchen die Kinder im Süden Kirchheims in eine bunte Unterwasserwelt ein.

Hier klettern, rutschen und toben kleine Piraten, entern das ein oder andere Flagschiff und treffen auf freundliche Affen und weitere Inselbewohner.

Die Spielewelt KikiMondo bietet den kleinen Abenteurern insgesamt 34 Spielbereiche an, die zum Hopsen, Balancieren, Fahren, Klettern an der Riesenkrake und sogar zum Reiten einladen. Daneben geht es ans Tauchen und Schätze suchen. Oma und Opa sind übrigens auch herzlich ins KikiMondo eingeladen und müssen am

Dienstag, wenn sie ihre Enkel begleiten, keinen Eintritt zahlen.

Das KikiMondo bietet auch immer wieder abwechslungsreiche Aktionen und auch Kindergeburtstage an. Im gemütlichen Gastrobereich können sich die Eltern stärken und einen Imbiss einnehmen und entspannt ihren Rackern zusehen.

Wichtig!

Adresse:
KikiMondo Kirchheim unter Teck
Dettinger Straße 136
73230 Kirchheim unter Teck
Tel. 07021/59800
www.kikimondo.de
Öffnungszeiten: Mo.–Fr. 14–19 Uhr
Sa., So., Feiertage sowie Ferien 10–19 Uhr
Eintritt: Erwachsene: Mo.–So. € 3,–
Kinder (ab 95 cm) Mo.–Fr.: € 6,–
Sa., So., Feiertage: € 7,–
Gruppen ab 10 Kinder € 5,–
Ab 17 Uhr halber Preis.

Wilhelma Stuttgart

Tausende Tier- und Pflanzenarten! Die Wilhelma ist kein Zoo im herkömmlichen Sinn. Durch die Kombination von Pflanzen und Tieren und von alter und moderner Architektur bietet sich hier eine enorme Entdeckungsvielfalt. Über 9.000 Tiere in 1.000 Arten und ca. 6.000 Arten von Pflanzen leben hier. Berühmt ist das Aquarium mit einer Artenvielfalt von der Nordsee an den Neckar, vom Mittelmeer an den Kongo, vom Mekong ans Barriere-Riff. Das Gebäude beherbergt außerdem ein hochinteressantes Terrarium. Immer faszinierend ist der Aufenthalt im Raubtierhaus und witzig der Besuch im Affenhaus, wo sich Bonobos, Schimpansen, Orang-Utans und Gorillas befinden. Natürlich sind auch alle Großtiere wie Elefanten, Giraffen, Antilopen, Löwen, Tiger und Bären vorhanden. Beeindruckend ist das Amazonienhaus. Dort sieht man in einer künstlichen, grandios gestalteten Felslandschaft Pflanzen und Tiere aus dem Amazonasregenwald. Eine riesige Scheibe erlaubt den Blick in die Unterwasserwelt des Amazonas: Krokodile, Schildkröten und Fische bevölkern die beiden miteinander verbundenen Bassins mit insgesamt 100.000 Liter Wasser. Brillenträger aufgepasst: Hier bleibt kein Glas trocken!

Wichtig!

Adresse: Wilhelma
Zoologisch-Botanischer Garten
Neckartalstraße/Wilhelma 13
70376 Stuttgart-Bad Cannstatt
Tel. 0711/5402-0, Fax 5402-222
www.wilhelma.de
info@wilhelma.de

Anfahrt: Der Zoo liegt nahe dem Bahnhof Bad Cannstatt und ist mit öffentlichen Verkehrsmitteln zu erreichen.

Saison/Öffnungszeiten: ganzjährig, täglich morgens ab 8.15 Uhr bis Einbruch der Dunkelheit, höchstens aber bis 20 Uhr geöffnet. Das Aquarium wird Di. jeweils 1 Std. früher geschlossen. Fütterungszeiten für viele Tierarten sind im Intenet aufgelistet.

Eintritt: Erwachsene € 12,–
Kinder (6–17 J.) und Schüler/Studenten € 6,–
Familienkarte ab € 18,–
Gruppentarife, Abendtarif ab 16 Uhr sowie preisgünstigerer Wintertarif von 01.11. bis 28.02.

Verpflegung: Picknick, Kiosk, Restaurants

Der SchokoLaden in Waldenbuch

Ein „süßer" Ausflug! Erleben Sie die Welt der Schokolade und die Vielfalt

der Marke Ritter Sport im RITTER SPORT SCHOKO**LADEN** in Waldenbuch. In der Schokoausstellung wird Wissenswertes und Interessantes über die Herkunft von Kakao vermittelt. Ein spannender Film entführt in die geheimnisvolle Schokoladenwelt. Dann wird es kreativ, denn in den beiden SchokoWerkstätten können Kinder und Jugendliche (7–18 J.) einmal selbst ihre ganz persönliche Ritter Sport Schokolade samt Verpackung kreieren. Viele leckere Versuchungen und das gesamte Schokoladensortiment bietet schließlich der SCHOKOShop. Hier kann man außer neuen Sorten auch Sonderangebote entdecken. Es gibt außerdem eine umfangreiche Auswahl an Ritter-Sport-Werbeartikeln für Freizeit, Sport und Spiel. Im anderen Flügel des Gebäudes ist das MUSEUM RITTER. Es präsentiert Objekte der Kunstsammlung von Marli Hoppe-Ritter, der Enkelin des Firmengründers der Alfred Ritter Schokoladenfabrik. Die Sammlung umfasst insgesamt über 600 Kunstwerke des 20. und 21. Jahrhunderts, die sich mit dem Thema Quadrat auseinandersetzen. Die jeweils aktuelle Ausstellung zeigt ca. 100 Werke dieser Sammlung. Die Spannbreite der Sammlung reicht von konkreter und kinetischer Kunst bis hin zu aktuellen Strömungen mit Computerkunst und Installation. In der Sammlung vertreten sind u. a. Josef Albers, Max Bill, Sonia Delauney, Kasimir Malewitsch, Francois Morellet, Gerhard Richter und Günther Uecker. Wechselnde Sonderausstellungen ergänzen die Sammlungspräsentation.

Wichtig!

Adresse und Anfahrt:
RITTER SPORT SCHOKO**LADEN**
und **MUSEUM RITTER**
Alfred-Ritter-Str. 27, 71111 Waldenbuch
Anfahrt siehe Homepages:
www.ritter-sport.de
www.museum-ritter.de
Öffnungszeiten RITTER SPORT SCHOKO**LADEN:**
SCHOKOAusstellung & SCHOKOShop: Mo.–Fr. 8–18.30 Uhr, Sa. 9–18 Uhr, So. 11–18 Uhr, (geöffnete Sonn- und Feiertage siehe www.schokoladen.de)
SCHOKOWerkstatt: Termine über Buchungstool www.schokowerkstatt.ritter-sport.de
Eintritt: SCHOKO**LADEN** frei
Öffnungszeiten MUSEUM RITTER:
Di.–So. 11–18 Uhr, Führungen auf Anfrage
Tel. 07157/53511-20
Eintritt: € 5,–/ermäßigt € 3,–
Verpflegung: Museums-Café Mo.–So. 9–20 Uhr durchgehend geöffnet.
Reservierung unter Tel. 07157/538169

Nördlicher Schwarzwald

Wer hier in den Höhenzügen des nördlichen Schwarzwaldes wohnt, der ist – überspitzt gesagt – entweder Pendler oder Pensionär. Die Region hat zwar Natur im Überfluss zu bieten, kaum aber nennenswerte Industrieansiedlungen. Schön für Touristen, die nicht selten genau so empfinden wie Hermann Hesse, der in seinem Roman „Unterm Rad" über die Umgebung des Städtchens Nagold schrieb: „So müssen Sommerferien sein. Über den Bergen ein enzianblauer Himmel, wochenlang ein strahlend heißer Tag am andern!"

Wellnessinsel „aqua viva"

Das Hotel „Grüner Wald" bietet für Wasserfans genau das Richtige: die Wellnessinsel „aqua viva". Hier können Sie sich in der finnischen Blockhaussauna bei 90 °C entspannen oder im mediterranen Dampfbad dem Alltag entfliehen. Die anschließende Dusche im Eisnebel bringt einen wieder auf Trab. Oder Sie betätigen sich im Fitness- und Kommunikationsraum. Wer sich lieber im kühlen Nass erfrischt, für den steht das Hallenbad zur Verfügung. Ein Sanarium mit Kristalllicht, ein Solarium und das Kosmetikstudio vervollständigen das Angebot. Das Hotel liegt inmitten von Wiesen und Wäldern. Es wurde mit 4 Wellness-Stars zertifiziert.

Wichtig!

Adresse:
Hotel Grüner Wald
Kinzigtalstr. 23
72250 Freudenstadt-Lauterbad im Schwarzwald
Tel. 07441/86054-0
Fax 07441/86054-25
www.gruener-wald.de
hotel@gruener-wald.de

Anfahrt: Lauterbad ist ein südlicher Ortsteil von Freudenstadt, das Hotel ist ausgeschildert.

Saison: ganzjährig

Preise: Je nach Arrangement, auf Anfrage

Verpflegung: Café, Restaurant, Hotel/Übernachtung. Umfangreiches Frühstücksbuffet und im Rahmen der Halbpension 4 Auswahlmenüs, bestehend aus 5 Gängen, einmal wöchentlich ein kalt-warmes Buffet oder Galamenü.

Südlicher Schwarzwald

Obwohl es bei den Südschwarzwäldern piept, ticken sie doch richtig! Die Kuckucksuhr, Schwarzwald-Ikone und Kitsch zugleich, wurde 1730 vom Uhrmacher Franz Anton Ketterer aus Schönwald erfunden. Geht man als einsamer Wanderer durch eines der schönen grünschwarzen Tannentäler des Schwarzwaldes, dann kann schon das Gefühl aufkommen, ausgerechnet in diesem Uhrmacherland sei die Zeit stehengeblieben.

Heilklimatischer Kurort Titisee-Neustadt

Der Heilklimatische Kurort bietet für Urlauber ein facettenreiches Angebot. Wer sportliche Aktivitäten wie Wandern, Radfahren, Mountainbiking, Nordic Walking, Golfsport oder Schwimmen und erholsame Spaziergänge in der beruhigenden Landschaft des Hochschwarzwaldes bevorzugt oder ein abwechslungsreiches Programm für Familienferien sucht, ist hier genau richtig. Titisee-Neustadt wurde aufgrund seines kinder- und familienfreundlichen Angebots mehrfach als Landessieger „Familienferien“ durch das Land Baden-Württemberg ausgezeichnet, letztmals im Jahr 2006. Abenteuerlust weckt eine Tour auf ausgewählten Routen mit den kleinen Quad-Flitzern, bei einer lustigen Traktorgaudi oder beim Besuch im „Action forest“. Im Winter findet der Gast aktive Erholung bei Ski-Langlauf, Eislaufen oder beim lustigen Rodelspaß. Bei guter Schneelage eignen sich die Flächen rund um die Ortsteile Titisee-Neustadts, welche bis 1200 m hoch liegen, sehr gut zum leichten alpinen Skivergnügen, speziell für Familien. Seit 2001 finden im staatlich anerkannten Erholungsort Neustadt FIS Weltcup Skispringen statt. Auf der Hochfirstschanze, der größten Natur-Ski sprungschanze der Welt, trifft sich die Weltspitze der Skispringer. Die Hochfirstschanze ist seit ihrer Weltcup-Premiere zur vielbesuchten Sehenswürdigkeit geworden und zieht nicht nur Skisprung-Fans das ganze Jahr über an.

Wichtig!

Adresse und Anfahrt:
Tourist-Information Titisee-Neustadt
Strandbadstraße 4,
79822 Titisee-Neustadt
Tel. 07651/98040, Fax 980440
www.titisee-neustadt.de
www.weltcupskispringen.de
touristinfo@titisee.de

Wellness- und Gesundheitszentrum Solemar

Baden und Erholen! Das Wellness- und Gesundheitszentrum Solemar ist schon auf Grund seiner imposanten Architektur eines der schönsten Bäder in ganz Deutschland. Mehrfach preisgekrönt, präsentiert es sich mit seinen Kuppeldächern – einer Konstruktion aus Holz und Glas, die der Feder desselben Architekten entstammen, der schon das Münchner Olympiastadion entworfen hat. Das Solemar bietet eine Vielzahl von gesunden Attraktionen auf insgesamt 12.000 m². Dazu zählen eine Erlebnis- und Badelandschaft, u. a. mit elf Becken mit unterschiedlicher Wassertemperatur, Whirlpools, Quellsprudler, Solegrotte und Kneippanlagen. Ebenso stehen ein großer Solarienpark und eine Sonnengalerie zur Verfügung. Auf der großen Sonnenterrasse werden an lauen Sommerabenden Feste mit Live-Bands gefeiert. Auch ein therapeutisches Fitnesscenter sowie ein großes Therapie- und Rehazentrum zählen zur Einrichtung. Besonderes Highlight ist die thematisch perfekt ausgestaltete „Schwarzwald-Sauna". Die urige Schwarzwaldmühle im Freibereich, die einem Original von 1777 nachempfunden wurde, beherbergt zwei große komfortable Saunen und bietet eine erfrischende Dusche nach dem Saunabad unter dem mächtigen Mühlrad. Kennzeichnend ist die großzügige Gesamtanlage auf 3.200 m² mit hochmodernen Einrichtungen, gemütlichen Stuben und insgesamt sechs Saunakabinen und einem Dampfbad. Stilvoll abgerundet werden Therme und Sauna von einem umfassenden Wellnessangebot im VitalCenter und der entspannenden Totes-Meer-Salzgrotte. Freuen Sie sich auf unsere neuen Attraktionen ab Frühjahr 2009.

Wichtig!

Adresse:
Wellness- und Gesundheitszentrum Solemar
Huberstraße 8, 78073 Bad Dürrheim
Tel. 07726/666292, Fax 07726/666252
www.solemar.de, info@solemar.de
Saison: ganzjährig geöffnet
Öffnungszeiten*:
Therme: Täglich 9–22 Uhr, Fr. 9–23 Uhr
Sauna: Mo.–Do. 10–22 Uhr, Fr. 10–23 Uhr
Sa., So. und an Feiertagen 9–22 Uhr
(Di. ist Damensauna, außer an Feiertagen und in den Weihnachts- und Fasnachtsferien)
Totes-Meer-Salzgrotte: Mo.–Fr. 9–19 Uhr
Sa. + So. und an Feiertagen 9–12 Uhr
Familientermine: Mo. + Do. 13 Uhr, Di. 10 Uhr, Mi. + Fr. 16 Uhr
(Terminreservierung erforderlich)
Bad Dürrheimer VitalCenter:
Mo.–Sa. 10–21 Uhr, Fr. 10–22 Uhr
So. und an Feiertagen 10–19 Uhr
(Terminreservierung erforderlich)
Eintritt*:
Therme: Erw. 3 Std. € 9,80 / Tag € 12,50
Sauna: Erw. 4 Std. €13,– / Tag € 16,50
Kombi: Erw. 4 Std. € 15,50 / Tag € 18,50
Totes-Meer-Salzgrotte: Erw. € 9,–
**Stand 01/2009, Änderungen vorbehalten*

Europa-Park in Rust

Fantastische Erlebniswelten! In Deutschlands größtem Freizeitpark. Hier wartet eine aufregende Mischung aus Nervenkitzel, Abenteuer und Erlebnis für die ganze Familie. 12 europäische Länder-Themenbereiche mit ihrer typischen Architektur, Vegetation und Kultur erwarten die Besucher auf über 85 Hektar. Ob mit der Dunkelachterbahn „Eurosat" ins Universum, mit Booten auf eine Reise zu den „Piraten in Batavia" oder in Europas größter und höchster Achterbahn, dem „Silver Star", mit 130 Stundenkilometern in die Tiefe stürzen, danach eine spritzige Rafting-Tour in Skandinavien oder mit dem Familiencoaster „Pegasus" durch die Antike Griechenlands reisen – das ist Kurzurlaub für alle Sinne. Und ab Saisonstart 2009 erwartet mutige Besucher ein weiteres Highlight: die Fahrt in der neuen Katapultachterbahn des Europa-Park! Auf einer Strecke von über 1000 Metern reihen sich die Thrill-Elemente nur so aneinander. Neben dem höchsten Looping einer Katapultbahn in Europa und drei gewagten 360°-Rollen steht ein Hump durch den Looping auf dem Programm! Und das alles bei Geschwindigkeiten von 100km/h. Zum Abschluss eines erlebnisreichen Tages können die Besucher südländisches Flair in einem der vier parkeigenen Vier-Sterne Superior Erlebnishotels genießen.

Wichtig!

Adresse und Anfahrt: Europa-Park Familien – und Freizeitpark Mack AG
Europa-Park-Straße 2
77977 Rust bei Freiburg
Info-Line 01805/776688 (14 Cent/Min. aus dem deutschen Festnetz, evtl. abweichende Mobilfunkpreise)
www.europapark.de
info@europapark.de
Saison/Öffnungszeiten:
Vom 04. April bis 01. November 2009, täglich 9–18 Uhr, längere Öffnungszeiten in der Hauptsaison, Winteröffnungszeiten: ab 2009 unter www. europapark.de
Eintritt: Erwachsene € 34,–
Kinder (4–11 Jahre) € 30,–
Kinder bis 3 Jahre frei
Gruppen ab 20 Pers. p/P € 29,–
(Andere Winterpreise)
Weitere Informationen siehe Homepage.

Laguna Badeland in Weil am Rhein

Grenzenloser Freizeitspaß! Das Freizeitbad im Dreiländereck ist seit vielen Jahren für Deutsche, Franzosen und Schweizer Besucher ein „grenzenloser" Bade- und Freizeitspaß im wahrsten Sinn des Wortes. Hoch her geht's im großen Wellenbecken, über dem sich eine 65 m lange Rutschbahn schlängelt, in der Black-Hole-Rutsche und im Wildwasserfluss, beide über 100 m lang. Für zusätzlichen Spaß sorgen Strömungskanal, Rutschschrägen, Wippinseln, Wasserkanonen, Höhlen und Massagepilz. Entspannend ist ein Bad im Warmwasserbecken mit Liege- und

Sitzmulden, Luftsprudel- und Massagedüsen. In unmittelbarer Nähe befindet sich das mollig warme Planschbecken, in dem die Sprößlinge ungestört spielen und planschen können. Zum Laguna Badeland gehört der Sauna Parc Vier Jahreszeiten. In der 3.000 qm großen Innenanlage finden Besucher auf 4 Ebenen 8 Saunen, eine Therme, einen Whirlpool, zwei Tauchbecken und einen Pool, dazu Ruheräume, Solarien und ein Restaurant. Ein Saunaaußenpark mit 4.000 qm Fläche schließt sich an. Kurz gesagt: der perfekte Genuss!

Wichtig!

Adresse: Laguna Badeland
Dr.- Peter-Willmann-Allee 1
79576 Weil am Rhein
Tel. 07621/956740
www.laguna-badeland.de
Anfahrt: über die A 5, Ausfahrt Weil am Rhein/Huningue. Mit der Regio-S-Bahn Linie S 5 (Haltestelle Gartenstadt). Im Ort ist das Bad ausgeschildert.
Saison/Öffnungszeiten:
ganzjährig, Mo.–Do. 10–21 Uhr, Fr. 10–22 Uhr, Sa./So./Feiertag 9–22 Uhr
Eintritt: Verschiedene, zeitlich gestaffelte Preistarife, siehe im Internet. Preisbeispiele:
Erwachsene 3 Std. € 10,–
Kinder/Jugendliche 3 Std. € 7,50
Verpflegung: Gastronomie im Bad

Funny-World – Kappel-Grafenhausen

Der Familienfreizeitpark Funny-World, gelegen zwischen Schwarzwald, Vogesen, Kaiserstuhl und dem Elsass, bietet in der Saison 2009 wieder allen großen und kleinen Freibeutern viel Neues.

Direkt hinter dem mediterranen, sehr freundlich gestalteten „Sonnenplatz" Plaza del Sol wurde der Eingangsbereich im mexikanischen Baustil errichtet und lädt die Gäste im Innenbereich in der „Cantina Dona Helena" zur Siesta ein, um kühle Getränke und Eis zu genießen, verbunden mit unbeschwerten Klängen unserer drei Mexikaner den „Hot Banditos" im Zeltpavillon nebenan.

Genießen Sie unsere Attraktionen :

die mexikanische Pferdereitbahn – eine schienengeführte Selbstbedienerfahrt für Klein und Groß sowie die wilde Postkutschenfahrt durch die Wüste für bis zu 4 Erwachsene. Fun(ny)tastico – erleben Sie mit der ganzen Familie im Zirkus Fun(ny)tastico wagemutige Akrobaten, gefährliche Raubtiere, lustige Clowns und spannende Tierdressuren mit durchgehender Vorstellung während der Öffnungszeiten. 18 Bahnen Pit-Pat-Anlage – das Freizeitspiel für die ganze Familie. Auf 18 verschiedenen Spielbahnen (ähnlich der Minigolfbahnen) meistern Sie unterschiedliche Hindernisse in steigenden Schwierigkeitsstufen. Genau das richtige für Jung und Alt. Little Town – Kleinkinderstadt ist der Kleinkinderbereich mit eigenem Ballpool, Springburg, Kinderriesenrad, Kinderwasserbahn, Bumper Boot Rafting Becken im mittleren Bereich der Parkanlage.

Weiter geht die Schussfahrt der mexikanischen Wüstenfroschbahn ins kühle Nass für Kleinkinder im Außenbereich, hier gibt's außerdem eine Kinder-Super-Schaukel, Funklenkboote, Riesen-Donner-Rutsche und ein Ziegengehege mit Zwergziegennachwuchs immer im Frühjahr.

Wichtig!

Adresse: Funny-World
Allmendstraße 1
77966 Kappel-Grafenhausen
Tel. 07822/44599-0
www.funny-world.de, www.Mexikopark.de

Anfahrt: Funny-World erreichen Sie von der Autobahn A 5 Ausfahrt 57a Ettenheim durch Grafenhausen – Kappel, in nur ca. 3 Min. von der Rheinfähre Rhinau/Elsass.

Saison: April–Oktober 2009

Öffnungszeiten: Wochentage 11–18 Uhr, Sonn- und Feiertage, in der Hochsaison und Ferienzeit bereits ab 10 Uhr.

Eintritt: Besucher von 4–8 Jahre € 6,90
Besucher von 9–59 Jahre € 7,90
Besucher ab 60 Jahre € 5,50
Familienkarte (2 Erw./2 Kinder) € 27,–
jedes weitere Kind € 5,50

Besonderheiten: das ganze Gelände (Gastropark & Funny-World) inkl. Turnierminigolfanlage ist ebenerdig und damit geeignet für Rollstuhlfahrer.

Schwäbische Alb

Es ist nicht immer leicht, mit den Bewohnern dieses Landstriches Kontakt aufzunehmen. In der Gegend von Zwiefalten wird ein so breites Schwäbisch gepflegt, dass selbst bekennende Dialektsprecher Mühe haben, es zu verstehen. So kamen einst Landvermesser vom Dorf Pflummern ins nächste und erkundigten sich dort nach dem Ortsnamen. „Upflamör" verstanden die Fragenden, gemeint war aber Oberpflummern. Heute heißt der Ort auf allen Karten „Zwiefalten-Upflamör".

Urwelt-Museum Hauff in Holzmaden

Urwelt wird lebendig! Die Gegend rings um den Ort Holzmaden/Teck am Fuße der Schwäbischen Alb ist weltbekannt als Fundgebiet für Fossilien aus den Posidonienschiefern – Meeresablagerungen, die vor 180 Millionen Jahren am Grund des Jurameeres entstanden sind. Im Urwelt-Museum Hauff sind auf 1.000 qm Ausstellungsfläche mehr als 400 Präparate aus diesen Schichten zu besichtigen. Die Sammlung umfasst Ichthyosaurier, Plesiosaurier, Krokodile, Flugsaurier, Fische und zahlreiche wirbellose Tiere. Lebensgroße Dinosaurier, lehrreiche Schaubilder und die Filmvorführung „Lebendige Urwelt" machen den Museumsbesuch zu einem spannenden und unvergesslichen Erlebnis.

Wichtig!

Adresse: Urwelt-Museum Hauff
73271 Holzmaden
Tel. 07023/2873, Fax 07023/4618
www.urweltmuseum.de
hauff@urweltmuseum.de
Anfahrt: über die A 8 Stuttgart–München, Ausfahrt Aichelberg, dort ausgeschildert.
Saison: ganzjährig. Führungen nur auf Voranmeldung.
Öffnungszeiten: Di. bis So. 9–17 Uhr, montags und an folgenden Feiertagen geschlossen: 24./25.12., 31.12. und 1.1. Sollte ein Feiertag auf einen Montag fallen, ist das Museum an diesem Tag geöffnet.
Eintritt: Erwachsene € 5,–
Schüler, Studenten € 3,–
Kinder ab 3 Jahren € 1,50
Schulklassen bitte voranmelden.
Verpflegung: Cafeteria

Burg Hohenzollern Hechingen

Tag auf der Burg! Kaiser Wilhelm II. sagte einst über dieses Ausflugsziel: „Die Aussicht von der Burg Hohenzollern ist wahrlich eine weite Reise wert." Das Haus Hohenzollern wurde in Aufzeichnungen aus dem Jahr 1061 zum ersten Mal geschichtlich erwähnt und machte dann über Jahrhunderte eine bewegte Geschichte von Zerstörung, Wiederaufbau und Erneuerungen durch. Die Burganlage in ihren heutigen imposanten Ausmaßen wurde ab 1850 von Kronprinz Friedrich Wilhelm von Preußen geschaffen. Die Anlage besteht aus einem vieltürmigen Schloss und Wehranlagen, die ein Meisterwerk der Kriegsbaukunst des 19. Jahrhunderts darstellen. Heute ist die Burg touristischer Anziehungspunkt in der Region. 22 interessante und gepflegte Stationen können während eines Rundgangs besichtigt werden, z. B. der Grafensaal, die Bibliothek, der Blaue Salon, der Burggarten etc. Auch ist die Burg heute ein gern besuchter Ort wegen der vielfältigen Veranstaltungen, die während des Jahres stattfinden.

Wichtig!

Adresse: Burg Hohenzollern
72379 Hechingen
Verwaltung: Generalverwaltung des vormals regierenden Preußischen
Königshauses, Tristanstraße 17d,
14109 Berlin
www.burg-hohenzollern.de
E-Mail: berlin@preussen.de
Anfahrt: Die Burg Hohenzollern liegt oberhalb von Hechingen, zwischen Stuttgart und dem Bodensee. Über die A 81 Stuttgart-Singen, Ausfahrt Empfingen) oder die B 27, Ausfahrt Burg Hohenzollern.
Öffnungszeiten: 16. März bis 31. Okt.: 9–17.30 Uhr und 1. Nov. bis 15. März: 10–16.30 Uhr.
Ausnahmen: 24. Dezember geschlossen; 31. Dez. bis 15 Uhr geöffnet; 1. Jan. ab 11 Uhr geöffnet. Am 5. Sept. 2009 ist die Burg aufgrund einer Veranstaltung ab 14 Uhr geschlossen.
Eintritt: Burganlage ohne Innenräume € 4,–
Burganlage & Führung Schlossräume
Erwachsene € 8,–
Reisegruppen ab 20 Personen, Schwerbehinderte, Rentner, Schüler ab 14 Jahren, Studenten, Wehrpflichtige (gegen Vorlage des Ausweises) € 6,–
Verpflegung: Kiosk, Café-Restaurant

Traumland Bärenhöhle

Höhlenerlebnisse! Das Traumland auf der Bärenhöhle in Sonnenbühl-Erpfingen ist seit jeher eines der Hauptausflugsziele dieser Region. Das Konzept ist wirklich familiengerecht: Weil der Besuch einer Höhle nur für begrenzte Zeit interessant ist, wurde auf dem Gelände über der Höhle ein Freizeitpark eröffnet. Wer sich seinen Weg durch die Höhle mit den Bärenskeletten gebahnt und auch die Tropfsteininformationen ausgiebig betrachtet hat, kann anschließend die Zeit im Freizeitpark verbringen. Da lassen sich auch die Erwachsenen mal wieder von Märchenfiguren verzaubern. Machen Sie eine Rundfahrt mit Oldtimer und Eisenbahn oder betrachten Sie das Traumland aus luftiger Höhe vom 35 m hohen Riesenrad! Ein besonderes Erlebnis für Groß und Klein sind das Pony-Reiten, das verhexte Schloss, die Marienkäferbahn, Eisenbahn, Riesenrad, Riesenrutsche, Raupenbahn, Kettenflieger und die jährlich wechselnden Dressur-Schauen.

Wichtig!

Adresse: Freizeitpark Traumland GbR
Auf der Bärenhöhle
72820 Sonnenbühl-Erpfingen
Tel. 07128/2159
Fax 07128/1360
www.freizeitpark-traumland.de
Anfahrt: über die B313, in Haid Richtung Sonnenbühl, dann ausgeschildert. Siehe auch Routenplaner auf der Park-Homepage für die indiv. Anreise
Saison/Öffnungszeiten: Anfang April bis Mitte September 2009 täglich 9.30-18 Uhr, Mitte September bis 1. November täglich 9.30–17 Uhr.
Eintritt: Erwachsene und Jugendl. ab 12 Jahren € 9,–
Kinder (3–11 J.) € 8,–
Kinder unter 3 Jahren und Geburtstagskinder frei
Verpflegung: Picknick, Kiosk, Cafeteria

Ravensburger Spieleland

Komm zu Abenteuer, Spiel und Action! Im Freizeitpark zwischen Ravensburg und Bodensee spielt die ganze Familie mit, flitzt mit dem Fix & Foxi Raketenblitz, wagt einen wilden Rodeo-Ritt und trifft Maskottchen Käpt'n Blaubär. Nervenkitzel pur gibt es in der 400 Meter langen Wildwasser-Bahn Alpin-Rafting. Bekannte Ravensburger Brettspiele wie „Das verrückte Labyrinth" sind hier riesengroß.

Mitten in der schönsten Natur und ganz in der Nähe des Bodensees warten mehr als 50 Attraktionen auf 25 Hektar Fläche auf Entdeckung. Wo kann man schon memory® vom Hubschrauber aus spielen? Mit Professor Knox Turbo-Booten abdüsen und beim Feuerwehrspiel um die Wette löschen – das macht der ganzen Familie Spaß. Echte Stars sind auch im Spieleland zuhause: Käpt'n Blaubär und Hein Blöd gehen mit großen und kleinen Seebären auf Abenteuerfahrt.

2009 eröffnet der Freizeitpark im Entdeckerland das neue Abenteuer-Camp auf über 4.500 qm und feiert „50 Jahre memory®" mit vielen tollen Aktionen!

Wichtig!

Adresse:
Ravensburger Spieleland AG
Am Hangenwald 1
88074 Meckenbeuren/Liebenau
zwischen Ravensburg und Bodensee
Tel. 07542/400-0
Fax 07542/400-101
www.spieleland.de
spieleland@ravensburger.de

Anfahrt: Der Freizeitpark liegt zwischen Ravensburg und Bodensee.

Saison: 04. April bis 18. Oktober 2009 täglich ab 10 Uhr, außer an Ruhetagen. Mehr Infos unter www.spieleland.de

Eintritt: Erwachsene ab 15 Jahren € 23,50
Kinder von 3–14 Jahren € 21,50
2-Tages-Ticket € 34,50
Saisonkarte € 54,–
Jahreskarte € 64,–
Gruppen ab 20 Personen (Anmeldung mind. ein Tag vorher): € 17,50 und weitere Tarife

Verpflegung: Restaurant Grüne Oase, Seerestaurant, Hein Blöds Dummfischbude und mehrere Snackpoints

Die Waldsee-Therme

Gesunde Wasserkuren! Eine faszinierende Badelandschaft mit über 720 m² Wasserfläche. Hier badet und kurt man sich gesund in fluorid- und schwefelhaltigem Thermalwasser, dies in 6 Innen- und Außenbecken und bei Wassertemperaturen zwischen 28° und 37 °C. Wassertretbecken, Whirlpools, Sprudelliegen, Wasserpilz, Gegenstromkanal und Massagedüsen sorgen für zusätzliche Impulse für die persönliche Fitness. Alle 2 Stunden wird kostenfreie Wassergymnastik angeboten. Entspannend und zum Träumen anregend ist die Unterwassermusik, die man abends in den Becken genießen kann. Auch gibt es ein Kur- und Sportprogramm mit Kursen, die hier absolviert werden können. Dazu zählen Aquaspinning, Aquajogging, Aquapower, Nordic Walking, MTT, Tanztherapie, Mammagymnastik, Beckenbodengymnastik bis hin zu Taijiquan und Qigong. Sanftes Schwitzen bei unterschiedlichen Duftnoten (z. B. Zitronenmelisse, Orangen, Heublumen) ist in der Dampfgrotte (48-50 °C) angesagt. Wasserfall, Schwalldusche und Tretbecken sorgen für die nötige Abkühlung hinterher. Entspannung, Ruhe und Gesundheit sind der Hauptaugenmerk der Waldsee-Therme, die also kein Spaßbad im üblichen Sinn ist. Dennoch haben Kinder täglich ohne Altersbeschränkung Zutritt. Am Samstag gibt es den günstigen Familientarif.

Wichtig!

Adresse:
Waldsee-Therme
Badstraße 16
88339 Bad Waldsee
Tel. 07524/941221
www.waldsee-therme.de
info@waldsee-therme.de
Anfahrt: Der Kurort liegt zwischen Biberach, Aulendorf und Ravensburg. Im Ort immer Richtung Kurgebiet fahren, ausgeschildert.
Saison/Öffnungszeiten: ganzjährig, täglich von 9–22 Uhr, Kassenschluss 21 Uhr, Feierabendtarif ab 18.30 Uhr, Unterwassermusik ab 20.30 Uhr
Eintritt: gestaffelt, Bsp.
2 Std. Erwachsene € 6,50, Kinder € 5,50
3 Std. Erwachsene € 8,50, Kinder € 7,50
Familienkarte (nur am Samstag) 3 Std. (2 Erw./2 Kinder bis 16 Jahre) € 17,50
Tageskarte Erwachsene € 14,–
Kinder € 12,–
Verpflegung: Restaurant-Caféteria

Die Bodensee-Region

Als das erste Menschenpaar das Paradies verlassen musste, da weinte der liebe Gott eine dicke Träne. Sie fiel mitten in einen der schönsten Landstriche, die er geschaffen hatte: zwischen dem schweizerischen Thurgau und dem Schwabenland. So entstand der Bodensee, erzählt es eine Sage. Der See ist ein beliebtes Reiseziel, das jede Menge Möglichkeiten für einen familienfreundlichen Urlaub bietet. Mit seinem mediterranen Klima zieht er jedes Jahr Millionen von Touristen an.

Affenberg Salem

Affen selber füttern! In einem fast 20 ha großen Freigehege tummeln sich über 200 Berberaffen. Der Besucher ist gleichsam Gast im Heimgebiet dieser aufgeweckten Tiere und erlebt sie wie in freier Natur. Durch das Fehlen von trennenden Gittern oder Gräben und die Möglichkeit, den Affen gratis ausgeteiltes, speziell zubereitetes Popcorn zu verfüttern, entsteht ein hautnaher Kontakt. Damit sind ideale Bedingungen zum Fotografieren und Filmen gegeben. Im Eintrittspreis inbegriffen sind auch der Besuch des Storchenweihers mit den freifliegenden Störchen und den nach Brot schnappenden Karpfen sowie des reich bebilderten Informationsraumes und der einzigartigen „Galerie" mit Affendarstellungen aus aller Welt. Eine gemütliche Hofschenke, ein Kinderspielplatz sowie ein Kiosk mit vielen Andenken runden das Affenberg-Vergnügen ab.

Wichtig!

Adresse:
Affenberg Salem
88682 Salem
Tel. 07553/381
www.affenberg-salem.de
Anfahrt: ab Überlingen Richtung Salem, nach dem kleinen Dörfchen Tüfingen rechts abbiegen. Von Salem am Schloss vorbei Richtung Überlingen. Vor Tüfingen links abzweigen.
Saison/Öffnungszeiten: Sommersaison: 15.03. bis 24.10.09, täglich 9–18 Uhr 25.10. bis 01.11.09, täglich 9–17 Uhr. Letzter Einlass 1/2 Stunde vor Schließung.
Eintritt: Erwachsene € 7,50, Kinder (6–15 Jahre) € 4,50, Familienkarte € 19,– sowie Gruppen- und Ermäßigungstarife
Verpflegung: Hofschenke, Kiosk

Sea Life in Konstanz

Abtauchen ohne nass zu werden und dabei die Welt der Seen, Flüsse und schließlich der Meere kennenlernen. Man folgt dazu zunächst dem Lauf des Rheins von seiner Quelle in den Bergen durch den Bodensee. Dann geht es vorbei an Schleusen und Wehren bis nach Rotterdam, wo der Rhein in die Nordsee mündet. Ab dem Nordseebecken betreten Sie die geheimnisvolle Mittelmeerlandschaft mit ihrer artenreichen und farbenprächtigen Tierwelt. Erleben Sie, wie sich in einem 8 m langen gläsernen Unterwassertunnel eindrucksvolle Haie, Meeresschildkröten, Muränen und Drückerfische um Sie herum tummeln. Bestaunen Sie Clementine und Amadeus, unsere aus einem Nachzuchtprogramm stammenden „Grünen Meeresschildkröten". Täglich gibt es wechselnde, kommentierte Schaufütterungen und Vorträge an den verschiedenen Becken. Etwas ganz Besonderes ist es „mitten im Meer" zu feiern, einen Kindergeburtstag zum Beispiel oder ein Firmenfest. Wie wäre es mit einer Exklusiv-Führung und Sektempfang in der Eishöhle? Oder einem Dinner auf dem Nordseegrund? Kleinen wie großen Fisch- und Meeresfans schlagen dann die Herzen höher. Jährlich wechselnde Sonderausstellungen runden das Indoor-Erlebnis ab, z. B. 2009 „Gruselmonster" mit skurrilen und ungewöhnlichen Meeresbewohnern.

Wichtig!

Adresse:
Sea Life Konstanz
Hafenstraße 9
78462 Konstanz
Tel. 01805-66690101
Internet: www.sealife.de

Anfahrt: Das Sea Life Centre befindet sich direkt im Zentrum von Konstanz, neben dem Lago Shopping-Center und direkt hinter dem Bahnhof, achten Sie auf die braunen Fischschilder. Auch per Schiff, Zug und Bus gut zu erreichen.

Saison und Öffnungszeiten: ganzjährig, Mai–Juni und ab 14. September–Oktober tägl. 10–18 Uhr, Juli–13. Sept. tägl. 10–19 Uhr, November–April Mo. bis Fr. 10–17 Uhr, Sa./So./Feiertage 10–18 Uhr

Eintritt: bitte erfragen unter Tel. 01805-66690101

Verpflegung: Im Sea Life Restaurant mit schönem Blick auf den Bodensee

Lochmühle Eigeltingen

Einen Ferientag, wie er herrlicher nicht sein kann, können Familien mit Kindern in der Lochmühle erleben, einem original alten Bauernhof aus dem 15. Jh. Abseits – im wunderschönen Krebsbachtal. Es locken Attraktionen wie ein Tierpark mit Streichelzoo, Ponyreiten, Minitraktoren, Mini-Quads oder ein Eisenbähnle und vieles mehr mit definitiver Kurzweilgarantie.

Erwachsene kommen bei idyllischen Gespann-Ausfahrten auf ihre Kosten oder seilen sich beim „Abenteuer im Steinbruch" 40 m an der Felswand ab, überwinden eine Schlucht über die Seilhängebrücke oder mit Deutschlands längstem Flying Fox, einer Seilbahn, die Sie in einer rauschenden Schussfahrt quer über das Krebsbachtal und wieder zurück befördert.

Erlebnisgastronomie pur: gespeist wird gutbürgerlich, doch die Küche kommt auch ausgefallenen Wünschen nach, z. B. Spanferkel am Spieß, vor den Augen der Gäste gegrillt, oder die berühmte Bauernhoftafel. Zum Einsatz kommen dabei frischeste Produkte vom eigenen Bauernhof und Fische aus eigenem Fischwasser.

Sie haben die Wahl: Die urgemütliche Atmosphäre im eigenen Speiserestaurant, der urigen Kutscherstube, der originellen Mühlenstube oder in der gemütlichen Scheune für Scheunenfeste mit musikalischer Unterhaltung durch den eigenen DJ. Mit ihren verschiedenen Raumangeboten für Gesellschaften ist die Lochmühle das beliebte Ziel für Familien- und Firmenfeiern, Tagungen und Ausflüge.

Raus aus dem Alltag und rein in die Erlebnisgastronomie der Lochmühle in Eigeltingen!

Wichtig!

Adresse: Lochmühle Eigeltingen
Hinterdorfstraße 44, 78253 Eigeltingen
Tel. 07774/9393-0, Fax 07774/9393-93
info@lochmuehle-eigeltingen.de
www.lochmuehle-eigeltingen.de

Anfahrt: Die Lochmühle befindet sich im Herzen der Burgen- und Vulkanlandschaft Hegau, eingebettet im romantischen Naturschutzgebiet Krebsbachtal im Dreiländereck zwischen den Ausläufern der Schwäbischen Alb–Schwarzwald–Hegau–Bodensee. Genauer gesagt in Eigeltingen. Ganz einfach erreichbar über die Autobahn A 81.

Saison: ganzjährig, spezielle Winterangebote

Öffnungszeiten: Ferienzeit (BW) 10–18 Uhr, Schulzeit und Mo.–Fr. 14–18 Uhr, Sa.–So. 10–18 Uhr. Bei schlechtem Wetter sind Änderungen vorbehalten!

Eintritt: frei, nur für die Fahr- u. Reitattraktionen wird ein kleines Entgelt erhoben.

Verpflegung: Eigenes Speiserestaurant, Scheunenfeste, Grillplätze, Event-Steinbruch

Die Pfahlbauten in Unteruhldingen

Häuser auf Stelzen! Die Pfahlbauten sind ein Freilichtmuseum mit 23 original nachgebildeten und eingerichteten Rekonstruktionen von Pfahlbauhäusern der Stein- und Bronzezeit am Bodensee (4000–850 v. Chr.). Das Museum „zum Anfassen" befindet sich in einer kleinen Bucht am Rande des Naturschutzgebietes. Hier kann man eintauchen in längst vergangene Zeiten. Da gibt es z. B. ein Haus des Fischers, Töpfers, Steinhauers, Webers, des Holzschnitzers, eine Dorfhalle und sogar Wehranlagen. Die lebensecht wirkenden Figuren, Handwerkszeuge und Darstellungen lassen den damaligen Alltag gut nachvollziehen. Erleben Sie hier alles Wichtige über die Technik, die Gesellschaft und die Umwelt unserer Vorfahren, die hier über 3000 Jahre lang gelebt haben. Seit 2007 neu: Das Pfahlbaudorf der SWR-Serie „Steinzeit – Das Experiment". Die Pfahlbauten Unteruhldingen – eine spannende Zeitreise für Jung und Alt.

Wichtig!

Adresse: Pfahlbaumuseum
Unteruhldingen
Strandpromenade 6
88690 Uhldingen-Mühlhofen
Tel. 07556/8543
www.pfahlbauten.de
mail@pfahlbauten.de
Anfahrt: Unteruhldingen liegt am Bodensee zwischen Überlingen und Meersburg. Anfahrt über die B 31, Abfahrt Uhldingen-Mühlhofen. Weiter in Richtung Unteruhldingen.
Saison/Öffnungszeiten: April bis September, täglich von 9–19 Uhr geöffnet (letzte Führung 18.30 Uhr), Oktober täglich von 9–17 Uhr geöffnet (letzte Führung 17 Uhr). Weitere Öffnungszeiten u.a. November bis März auf der Homepage.
Eintritt: Erwachsene € 7,–
Studenten/Schüler € 5,–
Kinder von 6–15 Jahren € 4,50
Gruppen ab 20 Personen p. P. € 6,50
Verpflegung: in Restaurants der Region

Insel Mainau – das Paradies im Bodensee

Üppige Blütenpracht das ganze Jahr über, ein Park mit einem rund 150 Jahre alten Baumbestand, der barocke Glanz von Schlossanlage und Kirche, dazu der mediterrane Charakter – das ist die Mainau, die Blumeninsel im Bodensee. Graf Lennart Bernadotte († 2004), der Urenkel von Großherzog Friedrich I. und Herr der Mainau, gestaltete den verwilderten Park zu einem Blumen- und Pflanzenparadies um und machte die Insel der Öffentlichkeit zugänglich.

Am 8. Mai jährt sich Graf Lennart Bernadottes Geburtstag zum 100. Mal. Dieser runde Geburtstag ist Anlass, das Mainau-Blumenjahr 2009 ganz dem früheren Inselherrn zu widmen. „100 Jahre Lennart Bernadotte" ist daher das Jahresthema 2009. Anhand verschiedener, über die ganze Insel verteilter Installationen werden Graf Lennarts Leben und Werk gewürdigt.

Über eine Million Besucher pro Jahr zählt das 45 Hektar große Eiland und ist heute die größte Touristenattraktion am Bodensee. Die wechselnde Blütenpracht und das wertvolle Arboretum machen die Mainau zu einem einzigartigen Erlebnis. Vor allem die Sammlungen der Palmen und Zitruspflanzen vermitteln, in der kälteren Jahreszeit geschützt durch das Palmenhaus, tropisches Flair. In einem der größten Schmetterlingshäuser Deutschlands können rund 40 exotische Schmetterlingsarten aus der Nähe beobachtet werden. Jede Menge Naturerlebnis, Spaß und Abwechslung für die kleinen Gäste: die „Wasserwelt", einer der schönsten Spielplätze am Bodensee, der Bauernhof mit Streichelzoo, Ponyreiten und Blumentiere.

Wichtig!

Adresse und Anfahrt: Die Mainau, im Norden von Konstanz, ist sowohl mit dem Auto, dem Zug (der Bahnhof ist acht Kilometer entfernt) und Stadtbussen oder Fahrrad als auch mit den Bodensee-Schiffen zu erreichen. Parkplätze sind ausreichend vorhanden.
Tel. 07531/303-0, Fax 07531/303-248, www.mainau.de, info@mainau.de
Saison/Öffnungszeiten: Die Insel Mainau ist ganzjähig geöffnet.
Park und Gärten haben von Sonnenaufgang bis Sonnenuntergang geöffnet
Eintritt: Erwachsene € 14,90, Kinder bis 12 Jahre frei, Kinder ab 13 Jahren und Studenten € 8,–
Familien-Tagesticket (Kinder bis einschl. 15 Jahre) € 30,–. Weitere Preise auf der Homepage.
Events: Gräfliches Inselfest, Gräfliches Schlossfest, Klingende Mainau und Mainau-Open-Air-Konzerte
Verpflegung: Restaurants, auch mit Gartenbetrieb, im Park

Die Meersburg Therme

Die Meersburg-Therme – das bedeutet Wellness-Vielfalt in ihrer schönsten Form genießen zu können! Direkt am Bodenseeufer liegt mit Altstadtblick die Meersburg Therme. Der Ganzjahres-Betrieb mit Frei- und Strandbad besticht durch seine Angebotsvielfalt, mediterrane Architektur und Wohlfühl-Ambiente. In der Therme kann man in natürlichem Heilwasser baden und einen Wildbach, Bodensprudel, Whirlsitze, Massagedüsen und eine Felswand mit Kaskade erleben. Für kleine Besucher schließt sich ein Mutter- und Kind-Becken mit Minirutsche und Spritzfiguren an. Im Thermalbereich mit Innenbecken und verbundenem Außenbecken entspannen Sie in 34 °C warmem Thermalheilwasser oder im 36 °C warmen Whirlpool. Liegegalerie, Solarien, Massagen, die Panorama-Terrasse und die gute Gastronomie runden das Angebot ab. In der einzigartigen Saunawelt bilden skandinavische und orientalische Badekultur eine einzigartige Symbiose. Finnische Sauna, Sanarium, osmanisches Dampfbad, ein türkischer Hamam, 3 reetgedeckte Pfahlbausaunen und ein Saunagarten mit einem Pfad der Sinne laden zum Relaxen und Erleben ein. Nach dem Saunagang verlockt der Bodensee zu einem abkühlenden Bad.

Wichtig!

Adresse: Meersburg Therme
Bade und Saunawelt
Uferpromenade 10–12, 88709 Meersburg
Tel. 07532/4402850, Fax 07532/4402899
www.meersburg-therme.de
info@meersburg-therme.de
Öffnungszeiten:
Sommer-Öffnungszeiten vom 01.04.–30.09.
Bade- und Saunawelt: Mo.–Sa.10–22 Uhr. So. und Feiertage 9–22 Uhr.
Winter-Öffnungszeiten vom 01.10.–31.03.
Mo.–Do. 10–22 Uhr, Fr. u. Sa. 10–23 Uhr, So. und Feiertage 9–22 Uhr. Weitere Öffnungszeiten siehe Homepage.
Eintritt:
Badewelt: Erw. 3 Std. € 9,–
Kinder 4–15 Jahre 3 Std. € 6,50
Weitere Preise nach Stunden gestaffelt auf der Homepage.
Verpflegung: Saunafitbar, Restaurant mit Biergarten im Freibad, Thermen Gastronomie

Zeppelin Museum Friedrichshafen

Imposante Luftschiffe! Im Juli 1996 wurde in Friedrichshafen die weltweit größte Schau der Luftschifffahrt eröffnet, die deren Geschichte unter anderem mit interaktiven Terminals und einem Teilnachbau des LZ 129 „Hindenburg" präsentiert. Das Museum und seine Bauhaus-Architektur erzeugen Fernweh und Reiselust. Mit seinem Konzept, das Technik und Kunst in sich vereint, werden Seitenblicke auf die Technik der Kunst und die Kunst der Technik gewährt. Die originalgetreue Rekonstruktion des LZ 129 „Hindenburg" vermittelt die Faszination der damaligen Zeppelin-Begeisterung und Transatlantik-Fahrten. Schon beim Einstieg übers Fallrep und Blick durch die detailgetreu nachgebauten Passagierräume können sich die Besucher sehr gut in die Glanzzeiten der fliegenden Giganten hineinversetzen. Auf fast 4000 m² Ausstellungsfläche wird alles zum Thema Luftschifffahrt erläutert, unterstützt durch 30 Bildschirmterminals mit Filmmaterial, Grafiken, Fotos und umfassender Textbeschreibung. Die Abteilung Vision und Verwirklichung verdeutlicht die Bedeutung der Zeit des „Eroberers des Luftozeans" noch heute für den Wirtschaftsraum Friedrichshafen. Aus der Idee des Grafen gingen schließlich Unternehmen wie Dornier, MTU, Zeppelin und ZF hervor, deren Motoren und Getriebe ausgestellt sind. Im zweiten Obergeschoss spannt die Kunstabteilung einen weiten Bogen über fünf Jahrhunderte mit Gemälden, Skulpturen, Grafiken und Bodensee-Ansichten vom Mittelalter bis zur Gegenwart.

Wichtig!

Adresse:
Zeppelin Museum
Seestraße 22
88045 Friedrichshafen
Tel. 07541/38010
Fax 07541/380181
www.zeppelin-museum.de

Saison/Öffnungszeiten: Museum: Mai bis Okt. Di.–So. 9–17 Uhr, Nov. bis April Di.–So 10–17 Uhr, Einlass jeweils bis 16.30 Uhr.
In den Sommermonaten Juli, August und September hat das Museum zusätzlich am Montag geöffnet.

Eintritt: Erwachsene € 7,50
Kinder (6–16 Jahre), Auszubis, Schüler und Studenten € 3,–
Gruppen (ab 10 Per., Reiseleiter frei) € 6,50

Verpflegung: Das Museumsrestaurant mit Sonnenterrasse und Blick auf See und Bergpanorama bietet gehobene Gastronomie.

Bodensee-Therme Überlingen

Die Philosophie der Bodensee-Therme Überlingen klingt vielversprechend: Genießen mit allen Sinnen. Erlebbar wird dieser Genuss bei meditativen Unterwasserklängen, Lichtprojektionen, Panoramablick über Bodensee, abwechslungsreicher, leichter Küche, warmem Thermalwasser und wohltuenden Güssen und Düften in der Sauna. Im großen Thermal- und Erlebnisbereich finden sich neben Thermalaußen- und -innenbecken zahlreiche Wasserattraktionen, so auch Sportschwimmbecken, Reifenrutsche, Breitrutsche, Eltern-Kind-Bereich und Kneipptretbecken. Im Wellnessbereich kann sich der Entspannung suchende Gast sein individuelles Wohlfühlprogramm zusammenstellen. Meditative Unterwassermusik und Lichtprojektionen machen das Baden in unterschiedlich temperierten Thermalwasserkaskaden zum Erlebnis. Die Saunawelt offeriert eine Finnische Sauna, Kräuterbad, Japanisches Dampfbad, Rosenholzsauna, Ruhebereich, Tauchbecken, Erlebnisduschen sowie Massagen. Direkt am Seeufer gelegen, warten im großen Saunagarten die Seesauna und Bootshaussauna auf die Thermengäste. Abkühlung verschafft das wahrscheinlich größte Tauchbecken der Welt – der Bodensee. Kulinarische Genüsse verwöhnen den Gaumen im Thermenrestaurant oder in der Saunabar. Auf der kleinen Sonnenterrasse des externen Bistros mit Blick über Außenbecken und Saunagarten bekommt so mancher Lust auf mehr.

Wichtig!

Adresse: Bodensee-Therme Überlingen
Aquapark Management GmbH
Bahnhofstr. 27, 88662 Überlingen
Tel. 07551/30199-0, Fax 07551/30199-11
www.bodenseetherme.de
info@bodensee-therme.de
Öffnungszeiten: Thermalbad & Sportbad: täglich 10–22 Uhr, Fr., Sa. 10–23 Uhr, Sauna: täglich 10–22 Uhr, Fr., Sa. 10–23 Uhr. Damensauna Di. 10–22 Uhr in der Bootshaussauna, restl. Saunen gemischt.
Eintritt: Bad: Erw. 2 Std. € 7,–
Kinder 2 Std. € 4,–
Erw. 4 Std. € 9,50, Kinder 4 Std. € 5,50
Tageskarte Erw. € 11,–, Kinder € 7,50
Weitere Preise für Wellness und Sauna auf der Homepage.
Verpflegung: Gastronomie im Bad.

Wild- und Freizeitpark Allensbach

Eingebettet in eine der schönsten Naturlandschaften am Bodensee, dem Bodanrück, erwartet Sie ein wundervolles Naturerlebnis für Groß und Klein. Erleben Sie den besonderen Charme der 75 Hektar großen Parkanlage beim gemütlichen Spaziergang durch die wunderschöne, naturgeschützte Parklandschaft.

Über 300 Wildtiere in riesigen Freigehegen laden zum Entdecken, Staunen und Beobachten ein. Der große Aktivspielplatz, ein Streichelzoo und natürlich die Parkeisenbahn machen den Wild- und Freizeitpark Allensbach zum einzigartigen Ausflugsziel.

Zudem präsentieren im Wild- und Freizeitpark Allensbach erfahrene Falkner ein ebenso spannendes und lehrreiches Programm. Über 20 elegante Greifvögel zeigen ihre beeindruckenden Fähigkeiten bei einer großartigen Falkner-Darbietung.

Neben dem Naturerlebnis sorgen Attraktionen wie Mega-Hüpfkissen, die Riesenrutsche oder die Wasserspringboote des Nautic-Jet für jede Menge Spaß und Vergnügen. Erholsame Pausen können die Parkbesucher im Landgasthaus Mindelsee, im SB-Restaurant Wildparkhalle oder an den Grillstellen

einlegen. Das Landgasthaus Mindelsee verfügt über komfortable Hotelzimmer/Familienzimmer in gemütlichem Ambiente.

Wichtig!

Adresse: Wild- und Freizeitpark
Gemeinmärk 7
78476 Allensbach
Tel. 07533/931619
www.wildundfreizeitpark.de
info@wildundfreizeitpark.de

Anfahrt: Der Ortsteil Gemeinmärk liegt zwischen Allensbach und Markelfingen oberhalb der B 33. Man erreicht ihn ab Allensbach über Kaltbrunn.

Saison/Öffnungszeiten:
ganzjährig, Mai–September täglich 9–18 Uhr, Oktober bis April täglich 10–17 Uhr

Eintritt: Sommerpreise:
Erwachsene € 7,–
Kinder 4–16 Jahre € 5,–
Winterpreise – Erwachsene € 5,50, Kinder € 3,50 – verstehen sich inkl. der Winterwanderung mit unserem Falkner zu bestimmten Terminen (Homepage). Unsere Gastronomie sowie einzelne Attraktionen sind witterungsbedingt geschlossen.

Verpflegung: Restaurant, Kiosk, Picknick

Übrigens: Die Hotelgäste haben täglich freien Eintritt in den Wild- und Freizeitpark!

Ortsregister

P

R

S

T

U

V

W

X

Z